शानी

शानी का जन्म मध्यप्रदेश के जगलपुर में 16 मई, 1933 को हुआ। उनका पूरा नाम गुलशेर ख़ान शानी था। वे मध्यप्रदेश साहित्य परिषद्, भोपाल के सचिव पद पर रहे। 'नवभारत टाइम्स' दिल्ली में सहायक सम्पादक रहे। बाद में 'साहित्य अकादमी', नई दिल्ली द्वारा प्रकाशित होने वाली त्रैमासिक पत्रिका 'समकालीन भारतीय साहित्य' के सम्पादक रहे।

आपकी प्रकाशित कृतियाँ हैं—

उपन्यास : *कस्तूरी* (1960), *पत्थरों में बन्द आवाज़* (1964), *काला जल* (1965), *नदी और सीपियाँ* (1970), *एक लड़की की डायरी* (1980), *फूल तोड़ना मना है* (1980), *साँप और सीढ़ी* (1983)

कहानी-संग्रह : *बबूल की छाँव* (1958), *डाली नहीं फूलती* (1960), *छोटे घेरे का विद्रोह* (1964), *एक-से मकानों का नगर* (1971), *युद्ध* (1973), *शर्त का क्या हुआ* (1975), *मेरी प्रिय कहानियाँ* (1976), *बिरादरी तथा अन्य कहानियाँ* (1977), *सड़क पार करते हुए* (1979), *सब एक जगह* (दो जिल्दों में–1981), *जहाँपनाह जंगल* (1984), *प्रतिनिधि कहानियाँ* (1985)

संस्मरण : *शालवनों का द्वीप* (1966)

विविध-गद्य : *एक शहर में सपने बिकते हैं* (1984)

स्तम्भ-लेखन : *नैना कभी न दीठ* (1993)

सम्पादित पुस्तकें : *पोट्टेकाट्ट की श्रेष्ठ कहानियाँ* (1981), *लौंग* (एस.के. पोट्टेकाट्ट का उपन्यास, 1985)

अनेक भारतीय भाषाओं के अतिरिक्त अंग्रेजी, रूसी, लिथुवानी, चैक आदि भाषाओं में रचनाएँ अनूदित।

निधन : 10 फरवरी, 1995

शानी

काला जल

राजकमल पेपरबैक्स

पहला पुस्तकालय संस्करण
अक्षर प्रकाशन प्रा.लि., नई दिल्ली द्वारा
1965 में प्रकाशित

राजकमल पेपरबैक्स में
पहला संस्करण : 1985
नौवाँ संस्करण : 2023

राजकमल पेपरबैक्स : उत्कृष्ट साहित्य के जनसुलभ संस्करण

राजकमल प्रकाशन प्रा. लि.
1-बी, नेताजी सुभाष मार्ग, दरियागंज
नई दिल्ली-110 002
द्वारा प्रकाशित
शाखाएँ : अशोक राजपथ, साइंस कॉलेज के सामने, पटना-800 006
पहली मंजिल, दरबारी बिल्डिंग, महात्मा गांधी मार्ग, प्रयागराज-211 001
वेबसाइट : www.rajkamalprakashan.com
ई-मेल : info@rajkamalprakashan.com

बी.के. ऑफसेट
नवीन शाहदरा, दिल्ली-110 032
द्वारा मुद्रित

मूल्य : ₹350

KALA JAL
Novel by Shani

ISBN : 978-81-267-0109-4

धनंजय के लिए

क्रम

काले जल में खोया
एक स्वप्नद्वीप—शांग्रीला

'काला जल' इसलिए क़तई महत्त्वपूर्ण उपन्यास नहीं है कि वह एक पिछड़े हुए इलाक़े के दो मुस्लिम परिवारों की कहानी है और हमारे सामने उस समाज की तसवीर रखता है, जिसके बारे में हम बहुत कम जानते हैं। हालाँकि उसे इस समाज का 'पहला प्रामाणिक' उपन्यास होने का श्रेय दिया जाता रहा है।

मैं सोचता हूँ : अगर इस उपन्यास का नाम 'काला जल' न होकर 'काला पानी' होता तो शायद ज़्यादा सार्थक हो गया होता...यह सुझाव उपन्यास में शानी ने ही दिया है : "सचमुच द्वीपों के जीवन से तब बस्तर का जीवन किस तरह भिन्न और अलग था...कमरों में बन्द लोग किवाड़ खोल-खोलकर द्वीप के लहर भीगे तटों तक दौड़ जाते हैं और उनकी उत्सुक आँखें देखती हैं, हिलती हुई सफ़ेद पाल, यहाँ से वहाँ तक लहराती हुई नीली धाराओं का अनन्त फैलाव... जगदलपुर से बाहरी दुनिया की भौगोलिक दूरी सौ-डेढ़ सौ मील से कभी नहीं घटी..."

यह तसवीर अंडमान के दंड-द्वीपों में निर्वासित लोगों के सज़ा भोगते दिनों की याद दिलाती है...सिवार, चीला, लद्दी, पुरानी कीचड़ तथा मछली गन्ध वाले काले जल की अजीब मिली-जुली और दमघोंट दुर्गन्ध, यानी मोती तालाब के किनारे बसे एक परिवार, एक गाँव या पूरे देश की अन्तहीन सज़ा काटने की कहानी; 'काला जल' तीन पीढ़ियों के निरन्तर टूटते और ढहते जाने की त्रासदी है...बार-बार सवाल उठता है : आख़िर इस परिवार या जिन परिवारों के माध्यम से यह कथा मूर्त हुई है, उनका अपराध और अभिशाप क्या है कि टूटना और ढहना ही उनकी नियति हो गई है?

शानी ने इस प्रश्न का न तो जवाब दिया है, न तलाशने की कोशिश की है। यह उसका लक्ष्य भी नहीं था। उसने तो शबेबरात की 'फ़ातिहा' पढ़ने के धार्मिक कर्मकांड का, इस कहानी के विभिन्न व्यक्तियों और कोणों से उठाने के लिए बेहद ही ख़ूबसूरत कलात्मक और सार्थक उपयोग किया है। हिन्दुओं के श्राद्ध या पिंडदान की तरह मुसलमानों में 'फ़ातिहा' पढ़ा जाता है जहाँ एक-एक पितर—या मृतात्मा के लिए भोग लगाया जाता है। लेखक एक-एक रूह के लिए रोटियाँ बदलता जाता है और उस व्यक्ति के प्रेत को अपने भीतर जगाता जाता है। बहुत बड़ा ख़तरा था कि इस टेकनीक में 'काला जल' सिर्फ़ प्रेत-साधना की तांत्रिक कहानी होकर रह जाता! मगर ठहरे और बहते पानी के परिप्रेक्ष्य ने सारी कथा को प्रवाह दे दिया है। तीन पीढ़ियों वाला यह उपन्यास तीन खंडों में बाँटा गया है : 'लौटती लहरें', 'भटकाव' और 'ठहराव'...अजीब बात है, फूफी का मकान भले ही मोती तालाब के पड़ोस में हो, मगर सारी कहानी जहाँ-जहाँ घटित होती है, वहाँ पास ही कोई-न-कोई कल-कल करती नदी बहती है। ताज्जुब ही है कि शालवनों के घने हाशियों और तेज़ बहाव वाली साफ़-शफ़्फ़ाक़ नदियों को अनदेखा करके क्यों कथाकार आग्रहपूर्वक मोती तालाब के घुटे काले जल पर ही मँडराता रहता है...

'काला जल' पढ़ते हुए मुझे बार-बार सत्यजित राय की फ़िल्म 'अशनिसंकेत' का ख़याल आता रहा। सन् '43 के 'बंगाल के अकाल' के प्रारम्भिक दिनों का शहर से निकट छोटा-सा गाँव। कहानी एक परिवार और गाँव की ही है, चावल, चीनी, मिट्टी का तेल इत्यादि चीज़ें ग़ायब होने लगी हैं, बेकारी और भुखमरी की छायाएँ गहराने लगी हैं...लेकिन फ़िल्म का निर्देशक है कि बार-बार लहलहाते खेतों, मीलों फैले हरे-भरे जंगलों, नदियों, फूलों, बौरों और सुबह की खिलती धूप, साँझ के सिन्दूरी-साँवले आसमान को ही चटख गहरे रंगों में दिखाए चला जाता है...पूरी फ़िल्म में कैमरा बार-बार एक ही सवाल पूछता है : इस अथाह और अपार प्राकृतिक समृद्धि...सम्पदा के बीच अकाल? जैसे अपने आप ही उत्तर भी उजागर हो रहा है—यह अकाल नहीं षड्यंत्र है...

अद्भुत और बारीक़ निगाह है शानी के पास बस्तर की प्राकृतिक ख़ूबसूरती, जंगल, पेड़, पहाड़, नदी, मैदान, धूप, फूल, ख़ुशबुओं, बारिश, ठंड और प्रकृति के बदलते हुए 'मूड्स' को पकड़ने की... कहीं वह इस सबको तसवीर के आकर्षक चौखटे और दीवार की तरह इस्तेमाल करता है तो कभी अपने पात्रों की स्थितियों, मन:स्थितियों को प्रभाव और अर्थ देने के लिए। जिस सूक्ष्म सधाव और कलात्मक सांकेतिकता के साथ उसने इस प्रकृति का इस्तेमाल किया है, स्वयं लेखक के नाते मुझे वह दंग और स्तब्ध कर देता है। विभूतिभूषण बंद्योपाध्याय के 'आरण्यक' को अगर प्रकृति का काव्यमय संगीत कहा जा सकता है तो 'काला जल' भी प्रकृति के सौन्दर्य और सुषमा की अनमोल छवियों से भरा है। फिर शानी के पास विलक्षण संवेदनशील, सन्तुलित, तराशी हुई भाषा है—शेर कहने जैसी सधी और सशक्त...

अन्तर्विरोध ही कहा जाएगा कि 'काला जल' में बाहरी प्रकृति इतनी उन्मुक्त, इतनी मोहक और इतनी आत्मीय है, मगर मनुष्य की अपनी प्रकृति हर जगह घुटी, अवरुद्ध, दिशाहीन और आत्महन्ता है। उसे कहीं भी सही रास्ता नहीं मिलता। वह हर जगह सामाजिक रूढ़ियों, अन्धविश्वासों और मर्यादाओं के हाथों कुचली जाती है, और बदले में पलटकर ख़ुद मनुष्य को डस लेती है...यहीं 'काला जल' का प्रतीक अपना अर्थ प्राप्त करता है। यहाँ सवाल पूछा जा सकता है कि आख़िर इस काले जल को खँगालकर बब्बन को मिला क्या? मिर्ज़ा करामत बेग़ से लेकर रज्जू मियाँ, रोशन मियाँ और फिर हारा-थका, पस्त, टूटा हुआ मोहसिन, या बी-दारोग़िन, फूफी, मालती, सल्लो के अन्त? ताज़ियों के आगे-पीछे चलने वालों का एक जुलूस है जो एक बीती हुई लड़ाई के लिए आज भी उसी 'उत्साह' से मातम कर रहा है...ज़ंजीरों में छोटी-छोटी छुरियाँ बाँधे पीठ और छातियाँ लहूलुहान किए ले रहा है—अपनी ख़ुशियों और ग़मों में लीन। मुझे लगता है, मिर्ज़ा करामत बेग़ का वंश भी किसी बीती हुई अनदेखी महानता को एक धार्मिक विश्वास की तरह सँजोये हुए है और हर अगली पीढ़ी में और भी बौना होता चला जाता है! यहाँ कोई भी, किसी भी क्षेत्र में न पहलक़दमी करता है न कोई लीक छोड़ने की जोख़िम उठाता है। जो ऐसा करता है उसे या तो बहुत अजनबी निगाहों से देखा जाता है, या फिर कुचल दिया जाता है। नई पीढ़ी ही इस अवरोध को थोड़ा-बहुत तोड़ने या झकझोरने की कोशिश करती है, मगर शीघ्र ही अकेली पड़ कर चुक जाती है। उपन्यास के सबसे शक्तिशाली पात्र हैं—मोहसिन

और सल्लो आपा...दोनों अपने-अपने भटकावों में, लीक छोड़कर अलग रास्ते अपनाना चाहते हैं, सल्लो आपा मार दी जाती है और मोहसिन...? सब ओर से थक-हार कर उसके लिए अब एक ही रास्ता बचा है : पाकिस्तान!—एक स्वप्नद्वीप शांग्रीला की तरह, जहाँ सारी समस्याओं का हल है!—अपने को निष्क्रिय भाव से 'काला जल' को समर्पित करके वह इसी सपने को फुलाता जाता है!

प्रकृति के ख़ूबसूरत प्रभावों के बाद 'काला जल' की जो चीज़ें अभी भी दिमाग़ पर छाई हैं वे हैं ताज़िया और मुहर्रम के विवरण और सल्लो आपा...सल्लो आपा हिन्दी उपन्यास के कुछ अविस्मरणीय चरित्रों में से एक है? या 'मैं' के किशोर सेक्स की अभिव्यक्तियाँ... मगर 'मैं' यानी कथावाचक यानी बब्बन कमज़ोर चरित्र है, पहले वह मोहसिन के प्रभाव से आतंकित, आच्छन्न रहता है, फिर सल्लो आपा के मुग्ध प्यार में...

इन्द्रा नदी के किनारे बसे क़स्बे में अपने आप में ही सीमित मोती तालाब की ही बात की जाए तो शिकायत हो सकती है कि चाहे 'काला जल' हो या 'आधा गाँव', इन सबके समाज अपने आप में ही इतने सिमटे या सम्पूर्ण क्यों हैं? आभास भी नहीं होता कि कहीं कुछ और लोग भी रहते हैं...(त्रिवेदी काका और नायडू को छोड़कर) बड़ी बी और मालती भी तो उसी समाज के हिस्से हैं। शायद भारतीय समाज कुछ बड़े महानगरों को छोड़कर इतना इकहरा नहीं है। वहाँ व्यावसायिक सम्बन्धों के अलावा सामाजिक रिश्ते एक दूसरे वर्ग की ज़िन्दगियों को प्रभावित करते रहते हैं। वैसे भी 'काला जल' पढ़कर एक बात का मुझे नये सिरे से व्यक्तिगत अहसास हुआ। न जाने कब से हम समाजशास्त्र का सिद्धान्त पढ़ते आए हैं—एक समय के समाज के भाषा, धर्म और प्रान्तीय लगाव अलग-अलग हो सकते हैं मगर संस्कृति एक ही होती है। 'काला जल' के सामाजिक आचार-व्यवहार, रूढ़ियाँ, रीतियाँ, भय और अन्धविश्वास, पारिवारिक बुनावट, आपसी रिश्ते और प्रतिक्रियाएँ—निरपवाद रूप से सारे वही हैं जो किसी भी दूसरे भारतीय हिस्से के होंगे। बड़ी आसानी से इस सारी कहानी को बंगाल या केरल में भी रखा जा सकता है और उतनी ही आसानी से सारे मुस्लिम नाम बदलकर हिन्दू किए जा सकते हैं; और तो और, रूहों के लिए फ़ातिहा के रूप में आत्माओं को शरीर देना यानी पुनर्जन्म तक। मुझे नहीं लगता कि कहीं भी कोई अन्तर आएगा। (अन्तर केवल यही होगा कि शेष भारतीय समाज के पास कोई शांग्रीला नहीं है)

मुहर्रम के जुलूस की जगह—पुरी की रथयात्रा रखी जा सकती है, जहाँ लोग ख़ुशी-ख़ुशी जगन्नाथी रथ के पहियों को अपने शरीर पर से निकलवाते हैं! वही सासों के अधिकार, झगड़े, ताने, वही घुटती हुई बहुएँ और छीजती हुई कुमारियाँ, बेचैन किशोर और फ़ालतू बुड्ढे विकृत और चिड़चिड़े—वही लिहाज़-मुलाहिज़े यानी सब मिलाकर वही सामाजिक, पारिवारिक और व्यक्तिगत 'रेस्पोंसेज़' (प्रतिक्रियाएँ), रवैये, इस अर्थ में अपने इकहरेपन के बावजूद 'काला जल' शुद्ध भारतीय उपन्यास है...

और जैसा कि मैंने कहा, इस इकहरेपन और आत्मनिर्वासन को अपने-अपने धरातल पर तोड़ने की तड़प सिर्फ़ दो पात्रों में है—मोहसिन और सल्लो आपा में। सल्लो घर की चहारदीवारियों से बाहर आना चाहती है—निषिद्ध को अपनाकर, यानी अश्लील पुस्तकें देखकर, लड़कों के कपड़े पहनकर, उनकी आदतें और अदाएँ अपना कर...और उसकी इस मासूम, स्वाभाविक छटपटाहट को जिसका अगला रूप रशीदा में है, (सम्भवत:) गर्भपात के प्रयास में समाप्त कर दिया जाता है...दूसरी तड़प मोहसिन में है जो अपने आप से बाहर निकलकर कभी अपने से बड़े गुंडे लड़कों की संगत में रहता है, कभी नायडू के बहाने बृहत्तर राष्ट्रीय आन्दोलन से जुड़ता है, वाणीविलास के माध्यम से जागृति लाने की कोशिश करता है, 'कर्बला' में पर्चे बँटवाता है...मगर जड़ों से काटकर अलग फेंक दिया जाता है। उसका सपना चाहे पाकिस्तान चले जाने का हो, मगर अपने फलाँग सकने की, कहीं औरों से जुड़ने की बेचैनी ही उसकी शक्ति है...

हो सकता है, अपनी सामाजिक स्थितियों और व्यक्तिगत मानसिकता को ही अपनी नियति मानने वाले इन सारे चरित्रों की यह गाथा एक अवसाद या डिप्रेशन का ही प्रभाव छोड़ जाती हो—मगर इसमें शक नहीं कि शानी पाठक को एक-से-एक जीवन्त चरित्रों के सम्पर्क में लाता है! अपनी भाषा, विवरणों और वर्णनों की बारीकियों और सब मिलाकर क्लासिकीय औपन्यासिक तेवर के लिए 'काला जल' हिन्दी के कुछ सर्वश्रेष्ठ स्वातंत्र्योत्तर उपन्यासों में से एक है। कहीं कोई रेखा ऐसी नहीं है जिसे कच्चा या फ़ालतू कहा जा सके। उसने अपने कथानक को बेहद घनिष्ठ आत्मविश्वास और अधिकार के साथ विकसित किया है; बहुत अन्तरंग हिस्सा होकर, लेकिन उतनी ही

तटस्थता के साथ...न कहीं नरेश मेहताई गलदाश्रु बांग्ला भावुकता है, न बलवन्त सिंह और जगदीश चन्द्र की पंजाबी अक्खड़ता...हालाँकि दोनों की भरपूर गुंजाइशें उपन्यास में हैं! इसकी तुलना बेहिचक मैं किसी भी भारतीय उपन्यास से करना चाहूँगा। मगर ऐसी सम्भावनाओं वाले लेखक के लिए 'काला जल' उसके सर्वश्रेष्ठ की भूमिका ही है...

हाँ, हमारी पीढ़ी की अजब ट्रेजेडी है कि हम सभी भूमिकाओं और प्रस्तावनाओं में ही रुक जाते हैं—प्राय: मूल पाठ के पृष्ठों में वयस्क होने की आशाएँ पाले हुए...

नई दिल्ली, 1981 —**राजेन्द्र यादव**

पहले संस्करण की भूमिका

इस रचना की भूमिका के रूप में मुझे कुछ नहीं कहना है, सिवाय इसके कि जिस जीवन की विडम्बना या विभीषिका इसमें चित्रित है वह सायास, साग्रह या केवल वैशिष्ट्य के लिए नहीं—मेरी, अपनी विवशता ही इसका कारण है। और किसी की निरुपायता या आन्तरिक विवशता के लिए आपके मन में यदि थोड़ी भी संवेदना है, तो मैं विश्वास दिला सकता हूँ कि इसे पढ़ते हुए या पढ़कर आपको कोफ़्त नहीं होगी। अपनी ओर से मुझे इतना ही कहना चाहिए कि इसे मैंने गम्भीरतापूर्वक, पूरी निष्ठा, सच्चाई और ईमानदारी से लिखा है और इसकी सृजन-प्रक्रिया के बीच मेरी मन:स्थिति उस प्रार्थनारत व्यक्ति की तरह रही है, जो अत्यन्त निश्छलतापूर्वक सिजदे में पड़ा हो—सभी से कटा हुआ, एकाग्र और तल्लीन!

—शानी

ग्यारहवें (सजिल्द) संस्करण पर एक संवाद

'काला जल' के नये संस्करण पर बरसों बाद आज कुछ लिखते हुए मुझे हैरानी-सी होती है। इस हैरानगी में थोड़ी-सी अविश्वसनीयता भी शामिल है। यह सोचकर ताज्जुब-सा होता है कि आज से लगभग बत्तीस बरस पहले जब मैंने यह उपन्यास लिखा तो मेरी उम्र सिर्फ़ अट्ठाईस बरस थी। तब नहीं लगता था—आज लगता है कि एक अट्ठाईस साल के नवयुवक के पास अनुभव के नाम पर सरमाया ही कितना होता है कि वह उपन्यास के एक बहुत बड़े फलक पर जीवन के एक बहुत बड़े कालखंड को उसकी पूरी गहराई और संवेदना के साथ चित्रित करने की कोशिश या ज़ुर्रत करे लेकिन पता नहीं कैसे, मैंने वह किया और नतीजा सामने है।

अब मुड़कर देखता हूँ तो बहुत सारा नास्टेल्ज़िया मुझे घेर लेता है। शबेबरात की फ़ातिहा की एक रात इस उपन्यास का बीज पड़ा था—बिलकुल अनजाने में। उस रात फिर मैं सो नहीं पाया था। फिर वही क्या आने वाली कई रातें मेरे लिए हराम हो गई थीं। आज भी अपने पास सुरक्षित 'काला जल' की हस्तलिखित पांडुलिपि पर नज़र डालता हूँ तो विश्वास नहीं होता। 27 अगस्त, 1960, शनिवार की रात मैंने इसकी शुरुआत की थी और जब यह ख़त्म हुआ तो वह 3 नवम्बर, 1961 की आधी से ज़्यादा गुज़री हुई रात थी। इन पन्द्रह महीनों में मेरी जो मनोदशा थी उसका हल्का-सा संकेत इसके पहले संस्करण की भूमिका में मिल जाएगा। और जो कहीं नहीं मिलेगा और शायद मेरे साथ ही जाए, वह है इसका प्रकाशकीय इतिहास। सन् 1962 से लेकर लगभग 1965 तक यह राजकमल प्रकाशन के पास स्वीकृत पड़ा रहा। पता नहीं, किन कारणों से इसका प्रकाशन लगातार टलता जा रहा था, लिहाज़ा तंग आकर मैंने इसे वापस ले लिया था—अक्षर प्रकाशन से छपने के लिए। तब राजेन्द्र यादव ने लेखकों के बीच एक चमकीला नारा उछाला था कि अक्षर प्रकाशन

के रूप में वे लेखकों का अपना संस्थान शुरू करने जा रहे हैं। उनका वह दावा किस हद तक सही साबित हुआ, यह हिन्दी जगत् के सामने है। बहरहाल, कुफ्र टूटा ख़ुदा ख़ुदा करते और सन् 1965 में अक्षर प्रकाशन के पहले सेट की धूम के साथ 'काला जल' बिल आख़िर प्रकाशित हुआ। वे मेरी कथा-भूमि जगदलपुर के दिन नहीं थे। मैं उसे कभी का छोड़ चुका था और अब तो उसे बेच भी आया हूँ।

आज जबकि देश और विदेश के अनेक विश्वविद्यालयों में अनेक शोधार्थी 'काला जल' पर काम कर चुके हैं या अब भी कर रहे हैं, मुझसे अकसर अपेक्षा की जाती है कि इसके रचना कर्म के बारे में कुछ बताऊँ। एक जुमले में जवाब दूँ तो यह कि क्या वज्दानी कैफ़ियत बताई जा सकती है? लगता है कि रचना कर्म शायद एक हद तक विस्मयकारी होता है। आप कुछ जानते हैं और बहुत कुछ नहीं जानते, और इस जानने और न जानने के बीच की मासूमियत में ही शायद वह रचनात्मक आवेश छिपा होता है जिसे किसी भी अच्छी रचना का उत्स कहते हैं। 'काला जल' के बारे में सोचते हुए आज मुझे उसी तरह का विस्मय होता है। लिखने से पहले या उसके दौरान भी मेरे ज़हन में कोई कथानक नहीं था सिवाय 'काला जल' के केन्द्रीय चरित्र छोटी फूफी की करुण ज़िन्दगी के, जो अकारण और अकारथ बिला गई। रचनात्मक अनुभव के लिहाज़ से मैं इतना ही कह सकता हूँ कि छोटी फूफी के पास बैठते ही न सिर्फ़ उनके आसपास की ज़िन्दगी बल्कि उनके पहले और बाद की दो पीढ़ियों का समाज अपने आप खिंच आया—मखनातीस की तरह। यह वह समाज था जिसे हिन्दी में इससे पहले अनदेखा किया जाता रहा था, और जिसके बाद ही राही मासूम रजा का 'आधा गाँव' जैसा उपन्यास आया। फिर तो मुस्लिम लेखक भी आए और मुस्लिम अनुभव भी—उस झूठ को खोलते हुए कि हिन्दी साहित्य सिर्फ़ हिन्दू साहित्य नहीं है और यह कि केवल हिन्दू अनुभव भारतीय अनुभव की सीमा नहीं है। अगर ऐसा होता तो अमरीकी साहित्य में हेमिंग्वे के साथ-साथ रिचर्ड राइट, राल्फ एलिसन या जेम्स बाल्डविन और एलिस वाकर अपने अश्वेत अनुभव के आक्रोश-भरे लेखन के लिए, और नोबेल पुरस्कार विजेता इसाक बाशेविस सिंगर अपने कोरमकोर यहूदी अनुभव के लिए समाज में समादृत न होते।

'काला जल' का सम्भवतः यह ग्यारहवाँ संस्करण है। इस उपन्यास ने मुझे वह सब कुछ दिया जिसकी मुझ जैसे लेखक को

कल्पना भी नहीं थी। यश, मान-सम्मान, पैसा, असंख्य पाठकों का स्नेह और टेलीविज़न पर प्रसारण के चलते अपार लोकप्रियता भी। मैं इस सबका श्रेय उन्हीं पाठकों को देता हूँ जिनकी आँख का रंग हिन्दी के आलोचना जगत् के साथ-साथ बदलता नहीं है। दरअसल, अन्तिम निर्णायक समय के साथ वह पाठक ही होता है जो अन्तत: किसी भी किताब को जीवित बनाए रखता है।

मैं उसके ही सामने सिर झुकाता हूँ।

24 नवम्बर, 1992
नई दिल्ली-110091

—शानी

काला जल

इन्द्रा के तट से अचानक जागती हुई चमगादड़ों वाली शाम सामने की अमराई में पल-भर के लिए ठिठककर कब मुहल्ले में घुस आई, इसका पता मुझे भी नहीं चला। अपनी दहलीज़ पर खड़ा मैं बड़ी देर से छोटी फूफी की राह देख रहा था।

यों शामें सब एक जैसी ही होती हैं, लेकिन कभी-कभी धुँधलके के अदृश्य डैनों पर उदासियों के कई-कई गाले शायद साँझ के साथ-साथ उतरते हैं। तब कुछ करने को जी नहीं चाहता। बस, यों ही निरुद्देश्य इधर-उधर देखते जाओ और समय को चुपचाप निकल जाने दो।

देखता हूँ कि बिलकुल गए दिन और गए बरस जैसी ही मुहल्ले की शाम है—

वही घर। सामने की वही धूल-भरी सड़क। उस पार के कच्चे और टूट रहे मकान में धोबी-बढ़ई के वही दुबले, मरझल्ले और नंगे बच्चों की चीख़ और लगातार चलती हुई ज़िद-भरी रिरियाहट। पड़ोस के बड़े फाटक वाले मकान से आधे वैद्य और आधे सुनार की जवान बीवी का वही रह-रहकर सड़क वालों को घूरना और एक अन्दाज़ में छिपना। उसके बाज़ू वाले मकान की चौखट पर टाँगें फैलाकर बैठी हुई शिवप्रसाद बाबू की बेवा का उसी उदास ढंग से ताके जाना। पुलिया पर रोज़ की तरह जमा होते हुए वही नई उम्र के आवारा लड़के। मोती तालाब के सिवार ढँके काले जल से भीगकर आती वही बिसायन्ध भरी हवा और अमराई पार के नल से जल का गगरा लेकर लौटती वही प्रौढ़ा, जवान या अधेड़ औरतों की राह चलती ठिठोलियाँ...

और इन सबको अपनी बन्द आँखों से देखता खड़ा है एक साबित सही खँडहर, जो बिलकुल मेरे मकान से लगा हुआ है। जब हम इस मुहल्ले में आए भी न थे और ज़रा होश सँभाला था तब से अब तक इसे लगभग इसी रूप में मैं देख रहा हूँ; हालाँकि पुराने नगर ने उसका साथ बरसों पहले छोड़ दिया है। और दूर की बात

छोड़ें, स्वयं मुहल्ले में वह बेमेल लगने लगा है। अजीब हुलिया है उस मकान का। क़िले की-सी मोटी-मोटी दीवारें, वैसे ही बड़े-बड़े फाटक और एक-एक फ़ुट मोटी लकड़ियों की सलाख़ों वाली भद्दी खिड़कियाँ! बरसों वह साँप-बिच्छू और भूतों का डेरा बना रहा, लेकिन मकान मालिक ने सुध नहीं ली थी। इधर उसके लड़कों ने थोड़ी व्यावसायिक बुद्धि से काम लेकर, पिता की चोरी-चोरी उसे पूरा करवा दिया। वे किसी को किराए पर उठाकर खँडहर आबाद करना चाहते थे; लेकिन जैसे ही पिता को मालूम हुआ, उसने अपने सामने मकान के दरवाज़ों को ईंट की दीवारों से भरवा दिया। अब स्थिति यह है कि मकान पहले से अधिक ढण्ढार-सा खड़ा है—निरुपयोगी और बेकार! न किसी के रहने-बसने लायक़ और न ही एकदम उजाड़! न नई इमारत बनती है और न पुरानी टूटती है।

रोज़ की तरह उस जीवित खँडहर से झींगुर-झिल्लियों और न जाने कितने अनाम कीट-पतंगों की मिली-जुली आवाज़ सारे मुहल्ले की शाम में और भी सन्नाटा उगल रही थी।

अन्तर कहीं था तो सामने वाले मोटर गैरेज में, जो आज बिलकुल नया-नया और बदला-सा लग रहा था। गैरेज मालिक के नाम और फ़ोन नम्बर वाले साइन बोर्ड पर सारी रात जलने वाले पच्चीस वाट के बल्ब के बदले ऊँचे पॉवर की रोशनी फैली थी। गेट से ऊपर कई रंगों के बार-बार जलने-बुझने वाले छोटे-छोटे बल्बों की लड़ियाँ थीं। गेट के अग़ल-बग़ल गई अहाते की दोनों दीवारों पर क़तार से मोमबत्तियाँ जलाई गई थीं, जिससे आधी अमराई का अँधेरा जा चुका था।

वैसे दूसरे दिनों की यहाँ की तस्वीर और ही होती है।

हर पाँच-सात मिनट के बाद माल से लदा हुआ कोई डीज़ल ट्रक गैरेज से छूटता है, लेकिन फिर भी एक के पीछे एक ऐसे तीन-चार लोडेड ट्रक गैरेज के सामने स्लिप आदि की प्रतीक्षा करते खड़े रहते हैं। सूखे दिनों में गैरेज-गेट के सामने वाली नजूल ज़मीन पर दो-तीन चारपाइयाँ डाल दी जाती हैं। मोटे-मोटे सरदार, लाल चर्बी चढ़ी हुई आँखों और कमज़ोर शरीर वाले मुसलमान ड्राइवर-क्लीनर, अनाज के व्यापारी, फूड डिपार्टमेंट के एक-दो इंस्पेक्टर और उनके दोस्तों में से एकाध मनचले—कमोबेश, ये ही सभी इन चारपाइयों पर रात देर तक जमे रहते हैं। भीतर बड़े ही ऊँचे वॉल्यूम पर रेडियो खुला होता है, जो सुबह पाँच-छह के पाकिस्तान वाले कार्यक्रम से शुरू होकर रात ग्यारह बजे रेडियो सीलोन के बन्द होने के पहले चुप नहीं होता; और फ़िल्मी गीतों के साथ मिला-जुला क़हक़हा, तालियाँ और 'जीते रहो, बाश्शाहो!' की आवाज़ें पास लगे मोती तालाब के जल और मुहल्ले को खँगालती रहती हैं।

तब अमराई के अँधेरे या तिगड्डे पर लेटे कुत्ते अचानक ज़ोर-ज़ोर से भौंकने लगते हैं, और नल पर रखे अधभरे बरतन को भरने वाली मोटी धार की गूँज थोड़ी

देर के लिए गुम जाती है। मोती तालाब के किसी जलपाखी के चिल्लाकर उड़ने और इधर भटक आने की आहट आती है। गूलर और खजूर के पेड़ों में लटके चमगादड़ों की एकाएक उठी, 'चिकिर्रर-चिकिर्रर' की तीखी आवाज़ रात को जैसे छीलती-सी लगती है। धोबी के बन्द दरवाज़े के एक कमरे वाले मकान के भीतर गोद का बच्चा मचल जाता है। सुनार-वैद्य अपनी खोखली छाती में ढेर-सा बलग़म लिए देर तक खाँसता है और फ़ालिज से बेकार हो गए आधे अंग वाली नन्दन की माँ बड़ी बेचैन करवट बदलकर गुहारती है—'हे राऽम ऽ ऽ म!'

फिर यहाँ से वहाँ तक खिंचा और तना हुआ सन्नाटा! जैसे एकाएक सोए हुए जल में एक कंकड़ पड़ जाए, दायरे बनें, फैलें, दूर तक फैलते जाएँ और फिर सतह पहले जैसी हो जाए। सिनेमा हाउस तक जानेवाली बीच की सड़क दम साधकर चुपचाप पड़ी रहती है। उस पर या तो भूले-भटके गश्त वाले सिपाही के बूट चरमराते हैं, सीटियाँ काँपती हैं या सिनेमा हाउस के सामने से फँसफँसाकर आ रही सस्ती औरतों की दबी-दबी फूटती हुई बेहया हँसी गूँजकर अँधेरे में खो जाती है। सारी रात अमराई में कुत्ते भौंकते हैं। और मुहल्ले में है क्या?

शायद इसीलिए नये रूप में मोटर गैरेज आज अच्छा लगा। बराबर लिपा-पुता साफ़-शफ़्फ़ाफ़, शोर-शराबे या हँसी-हुल्लड़ से दूर, रोशनी में लक़-लक़ करता। बिलकुल उस मोटर-ड्राइवर की तरह जो चाहे साल-भर गुनाहों में डूबा रहे, लेकिन ईद के दिन नये-नये कपड़ों में इत्र-फुलेल लगाए, आँखों में सुरमे की लकीरें गाढ़ी किए और टोपी से सिर छिपाए, बहुत अदब से ईदगाह के सहन में जा बैठे।

भीतर से क़ासिम भाई निकले। उनके सिर पर टोपी नहीं थी। रूमाल के छोर कानों के ऊपर अटकाकर उन्होंने अपना सिर ढँक लिया था। दीवार पर जलती मोमबत्तियाँ हवा से बुझ गई थीं, एक स्टूल पर खड़े होकर वह उन्हें जलाने लगे।

दो दिन पहले की दोपहर को भी अपनी दहलीज़ पर मैं ऐसे ही खड़ा था। यही घर। सामने के यही बच्चे। पड़ोस की यही जवान सुनारिन। यही अमराई और मोती तालाब से फूटकर आता उजाला और पुराने नलघर के पीछे वाले साठिया कुएँ से उठती हुई यही डसने वाली वीरानी...

धूप थी। हमेशा सामने पड़ी रहने वाली चारपाइयाँ खींचकर दीवार के साये में कर ली गई थीं। गैरेज के सामने कोई ट्रक नहीं था। वैसी शाम जैसी गहमागहमी भी नहीं थी, लेकिन बरामदे में दो ऊँचे-पूरे जाट टहल रहे थे। थोड़ी देर बाद वे नीचे आ गए और एक-एक चारपाई पर आमने-सामने होकर बैठ गए थे। भीतर ऑफ़िस रूम से फ़ोन पर चिल्लाते हुए क़ासिम भाई की आवाज़ आ रही थी—'हल्लो... हाँ जी जी...हाँ जी...'

तभी लाल चौड़े बॉर्डर वाली हलकी तोरई फूली साड़ी में, सिर पर गगरा लिये यही सुनारिन नल से लौटती दिखाई दी थी। गैरेज के सामने आने तक

उसकी चाल धीमी हो गई थी। गगरे के भार सहित चलने में असुविधा न हो, शायद इसीलिए अपनी साड़ी का पटली वाला भाग तीन-चौथाई पिंडलियों से ऊपर उठाकर, उसने बायीं कमर में खोंस लिया था; फिर भी उलटे-सीधे पाँव रखने के कारण पानी छलक कर चेहरा, गला, सीना और घुटनों को भिगो गया था।

जब वह चारपाइयों के पास से गुज़रने लगी थी, तो जाने क्या हुआ कि उसकी चाल और भी धीमी हो गई, और गगरे का पानी इतना छलका था कि उसे सँभालने के लिए एक क्षण ठिठक जाना पड़ा; लेकिन तो भी ब्लाउज़ का अगला हिस्सा बुरी तरह भीग कर ही रहा।

उतनी दूर से भी मैंने अनुमान लगाया था कि वैसे में बहुत हलकी-सी चमक और मुस्कुराहट उसके गीले चेहरे पर काँपकर तुरन्त लौट गई होगी।

चारपाई पर बैठे अपेक्षाकृत दुबले सरदार ने बैठने का अपना आसन बदल दिया था और सीधे उधर ही देख रहा था। उसकी जलभीगी छातियों पर सरदार की भूखी और नोचती आँखें तीर की तरह अटकी हुई थीं। वह उसी तरह देखे चला जाता कि उसके साथी ने अचानक अपनी हथेली रान पर पटककर पुकारने के स्वर में कहा, "ओए, की गल ए, सरदार जी..."

उसी समय बड़े फाटक से निकलकर सुनार-वैद्य अपनी नाक साफ़ कर रहा था। तनिक रुककर उसने यह सब देखा, अपनी पत्नी को आधी राह तय करने तक देखता रहा; गैरेज, चारपाई पर से सरदारों और मुझ पर एक सहमती हुई निगाह डाली और फिर चुपचाप भीतर चला गया।

रात जब बड़ा फाटक बन्द हुआ, तो बड़ी देर तक झगड़ा चलता रहा। मर्यादा आवाज़ दबाकर बोलने पर विवश करती थी लेकिन ग़ुस्सा था कि सब भुला देता और सुनारिन की तेज़ आवाज़ साफ़ सड़क पार कर आती थी, "ऐसा ही है तो मुझे परदे में बैठा दे...ताले में बन्द करके रख। मेरा उठना-बैठना, चलना-फिरना, कहीं आना-जाना पाप हो गया। न मरने दे, न जीने..."

"हूँऽऽऽ!" सुनार चिढ़ाने के ढंग पर शायद हाथ नचाकर बोला था, "कड़ाही में तो तल रहा हूँ न? जैसे तू तो सती-सावित्री है। दिन-भर दरवाज़े के पास खड़ा होकर लौंडों को तो मैं ही ताकता हूँ। छिनाल बना बहाने, दस बार निकल-निकलकर देख अपने यारों को और झोंक मेरी आँखों में धूल! जवानी एक तुझ पर ही तो आई है! जब देखो, छाती उछालती, चटकती-मटकती चली जा रही है। साली, किसी दिन तेरे ये दूध काटकर न फेंक दूँ तो कहना। न रहे बाँस, न बजे बाँसुरी..."

क्रोध में झपटकर तेज़ी से आने और पास डटकर ढिठाई करने की आहट, "ले...ले काट, काट कर फेंक...मैं भी तो देखूँ तेरी मर्दानगी!"

तड़-तड़ पीठ पर घूँसे पड़ने, छीनाझपटी करने और सुनारिन के रोने की आवाज़—"मार डाल! जान से ही ख़तम कर दे! तेरे जैसे पापी से तो छुटकारा मिले।

हरामी, जब दम नहीं था, तो शादी का शौक़ क्यों चर्राया था? पापी...हत्यारा!"

लेकिन उसके बाद अचानक सुनारिन की आवाज़ बन्द हो गई थी, जैसे किसी ने कसकर मुँह ही मूँद लिया हो। फिर एकाएक दबा हुआ स्वर बड़ी ज़ोर से सन्नाटे को चीरता हुआ मुहल्ले-भर में गूँज गया था, "माँ गोओओओ! माँ गोओओओ!"

पास-पड़ोस के लोग कुछ चौकन्ने हुए थे। एक-दो औरतें बन्द फाटक तक जाकर पल्लों को भड़भड़ाती हुईं, नाम ले-लेकर पुकारने लगी थीं। लेकिन इतने पर भी न तो सुनारिन का विलाप बन्द हुआ था और न ही फाटक खुला, तो कुछ लोग आशंकावश पीछे की दीवार फाँदकर आँगन में उतर गए थे।

दालान के कच्चे फ़र्श पर सुनारिन बिलकुल नंगी पड़ी हुई थी और बलपूर्वक उसे दबाए हुए उसका पति छाती पर बैठा हुआ था। अपने हाथ में सोने के ज़ेवर बनाने वाली छोटी हथौड़ी लिए वह युवती की नाभि के नीचे की नंगी हड्डी पर रह-रहकर चोट देता, दाँत पीसता और जैसे सबक सिखाने के ढंग पर गन्दी गालियाँ बकता हुआ कहता, "अब बोल, बोल..."

जैसे ही लोहे की मार उसकी हड्डी पर पड़ती, वह तिलमिलाती हुई, कमर उठाकर तड़पने या छूटने के प्रयास में छटपटाती, हाथ-पाँव तानती-फेंकती और फूहड़ से फूहड़ गालियाँ देती हुई चिल्लाकर रोती, "माँ गोओओओ..."

सहसा कूद-फाँद की आवाज़ से चौंककर सुनार ने अपनी गर्दन मोड़ी थी। पलटकर देखा, तो आँखों का ख़ून और गहरा गया। वहीं से पागलों की तरह वह चिल्लाया था, "क्या है? क्या है?"

फिर औरत को उसी तरह छोड़, काँपता हुआ वह आँगन में उतर आया था और जलती हुई आँखों से सबको घूरकर, गले की पूरी ताक़त से चिल्लाने लगा कि सब साले तमाशा देखने आए हैं! "अरे, यहाँ क्या देखते हो! जाओ, अपनी-अपनी माँ-बहनों को देखो!"

उधर सुनार से छूटते ही युवती की निगाह आँगन में खड़े परिचित-अपरिचित पड़ोसियों पर गई थी। बिजली जैसी फुर्ती से वह उठकर, घुटनों को समेटती हुई, सिकुड़ती बैठ गई थी। फिर लाज के भार से दबी नीची और असहाय आँखों से किसी सहारे या परदे के लिए आस-पास ताका था—भीतर का दरवाज़ा बन्द था और रसोईघर का फाटक दूर पड़ गया था। न उठते बन रहा था और न ही वहाँ बैठे रहते। अन्त में दोनों घुटनों को मोड़कर वह बैठ गई थी, रानों पर छातियाँ और पेट चिपकाया था। अपनी पीठ तथा सिर के बालों से शरीर को ढँक लिया था और घुटनों के बीच अपना मुँह डालकर फूट-फूटकर रो दी थी।

उस घड़ी तो बिना कुछ प्रतिवाद किए सब लौट गए थे। किसी ने भी एक शब्द नहीं कहा था, लेकिन दूसरी सुबह मुहल्ले-भर में बड़ी थुक्का-फज़ीहत हुई थी। आदमी उसे देखकर मुँह फेर लेते और औरतें अँगुलियाँ चटखा-चटखाकर कोसतीं

कि नासपीटा बुड्ढा आख़िर बुरी मौत मरेगा। देह से कोढ़ रोग न फूटे तो कहना! ऐसे पापियों को जाने कैसे मौत भी नहीं आती? भले मुँहबोली हो, जिसे बेटी की तरह पाला हो, उसे ही जवान होने पर पत्नी बना ले और ब्याहता बीवी को रास्ता बता दे, ऐसे आदमी के लिए पाप शब्द भी क्या हलका नहीं पड़ जाता?...

क़ासिम भाई स्टूल से नीचे उतर आए। दीवार पर अब पूरी तरह मोमबत्तियों की क़तार जगमगा रही थी। सादे रंगीन बल्बों और मोमबत्तियों की मिली-जुली रोशनी सारे गैरेज को निहायत आकर्षक रूप दे रही थी। उसे सन्तोष-भरी आँखों से देखते-देखते क़ासिम भाई के कानों से रूमाल के छोर निकल गए, और सिर नंगा हो गया था। ऊबकर रूमाल में गाँठें लगाते हुए वह भीतर हो गए।

कोई दो मिनट बाद वह फिर बाहर निकलते दिखाई दिए। दरवाज़े के पास क्षण-भर के लिए ठिठके और अपने किसी नौकर को समझाते हुए सड़क पर आ गए। तब भी उनका रूमाल से ढँका सिर देखकर पूरी तरह यक़ीन हो गया कि क़ासिम भाई फ़ातिहा देने के लिए घर जा रहे हैं। आज शबेबरात है और अपनी-बिरानी रूहें घर-दहलीज़ पर इन्तज़ार कर रही होंगी...

मैंने बेसब्री के साथ छोटी फूफी के घर को जाने वाली सड़क की ओर देखा। उनके आने के कोई चिह्न दिखाई नहीं दे रहे थे, हालाँकि कहला गई थीं कि पाँच-एक मिनट में मुझे लेने वह आती ही हैं।

पिछले दो बरसों से छोटी फूफी के यहाँ शबेबरात की फ़ातिहा अब्बा ही दिया करते थे, लेकिन इस बार उनकी ग़ैरहाज़िरी में यह काम मुझे सौंप दिया गया था। दोपहर में स्वयं छोटी फूफी याद दिलाने आई थीं कि फ़ातिहा की सारी तैयारियों के बाद वह ख़बर भेजकर मुझे बुलवा लेंगी, लिहाज़ा अपने घर का काम मैं सरेशाम ही निबटा लूँ। ख़ानदान हमारा भी बड़ा है और शबेबरात की फ़ातिहा में घंटे से कम नहीं लगता, लेकिन इस बार अम्मी को बताए बिना गुज़रे हुए बुज़ुर्गों की फेहरिस्त में से चन्द नाम मैंने काट दिए थे, और अब आधे समय में ही काम निबटाकर छोटी फूफी की राह देख रहा हूँ...

"अरे, छोटी के यहाँ कब जाएगा, बब्बन?" अचानक बरामदे वाला दरवाज़ा खोलकर अम्मी ने पूछा।

मैंने एक बार उस सड़क की ओर देखकर कहा, "वहीं जाने के लिए तो खड़ा हूँ, अम्मी! देखो तो, इतनी देर हो गई, फूफी ने अब तक ख़बर ही नहीं भेजी।"

"ख़बर क्या आनी है?" उन्होंने कहा, "क्या छोटी तुझे लेने आएगी, तभी जाएगा? ख़ुद जाकर नहीं देख सकता कि क्या देर है?"

बात यह है कि मैं छोटी फूफी के यहाँ अधिक जाता नहीं। तीज-त्यौहार या

ईद-बक़रीद की बात और है। लेकिन सिर्फ़ इसी कारण रुका रहा होऊँ, ऐसा भी नहीं है। बहुत-सी बातें हैं, जिन्हें अम्मी नहीं समझतीं। अब इसी पहले से जाकर बैठे रहने की बात को लो। चलो, जाने की बात समझ में आती है लेकिन तैयारियाँ पूरी हुए बिना जाऊँ तो फूफी को बड़ी असुविधा होगी। जाने कितने जोड़-तोड़ के बाद यह हो रहा होगा। ग़रीबी बुरी होती है। शायद सोचें कि एक तो मैं यूँ ही आता-जाता नहीं, त्यौहार-बहार के दिन भी जल्दी पहुँचकर खिसकना चाहता हूँ।

"वह कौन है? रूबीना है क्या?" सहसा अम्मी ने सामने देखते हुए मुझसे कहा।

सचमुच, घर के सामने वाली सड़क के किनारे-किनारे सिमटता हुआ कोई आता दिखाई दे रहा था। थोड़े पल हम दोनों उधर देखकर, पहचानने की कोशिश करते रहे। फिर अम्मी ने पुकारने के स्वर में कहा, "कौन, रूबीना?"

रूबीना ही थी। अपनी ओढ़नी का पल्लू ठीक करती हुई आकर दहलीज़ के पास खड़ी हो गई और धीरे-से बोली, "भाईजान..."

तभी सड़क पर ख़ूब ढेर-सी रोशनी दूर-दूर तक फैलाता हुआ एक ट्रक आकर गैरेज के सामने रुका और उसका इंजिन कई मिनट तक घरघराता रहा।

हम लोग सड़क पर आ गए और रूबीना मेरे पीछे-पीछे चलने लगी। रूबी फूफीज़ाद बहन है। अकसर घर आती-जाती रहती है, लेकिन मेरा भी अजीब स्वभाव है कि बाहर से पढ़ाई ख़त्म करके लौटने के बाद इधर उससे गिनी-चुनी बातें ही की होंगी। याद नहीं आता कि कभी ललककर दो बोल बोले हों या प्यार से कुछ पूछा-कहा हो। मेरी इस अनावश्यक चुप्पी या बेपरवाही से रूबीना ज़रूर सहमती थी, क्योंकि बिना ज़रूरत या काम के न तो वह कभी सामने आई और न ही मुझसे अपनी ओर से कुछ कहा। लगा, भाई-बहनों के बीच यह अपरिचितों जैसी दूरी बनाए रखने का अपराधी मैं ही हूँ। ग़रीबी बुरी होती है। पता नहीं, रूबीना क्या सोचती होगी?

अपेक्षाकृत मैं आगे निकल आया था, अत: ज़रा ठहरकर मैं रूबीना के पास आने की प्रतीक्षा करने लगा। शायद इसी बहाने उसे ठीक से देखा भी। देखकर मन को बड़ा धक्का लगा। रूबीना इतनी बड़ी हो गई है, यह बात मेरे मन में पहले कभी नहीं आई थी। उसके बारे में अम्मी की सारी शिकायतें याद हो आईं कि लड़की ताड़ जैसी लम्बी हो गई है, लेकिन सलीका ज़रा भी नहीं। पढ़ाई-लिखाई तो पहले ही छोड़ बैठी है, अब सारा बेढंगापन लिये घर में माँ-भाभी को परेशान करती रहती है। छोटी फूफी से एक तो तक़दीर यूँ ही मुँह फेरे हुए है, जाने इसके नसीब क्या होंगे।

"रूबी," पास आने पर मैंने बड़ी ममता से कहना चाहा, तुम क्यों बुलाने चली आईं? किसी लड़के को भेज दिया होता।

लेकिन कहा नहीं गया। यह सच है कि मुहल्ले में आवारगी बहुत बढ़ गई है और जिसका पालने वाला नहीं होता, उस पर हँसने वाले बहुत होते हैं...

रसूल मुंशी के घर में बड़ी जगमग थी। क़तार से मोमबत्तियाँ जला रखी थीं और नॉयलान की फ्रॉक-ओढ़नी में उनकी बच्चियाँ चबूतरे पर धमाचौकड़ी मचाए हुए थीं। रसूल मियाँ की सबसे बड़ी लड़की जो इधर परदा छोड़कर ग्राम-सेविका की नौकरी करने लगी है और अकसर जीप में इधर-उधर घूमती-फिरती दीखती है, दरवाज़े के पल्ले से लगी हुई बाहर झाँक रही थी। हम लोगों पर निगाह पड़ी, तो एक क्षण के लिए ठिठकी-सी देखती रही, फिर परदानशीनों की तरह छिप गई।

इसी परदे लिहाज़ की बात पर एक बात शादी की है।

घर में मेहमानों की बड़ी भीड़ थी और इससे अधिक भीड़ थी छोटे-छोटे बच्चों की जिनके शोर-शराबे में कानों के परदे फटे जा रहे थे। पिछवाड़े के आँगन में औरतों का हुजूम था और 'हरे मँडवे के नीचे क्या परदा' की दलील के साथ हर देखा-अदेखा एक-दूसरे के सामने हो रहा था; चाहे जवान कुँवारी लड़कियाँ हों, भरी-पूरी ब्याहताएँ या प्रौढ़ाएँ।

आँगन के एक ओर पड़ी चटाई पर बैठी छोटी फूफी रात के खाने के लिए लहसन छील रही थीं। उनके साथ पान रँगे होंठों में मुस्कुराहट समेटे हुए सागर वाली बहू बैठी थीं। दोनों चुप थीं, उनसे ज़रा दूर चूल्हे के सामने अड़ी हुई मुमानी पतीली में कुछ बघारती-भूनती हुईं बराबर बड़बड़ाए जा रही थीं। थोड़ी देर में मुमानी से जाने क्या बातें हुईं कि अपनी झलमलाती आँखें लिये छोटी फूफी वहाँ से उठ आईं और फिर लौटकर आँगन में नहीं गईं। बाद में सागर वाली बहू ने बताया कि मुमानी ने रूबीना के बाहर निकलने को लेकर छोटी फूफी को ताना दिया था। मुमानी ने पहले भी कई बार शिकायत की थी कि रूबीना चाहे सारे मुहल्ले में घूमे-फिरे, एक उन्हीं के यहाँ आने के लिए बेपर्दगी और दूरी हो जाती है। भले ही लौंडों से घिरी दुकान में सामान ख़रीदने के बहाने एक-एक घंटा खड़ी रहे...

सहसा एक अजीब बिसायन्ध और तीखी-सी बू के मारे मेरे पाँव ठिठक गए। मैं कुछ पूछूँ कि रूबीना ही बोली, "सामने तालाब है न...उससे रात को ऐसी ही बू आती है..."

सिवार, चीला, लद्दी, पुरानी कीचड़ तथा मछली-गन्ध वाले काले जल की अजीब मिली-जुली और दमघोंट दुर्गन्ध! याने अवश्य ही फूफी का घर पास आ गया है।

केवल रात को ही यह तालाब अपनी उपस्थिति जताता हो, ऐसा नहीं है—मुहल्ले वालों और विशेषकर फूफीघर से चौबीसों घंटे का साथ है। यों अधिक दूर न होते हुए भी इसी मोती तालाब का एक तट जैसे फूफीघर के अहाते को छूता हुआ चलता है। दूसरी ओर आम के बेहद पुराने पेड़ों का झुरमुट है तथा मिट्टी की एक उठी हुई टेकरी तालाब के कुछ भाग को ढाँपे हुए है। वैसे भी गन्दगी तथा

जोंक के कारण वह यूँ ही पड़ा है और केवटों के छोटी-छोटी मछलियों के शिकार के अलावा और किसी काम का नहीं...

"ज़रा देखकर, भाईजान..." कहकर रूबीना ने पीछे से चेतावनी दी और घुटनों की सलवार एक हाथ से पकड़कर एहतियातन ख़ुद आगे निकल गई।

पहले बरामदा, सँकरा गलियारा और उसके बाद बीच की अँधेरी कोठरी से होते हुए हम लोग भीतर आए। आँगन के बाद अहाते के भीतर ही आउट हाउस की तरह एक दूसरा मकान है जिसके एक कमरे में छोटी फूफी रहती थीं और दूसरे से बावर्चीख़ाने का काम लिया जाता था।

जंगले से हम लोगों को देखकर छोटी फूफी उठ आईं। बोलीं नहीं, जैसे उठकर आना ही, 'आओ बेटे, भीतर आओ' कहना हो। आदाब करके सहमता हुआ मैं धीरे-से चटाई पर बैठ गया और आगे उनके कुछ कहने की प्रतीक्षा करने लगा।

बावर्चीख़ाने वाले दरवाज़े के पास एक कालिख अटी लालटेन जल रही थी। भीतर शायद भाभी नहीं थीं। लालटेन से ज़रा दूर ही ज़मीन पर लगभग दो-तीन गज़ गोलाकार जगह में सफ़ेदी पोत कर पाक की गई थी। उसी पर फ़ातिहा का सारा सामान रखा हुआ था।

एक बार बावर्चीख़ाने की ओर देखकर मैंने पूछा, "फूफी, भाभी कहाँ हैं?"

छोटी फूफी एक क्षण के लिए रुकीं और फिर बोलीं, "अपने कमरे में होंगी।"

भाभी की तबीयत पिछले कई हफ़्तों से ठीक नहीं। आठवाँ महीना चल रहा है। मुँह, हाथ-पैर और सारे शरीर में सूजन आ गई है और इधर कुछ खा-पी भी नहीं सकतीं। मोहसिन यों सारे घर से उदासीन हो गया है, जैसे उसका कहीं कुछ भी न हो।

"घर पर मोहसिन नहीं है?"

"कौन?" एक पल के लिए छोटी फूफी समझ नहीं पाई थीं, "वह रहता ही कब है? सुबह से जो निकलता है तो दोपहर में भी नहीं आता। पता नहीं, कहाँ खाता-पीता और क्या करता है? मेरे फ़रिश्तों को भी ख़बर नहीं। दुलहन बताती है कि रात ग्यारह-बारह बजे आकर चुपचाप सो जाता है।"

"कहीं कुछ काम-धन्धा करने लगा है?"

"यही होता तो फिर रोना किस बात का था?" फूफी बोलीं, "ख़ुदा जाने उसके मन में क्या है। बहुत दिनों तक तो मुझे झाँसे दिए, अब मुँह छिपाने लगा है। मैं भी सोचती हूँ, ठीक है, सब भोगने के लिए तो मैं बैठी ही हूँ। सारे दुःख-दर्द, बाल-बच्चों की झल्लाहट, लोगों के ताने-उलाहने और अपने नाम की बदनामी...बताओ, क्या मैंने उसे सिखाया है कि बेकार घूमो, बीवी-बच्चों का ख़याल न रखो; लेकिन समझता कौन है? मैं भी कहती हूँ, हाँ, मुझे भूखे मरने का शौक़ है..."

तभी जंगले की चौखट पर कोई बच्चा आ खड़ा हुआ। छोटी फूफी ने उठकर उसके हाथ से पुड़िया ली और आती हुई बोलीं, "लोबान मँगाना भूल गई थी। बेटे, तुमने वज़ू कर लिया हो तो चलो, चलकर बैठो।"

छोटी फूफी के पीछे-पीछे मैं भी बावर्चीख़ाने में आया। चूल्हे के सामने तख़्ते पर फूफी बैठीं और मैं फ़ातिहा देने के लिए पाक ज़मीन पर। उसके बाद पास रखी बड़ी शीन उठाकर फूफी ने फ़ातिहा के लिए रोटी और हलवा ठीक करना शुरू कर दिया। रूबीना उन्हीं के पास आकर बैठ गई।

वास्तव में सारी बदनामी छोटी फूफी के नाम की होती है और अब घर का सब कुछ होते हुए भी मोहसिन यूँ भागा-भागा फिरता है जैसे फूफी उसकी माँ न हो और हो भी तो सारी ज़िम्मेदारी बस अकेले उन्हीं के कंधों के लिए है। मोहसिन के पिछले जीवन की यह परिणति होगी, यह किसने सोचा था?

"तुम्हें पता है न?" फूफी ने कहा, "अच्छी-ख़ासी नौकरी थी, उससे हाथ धोकर अब मारा-मारा फिर रहा है। माँ-बहनों की थोड़ी भी शर्म होती तो वह ऐसा क्यों करता? ख़ैर, यह भी अपने-अपने नसीब की बात है"...कहकर उन्होंने एक साँस ली और रूबीना की ओर देखकर बोली, "बेटी, आग हो गई हो तो ऊददानी भर ला।"

यही है शबेक़द्र—वह रात जो इबादत और दुआ की रात कहलाती है। यही है अज़ाब से तौबा करने का बेशक़ीमती मौक़ा, जब जन्नत के दरवाज़े खुले होते हैं और जब सिर्फ़ एक रात की इबादत चार सौ बरस के सिज़दे के बराबर होती है। लिहाज़ा जहाँ दो जून ठीक से रोटी का प्रबन्ध न हो सके, वहाँ फ़ातिहा की इतनी सारी तैयारी छोटी फूफी ने कहाँ से कर ली, यह सोचना भी गुनाह में पड़ना था। सोचा, जो इतनी बड़ी दुनिया का मालिक है, जिसे नन्हीं से नन्हीं चींटी के मुँह में भी निवाले पहुँचाने की फ़िक्र होती है, उसी ने चाहे जैसे हो, आज फूफी को भी इस लायक़ बना दिया है कि वह उसके नाम से लोबान जला सकें।

जब ऊददानी आ गई, तो छोटी फूफी किसी पुरानी पेटी से वह फ़ेहरिस्त निकाल लाईं जिसमें अव्वल से लेकर आख़िर तक ख़ानदान के सारे गुज़रे हुए लोगों के नाम दर्ज थे। बहुत पुराने काग़ज़ पर धुँधली स्याही में फूफा की लिखावट मैंने साफ़-साफ़ पहचानी। सबके नाम थे—उन सबके, जो पहले कभी फूफा के घर-परिवार के थे और जिन्होंने अब आँखें मूँद ली हैं...

युगों से चली आ रही आस्था और विश्वास के अनुसार मैंने कल्पना की कि फूफा समेत और सारे गुज़रे हुए लोगों की रूहें आज इस घर के कोनों-अँतरों में उतरकर, फ़ातिहा की प्रतीक्षा कर रही हैं; लेकिन उनके नाम पर लोबान छोड़ने वाला मोहसिन, आज शबेबरात को भी घर पर नहीं है।

पहला खंड

अल फ़तिहा : लौटती हुई लहरें!

एक

गोलाकार व सफ़ेदीपुती पाक ज़मीन पर उन तमाम ज़रूरी चीज़ों का फैलाव था, जो फ़ातिहा के लिए ज़रूरी थीं—काँच के एक गिलास में भरा अछूता पानी, छोटी कटोरी में सन्दल, उसमें डूबे गुलाब के फूल, मद्धम पड़ते अँगारों वाली ऊददानी, काग़ज़ की पुड़िया में पिसा हुआ लोबान और बीचों-बीच जलती अगरबत्तियों से उठने वाली महक...

छोटी फूफी ने तामचीनी की एक रक़ाबी में दो रोटियाँ और हलवा धरकर फ़ातिहा के लिए मेरी ओर सरका दी। मैंने वह फ़ेहरिस्त उठाई। सबसे पहले मिर्ज़ा करामत बेग़ का नाम था...

साल या सन् की याद किसी को नहीं। बरसों पहले कभी मिर्ज़ा करामत बेग़ बस्तर आए तो पुलिस के दारोग़ा थे।

यहाँ आने के बाद तीन-एक बरस नौकरी भी निभाई। रियासत का दौर था और सस्ते का ज़माना। चावल रुपये का एक मन, गेहूँ डेढ़ मन और घी दस सेर का मिलता। मुर्ग़-बतख़ों या हलाल जानवरों के लिए पैसे ख़र्च करने की कभी ज़रूरत नहीं पड़ती थी। राजा रियासत का होगा, गाँव और अपने इलाक़े का भाग्य-विधाता तो पुलिस दारोग़ा ही होता था। लेकिन एक बार बस्तर आने के बाद फिर मिर्ज़ा वापस नहीं गए और इस धरती का मोह इतना बढ़ा कि तबादला होने पर उन्होंने नौकरी छोड़ दी।

तब बिलकुल अकेली जान थे। किसी की चिन्ता किसी का बोझ नहीं। जैसा कुछ लोगों ने जाना, उनके मुताबिक़ अविवाहित थे हालाँकि उम्र तीस से अधिक हो चुकी थी। ऊँचा पूरा शरीर, रोबीली मूँछें और गेहुँए रंग के प्रभावशाली नक़्श। अकसर कुर्सी छिनने के बाद आदमी की पूछताछ कम हो जाती है, लेकिन यह बात मिर्ज़ा के लिए सही नहीं रही। नौकरी के बाद भी जब उन्होंने चूड़ियों का रोज़गार शुरू किया तो उनके रोब-दाब में कहीं कमी नहीं पड़ी।

इतनी अच्छी-ख़ासी नौकरी छोड़कर यह चूड़ियों वाला बेहनों-पिंजाड़ों का

धन्धा उन्होंने क्योंकर पसन्द किया, इसके बारे में कई बातें कही-सुनी जाती थीं।

एक कहानी यह भी थी...

मिर्ज़ा की रोज़ सुबह मुँह अँधेरे टहलने की आदत थी, लेकिन पुलिस की नौकरी से इसमें बड़ी बाधा पड़ती थी। यहाँ तो सुबह परेड में पहुँचने की जल्दी पड़ जाती थी और मिर्ज़ा ड्रेस-पट्टे से लदे-फँदे बिलकुल बुझे मन से परेड में शामिल होते थे।

यह शौक़ इतना बढ़ा कि दिन-ब-दिन उनका मन अधिक उदास होता गया और अन्त में एक दिन उन्होंने दो महीने की छुट्टी ली और घर बैठ गए।

सर्दियों के दिन थे। सुबह इतना कोहरा पड़ता था कि सब ओर सिवाय धुएँ के और कुछ नहीं दिखाई पड़ता था। लेकिन इससे मिर्ज़ा का उत्साह बिलकुल भंग नहीं हुआ। मुँह अँधेरे उठकर वह हाथ में छड़ी लेते और दूर-दूर के मैदानों तक टहलते हुए निकल जाते।

उन दिनों बस्तर कुछ और ही था और जगदलपुर एक निहायत ही छोटा और गाँवनुमा क़स्बा। कुल मिलाने पर तथा ले-देकर ख़ास सड़क भी एक थी, जो राजमहल से निकलती और बाज़ार तक जाती। पक्के मकानों के नाम पर गिने-चुने एक या दो थे और बाक़ी सारे लोग झोंपड़ियों में रहते थे। जंगल एकदम पास तक लगा हुआ था और रात में अकसर चीते-तेंदुए क़स्बे में घुस आते थे।

प्राय: टहलकर लौटने के बाद हफ़्ते-दो हफ़्ते में कोई-न-कोई रोमांचकारी घटना मिर्ज़ा ज़रूर सुनाते कि अमुक मैदान से जब वह गुज़र रहे थे तो उन्हें रास्ते में चीता या तेंदुआ मिल गया और उसे कुत्ता समझकर उन्होंने भगा दिया। पहाड़ी के पास वाली बड़ी वाल्मीक खोदते हुए भालुओं से कैसे एक दिन आमना-सामना हो गया। और लोग चाहे विश्वास करें या न करें, उन्होंने नाग और धामन साँप का जोड़ा एक नहीं, दो-दो बार देखा है! लोग पूछते, "तब तो यह जगह ख़तरे से ख़ाली नहीं?"

"यक़ीनन।" मिर्ज़ा कहते, "लेकिन क्या करें, ख़तरे के डर से आदत तो नहीं बदली जाती।"

सरकारी क्वार्टरों में रहने वाले प्राय: सभी पड़ोसी बड़ी उत्सुकतापूर्वक मिर्ज़ा की बातें सुनते और मन-ही-मन उनका लोहा मानते, सिवाय उस एक पंडित के, जो उनके ठीक सामने रहता था। मिर्ज़ा जब भी कोई बात करने लगते, वह पहले तो गरदन झुका कर मन्द-मन्द मुस्कुराता, फिर दूसरी ओर देखकर, उपेक्षापूर्वक हँसता हुआ कहता, "यार मिर्ज़ा, टहलने तो हम भी जाते हैं। हमें ही ससुरा चीता-भालू कभी क्यों नहीं मिलता?" या—"किस मैदान की ओर जाते हो? कभी हमें भी साथ ले चलो, तो उसे पकड़कर घर ले आएँ!"

ऐसे अवसर पर मिर्ज़ा कुछ नहीं कहते। उतरे हुए चेहरे से एक-दो बार हँसते

और टाल जाते। पंडित की उपस्थिति में तो कुछ नहीं कहते लेकिन उसके चले जाने के बाद मौक़ा पाकर बोलते, "पंडित हमसे चिढ़ता है। पहले हम अपने पीने के लिए दूध इसके यहाँ से ही लेते थे लेकिन इसने पानी मिलाना शुरू कर दिया तो छुड़वा दिया। अरे, सच्चाई और ईमान का तो ज़माना ही नहीं रह गया। भाई, अच्छा माल दे, तेरे पास से ही लेंगे। उसमें क्या है, पैसे तो कहीं भी देने ही हैं।"

उनकी छुट्टी के ख़त्म होते-न-होते एक नया गुल खिला और मिर्ज़ा को लेकर बस्ती में बड़ी फूहड़-सी बात फैल गई...

रोज़ की तरह मिर्ज़ा उस दिन भी टहलने के लिए गए थे, पर पता नहीं कब और कहाँ वह दूध वाला पंडित मिल गया और क्या बातें हो गईं कि उस दिन वह बड़ा उदास चेहरा लिए लौट आए। लौटते हुए उजाला हो गया था। और पास-पड़ोस के सभी लोग दातौन-मुखारी के लिए आँगन-बाहर हो रहे थे। और दिन तो मिर्ज़ा के चेहरे से ताज़गी और उत्फुल्लता टपकी पड़ती थी। छड़ी घुमाते हुए वह कइयों से अदब-आदाब करते और किसी-न-किसी को काहिली से देर तक सोने के लिए ज़रूर झिड़कते। वह शे'र सुनाते जिसमें सुबह जल्दी उठकर टहलने की महत्ता बखानी गई हो।

पर उस सुबह न तो क़िसी की ओर देखा, न किसी से सलाम-दुआ की, न किसी को कोसा और न ही दोहा-चौपाई पढ़ी। गरदन झुकाए-झुकाए सीधे अपने घर में घुस गए, दरवाज़ा लगा लिया और सारा दिन किसी को दिखाई नहीं दिए।

गाय-भैंसों को चरवाहे के हवाले करने के बाद पंडित अपने घर के चबूतरे पर आ बैठा, लाठी पटक-पटककर उसने कई लोगों का ध्यान अपनी ओर आकर्षित किया और हँसकर बोला, "अरे, आज बात क्या है, मिर्ज़ा दिखाई नहीं देते? कहाँ हैं? बुलाओ, भाई बुलाओ! उनका चीता आज हम देख आए...बुलाकी, ओ बुलाकी! अरे, तू भी चीता देखेगा?"

बुलाकी कम उम्र का जवान लड़का था, जिससे पंडित हमेशा मज़ाक किया करता था। पंडित की बात पर वह मुस्कुराया और उसके साथ दो-चार और लोग पंडित के पास खिंच आए।

"पंडित कक्का, क्या सचमुच देखा? कैसा था? क्या डर नहीं लगा?"

उन्होंने बुलाकी की पीठ पर ज़ोर से अपनी हथेली पटककर कहा, "अरे, बड़ा सुन्दर चीता है, बेटे! ऐसा कि तेरा भी जी ऊभ-चूभ हो जाए..."

एक लम्हे के लिए रुककर पंडित ने अपनी बात की प्रतिक्रिया उपस्थित लोगों के चेहरे पर देखनी चाही, फिर मिर्ज़ा के बन्द घर की ओर देखकर ज़ोर से बोले, "हम भी कहें, ससुरा रोज़-रोज़ हमें कैसे नहीं मिलता! सो ख़ास कर आज मिर्ज़ा की राह देखी, सोचा कि उनके पीछे-पीछे चलेंगे। पहले से तैयार बैठे थे। मिर्ज़ा को निकलते देखा तो फिर उन्हें नहीं छोड़ा, चुपके से उनके पीछे हो लिये। कोहरे के

मारे कुछ दिखाई नहीं देता था, इसीलिए शायद मिर्ज़ा हमारा आना जान नहीं पाए। थोड़ी दूर तक तो वह ठीक चलते रहे, लेकिन फिर मैदान छोड़ दूध वालों के मुहल्ले की ओर मुड़े, तो हमारा माथा ठनका। हमने ग़लत अन्दाज़ नहीं लगाया था..." कहकर पंडित ने बीड़ी का गुल झाड़ा, एक कश लिया और थोड़ी देर मुस्कुराते रहे।

लतीफ़ सिपाही ने (जिसे मिर्ज़ा परेड में अकसर डाँटते थे) उत्सुकता के मारे मुँह खोल दिया और ज़रा पास सरक आया। बुलाकी के पीछे से किसी ने पूछा, "अन्दाज़ क्या था, पंडित कक्का?"

"हम कहें, कहीं ऐसा न हो कि मिर्ज़ा हमें देख लें और सारा खेल बिगड़ जाए, सो ज़रा पीछे रह गए। रावतों और दूध वालों का मुहल्ला था और घर-घर के सामने गाय-भैंसें बँधी थीं। अचानक एक घर के पास से लकड़ी के आहिस्ता-आहिस्ता पीटे जाने की आवाज़ से हम चौंककर होशियार हो गए। वह एक दूध वाले के गोठान की बल्ली को अपनी छड़ी से आहिस्ता-आहिस्ता और थम-थमकर पीट रहे थे। कोई पाँच-एक मिनट के बाद घर से शायद कोई निकला और मिर्ज़ा के साथ-साथ मैदान वाली सड़क की ओर चलने लगा। जैसे ही खुले मैदान में वे लोग पहुँचे, हमने दोनों को पहचान लिया। अचानक हमें देखकर मिर्ज़ा ऐसे ठिठके, जैसे साँप देख लिया हो। बिलकुल घिग्घी बँध गई। हमने कहा, 'कहो मिर्ज़ा, रोज़-रोज़ यही चीता देखकर जाते थे क्या?' मिर्ज़ा बेचारे कुछ बोल नहीं पाए। चुपचाप अपने साथ की लड़की की ओर देखा करें..."

"लड़की?" बुलाकी और लतीफ़ सिपाही अपनी जगह पर जैसे उछल पड़े।

पंडित ने ज़ोर का ठहाका लगाया और उठकर जैसे सभा भंग करते हुए बोले, "हाँ हाँ, लँगड़े रावत की लड़की बिट्टी रौताइन, जो ख़ूब बन-ठनकर दूध बेचने निकलती है। और क्या पंडित ने ग़लत अन्दाज़ लगाया था?..."

मिर्ज़ा के बारे में यह बात बस्ती में बुरी तरह फैली और फैलाई गई और लोगों ने ख़ूब चटखारे लिये। उस रोज़ के बाद मिर्ज़ा का सुबह टहलना नहीं हुआ। छुट्टी के बाक़ी दिनों की सारी सुबहें उन्होंने घर पर ही गुज़ारीं और उसके बाद परेड में जाने लगे। दरअसल, उस घटना ने उनके जीवन के सारे क्रम को बदल दिया था। अब न वह बाहर आकर किसी के यहाँ बैठते और न ही किसी से बातचीत करते। सामने का दरवाज़ा अकसर बन्द रहता और आना-जाना उन्होंने पिछवाड़े से शुरू कर दिया था।

उसके बाद कठिनाई से एक महीना ही बीता होगा कि एक रात उनके यहाँ हंगामा मचा। पुलिस के चार-छह सिपाहियों के साथ ख़ुद कप्तान साहब मिर्ज़ा के घर जा पहुँचे। बड़ी देर तक अकेले में कप्तान साहब मिर्ज़ा को समझाते रहे, फिर बाहर बैठे सिपाही बुलाए गए और उनकी ख़ानातलाशी शुरू हुई।

ख़ानातलाशी के बीच कप्तान साहब ख़ुद मिर्ज़ा को समझाने के ढंग पर कहते,

"मिर्ज़ा, सच-सच कह दो, इसी में तुम्हारा भला है। तलाशी में अगर तुम्हारी बात झूठी निकली तो याद रखना, मुझसे बुरा कोई न होगा..."

लेकिन मिर्ज़ा ने सचमुच झूठ कहा था। सारे कमरों की तलाशी और देखभाल के बाद जब रसोई के बाज़ू वाले खुले बरामदे में सिपाही गए तो अपनी जगह पर टूटे हुए से मिर्ज़ा बैठ गए और बिलकुल असहाय आँखों से उधर देखते रहे।

वैसे बरामदे में कुछ नहीं था। कुछ जलाऊ लकड़ी का ढेर, दो-चार फटे बोरे, अंडों पर बैठी हुई मुर्ग़ी, ख़ाली कनस्तर और एक पीपा खड़िया मिट्टी। एक ओर चक्की के पत्थरों के पास धान रखने की ढोलगी पड़ी हुई थी। एक-दो सिपाही ढोलगी की ओर बढ़े। कप्तान साहब ने पूछा, "इसमें किसका धान है?"

मिर्ज़ा ने जवाब नहीं दिया। थोड़ी देर दयनीय आँखों से देखते रहे, फिर मुँह खोलकर गहरी साँस ली। तभी किसी सिपाही ने ढोलगी को टेढ़ी कर ज़मीन पर लिटाना चाहा और उसके भीतर से अचानक बिट्टी रौताइन निकल आई।

कप्तान साहब थोड़ी देर मिर्ज़ा की ओर देखते रहे, फिर बिना कुछ कहे बाहर निकल गए।

दूसरे दिन मिर्ज़ा की बदली बस्तर के उस इलाक़े में हो गई जो उस ज़माने में काले पानी से कम न था। सारा इलाक़ा बरसात में कट जाता था और खाने-पीने की सख़्त तकलीफ़ होती थी। अलावा इसके हर दो दिन में एक क़त्ल-ख़ून का मामला, जंगल-झाड़ी की भाग-दौड़ और तौबा...घबराकर मिर्ज़ा ने नौकरी छोड़ दी।

इस्तीफ़ा देने के बाद देहात से लौटकर आए तो उस पुराने मुहल्ले में नहीं गए। सरकारी क्वार्टर छोड़ने पर भी उसी मुहल्ले में एक अच्छा मकान मिल रहा था, पर उन्होंने उसे लिया नहीं। शायद सेहत का ध्यान रखकर ही मोती तालाब में एक छोटा-सा मकान ख़रीद लिया। वह मोती तालाब—जो उन दिनों बहुत ही उजाड़-सा मुहल्ला था। एक तो थोड़ी-सी आबादी थी, दूसरे जो थी, वह भी एकदम छोटे, मामूली और मज़दूरपेशा लोगों की...

और यहीं आकर मिर्ज़ा ने वह चूड़ियों का धन्धा कर लिया। पहले छोटे पैमाने पर काम शुरू हुआ, फिर बैलगाड़ी भी आ गई और देखते-देखते पुराना मकान टूटकर नया और बड़ा बन गया। बिट्टी रौताइन को लेकर बदनामी बदस्तूर चलती रही। लोग गाहे-बगाहे चर्चा और कानाफूसियाँ करते रहे, लेकिन उस दिन सबकी ज़बान बन्द हो गई जब बिट्टी एक सुबह खुलेआम आकर घर बैठ गई और फिर लौटकर अपने घर-समाज में नहीं गई। बिट्टी के समाज में बड़ा हंगामा मचा। लोग लाठियाँ लेकर मिर्ज़ा के घर चढ़ दौड़े कि एक अच्छी भली जाति की, हिन्दू घर की लड़की को मुसलमान ने वरग़ला लिया है।

पर अपने पिता और समाज के सारे लोगों के सामने बिट्टी ने निहायत दृढ़ता और साहसपूर्वक साफ़-साफ़ कह दिया कि वह अपनी मर्ज़ी से मिर्ज़ा के घर आई

है, उन्हीं के साथ रहेगी और अब लौटकर घर वापस नहीं जाएगी।

आख़िर बात आई-गई हो गई और घुटनों तक धोती, बाँहों-गालों में गुदने के निशान और तेज़-तीख़े नक़्श वाली गोरी देह की बिट्टी अन्त में मिर्ज़ा की घरवाली हो गई।

दो-चार-पाँच बरस और कोई नई बात नहीं हुई। मिर्ज़ा से दूने उत्साह के साथ बिट्टी ने धन्धे में मदद की और पैसे भी कमाए। लेकिन बाद में मिर्ज़ा के यहाँ कुछेक दूसरी तरह के लोगों का आना-जाना शुरू हो गया। ऐसे-ऐसे दाढ़ी वाले, जिन्हें देखते ही बिट्टी बुरी तरह डर जाती थी। मिर्ज़ा के समाज वालों ने इस मामले में पहले दख़ल नहीं दिया था। लोग समझते थे कि जवानी की उफान है, साल-छह माह में ठीक हो जाएगा।

लेकिन उस शाम को मग़रिब की नमाज़ के बाद कुछ सफ़ेद दाढ़ी वाले सज्जनों ने मिर्ज़ा का दरवाज़ा खटखटाया। पहले इधर-उधर की बातें हुईं, फिर दीन-मज़हब की और आख़िर लोगों ने समझाया कि "मियाँ! मुसलमान की औलाद होकर यह क्या हरामख़ोरी कर रहे हो? ख़ुदा के वास्ते अपने दीन-मज़हब का ख़याल करो। किसी भले घर की लड़की से शादी रचाओ और इस गुनाह से निजात पाओ। कहो, लड़की का बन्दोबस्त हम कर दें। एक-से-एक आला ख़ानदान की नेक, हसीनो-जमील और ख़ुदा से ख़ौफ़ खानेवाली लड़कियाँ जो पंजगाना नमाज़ी हैं और जिनकी ज़बान पर क़ुरान शरीफ़ की आयतें धरी हुई हैं।"

ऐसा या इस तरह का हमला एक या दो बार नहीं, अलग-अलग लोगों के ज़रिए कई बार हुआ। पर उन्होंने न 'हाँ' किया और न ही 'ना' किया। चुपचाप नीचे या एक ओर देखते हुए सारे वक़्त वह होंठ सिये बैठे रहे।

लेकिन उस रात बिट्टी ने देखा कि मिर्ज़ा और दिनों से अधिक परेशान हैं। जब से मुसलमान बुज़ुर्गों के इस तरह के हमले घर में शुरू हुए, बिट्टी ख़ुद होश-हवास खोए फिरती थी। बाहर कोई भी दरवाज़ा खटखटाता, उसका जी बुरी तरह काँप जाता और सूखता मुँह लिये वह दरवाज़ा खोलती कि फिर कोई समझाने आ गया।

वैसे बहुत दिनों तक मिर्ज़ा पर कुछ असर नहीं हुआ था। और रात जब बिट्टी उन्हें टोहने के लिए हँसी-हँसी में अपने अलग होने की बात करती तो वे हँसकर उड़ा दिया करते। पर इधर कई दिनों से बिट्टी देख रही थी कि बात शायद मिर्ज़ा के मन में गहरी उतर गई है और वह दिन-रात किसी उधेड़बुन में लगे रहते हैं।

मौलाना और उसके साथ के लोग जब गए तो रात के दस बज रहे थे। सारे समय बिट्टी दरवाज़े की आड़ में सारी बातें सुनती और मिर्ज़ा के चेहरे के उतार-चढ़ाव को परखने का यत्न करती खड़ी थी। जब मिर्ज़ा आकर बिलकुल निढाल

से अपने बिस्तर पर पड़ गए तो बिट्टी के सब्र का बाँध टूट गया। बड़ी देर तक हिचकियाँ लेती हुई वह रोती रही, फिर मिर्ज़ा से बोली, "मेरे लिए तुम्हारी नौकरी-चाकरी गई, बदनामी हुई, इतने दुःख झेले, अब समाज को भी ठुकरा कर चलोगे तो कैसे बनेगा? आख़िरी दिनों के लिए भी तो कुछ सोचना चाहिए।"

मिर्ज़ा ने करवट बदल ली, औंधे हुए और दोनों बाँहों के बीच अपना मुँह छुपाकर चुपचाप पड़े रहे।

"सुनो, तुम किसी अपने समाज की लड़की से शादी कर लो। सच, मैं बिलकुल बुरा नहीं मानूँगी। अलबत्ता मुझे ख़ुशी होगी। चाहोगे तो मैं भी यहीं कहीं किसी कोने में पड़ी रहूँगी। एक मुट्ठी भात और गज़भर कपड़ा...बस, मेरे जीने के लिए इतना काफ़ी है।"

मिर्ज़ा रोने लगे, देखकर बिट्टी भी फफककर रो पड़ी।

उसके महीने-भर के अन्दर ही मिर्ज़ा ने मुस्लिम रीति-रिवाज़ के मुताबिक़ बिट्टी से निकाह कर लिया और बिट्टी का नया नामकरण हुआ—इस्लामबी। यद्यपि इस्लामबी कहकर उसे अन्त तक किसी ने नहीं पुकारा। पहले अधिकांश लोग बिट्टी ही कहकर पुकारते रहे, लेकिन बाद में वह बी-दारोग़िन कहलाई, तो आख़िर तक इसी नाम से जानी-मानी जाती रही। तब भी उसके मान या दर्जे में किसी तरह की कमी नहीं हुई जब मिर्ज़ा के लिए बिट्टी स्वयं ही बिलासपुर के किसी मुस्लिम ख़ानदान की लड़की बाक़ायदा ब्याह लाई।

ख़ुदा की ऐसी मर्ज़ी कि जिस माह मिर्ज़ा की नई दुलहन आई, उसी के अन्तिम दिनों में बिट्टी का पहला लड़का हुआ और ख़ुश-ख़ुश मिर्ज़ा ने उसका नाम रखा—रोशन बेग़...

वही रोशन बेग़ जिनके संग बाद में अपने तारीक़ नसीब जोड़कर छोटी फूफी इस घर में आ गईं।

दो

बाहर दरवाज़े पर किसी ने दस्तक दी और रूबीना का नाम लेकर पुकारा। छोटी फूफी दूसरी रोटियों की तैयारी में लगी थीं। शायद सुन नहीं पाईं। उसी समय भीतर भाभी के कमरे से एक थकी और कराहती हुई आवाज़ आई। उनका बच्चा चिल्ला कर रोया था। रूबी बिलकुल उकताई हुई-सी वहाँ से उठी और जैसे पाँव पटकती बाहर की ओर गई, जहाँ से दस्तक की आवाज़ अब भी आ रही थी। थोड़ी देर बाद हाथ में एक छोटी प्लेट समेत आई और दहलीज़ से ही बोली, "अम्मी, रहीम

मामू और ख़ान साहब के यहाँ से 'हिस्से' आए हैं।"

छोटी फूफी ने चौंककर रूबीना की ओर देखा और पूछा, "कौन आया था? रहीम की दुलहन?"

"हाँ...और ख़ान साहब के यहाँ की बड़ी बी भी थीं।"

"या अल्लाह!" छोटी फूफी ने निराश स्वर में कहा, "अब उनके यहाँ अपना 'हिस्सा' कौन पहुँचाएगा?...रूबी, तूने कहा नहीं कि हमारे यहाँ से भी लेती जाएँ?" फिर जैसे मुझे समझाती हुई बोलीं, "वैसे चाहे टाल जाते, पर जब उनके यहाँ से आ गया है..."

रूबी ने जवाब में कुछ नहीं कहा और छोटी फूफी भी शायद यह समझकर चुप हो गईं कि रूबी ने उन लोगों से कुछ न कहकर ठीक ही किया। वे लोग शायद बुरा मान जाते कि यहीं का यहीं बदला चुकाया जा रहा है। अजीब मनहूस दस्तूर है कि फ़ातिहा के बाद घर-घर रोटी-हलवे का हिस्सा पहुँचाओ। अब जिनके यहाँ लाने-ले जाने वाले हैं, उनका बन जाता है। जिनके यहाँ नहीं होते, शायद उनका भी, लेकिन जहाँ रहकर लोग काम के नहीं होते, उनकी तो मुसीबत ही है...आख़िर लोगों के 'हिस्से' लेकर चुप कैसे बैठा जा सकता है?

सहसा मुझे अपनी ही बातें याद आ पड़ीं। बचपन में यह विपत्ति मुझ पर आया करती थी। एक बड़ी शीन में तीस-पैंतीस 'हिस्से' रखकर अम्मी मुझे थमाती और उन्हें घर-घर पहुँचाना होता, शायद इसलिए भी यह त्यौहार मुझे कभी पसन्द नहीं आया। सिवाय झल्लाकर रह जाने और काम करने के कोई उपाय नहीं था। सो मन-ही-मन दस्तूर को कोसता हुआ मैं निकलता था। दस-बीस घर ईमानदारी से पहुँचाता और बाक़ी किसी पुल पर बैठकर अपने दोस्त के साथ साफ़ कर देता। एक साल पकड़ा गया तो पिटा और तभी से वह ज़हमत भी सिर से उतर गई...

"उधर रख दे," फूफी ने रूबी से कहा, "तेरी भाभी क्यों चिल्ला रही थी?"

"ख़ुदा जाने," रूबीना ने बेपरवाही से कहा, "एक दिन की बात हो तो कोई पूछे-ताछे!"

थोड़ी देर निरुत्तर-सी छोटी फूफी रूबीना की ओर देखती रही, फिर कुछ कहती-कहती रुक गई। कोई बात मेरी भी ज़बान पर आकर मचलने लगी, लेकिन उस दिन की बात याद कर मैं चुप लगा गया।

पिछले दिनों शादी में छोटी फूफी का सारा परिवार हमारे घर आया था। हालाँकि भाभी की तबीयत तब भी ठीक नहीं थी, लेकिन वह भी आई थीं। कोई काम-धाम या चलना-फिरना उनसे नहीं हुआ, अपना सूजा हुआ शरीर लिये वह एक जगह बैठी सारे दस्तूर निभाती रहीं। एक-दो दिन ऐसा चला भी, लेकिन ऐन निक़ाह के दिन

उनकी तबीयत एकाएक बड़ी ख़राब हो गई। उनसे बैठा भी नहीं जा रहा था और दर्द के मारे वह बुरी तरह रो रही थीं। देख-सुन कर घर के मेहमानों में बड़ी कानाफूसी चली और मुमानी ने आख़िर कह दिया, "भाई, दुलहन को आख़िर अस्पताल क्यों नहीं ले जातीं? वह तो बेचारी साँस भी नहीं ले पा रही और ऐसे में मर जाएगी।"

किसी दूसरे ने छोटी फूफी को हमदर्दी के साथ समझाया कि कुछ हो गया तो बदनामी उन्हीं की होगी। उनके लिए यही उचित है कि उसे अस्पताल पहुँचवा दें, जीना होगा तो जी जाएगी, नहीं तो जैसी ख़ुदा की मर्ज़ी...

क़रीब-क़रीब सारे मेहमानों की आँखों से घिरी छोटी फूफी ने असहाय आँखों से कहने वाले की ओर देखा था। मोहसिन उन्हें हर जगह ज़लील करवा देता है। वह किस-किसको सफ़ाई देती फिरतीं? केवल इतना ही कहा, "अपनी हालत किससे कहूँ, बहन?"

मुमानी बोलीं, "सो तो ठीक है। आजकल किसके हाथ तंग नहीं? जिसके यहाँ मूँछ वाले हैं, और हर माह भर-भर रुपये आते हैं, उनके यहाँ का हाल भी वे ही जानते हैं, लेकिन यह तो कोई मामूली बात नहीं, जीने-मरने का सवाल है। अस्पताल ले जाकर पहुँचवा देने के लिए ही कौन दस-बीस चाहिए? भई, हमसे तो नहीं देखा जाता...तुम ले चलने के लिए कहो, तो रिक्शे के पैसे हम दे दें। उसमें कौन बड़ी बात है?"

छोटी फूफी आँखें उठाकर मुमानी की ओर देख नहीं पाई थीं, मारे अपमान के और झुक गईं और पलकों में जल भर आया। इसी दिन की आशंका उन्हें पहले से थी। इसीलिए उन्होंने बार-बार दुलहन को ज़ोर दिया था कि वह ज़चगी के लिए अपने मायके चली जाए। लेकिन दुलहन ज़िद में अड़ गई। बोली, "जब से ब्याह कर आई हूँ, बराबर माँ-बाप करते-धरते रहे हैं, लेकिन ससुराल-शौहर के रहते बार-बार उनका एहसान भी उठाया नहीं जाता। आख़िर वहाँ भी कहने-बोली मारने वाले हैं! कब तक बिना पैसों के वहाँ जाऊँ और अपना मज़ाक़ उड़वाऊँ? बचना होगा तो बच जाऊँगी, नहीं तो अपनी क़िस्मत..."

भाभी आख़िर मायके नहीं गईं। उनका अस्पताल जाना भी नहीं हुआ। मोहसिन अब भी सुबह से निकलकर रात देर गए लौटता है और भाभी आज भी मौत और ज़िन्दगी के बीच झूल रही हैं...

"अरे, बेटे!" सहसा छोटी फूफी ने चौंकते हुए कहा, "अफ़ीम रखना तो मैं भूल ही गई थी। रूबीना, आले पर रखी वह पुड़िया तो उठा लाना..."

अन्तिम दिनों में मिर्ज़ा अफ़ीम लेने लगे थे। रोज़ के सामान की ख़रीद में वह सबसे पहली और ज़रूरी चीज़ थी और उसका ज़िम्मा आख़िर तक बी-दारोग़िन सँभाले

रहीं। इस क्रम में तब भी अन्तर नहीं पड़ा, जब मिर्ज़ा की नई दुलहन बिलासपुर वाली आ गई।

वैसे आने के चन्द दिनों बाद ही उसने समझ लिया कि चाहे वह मिर्ज़ा के लिए ब्याह कर आई हो, शौहर से अधिक उसे बी का ख़याल करके चलना है, क्योंकि घर का पत्ता भी उसकी मर्ज़ी के बिना नहीं हिलता।

वह मुँह अँधेरे उठती। सारे घर की साफ़-सफ़ाई या लिपाई-पुताई करती। चूल्हा सुलगाकर चाय चढ़ाती और घंटा-डेढ़ घंटा मिर्ज़ा के पाँव दबाती तब तक बैठी रहती, जब तक कि बी-दारोग़िन बाहर से पुकारकर मना न कर दे। उसके बाद सारे दिन का खटका, बी के बच्चे की देखभाल और उनके हर हुक्म से उठना-बैठना। जैसे हर क़दम तुला हुआ हो और उन्हें अपने नहीं, अपने शौहर की भी नहीं, बी की मर्ज़ी से हिलना हो।

लेकिन उस सुबह इसके विपरीत कोई उद्भ्रान्त-सी भावना आने पर वह बहक गई, तो तमाशा ही बन गया।

मिर्ज़ा जग रहे थे और जब वह पाँव दबाती-दबाती पीठ और गर्दन की ओर बढ़ी, तो जाने मिर्ज़ा को क्या हुआ कि उन्होंने हाथ उठाकर धीरे-से उसकी बाँह पकड़ ली, अपनी ओर झुकाया और प्यार से बोले, "रोज़ तुम कब आती-जाती हो, पता ही नहीं चलता।"

रात को सचमुच काम में बहुत देर हो जाती थी। सारे काम से निबटते—निबटते उसे ग्यारह बज जाते और अकसर ऐसा होता कि जब वह थक-टूटकर मिर्ज़ा के कमरे की ओर बढ़ती तो पाती कि दरवाज़ा भीतर से बन्द है और बी अपने बिस्तर पर नहीं हैं। चूँकि शुरू से ही उसका कोई अपना कमरा या अपनी खाट नहीं थी, इसलिए वह दरवाज़े के पास बैठी बड़ी देर तक प्रतीक्षा करती रहती कि अब दरवाज़ा खुलेगा, बी बाहर आएँगी और वह दिन-भर टूटती अपनी कमर सीधी कर सकेगी।

पर ऐसा बहुत कम हुआ। प्राय: सारी रात दरवाज़ा नहीं खुलता और बिलासपुर वाली को वहीं कहीं लुढ़के रहना पड़ता। अकसर उसके शरीर को उलाँघती हुई बी-दारोग़िन सुबह निकलती और उसे झकझोर कर जगाती। उसके बाद देर तक उसे सुना-सुनाकर बड़बड़ाया जाता, "कम बेहया और ज़िद्दी औरत है! दरवाज़े के पास अड़ी ग़ुस्सा दिखाती है। लाज-शरम होती, तो हटकर किसी भी कमरे में सो जाती। अरे, तुझे ब्याह लाए हैं, इसका मतलब यह तो नहीं कि रोज़ ख़सम..."

तौबा, तौबा, और बहुत-सी फूहड़ बातें...जिनके डर के मारे वह कई बार रात को मिर्ज़ा के कमरे में ही नहीं जाती और सुबह पाँव दबाने जाती, तो मिर्ज़ा सो रहे होते।

सो उस दिन अचानक इतना प्यार पाकर बिलासपुर वाली कँपकँपाकर रह गई।

ब्याह के बाद इस तरह की बात मिर्ज़ा ने पहली बार कही थी। अपने हाथ-पाँव रोककर वह थोड़ी देर निश्चल खड़ी रही, फिर जैसे अपने को विश्वास दिलाने के लिए, अपनी बाँह पकड़े हुए मिर्ज़ा के हाथ पर अपनी हथेली रखकर, उनके स्पर्श को महसूस किया और गद्‌गद्‌ कंठ से बोली, "तुमने कभी रास्ता देखा होता तो पता भी चलता। मैं तो रोज़ आती हूँ। बी-आपा की नज़रों में इसलिए बेहया हो गई हूँ और दिन-भर ताने-तिश्ने सुनती रहती हूँ।"

मिर्ज़ा कुछ बोले नहीं। केवल उसकी बाँह पर उनकी पकड़ ज़रा मज़बूत हो गई और वे चुपचाप बड़ी-बड़ी साँसें लेने लगे।

बिलासपुर वाली कुछ देर यह प्रतीक्षा करती हुई खड़ी थी कि मिर्ज़ा कुछ बोलें पर जैसे कहने को उनके पास कुछ था नहीं। अन्त में वही बोली, "एक बात तो बताओ, मुझे किसके लिए निकाह करके लाए हो? अपने लिए या बी-आपा की ग़ुलामी के लिए?"

इस पर भी मिर्ज़ा ने कोई जवाब नहीं दिया। कमरे में बहुत हलका दिन का उजाला खिड़की से झाँक रहा था। शायद एक क्षण के लिए वे बिलासपुर वाली को टकटकी बाँधे देखते रहे, फिर खींचकर उसे अपने ऊपर डाल लिया और बड़े प्यार से देर तक उसकी पीठ सहलाते रहे। बिलासपुर वाली इतना रोई कि हिचकियाँ बँध गईं।

तभी बाहर से बी-दारोग़िन की झल्लाई हुई आवाज़ आई, "ए ओ...बिलासपुर वाली, आज क्या काम-धाम नहीं होगा?"

भीतर से किसी ने जवाब नहीं दिया। बी की आवाज़ सुनकर एक पल के लिए बिलासपुर वाली सहमी और शरीर समेटकर उठना चाहा, लेकिन मिर्ज़ा ने उठने नहीं दिया, बोले "चिल्लाने दो, देखें, कब तक चिल्लाती है।"

जब सुबह काफ़ी दिन चढ़े मिर्ज़ा के कमरे से बिलासपुर वाली निकली तो संकोच के मारे पाँव ठीक से उठ नहीं रहे थे। बी-दारोग़िन बदस्तूर चबूतरे के पास बैठी बड़बड़ा रही थीं और उनका बच्चा रोशन नींद से अभी-अभी जागकर, पैर पटकता हुआ उनके सामने ठुनक रहा था। बिलासपुर वाली ने उधर देखने का साहस नहीं किया। वह सीधी बावर्चीख़ाने की ओर बढ़ रही थी कि चबूतरे पर से बी ने तीख़े स्वर में बोली मारी, "फ़ुरसत मिल गई, महारानी जी? इतनी जल्दी क्यों निकल आईं, थोड़ी देर और लाड़-चोंचले कर लेतीं।"

बढ़ते-बढ़ते भी बिलासपुर वाली के पाँव थम गए।

"शरम-हया तो घोलकर पी गई है। अरे, तेरी जवानी में आग लगे। ऐसे ही मस्ताना था तो अपने साथ एक लौंडी भी लेकर आई होती।"

न चाहते हुए भी बिलासपुर वाली पलट गई। उसका चेहरा बुरी तरह तमतमा गया और बड़ी कठिनाई से उसने अपने को कुछ कहने से रोका। लौटकर सीधी

घूरती आँखों से वह बी-दारोग़िन की ओर देखती रह गई और सिर से ढलकता हुआ पल्लू सँभाला।

क्रोध में अपना आसन बदलती हुई बी चिल्लाईं, "और ये आँखें किसे दिखाती है? छिनाल, हरामज़ादी, कामचोर, निवाला हाज़िर..."

अच्छा हुआ, जो ख़ुदा ने इतना सब्र दे दिया, अच्छा हुआ। अपने होंठ काटती हुई बिलासपुर वाली बड़े निरीह ढंग से मुड़ी और गरदन झुकाकर तेज़ क़दम उठाती हुई बावर्चीख़ाने की ओर बढ़ गई।

पर तभी अपने कमरे से तीर की तरह छूटकर मिर्ज़ा बाहर आए और बड़ी ज़ोर से उन्होंने दहाड़ा, "क्या सुबह-सुबह तमाशा मचा रखा है? कभी तो किसी को चैन लेने दिया करो। जब देखो, दाँत बजाती और चाँव-चाँव करती रहती है।"

बी-दारोग़िन एक क्षण के लिए सकते में आकर बिलकुल चुप हो गईं। थोड़ी देर हतप्रभ-सी मिर्ज़ा की ओर अपलक ताकती रहीं, फिर उसी तरह तेज़ आवाज़ में बोलीं, "तमाशा मैंने मचाया है? मैं दाँत बजाती हूँ? तुम्हें चैन नहीं लेने देती? हाँ...अब मुझसे चैन कहाँ मिलेगा? अब तो यह छिनाल तुम्हें आराम-चैन पहुँचाने आ गई। हाय राम, कैसे तोते की तरह आँखें पलट दीं..."

"अरे चोप्प...!" मिर्ज़ा इस बार पूरी ताक़त से चिल्लाए, "हर बात की हद होती है। जब देखता हूँ, उसी के पीछे लगी है। उसका रहना मुश्किल कर दिया है। जलन से ऐसी ही मरी जा रही थी तो दूसरी शादी क्यों करवाई? मैं भी कमबख़्त इसके चक्कर में आकर एक अच्छी-ख़ासी लड़की की ज़िन्दगी से खेल बैठा..."

लेकिन बी-दारोग़िन सुन नहीं रही थीं। "हाय राम, कैसे तोते की तरह आँखें पलट दीं!" कहते-कहते उनका गला भर आया था। अब तक उन्होंने राग बाँधकर ज़ोर-ज़ोर से रोना शुरू कर दिया था। रोने के साथ-साथ वह तफ़सील बयान करती जातीं कि "उनके तो होम करते हाथ जल गए। इसी दिन के लिए वह अपने कुल को बोर कर चली आईं और ज़ात छोड़कर बेज़ात हुईं। लेकिन ख़ैर, भगवान सबका देखने वाला है, उसका भी हरगिज़ भला नहीं होगा जिसने..."

मिर्ज़ा मूर्खों की तरह अपनी बात और ग़ुस्से का निष्फल प्रभाव देख रहे थे। अपने जीवन में पहली बार उन्होंने क्रोध किया और डाँटा था, लेकिन उसे भी बी ने ख़ातिर में नहीं लिया। दाँत पीसते और उनकी ओर जलती आँखों से देखते हुए मिर्ज़ा सोच रहे थे कि इस गँवारू और हलक़फाड़ रोने को सुनकर पास-पड़ोस के लोग क्या कहते होंगे? बड़ी देर बाद करलाई हुई आवाज़ में उन्होंने कहा, "अरे बाबा, चुप भी होगी कि नहीं?"

पर जब उसका भी कोई प्रभाव नहीं पड़ा और रोना-पीटना उसी तेज़ी और लय से चलता रहा, तो मिर्ज़ा क्रोध से पागल होकर बी की ओर दौड़े, "साली, बदज़ात, कमीनी, आख़िर अपनी जात-औक़ात कहाँ छोड़ेगी। चुप रहती है कि गला घोंट दूँ?"

गुस्से में सचमुच ही मिर्ज़ा ने बी का गला पकड़ लिया था और उसे झाड़ की तरह हिला रहे थे। पर बी थीं कि छूटना, अलग हटना या चुप रहना छोड़ बराबर बके जा रही थीं, "मार डालो, गला घोंट कर बताओ, तब तो जानूँ कि असल की औलाद हो..."

अभी तक बिलासपुर वाली बावर्चीख़ाने में थी। दोनों के बीच न तो बोलने की हिम्मत हुई और न ही सामने आने की, लेकिन यह सब देखकर वह झपाटे से बाहर निकली और बी को छुड़ाने के लिए लपककर उन्हें पकड़ लिया।

लेकिन उसका हाथ लगना था कि बी क़ाबू में आए ख़रगोश की तरह छुटने के लिए मचलीं। इधर-उधर हाथ-पाँव फेंकती हुई वह चिल्लाईं, "अरे, हट...छोड़ मुझे...मेरे सामने क्या पारसा बनती है?"

बीच-बचाव की इस कोशिश से मिर्ज़ा हट गए थे। पर बी थीं कि बराबर झपटे जा रही थीं। आख़िर किसी तरह तमककर उन्होंने अपने को बिलासपुर वाली से छुड़ाया, उस पर भद्दी से भद्दी गालियों की बौछार की और उतने पर सन्तोष न हुआ तो पास रखा सरौता उठाकर उसकी ओर दे मारा। भाग्य से आँख में नहीं लगा, यही ग़नीमत हुई।

चोट के मारे अपनी कनपटी सँभालकर बिलासपुर वाली वहीं बैठ गई। अलग हटे मिर्ज़ा एक पल के लिए सहमे हुए खड़े रहे, फिर आगे बढ़कर बिना कुछ कहे कई लात-घूँसे बी की पीठ पर बरसा दिए। उसके बाद हाँफते हुए आकर बिलासपुर वाली को कंधों से उठाया और दाँत पीसते हुए बोले, "जाने दो, साली नीच है..."

और बी की चीख़-पुकार तथा गालियों के बीच बिलासपुर वाली वहाँ से उठा दी गई।

उस दिन रोज़ की तरह ही सारा काम हुआ। चूल्हा-चौका भी साफ़ हुआ, बरतन भी धुले और खाना भी बना; लेकिन दोपहर का ख़ाना किसी ने नहीं खाया। जब तक गले में ताक़त रही, बी चिल्ला-चिल्ला कर रोती-कोसती रहीं, फिर अपने बच्चे को लेकर कमरे में जा घुसीं।

चाय पीकर सुबह निकले हुए मिर्ज़ा शाम को लौटे तो देखा कि घर में उसी तरह सन्नाटा खिंचा हुआ है। बावर्चीख़ाने में चूल्हे के सामने तख़्ते पर बैठी बिलासपुर वाली रास्ता देखती-देखती एक ओर लुढ़क गई थी। चूल्हा ठंडा हो गया था और एक ओर कालिख लगी तथा अनछुई पतीलियाँ ज्यों-की-त्यों रखी हुई थीं।

आहट किए बिना मिर्ज़ा चुपचाप जाकर खड़े हो गए।

दोनों घुटने दाहिनी ओर मोड़े और कंधा तथा सिर दीवार से टिकाए बिलासपुर वाली बिलकुल बेख़ौफ़ सो रही थी। उसके सिर तथा सीने का पल्लू ज़रा हट गया था। कनपटी के घाव का ख़ून कत्थई होकर जम गया था। होंठ थोड़े-थोड़े खुल गए थे, और हर साँस के साथ उसकी बेपल्लू वाली ऊँची छातियाँ उठ-बैठ रही थीं।

मिर्ज़ा एकटक अपनी नवविवाहिता पत्नी की ओर देखते रहे। लगा, जैसे ब्याह के बाद आज पहली बार इतने ग़ौर से देख रहे हों। अरे, सचमुच इसके पहले उन्हें क्या हो गया था? वह कैसे इस बात को भूले रहे कि बिलासपुर वाली बी से दस गुना ज़्यादा सुन्दर और कम उम्र है? कैसे वह बी की हर बात को स्वीकार करके आँखें मूँदे चलते रहे, और एक बार भी कभी दूसरी पत्नी के रूप, गुण, स्वभाव, उसके खान-पान या आराम-तकलीफ़ के बारे में नहीं सोचा।

उसके खुले सिर और दहकते चेहरे पर से फिसलती हुई उनकी आँखें अनढँपी गरदन के उस हिस्से पर थम गईं जिसकी गोराई से चिपकी, सोने की छोटी गुरिया वाली काली पोत पड़ी थी। यह भी उन्हें पहली बार याद आया कि उनकी दूसरी शादी को छह मास भी नहीं हुए और बिलासपुर वाली शरीर पर एक भी ज़ेवर के बिना, नंगी-बूची घूम रही है।

यह बात पहले एक बार ध्यान में और आई थी।

एक सुबह जब बिलासपुर वाली उनके पाँव दबा रही थी, तो अचानक उसकी कलाई पर उनका हाथ पड़ गया था। टटोलकर देखा कि सुहाग की चूड़ियों के अतिरिक्त कलाई पर और कुछ नहीं—न कंगन, न पहुँची। उसी तरह कान के झुमके भी ग़ायब थे और सूराखों में मोर की पोइयाँ ठुँसी हुई थीं।

"क्यों, तुम्हारे ज़ेवर क्या हुए?" उन्होंने आश्चर्य से भरकर पूछा था, "दहेज़ में तो तुम सब लाई थीं?"

"हैं, सब आपा के पास रखे हैं।"

"रखे क्यों हैं? ज़ेवरात क्या रखने के लिए होते हैं?"

"नहीं तो," वह हँसने लगी, "पहनने के लिए ही होते हैं, लेकिन कोई मौक़ा-महल भी तो हो। आपा ने कहा कि लाओ धर दें, कहीं आओ-जाओ तो माँगकर पहन लेना।"

उस क्षण तो मिर्ज़ा ने कुछ नहीं कहा था, लेकिन कहीं आने-जाने के दौरान भी उसे वैसे ही आते-जाते देख, उन्होंने बी से कहा था, "ये बिलासपुर वाली के ज़ेवर तुमने क्यों उतरवा लिये हैं?"

"किसने उतरवाए हैं? कहा तो सहेजकर रख दिए हैं। क्या घर में भी सोलह सिंगार किए घूमती रहेगी? और अगर तुम्हें दर्द होता हो तो लो बाबा, यह चाबी रखी है, निकालकर तुम्हीं पहना दो..."

मिर्ज़ा ने अपने सामने पड़ी चाबी उठाई और उसे लौटाते हुए हँसकर बोले, "नहीं, नहीं, ठीक है। मैंने तो यूँ ही पूछ लिया था।"

उसके बाद फिर कभी उनका ध्यान नहीं गया था, हालाँकि बी स्वयं चौबीसों घंटे और आठों पहर अपने सारे ज़ेवरों से लदी-लदी घूमती थीं।

आज उनकी समझ में असल बात ठीक-ठीक आ गई है, मिर्ज़ा ने पास बढ़ते

हुए सोचा और धीरे-से जाकर पास बैठ गए। उतने निकट से एकटक देखते रहने पर उनका जी उसके लिए बड़ी करुणा से भर गया था। बिलकुल ममता में भरकर वे उसके सिर पर हाथ फेरने लगे और प्यार से पुकारा, "बन्नो...!"

स्पर्श और आवाज़ से बुरी तरह हड़बड़ाकर बिलासपुर वाली एकाएक उठ बैठी और सिर पर पल्लू खींच लिया।

"क्या सो गई थीं?"

"नहीं तो," झपटकर उठने का प्रयास करती वह बोली, "यूँ ही ज़रा झपकी आ गई थी। चलो, तुम्हारे लिए खाना परोसती हूँ..."

कहकर वह व्यस्त-सी खड़ी हो गई और बाहर जाना चाहती थी कि मिर्ज़ा ने बाँह फैलाकर रोक लिया। दो क्षण उसकी ओर प्यार से देखते रहे और एकाएक उसे सीने से कसकर चूम लिया।

और खाने के दौरान उसने बताया कि आपा सुबह से मुँह-हाथ धोए या नहाए बिना ज्यों-की-त्यों अपने कमरे में पड़ी हैं। न बोलती हैं, न उठती हैं। वह कई बार उनके कमरे में गई, पर उन्होंने जवाब तक नहीं दिया। किसी तरह रोशन को खिला-पिला दिया है। अब कोई बातचीत ही न करे, तो क्या किया जाए?

मिर्ज़ा ने सारी बातें चुपचाप सुन लीं।

वह बातचीत न करने का सिलसिला कई दिनों तक चला। जब तक मिर्ज़ा घर पर होते, बी चुप पड़ी रहतीं, पर उनके बाहर निकलते ही ऐसे-ऐसे ताने-तिश्ने देतीं कि वह ख़ून के घूँट पीकर रह जाती। और कोई उपाय भी नहीं था। मिर्ज़ा के कहने पर बात बढ़ने और लड़ाई-झगड़े की आशंका थी। सो कई महीने यूँ ही निकल गए।

पहले मिर्ज़ा के साथ बैलगाड़ी में बैठकर बी भी देहात के बाज़ार जाती थीं। लेकिन इधर जब से वह घटना हुई और मिर्ज़ा से बातचीत बन्द हुई, उन्होंने साथ जाना बिलकुल छोड़ दिया। पहले बहाने बनाए और बाद में साफ़-साफ़ कह दिया कि उनसे यह सब नहीं होता। घर में और भी तो हैं। और बिलासपुर वाली को सुनाती हुई बोलीं, "ऐहे, कोई तो सात-सात परदों के भीतर रहे और कोई जंगलों की धूल-खाक छाने और हड्डी-पसली तुड़वाए...मेरी ही ऐसी क्या गरज़ पड़ी है? देखें, हमें भी घर बैठकर खाने को मिलता है या नहीं।"

मिर्ज़ा कुछ नहीं बोले। उन्होंने कभी एक बार भी बी से चलने या रुकने के लिए अपनी ओर से नहीं कहा। वे अकेले बाज़ार जाते और अकेले ही लौटते हालाँकि इससे उनकी सेहत पर बड़ा बुरा प्रभाव पड़ा और साल-दो साल बाद यह हुआ कि उनकी तबीयत अकसर ख़राब रहने लगी।

एक बार बिलासपुर वाली बोली, "अकेले जाने के कारण तो तुम्हें बड़ी तकलीफ़ होती होगी। आपा बताया करती थीं कि कभी-कभी तो इतना वक़्त भी नहीं मिलता कि पका-पकाया खाना तक खाया जा सके। ऐसे में तुम्हारी तन्दुरुस्ती का क्या होगा?"

मिर्ज़ा ने मुस्कुराकर प्यार से कहा, "अरे, सब हो जाता है, बन्नो! एकाध जून न भी खाया तो क्या फ़र्क़ पड़ता है?"

कई क्षण सोचने के बाद बिलासपुर वाली ने कहा, "बुरा न मानो तो एक बात कहूँ? परदा तो आँखों का ही होता है न? तुम मुझे अपने साथ ले चलो और चूड़ियाँ पहनाना सिखा दो। और चाहे कुछ न कर सकूँ, तुम्हें भूखा न रहने दूँगी।"

मिर्ज़ा पहले बड़ी ज़ोर से हँस दिए। फिर बन्नो का कंधा पकड़कर स्नेह से झकझोरते हुए बोले, "तुम बाज़ार में बैठोगी?"

"क्यों, तुम्हारे साथ बैठने में क्या बुराई है? बी-आपा जा सकती थीं, मैं क्यों नहीं जा सकती?"

मिर्ज़ा ने जवाब नहीं दिया, हँसते रहे। फिर उसी के शरीर की ओर दिखाकर शरारत से बोले, "ऐसी हालत में..."

बिलासपुर वाली लजाकर रह गई और उसी के साथ दबी रह गई मिर्ज़ा के साथ की बात, जो फिर कभी नहीं उठी।

तीन-एक साल और गए और इस बीच बिलासपुर वाली दो बार माँ बनी, पर ऐसे नसीब कि दोनों बार गोद सूनी हो गई और सारे घर के आगँन में बी-दारोग़िन का बेटा रोशन ही अन्त तक खेलता रहा।

फरवरी के अन्तिम दिन थे और गाँव-गाँव में मेले-ठेले भर रहे थे। मिर्ज़ा बीच में जो निकले तो पच्चीस दिन तक लगातार बाहर-बाहर रहे। एक गाँव का मेला ख़त्म होता, दूसरा शुरू हो जाता। सारा-का-सारा बाज़ार उठकर उस दूसरे गाँव की ओर बढ़ जाता और पीछे के गाँव में रह जाती हज़ार-हज़ार पाँवों से रौंदी हुई धूल, मुँह बाये गड्ढे और उजाड़ मैदान में उड़ते हुए सूखे पत्ते...

मेले की बात भी अजीब होती है। ठसाठस लोगों की भीड़ जुटी है। दूर-दराज़ के लोग—विशेषकर युवक-युवतियाँ आए हुए हैं और बाज़ार रंगीन साड़ियों, रूमालों, पान की पीकों, चने की दुकानों और हँसी-चुहल से अँटा पड़ा है। बाज़ार का एक स्वर होता है जो हर कहीं दूर से एक-सा सुनाई देता है। तम्बू और सायबानों के ऊपर, धूल के उमड़ते बादलों के बीच देवी-देवताओं की लाल-पीली झंडियाँ लहराती हैं और कई लय-तालों में बजने वाले मृदंग, ढोल, मजीरे और घंटियों की आवाज़ें अजीब समाँ बाँधती हैं।

लगातार इन्हीं मेलों में मिर्ज़ा व्यस्त थे। उन बीस-पच्चीस दिनों के बीच कब सुबह हुई, कब दोपहर आई और कब रात निकल गई, इसका ठीक-ठीक एहसास उन्हें नहीं हुआ और मेले के दौरान ही एकाएक तबीयत ख़राब हो गई।

एक रात जब हमेशा की तरह बैलगाड़ी आकर घर के सामने ठहरी, तो उस पर से न तो मिर्ज़ा उतरे और न ही किसी ने दरवाज़ा खटखटाते हुए रोशन को पुकारा। साथ के किसी अपरिचित आदमी ने दरवाज़े पर दस्तक दी और मिर्ज़ा को गाड़ी से उतारा। बताया कि तबीयत तो कई दिनों से बिगड़ी हुई थी, लेकिन उसी हालत में काम किए जाने के कारण और ज़्यादा ख़राब हो गई।

लालटेन की धुँधली रोशनी में गाड़ी से उतारे जाते मिर्ज़ा को देखकर बिलासपुर वाली रो दी। देखती है कि मिर्ज़ा का सारा शरीर तप रहा है। हजामत कई दिनों से बढ़ गई है, गालों के गड्ढे गहरा गए हैं और आँखें बन्द किए वह बिलकुल निढाल पड़े हैं।

रात में एक-दो बार उन्होंने रोशन को बुलाया और अपने पास बिठाकर बड़ी देर तक देखते रहे। बिलासपुर वाली तब भी पाँव दबाती हुई बैठी थी और बी सिरहाने पर। उन्हें ऐसा करते देख दोनों घबराकर झुक गईं और बी ने भीतर से उमड़कर भर्रायी आवाज़ में कहा, "तुम्हारा बेटा रोशन है, उसे ऐसी आँखों से क्यों देख रहे हो?"

मिर्ज़ा ने जवाब नहीं दिया। चुपचाप आँखें मूँद लीं और रोने लगे।

उसके डेढ़ महीने बाद, उस रात को भी उन्होंने यही किया था। फ़र्क़ सिर्फ़ इतना था कि रह-रहकर बन्नो को याद करते और उसे एकटक देखते हुए बार-बार कहते, "अच्छा नहीं किया, यह मैंने बिलकुल अच्छा नहीं किया जो तुम्हें अपने नसीब से घसीट लाया। सबका बन जाएगा, लेकिन तुम्हारा क्या होगा?"

वैसे अवसरों पर कोई बिलासपुर वाली को देखता कि आँसुओं की धाराएँ लगी हैं, होंठ फटे जा रहे हैं, जबड़े काँप रहे हैं, लेकिन शब्द हैं कि निकल ही नहीं पाते।

सुबह-सुबह उनकी हालत बिगड़ गई, मुँह बन्द हो गया, शाम तक यासीन सुना दिया गया और रात ग्यारह बजते न बजते वह पार हो गए। पीछे रह गई बी-दारोग़िन, रोशन और चारों ओर से निपट अकेली और अभागिन बिलासपुर वाली...

...आयत ख़त्म करते हुए मैंने मुँह पर हाथ फेर लिया और दुआ की कि परवरदिगार! इस फ़ातिहा का सवाब मिर्ज़ा करामत बेग़ की रूह को दीजो।

तीन

मिर्ज़ा के चहल्लुम में बहुत-से मेहमान घर पर आए थे। पास-पड़ोस की औरतें और बच्चों के अलावा दूर-दराज़ और क़स्बे के लोग भी काफ़ी थे, और इन सबकी आवाजाही सुबह से शुरू हो गई थी।

बी-दारोग़िन को किसी बात का होश न था। वह एक कोने में बैठी ज़ोर-ज़ोर से रो रही थीं, और दो-एक औरतें आँसू-भरी आँखें लिये उन्हें समझा रही थीं।

तसल्लियों से बी-दारोग़िन के आँसू थमने के बदले और तेज़ हो जाते थे। ज़ोर-ज़ोर से सुबकियाँ लेने के साथ वह फफक पड़तीं और थोड़ी ही देर में अपने विलाप का राग लम्बा कर दुहाई देतीं :

"यह तूने क्या कर दिया, ख़ुदाया! मुझ कमनसीब को मौत क्यों नहीं दे दी (हं हं हं हं—और एक उलटी लम्बी साँस)? मेरे पगड़ी बाँधने वाले मिर्ज़ा, मेरे सुरमा लगाने वाले मिर्ज़ा, मेरे राजा जैसे शरीर वाले मिर्ज़ा...हाय अल्ला, तुम कहाँ चले गए? मैं तुम्हारे लिए माँ-बाप, जात-पाँत सब छोड़कर आई और तुम आधी राह में ही मुझे धोखा दे गए। रोशन, देख, तू अनाथ हो गया, बेटा! अब किसको बाप कहेगा? हाय, मुझे अब रोज़ फूल लाकर कौन देगा? मुझे बिट्टी कहकर कौन पुकारेगा? मैं किसके लिए सुबह दातुन-पानी रखूँ...क्या करूँ, अल्लाह... क्या करूँ?"

बतूल की दादी, जो पास बैठी घंटे-भर से चलता हुआ राग-विलाप करवट बदल-बदल कर सुन रही थी और सचमुच ऊब चुकी थी, दिखावे के स्नेह से झिड़क कर बोली, "क्या करेगी? ख़ुदा के आगे किसका ज़ोर चले है! अब रोने-धोने से क्या मिर्ज़ा वापस आ जाएगा? उलटे उसकी रूह को तकलीफ़ पहुँचेगी और तुम्हें गुनाह होगा। अब तो अपने बच्चे को देख, घर को देख..."

बिलासपुर वाली इस सबसे अलग-थलग, सिर का पल्लू माथे तक खींचे हुए चुपचाप काम में लगी हुई थी। बावर्चीख़ाने से भंडारघर जा रही है, भंडार से आँगन आ रही है। आँगन में चहल्लुम के पुलाव के लिए मन-डेढ़ मन उम्दा चावल धुल रहे हैं और एक ओर तीन ज़िबह किए बकरे छीले जा रहे हैं। ज़रा-ज़रा सी बात के लिए लोग उसे ही पुकारते हैं, "ऐ दुलहन, हल्दी कहाँ रखी है?"

"बिलासपुर वाली खाला, प्याज़ कितनी काट दें? लो, अदरक-लहसन अलग पीसकर रख दिया है।"

"छोटी बहू, पुलाव बघार दें, शाम तो हो ही रही है।"

और बिलासपुर वाली को यहाँ-से-वहाँ और वहाँ-से-यहाँ होते-होते सचमुच शाम हो गई। उसे न तो किसी ने रोते हुए देखा और न ही कोई समझाने गया। चहल्लुम का सारा काम जैसे उसे अकेले ही करना हो। एक क्षण टिककर बैठ नहीं पाई। कई बार काम के ही दौरान या चलते-चलते किसी ने हमदर्दी के आँसू बहाने और सिर जोड़ने की कोशिश की, पर ऐसे हर अवसर पर सिर का पल्लू खींचकर वह अलग हो गई।

रात को औरतों, बच्चों और आदमियों का जैसे रेला बह आया और खाने-खिलाने की भाग-दौड़ मच गई। एक पंगत बैठ रही है, दूसरी उठ रही है। एक का

फ़र्श झड़ रहा है, दूसरे के बर्तन धुल रहे हैं और घर-भर में किसी को दम मारने की फ़ुरसत नहीं।

उस जानलेवा घड़ी में बी-दारोग़िन अपनी जगह से नहीं हिलीं। दो-चार औरतों से घिरी, धीरे-धीरे बराबर सुबकियाँ लेती रहीं। एक बार जब पुलाव की शीन लेकर उसे बाहर भेजने के लिए बिलासपुर वाली पास से गुज़री, तो बी के पास घिरे हमदर्दों में से किसी ने उसे सुनाते हुए कहा, "अरे, जिसकी जान गई, उसकी गई। हमें-तुम्हें क्या? हम लोग तो पुलाव ही के चक्कर में पड़े हैं..."

लगभग जब सारे मेहमान जा चुके और घर-घराने के ही रह गए तो बी-दारोग़िन का खाना लेकर बिलासपुर वाली पहुँची और उनके पास बैठकर धीरे-से बोली, "बी-आपा, थोड़ा खाना खा लो।" बी ने रक़ाबी की ओर नहीं देखा, आवाज़ सुनते ही एकाएक फफक पड़ीं और इतनी रात गए एक बार फिर वही विलाप शुरू हुआ :

"हाय, मैं कमनसीब इसी दिन के लिए रह गई थी कि तुम्हारे चहल्लुम का खाना खाऊँ! अल्लाह, तूने आज यह क्या दिन दिखाया..."

बहरहाल, किसी तरह वह रात भी गई और दूसरा दिन आया।

नाश्ते के बाद, सुबह देर तक बिलासपुर वाली मिर्ज़ा के कमरे में अपना सामान और पेटियाँ ठीक करती बैठी थी कि बी-दारोग़िन धीरे-से खाँसती हुई कमरे में जा घुसीं। सामने दोनों पेटियाँ खुली पड़ी थीं और उनमें बारी-बारी से सामान रखा जा रहा था। सीधे उन पेटियों के नज़दीक पहुँचकर बी ने एक गड़ती और खोजती हुई दृष्टि पेटियों के भीतर डाली, एक क्षण टटोलती रहीं, फिर बोलीं, "कल तुम सचमुच मायके लौट रही हो?"

"हाँ।"

"तुम्हारा अभी जाना ही कौन-सा ज़रूरी है, अभी तो मिर्ज़ा के लहद की मिट्टी भी नहीं सूखी।"

बिलासपुर वाली बोली नहीं, चुपचाप अपना सामान रखती रही।

मिर्ज़ा को आँगन के जिस कोने पर गुसल दिया गया था, उसकी लहद पर चालीस दिन तक दीया जलता रहा। रोज सरेशाम उसकी दीया-बाती वही करती थी। खेलते हुए रोशन को पुकार कर उसके हाथ-मुँह धुलवाती और उसके हाथों लहद पर चिराग़ रखवाकर सिरहाने अगरबत्ती खोंस दिया करती; लेकिन अब चालीसवें के बाद वह काम भी नहीं रहा।

बीच में एक बार बिलासपुर वाली ने अपने मायके जाने की बात कही थी, बी-दारोग़िन को उस पर आश्चर्य ज़रूर हुआ था, लेकिन लगा कि शायद अपने जाने की बात कहकर वह अपनी ख़ुशामद करवाना चाहती है, सो उस पर अधिक ध्यान न देकर, उन्होंने कहा था, "ठीक है, चहल्लुम हो जाने दे। जाना होगा तो उसके बाद चली जाना।"

चहल्लुम के बाद वह सचमुच जाने के लिए तैयार हो जाएगी, यह उन्होंने नहीं सोचा था। एक मन उनका अभी भी कह रहा था कि वह चाहे ऊपर से डराती फिरे, जाएगी नहीं, लेकिन साथ ही आशंका भी थी।

ज़रा सहमती आवाज़ से उन्होंने पूछा, "क्या कल ही जाना तय है?"

"हाँ," बिलासपुर वाली ने अपना ट्रंक बन्द करते हुए कहा, "जाना तो है ही, सोचती हूँ कल ही चली जाऊँ तो क्या नुक़सान है? अब तो चालीसवाँ भी हो गया।"

"किसके साथ जाओगी, यह सोचा है?"

"साथ की क्या ज़रूरत है? मैं अकेली ही जा सकती हूँ।"

एक क्षण के लिए बी-दारोग़िन चुप हो गईं, फिर ज़रा उलाहने के स्वर में बोलीं, "ऐसी जवान-जहान होकर इतनी दूर अकेली जाओगी! हाँ, ठीक है, बस में बैठते ही बुरका उतार फेंकना और दीदाफट जैसी चली जाना...भई, तुम जानो और तुम्हारा काम! कल के दिन मुझे न बदनाम करवा देना कि मिर्ज़ा को मरे दूसरा दिन भी नहीं हुआ और मैंने तुम्हें बेपरदा कर दिया।"

बिलासपुर वाली ने आगे बहस नहीं की। बी के साथ-साथ बाहर निकल आई, और धीमे स्वर में बोली, "मेरे ज़ेवर कहाँ रखे हैं?"

पलटकर बी-दारोग़िन थोड़ी देर उसका मुँह ताकती रहीं, फिर व्यंग्य से मुस्कुराकर बोलीं, "राँड-बेवा होकर ज़ेवर पहनेगी?"

"पहनकर जाऊँगी, यह किसने कहा?"

"तो उन्हें देखते हुए जाने की क्या ज़रूरत है?" वह थोड़े कड़वे ढंग से हँसीं, "क्या यहाँ लौटकर आने का इरादा नहीं है?"

"आऊँगी क्यों नहीं? किसके माँ-बाप आज के ज़माने में जवान बेटी को ज़िन्दगी-भर पालते हैं?"

अन्त में ज़ेवर नहीं निकले और बी-दारोग़िन ने समझा दिया कि जब पहने नहीं जा सकते तो साथ लेकर जाने में क्या तुक है! एक तो अकेली जान, उस पर ज़ेवर सँभालने की चिन्ता और धुकधुकी...आजकल कितनी चोरियाँ होने लगी हैं!

दूसरे दिन की बस से बिलासपुर वाली अकेली चली गई और 'कुछ कहा-सुनी हो तो माफ़ करना' के साथ बी-दारोग़िन ने उसे विदा किया।

आख़िर उनका अन्दाज़ ग़लत नहीं हुआ। उस दिन की गई हुई बिलासपुर वाली फिर कभी लौटकर नहीं आई। थोड़े दिन इधर-उधर बड़ी बदनामी फैली कि बी-दारोग़िन ने अपनी सौत को इतना परेशान किया कि वह घर छोड़कर चली गई। उससे दिन-रात जानवरों की तरह काम लेती थी, चौबीसों घंटे फटकारती रहती थी और उसे ठीक से खाने-पीने तक नहीं दिया जा रहा था।

बदनामियों की कई बातों में एक यह भी थी, सो बी-दारोग़िन ने पिछली बातों

की तरह उसे भी संजीदगी से नहीं लिया और वह फैली-फैलाई बात एक हँसी में उड़कर रह गई।

लगभग रात के आठ बजे होंगे। बी-दारोग़िन खा-पीकर सोने की तैयारी में लगी थीं। इतना बड़ा घर और लोग ही न हों तो कैसे बियाबान और डरावना-सा लगता है! ये मुहल्ले के लोग भी अजीब हैं। शाम आई और अँधेरा हुआ कि अपने-अपने घरों के दरवाज़े बन्द करके भीतर हो जाते हैं, आप भला, जग भला! न किसी से मिलना-जुलना, न फ़ुरसत में उठना-बैठना। न किसी के दुःख में, न सुख में।

रोशन को किसी बात पर बहलाती हुई लेटी ही थीं कि बाहर किसी ने आवाज़ दी। कई पल चुप पड़ी हुई आवाज़ पहचानने की कोशिश करती रहीं। कुछ भी हो, ज़माना बड़ा बुरा आ गया है और किसी पर विश्वास नहीं किया जा सकता।

आधे डर और आधे बल के सहारे वह उठीं; लालटेन की बत्ती तेज़ की और उसे हाथ में लेकर दरवाज़े के पास धीरे-से खड़ी हो गईं। दो-एक पल आहट लेती रहीं, फिर हिम्मत करके पूछा, "कौन है?"

आगन्तुक ने अपना नाम नहीं बताया। गम्भीर आवाज़ में सिर्फ़ इतना ही सुनाई पड़ा, "मैं हूँ...दरवाज़ा खोलो।"

कोई एक-दो मिनट तक सोचते रहने के बाद दरवाज़ा खुला, लेकिन ध्यान से देखने पर भी बी पहचान नहीं पाईं। थोड़ी देर आशंकित-सी खड़ी रहीं, फिर कुछ सोचकर भीतर बुलाया और बिठाया।

"भाभी, मुझे पहचाना नहीं? मैं रज्जू हूँ," उसने बैठते हुए कहा।

बी-दारोग़िन हँसने लगीं, "अब पहचान गई हूँ। पहले आवाज़ से समझ नहीं पाई थी।"

एक चेहरा उभरता है—थका-हारा हुआ मिर्ज़ा का चेहरा, जिस पर मुस्कुराहट की लकीरें खिंच आई हैं। उसी के पास एक अस्पष्ट आकृतियों वाला, एक अपेक्षाकृत कम उम्र का आदमी बैठा है और मिर्ज़ा बता रहे हैं कि वह रज्जू मियाँ हैं। गया से आए हैं और अचानक मुलाक़ात हो गई सो खींच लाया हूँ कि तुम भी मिल लो। बिट्टी, इनसे हमारा कुछ दूर का रिश्ता भी निकलता है। जब से आए हैं, हज़रत को अच्छी तरह पता है कि मैं यहाँ हूँ, लेकिन कभी मिलने की ही कोशिश नहीं की थी...

"क्या सो गई थीं?" रज्जू मियाँ के इस सवाल से ज़रा चौंककर बी-दारोग़िन ने उसकी ओर देखा और बोलीं, "नहीं तो, यूँ ही रोशन को सुलाती हुई लेटी थी। अब किया क्या जाए? यहाँ तो शाम होते ही मुहल्ले में सन्नाटा पड़ जाता है...किसके यहाँ बिला वजह जाकर बैठें?"

मृत्यु के बाद मिर्ज़ा की मातमपुर्सी करने बहुत-से छोटे-बड़े लोग आए थे और उन सबको बी-दारोग़िन ने बड़े सलीके से निबटाया था। जो घर पर कभी नहीं आए थे, उनके लिहाज़ के मारे वह आड़ में खड़ी होकर बातें करतीं और जो आ-जा चुके थे, उनके रूबरू आकर रोतीं-गातीं। रज्जू मियाँ भी उन्हीं लोगों में से थे जिनके सामने आते ही बी-दारोग़िन का रोते-रोते बुरा हाल हो गया, ऐसा कि उधर उनको भी अपनी धोती का छोर आँखों तक करना पड़ा था।

"चहल्लुम में नहीं आए, क्या दावत नहीं मिली थी?"

"पहुँची होगी," रज्जू मियाँ ने कहा, "लेकिन मैं तो यहाँ था ही नहीं। पिछली रात ही बाहर से लौटा हूँ।"

फिर कई क्षणों की चुप्पी।

"मैंने पहले समझा कि कोई किराये के लिए आया है।"

"कैसा किराया?"

"मैं इस मकान के आधे हिस्से को किराये पर उठा देना चाहती हूँ। बात यह है कि इतने बड़े मकान में अब अकेला नहीं रहा जाता। इतना सुनसान लगता है कि जी में घबराहट होती है। सोचती हूँ, कोई किरायेदार आ जाए तो थोड़ा सहारा भी हो जाएगा।"

इस पर रज्जू मियाँ ने कुछ नहीं कहा। थोड़ी देर एक ओर देखते हुए कुछ सोचते रहे और बोले, "और घर का ख़र्च कैसे चलता है?"

"मिर्ज़ा ने जितना कमाया था, वह सब बीमारी में लग गया। जो जमा-पूँजी थी, वह भी चालीसवें में समा गई। अभी तक तो घर से निकलना भी नहीं था न, सो किसी तरह चल गया। अब आगे ख़ुदा जाने क्या होता है।"

"कुछ तो सोचा ही होगा कि क्या करना है," रज्जू मियाँ ने कहा, "बिना हाथ-पाँव हिलाए तो काम चलेगा नहीं।"

"अकेली औरत, क्या करूँगी? मिर्ज़ा थे, तो उनके सहारे सब कर लेती थी। चूड़ियों के इस धन्धे को अच्छी तरह समझती हूँ, लेकिन चाहे यहाँ के बाज़ारों में अकेली जाऊँ, बाहर के शहरों में जाकर माल लाना मुझसे नहीं होगा।"

रज्जू मियाँ बिलकुल सीधे बी-दारोग़िन की ओर ताकते रहे और ज़रा अपनत्व के ढंग से बोले, "भाभी, मिर्ज़ा नहीं रहे तो क्या हुआ? तुम बार-बार अकेली हो, ऐसा क्यों सोचती हो? मैं क्या तुम्हारा कोई भी नहीं हूँ?"

बी की आँखों में जल भर आया। पल्लू से अपनी आँखें पोंछती हुई बोलीं, "कोई न होते तो आते क्यों? मैं बिलकुल सच कहती हूँ, तुम लोगों का सहारा न होता तो मैं भी यहाँ से चली गई होती, उसी तरह जैसे बिलासपुर वाली चली गई।"

"हाँ, मैंने भी सुना है कि छोटी भाभी अपने मायके लौट गईं। भला यहाँ क्या तकलीफ़ थी?"

बी-दारोग़िन हँसीं, "तकलीफ़-आराम क्या, जवान औरत है, कब तक मिर्ज़ा के नाम की माला जपती बैठी रहेगी।"

अचानक भीतर वाले कमरे से रोशन निकल आया। अपनी माँ के पास किसी अपरिचित आदमी को देखकर वह एक पल ठिठका, फिर संकोच करता हुआ माँ की गोद तक चला गया।

बी-दारोग़िन ने उसका हाथ पकड़कर कहा, "बेटा, देखो चाचा आए हैं। आदाब करो..."

रज्जू मियाँ ने आगे झुककर दोनों हाथ फैला दिए और लाड़ से उसे बुलाया। बड़ी देर तक उसे अपने पास बुलाने की कोशिश करते रहे, लेकिन रोशन नहीं गया।

घंटे-भर बाद चलने के समय उन्होंने फिर कोशिश की, पर रोशन सरका तक नहीं। जाते-जाते उन्होंने याद दिलाया कि एक-दो दिन में वह रायपुर जा रहे हैं। और बी चाहें तो सामान की फ़ेहरिस्त उन्हें दे दें, वह माल लेकर आ जाएँगे।

रज्जू मियाँ के चले जाने के बाद भी बी-दारोग़िन बाहर की चौखट पर खड़ी बड़ी देर तक अँधेरे में देखती रहीं, फिर एक लम्बी साँस खींच दरवाज़ा ठीक से बन्द करके भीतर आ गईं।

तीसरे दिन शाम को जब काफ़ी उजाला बाक़ी था, बी-दारोग़िन के घर के सामने एक बहुत ही ऊँचा पूरा घोड़ा अपना शरीर झटकता हुआ आ खड़ा हुआ और उस पर से रज्जू मियाँ उतरे।

रोशन सामने खेल रहा था, अतः बी-दारोग़िन भी बाहर की दहलीज़ पर ही खड़ी थीं। पहले घोड़े की टापों की आवाज़ से दोनों बुरी तरह चौंके थे और रोशन खेल बन्द करके उधर ही देखता हुआ खड़ा था कि रज्जू मियाँ अपनी घुड़सवारी की पोशाक में हँसते हुए इधर ही आ निकले।

दरवाज़े का एक पल्ला जल्दी से उढ़का कर बी-दारोग़िन आड़ में हो गईं, और सिर-छाती का पल्लू ठीक करते हुए इतने आहिस्ता से मुस्कुराईं कि सामने खड़े रज्जू मियाँ भाँप तक नहीं पाए। आदाब करने के बाद बोले, "घोड़े को फेरी के लिए तालाब की ओर ले गया था। लौटते में सोचा कि मिलता हुआ चलूँ। फिर तुमने क्या तय किया, भाभी?"

"किस बात को तय करना था?"

"यही तुम्हारी रोज़ी-धन्धे की। कल मैं रायपुर जा रहा हूँ। अगर तय कर लिया हो और मुझ पर यक़ीन आए तो माल मैं उधर से ख़रीद लाऊँ?"

"छिः छिः! यह क्या कहते हो? मैं तुम पर यक़ीन नहीं करूँगी?"

रज्जू मियाँ हँसने लगे।

"आओ, भीतर आओ न!" रोशन को गोद में उठाकर बी-दारोग़िन भीतर आईं और उनके पीछे-पीछे रज्जू मियाँ चले आए।

आँगन में खाट डाल दी गई। रज्जू मियाँ को बिठाया गया और पानदान लेकर चबूतरे पर बी-दारोग़िन बैठीं।

"मुझे उन सब चूड़ियों का एक-एक नमूना दे दो," रज्जू मियाँ बोले, "जो यहाँ के बाज़ारों में चलती हैं। फैंसी अलग और मोटी-झोटी अलग। यह भी बता दो कि दो-तीन माह के लिए कितना माल काफ़ी होगा। देखो न, बार-बार तो जाना-आना होगा नहीं।"

सुपारी काटती हुई बी-दारोग़िन थोड़ी देर कुछ सोचती रहीं। उठकर पान दिया और भीतर के कमरे से कुछ चूड़ियाँ उठा लाईं। उन अलग-अलग नमूनों पर कुछ देर बात हुई। रज्जू मियाँ ने किसी काग़ज़ पर कुछ नोट किया और उसे जेब में रखकर चुप बैठ गए। थोड़ी ही देर में अँधेरा हो गया और आँगन में बैठे रज्जू मियाँ की आकृति बिलकुल धुँधली हो गई, पर बी-दारोग़िन न वहाँ से उठीं और न रोशनी की। दोनों बड़ी देर तक अपनी-अपनी जगह पर चुप बैठे रहे। अचानक जब बाहर राह देखता घोड़ा बड़ी ज़ोर से हिनहिनाया तो जैसे चौंककर रज्जू मियाँ उठे और बोले, "अच्छा भाभी, चलता हूँ।"

"अच्छा..."

घुटनों पर हाथ रखकर बी-दारोग़िन उठीं और बाहर दरवाज़े तक उन्हें छोड़ने गईं। अपने घोड़े की ओर बढ़ते हुए रज्जू मियाँ ने रोशन को गोद में उठा लिया और बोले, "हमारे साथ घोड़े पर बैठोगे, हाँ?"

उस दिन रोशन घोड़े पर नहीं बैठा, लेकिन उसके हफ़्ते-भर बाद जब रायपुर से लौटकर रज्जू मियाँ घर पर आए थे, बाहर घोड़ा नहीं था और चटाइयों पर रंग-बिरंगी ढेरों नई चूड़ियाँ फैली हुई थीं। रोशन सीधे उनकी गोद में आ गया और उसने घोड़े पर चलने की ज़िद मचा दी। वह ज़िद ऐसी थी कि दूसरी शाम को उन्हें घोड़ा लेकर पहले यहाँ आना पड़ा, और उसके बाद यह रोज़ शाम का नियम बन गया।

नियमपूर्वक ठीक पाँच-साढ़े पाँच बजे रज्जू मियाँ घर के सामने घोड़े पर से उतरते तो रोशन को लेकर बी-दारोग़िन दरवाज़े पर ही खड़ी मिलतीं।

उन्हें देखकर रोशन तालियाँ पीटता हुआ बाँहें फैलाता और बी उसे अपनी गोद से उतारती हुई हँसकर कहतीं, "देखते हो, कितना दुष्ट और मतलबी है? रोज़ घोड़े पर सैर होती है, इसलिए मुझे भी भुला बैठा। दिन-भर तुम्हारी याद करता रहता है कि शाम को चाचा घोड़ा लेकर आएँगे..."

इस पर हँसकर रज्जू मियाँ लपकते हुए रोशन को उठाते और उसके गालों पर बड़ी ज़ोर से 'चटाक' की आवाज़ के साथ चूमकर, तोतली आवाज़ में कहते, "क्यों

याद न करे? रोशन तो हमारा बे्टा है। क्यों बेटे, तुम हमारे बेटे हो या अपनी माँ के?"

रोशन एक बार माँ को देखता और अपने चाचा की ओर उँगली दिखाकर उनकी गरदन से लिपट जाता। रज्जू मियाँ हँसते और बी-दारोग़िन ममता-भरी आँखों में हल्की डाँट लिये उसे देखती हुईं धीरे-धीरे मुस्कुरातीं और फिर सड़क पर टापों की आवाज़ और धूल में दोनों खो जाते।

लौटते में अकसर अँधेरा हो जाता, रोशन को घोड़े से उतारकर दहलीज़ तक छोड़ते हुए रज्जू मियाँ कहते, "अच्छा, बेटे, अब तुम जाओ, हम घर चलेंगे।"

लेकिन रोशन उनका हाथ पकड़कर खींचता हुआ रोज़ ही भीतर ले आता और बी को देखकर, हँसते हुए वह कहते, "बहुत शरारती है। देखो, मुझे जबरन खींचे लिए आ रहा है।"

बी-दारोग़िन उसे छुड़ाकर कहतीं, "क्यों रे, चाचा को घर जाने नहीं देगा? बस तेरे पास ही बैठे रहेंगे क्या?"

और इस खींचतान में अकसर रज्जू मियाँ बैठ जाते तो देर हो जाती। वही आँगन की खाट, जिस पर उनकी अस्पष्ट आकृतियाँ निश्चल रहतीं और चबूतरे पर पानदान लेकर बैठी हुई बी-दारोग़िन। एक-एक बात कई मिनट बाद होती और बीच में कई-कई मिनट का मौन होता। मसलन :

"रोशन अब स्कूल जाने लायक़ हो गया है।"

"हाँ, यहाँ दिन-भर शरारत करने और फ़ालतू बच्चों के साथ खेलने के और क्या करता है? मैं ख़ुद भी सोचती हूँ कि इन छुट्टियों के बाद उसे दाख़िल करवा देना चाहिए।"

"क्या उम्र हो गई उसकी? पाँच का हो गया क्या?"

"पाँचवाँ पूरा नहीं हुआ। पहले स्कूल जाने की आदत तो हो जाए...धीरे-धीरे पढ़ाई भी शुरू हो जाएगी।"

चुप्पी...

"जिस दिन बाज़ार जाना नहीं होता, क्या करती हो?"

"करना क्या है? कुछ नहीं करती, पकाती हूँ या नहीं पकाती। रोशन को देखती रहती हूँ या सो जाती हूँ।"

"अब तो घर में भी कुछ गाहक आने लगे होंगे?"

"कभी-कभार, कुछ बड़े घर की औरतें आ जाती हैं। कुछ लोग बुलाते भी हैं, लेकिन मैं नहीं जाती। यह सब लेकर जाना किसको अच्छा लगेगा?"

बीच में फिर कई मिनट का मौन...

"तुम ड्यूटी से कब छूट जाते हो?"

"मेरी ड्यूटी का क्या है?" रज्जू मियाँ कहते, "घुड़सवार हूँ, ऐसे मौक़ों पर घोड़े को फेरे देने के अलावा कोई काम नहीं होता।"

"तो सारा दिन तुम क्या करते रहते हो?" बी-दारोग़िन के इस सवाल पर एक क्षण के लिए रज्जू मियाँ चौंककर उनकी ओर देखने लगते। फिर हँसी आ जाती। जवाब नहीं आता।

इस बीच रोशन या तो सो जाता या माँ की गोद में चुपचाप पड़ा होता। रज्जू मियाँ उठते, बी उन्हें दरवाज़े तक छोड़ने जातीं और लौटते में हर बार रज्जू मियाँ यही कहते कि उन्हें बड़ी देर हो गई।

लेकिन कुछ ही दिनों बाद उनके नियमों में अचानक परिवर्तन हो गया और रोशन को उससे बड़ी शिकायत हो गई।

उस दिन पाँच बजे के बदले एकाएक भरी दोपहरी को वह रोशन के यहाँ पहुँच गए। रोशन सो रहा था और बी-दारोग़िन गुसलख़ाने में थीं। बाहर से कई आवाज़ें लगाने के बाद कहीं दरवाज़ा खुला। लेकिन बी सीधे सामने नहीं आईं। साँकल खोलने के पहले ही मुस्कुराकर बोलीं, "मैं नहा रही थी और उलटे-सीधे कपड़ों में हूँ। चली जाऊँ, तभी भीतर आना।"

सुनकर रज्जू मियाँ थोड़ी देर वहीं हँसते हुए खड़े रहे। जब आहट मिली कि बी चली गईं तो भीतर आए और उतनी धूप में भी आँगन की खाट पर बैठ गए। गुसलख़ाने के भीतर से ही बड़ी देर तक बी बातें करती रहीं और बाहर आने पर उस दिन जबरन ही रज्जू मियाँ को अपने साथ खाना खिलाया।

दूसरे दिन भी यही हुआ। उस दोपहर के बाद शाम को रज्जू मियाँ फिर आए, लेकिन साथ में घोड़ा नहीं था। वह टहलने भी नहीं गए और रोशन के बार-बार ज़िद करने पर यह कहकर टाल गए कि घोड़ा बीमार है और उसके डॉक्टर ने उसे घूमने-फिरने की मनाही कर दी है। पता नहीं, उनकी डॉक्टर और बीमारी वाली बात में कहाँ तक सच्चाई थी, क्योंकि उस दिन के बाद फिर कभी घोड़ा लेकर वह नहीं आए। वैसे शाम को आकर ज़रूर बैठ जाते और देर तक इधर-उधर की बातें होतीं।

"अपना सामने वाला मकान तुम किराए पर उठाने वाली थीं न?" उस दिन रात को उठने से पहले उन्होंने पूछा।

बी-दारोग़िन एक क्षण के लिए चुप हो गईं, फिर सँभलकर बोलीं, "चाहती तो अभी भी हूँ, लेकिन कोई मुनासिब किराएदार ही नहीं आया। एक-दो लोग आए थे, पर बीवी-बच्चे कुछ नहीं, अकेले रहना चाहते थे, सो मैंने इनकार कर दिया।"

"अच्छा, सो क्यों?"

"क्यों का क्या जवाब दूँ? घर-बार वाले न हों तो उन्हें रखकर क्या करूँगी? मुझे उनसे कौन-सा सहारा मिलेगा, उलटे..."

कहते-कहते जैसे ही बी की आँखें रज्जू मियाँ की ओर उठीं, वह सहसा चुप हो गईं और सहमकर उन्होंने गरदन झुका ली। रज्जू मियाँ सीधे एकटक उन्हें, पता नहीं, कैसी आँखों से घूर रहे थे कि उनसे आँखें मिलाने का बी को साहस नहीं हुआ।

थोड़ी देर चुप रहने के बाद रज्जू मियाँ ने कहा, "मैं भी अपना घर छोड़ना चाहता हूँ।"

"क्यों, क्या हो गया?"

"हुआ कुछ नहीं, वह मुहल्ला अच्छा नहीं लगता।" कहकर रज्जू मियाँ एक क्षण के लिए रुके, बी की ओर गहरी आँखों से देखा और धीरे-से पूछा, "मुझे कोई मकान नहीं मिलेगा?"

बड़ी देर तक बी-दारोग़िन कुछ नहीं बोल पाईं। चुपचाप बैठी सोचती रहीं। जब रज्जू मियाँ ने वह प्रश्न एक से अधिक बार दुहराया तो सिर झुकाकर सिर्फ़ इतना बोलीं, "मैं कैसे कह सकती हूँ?"

रज्जू मियाँ को जैसे इसी जवाब की प्रतीक्षा थी। उस पर कुछ न कहकर वह चुपचाप रोशन से खेलने लगे। कभी उसकी उँगलियाँ गिनते, कभी गुदगुदी करते, कभी उसे अपनी गरदन पर चढ़ाकर पूछते, "क्यों बेटे, हमारे घर चलकर रहोगे?"

"तुम्हारा घर कहाँ है?"

"है, बहुत दूर है।"

"घर में तुम्हारी माँ है?"

"भई, माँ तो नहीं हैं।"

रोशन ललक कर अपनी माँ से कहता, "अम्माँ, तुमने सुना? चाचा कहते हैं कि उनकी माँ नहीं है।"

बी धीरे-से मुस्कुराकर कहतीं, "पूछो, चाची हैं?"

"चाची हैं?"

रज्जू मियाँ हँसकर कहते, "भई, चाची भी नहीं है।"

"तो फिर हम किसके साथ रहेंगे?" रोशन मायूस स्वर में कहता, "अम्माँ को ले चलें?"

इस बात पर दोनों में से किसी ने कुछ नहीं कहा। चौंककर बस एक-दूसरे की ओर देखा और रज्जू मियाँ कोई दूसरी बात निकालकर उसे बहलाने लगे। पर रोशन वह बात भूला नहीं, अन्त में उसने कहा, "चाचा, तुम हमारे घर आकर क्यों नहीं रहते?"

बी-दारोग़िन तत्काल अपनी जगह से उठीं, रोशन को अपनी गोद में लिया और प्यार से झिड़ककर बोलीं, "क्यों रे, आज सोयेगा नहीं? बड़ी-बड़ी बातें करता है!"

रज्जू मियाँ हँसते हुए उठ खड़े हुए और चलते-चलते रोशन को प्यार किया। रोज़ की तरह बाहर की चौखट तक उन्हें छोड़ने के लिए बी-दारोग़िन गई थीं। पल्ले की आड़ में होकर धीरे-से बोलीं, "मकान बदलने की बात मान भी लूँ, लेकिन लोग क्या कहेंगे?"

चलने के लिए अपना डग उठाते-उठाते मियाँ सहसा रुक गए और पूछा, "किन लोगों की बात कहती हो?"

"यही मुहल्ले-पड़ोस के और अपने-बिराने लोग, जिनके बीच रहते हैं। अभी जो यहाँ आकर बैठ जाते हो, उसी को लेकर कितनी-कितनी बातें होती हैं!"

एक पल चुप रहकर रज्जू मियाँ ने हँसते हुए कहा, "लोगों की सुनकर चलें तब तो ज़िन्दा रहना मुश्किल हो जाएगा। लोग क्या कहते हैं?"

"वह सब सुनकर क्या करोगे? कहते हैं, जो ऐसे मौक़े पर दूर से देखकर लोगों को कहना चाहिए।" बी-दारोग़िन ने फीके ढंग से हँसकर कहा, "पर मैं उनकी परवाह कब करती हूँ!"

बेशक बातें बेशुमार हुईं—फूहड़ से फूहड़, बेढंगी से बेढंगी और ताने-तिश्नों के मारे बी-दारोग़िन का पास-पड़ोस में निकलना-बैठना तक कठिन हो गया; पर उन सबकी परवाह नहीं की गई, यह भी उतना ही सच है।

एक दिन सारे मुहल्ले वालों की आँखों के सामने रज्जू मियाँ का सारा सामान घर के सामने उतरा और वह इसी घर में आकर रहने लगे। पहले कुछ दिन उनका खाना अलग बना, लेकिन फिर वह बी की रसोई में खाने लगे। उनका वहाँ रहना एक-दो दिन, माह या साल का नहीं था। सारी ज़िन्दगी घर से निकलकर वह नहीं गए। पहले के तीन-चार बरस तो यूँ ही बातों-बातों के बीच गुज़ार दिए, लेकिन एक दिन इसकी सरेआम घोषणा हो गई कि मिर्ज़ा की बीवी बी-दारोग़िन ने रज्जू मियाँ से दूसरा निकाह कर लिया। वह थे निहायत सीधे-सादे और ज़बान के पक्के। वैसी परिस्थितियों में भी उन्होंने बी का हाथ पकड़ा तो आख़िर तक नहीं छोड़ा और नसीबों वाली बी-दारोग़िन अपने अन्त के बाद डोले पर लाल तूस की चादर ओढ़, सुहागिन बीवी की सारी मान-मर्यादा सहित, रज्जू मियाँ के कंधों पर ही क़ब्रिस्तान पहुँचीं...

...वह सब सोचकर मन में एक अजीब-सी वेदना हुई। पता नहीं, दर्द किसके लिए हुआ—मिर्ज़ा के लिए या बी-दारोग़िन के लिए।

देखता हूँ कि सामने फ़ातिहा की जगह पर उनके लिए हर चीज़ क़रीने से सजी रखी है और समझदार बहू की तरह छोटी फूफी ने अपनी सास की छोटी-से-छोटी चीज़ का भी ध्यान रखा है। यहाँ तक कि वह अपने बालों में अन्त तक फूल लगाती थीं, वह भी नहीं भूलीं।

मेरी आँखों के सामने पिछले दिनों की बी-दारोग़िन खड़ी हो गईं—बिलकुल ऐसी, जैसी मैंने उन्हें पहली बार देखा था। मोटा, थुलथुल और जगह-जगह से ढीला पड़ता शरीर, तमाम बाँहों और हाथों पर गुदने के निशान, झुलसा हुआ ताँबिया रंग और दाँत न होने के कारण आपस में भिंचे और हमेशा चलते हुए होंठ...

कितना अजीब-सा लगता है कि बी-दारोग़िन कहाँ जन्मीं, कहाँ पली-बढ़ीं, किसके पल्लू से बँध आईं, आख़िर किसके हाथों मिट्टी पाई, और अब किसके हाथों तर्पण पा रही हैं!

चार

लालटेन में दम ही कितना होता है! कमरे में इतनी रोशनी नहीं थी कि दीवारों पर की हर चीज़ साफ़-साफ़ दिखाई दे जाए। उजाला अगर अधिक होता या वहाँ दिन का प्रकाश होता तो निश्चय ही एक तसवीर बिलकुल साफ़-साफ़ बोलती।

दरवाज़े के ठीक सामने पड़ने वाली दीवार के ऊपरी हिस्से में एक तसवीर मढ़ी हुई टँगी है और कुछ नहीं तो दस-पन्द्रह साल पुरानी होगी। उसमें सारा परिवार है—बी-दारोग़िन और रज्जू मियाँ सास-ससुर बने बीच में बैठे हैं। उनकी बग़ल में साहिबाना लिबास पहने रोशन फूफा हैं, एक ओर छोटी फूफी आठ बच्चों की माँ हो जाने पर भी माथे से आगे सिर का पल्लू खींचे और लिहाज़ से सिर झुकाए बैठी हैं और सामने छोटे-बड़े बच्चे क़तार में जमे हैं।

पहले रज्जू मियाँ का लिबास जो भी रहा हो, बाद में जब मैंने उन्हें देखा तो वे शलूका और घुटनों तक धोती पहना करते थे। घर-बाहर के उनके इस पहनावे में कभी-कभी ही अन्तर होता। मसलन, ईद-बक़रीद पर या फिर तब, जब उन्हें माल-असबाब लाने के लिए रायपुर जाना पड़ता। ऐसे मौक़ों पर उनके शरीर पर शलूका के बदले कमीज़-अचकन आ जाती, धोती की एवज़ में पतली मोहरी का अलीगढ़-पाजामा चढ़ता। सिर पर सन्तरई रंग का साफ़ा बँधता और आँखों में सुरमे की गाढ़ी लकीरें खिंचतीं।

तसवीर में भी रज्जू मियाँ उसी लिबास में बैठे हैं और अपनी बारीक़-बारीक़ खिचड़ी दाढ़ी-मूँछ के बीच मुस्कुरा रहे हैं।

रज्जू मियाँ बिहार के गया से आकर बस्तर रियासत में घुड़सवार हो गए थे। वह आख़िर तक कहते रहे कि उनके रिश्तेदार उधर ही पड़े हैं, घर-द्वार भी है और ज़मीन-जायदाद भी; लेकिन मिर्ज़ा की तरह एक बार बस्तर आकर वह भी वापस नहीं गए। और चाहे पहले साल-दो साल में अपने देश जाते रहे हों, बी के यहाँ आने के बाद कभी एक बार भी घर जाने का नाम नहीं लिया।

यही वह बी-दारोग़िन को भी सुनाया करते थे। पर बी के आग्रह के बावजूद न तो साधारण अवसरों पर वे गया गए और न ही क्रमशः अपने भाई, चाचा और बहन के इन्तक़ाल पर यहाँ से हिले।

रिश्तेदारों में से किसी के गुज़रने की चिट्ठी मिलती तो मन ज़रूर उदास हो जाता। बैठकर रो-धो भी लेते, पर उसके आगे कभी कुछ नहीं किया।

बी-दारोग़िन ताने देतीं, "तुम तो सारे नाते तोड़कर ऐसे बैठ गए हो जैसे वे तुम्हारे कुछ हैं ही नहीं। छि:-छि:, यह तो अच्छी बात नहीं। तुम अपनों के लिए ही जी न दुखाओगे तो हम लोग कहाँ रह जाते हैं?"

रज्जू मियाँ हँसकर कहते, "इसीलिए तो कहता हूँ कि मुझे वहाँ न जाने दो। यहाँ से एक बार भी गया तो फिर लौटने का भरोसा मत करना। वहाँ पहुँचा तो वहीं का होकर रह जाऊँगा।"

बी चुप लगा जातीं या फिर धीरे-से कहतीं, "सच-सच बताना। कहीं तुम्हारी शादी तो नहीं हो गई थी? ऐसा तो नहीं है कि वहाँ बीवी-बच्चे बैठे तुम्हारे नाम को रो रहे हों और यहाँ अज़ाब मुझ बेगुनाह पर पड़े?"

"तुमने मुझे क्या बाँध लिया था?" उनका दो टूक जवाब होता, "ऐसा होता तो कभी का छोड़-छाड़ कर चला गया होता।"

बी-दारोग़िन की आँखें छलछला आतीं और वह भीगे स्वर में कहतीं, "और चाहे जितने गुनाह हो गए हों, ख़ुदा के लिए इस अज़ाब से मुझे ज़रूर बचाना।"

जब रज्जू मियाँ से बी का निकाह हुआ तो रोशन बारह साल का था और स्कूल में पढ़ता था। निकाह शायद न होता और शायद ज़िन्दगी-भर उसी तरह निभ जाता जैसे पाँच वर्षों तक चला था, पर रज्जू मियाँ ने ही ज़िद मचा दी, बोले, "ज़िन्दगी का कोई भरोसा नहीं है। कल कुछ हो गया तो हम लोगों की मौत-मिट्टी का क्या होगा? समाज वाले तो कंधा भी न देंगे और लाश क़ब्रिस्तान के बदले गीदड़-सियारों के हवाले हो जाएगी। नहीं-नहीं, यह सब ज़्यादा दिन नहीं चलेगा।"

बी-दारोग़िन अन्त तक हिचकती रहीं, "सोचो तो, लोग क्या कहेंगे? मेरी कितनी बदनामी होगी कि एक के मरते ही मैंने दूसरा ख़सम कर लिया! रोशन भी अब बड़ा हो रहा है। अभी चाहे कुछ न कहे, दो साल बाद वह क्या सोचेगा?"

"और ऐसे रहने में क्या बदनामी नहीं है?" उन्होंने कहा, "जब जागो तभी सबेरा। ग़लती जितनी जल्दी सुधार ली जाए, ग़लती नहीं रहती। शायद तुम्हें मुझ पर एतबार नहीं होता होगा कि मैं तुम्हारे साथ रह भी पाऊँगा या नहीं। डरती होगी कि कल छोड़कर चला गया तो तुम्हारा क्या होगा?"

"नहीं, नहीं, यह बात नहीं।" बी स्नेह से छलककर जवाब देतीं, "एतबार न होता तो मैं अपनी इज़्ज़त से न खेलती!"

आख़िर गिने-चुने लोगों के बीच बी-दारोग़िन का दुबारा निकाह हुआ और समाज वालों के बीच रज्जू मियाँ, मिर्ज़ा की जगह, रोशन के बाप बन गए।

कल्पना करने पर एकाएक विश्वास नहीं होता।

किन्हीं परदों को चीरकर देखता हूँ कि बी-दारोग़िन बिना किसी ढोल-ढमाके या शोरशराबे के दोबारा दुलहन बनी हैं और बारह साल का रोशन कुछ समझता और कुछ न समझता हुआ एक कोने में बैठा, हैरान आँखों से घूर रहा है। न सुहाग गीत है, न सहेलियाँ, न लड़कीवालियाँ, न हँसी-चुहल और न ही ब्याह-शादी का उल्लासमय वातावरण! एक मुर्दा और उदासियों में तना चुपचाप तथा बेज़ार-सा माहौल है, जिसमें गिनी-चुनी बूढ़ी-अधबूढ़ी औरतों की ऊबी जाती जम्हाइयों के बीच महज़र से ढँकी बी-दारोग़िन सिर का पल्लू धरती तक खींचे बैठी हैं।

मरदाने में क़ाज़ी-ए-शहर नौशे मियाँ रज्जू से कहता है, "जनाब मिर्ज़ा करामत बेग़ की बेवा, बनाम इस्लाम बी, बवक़ालत अब्दुल सत्तार साहब, हमराह दो गवाहों के, मेहर मुबलिग़ पाँच सौ रुपये, सिक्कये-राजुल-वक़्त, अवाला नान-नफ़्क़ा के आपके निकाह में दी गई, क्या आपने क़बूल किया?"

महज़र की ओर एक पलक के लिए ठिठककर, बी-दारोग़िन रज्जू मियाँ के साथ-साथ, धीरे-से तीन बार दुहराती हैं, "क़बूल किया, मैंने अपने निकाह में..."

बाहर मिश्री-छुहारे लुटाए जाते हैं और बच्चों के साथ बूढ़े-बुज़ुर्ग और मुक़द्दस दाढ़ी वाले मेहमान भी लूट में हाथ बँटाते हैं। जिसके हाथ जो कुछ आता है, वह मुस्कुराकर कुँआरों से पहले चबाता है और नाकामयाब, मायूसी में अपनी गोद, अग़ल-बग़ल और जाज़िम के नीचे का फ़र्श टटोलते हैं।

पता नहीं, उस रस्मी निकाह के बाद की रस्मी रात कैसे आई और गई होगी।

धीरे-धीरे घर से मेहमान खिसकते हैं। पहले मर्दमाने, फिर पिछवाड़े के दरवाज़े से चादर वाली, बुरक़ों वाली, घूँघट वाली, बच्चों वाली और इज़ार-सलवार वाली औरतें! बाहर मरदाने पर बिछा फ़र्श ख़ाली हो जाता है। जलते हुए पेट्रोमेक्स के गिर्द घिरे बच्चे एक-एक करके ग़ायब हो जाते हैं और किसी कोने में लुढ़का हुआ रोशन सो जाता है।

सब समेट-धर कर सैंतीस साल के रज्जू मियाँ निकाह के नये जोड़े में नौशा बने धीरे-से आकर बी-दारोग़िन के पास खड़े हो जाते हैं। शायद मुस्कुराते हैं, शायद संजीदगी से देखते हैं। अपनी बीवी को बिदा करके उन्हें कहीं नहीं ले जाना है। यह रात पिछली तमाम रातों से किन मायनों में भिन्न होकर आई है—जैसे वह यही सोचते खड़े हैं।

बी ने अपना महजर अभी नहीं उलटा। चेहरा छिपाए बैठी हैं। शायद धीरे-धीरे आँसू ढालती हैं, शायद भीतर-भीतर खिल-खिल हँसती हैं...

तौबा, मैं कहाँ-से-कहाँ बहक गया! यह मुझे क्या हो गया है कि फ़ातिहा की जगह भी ऐसी-वैसी बातें सोचने लगा हूँ।

सोये पड़े घर में अचानक आग लग जाने पर जैसी भाग-दौड़ और हाय-तौबा मच जाए, कुछ ऐसी ही भगदड़ उन दिनों बस्तर में मच गई थी। जिधर देखो, जहाँ सुनो, 'भागो-बचो' की आवाज़ ही सुनाई पड़ती थी और हर आदमी, चाहे वह बूढ़ा हो या जवान, औरत हो या मर्द, दूसरों की अपेक्षा अपनी ही जान और ज़रूरत को ज़्यादा महत्त्व देकर ख़तरे से निकलने की हर मुमकिन कोशिश में लगा हुआ था।

अल्लाह अल्लाह, वे दिन ख़ुदा किसी को न दिखाए—दुश्मन से दुश्मन को भी नहीं। सन् 1910 जैसे बस्तर में काल बनकर उतरा था, जिसकी चपेट में हज़ार-हज़ार लोग कुत्तों की मौत मारे गए। कैसा जलवा था कि बस्तर के मुट्ठी-भर नंगे-भूखे, ज़ाहिल और तीरकमान वाले आदिवासियों ने अंग्रेज़ी शासन के छक्के छुड़ा दिए!

देखते-देखते जंगल की आग की तरह बलवे की लपट बस्तर के एक कोने से दूसरे कोने तक फैल गई। आज भी मशहूर है कि इतने बड़े बलवे का सारा प्रबन्ध घोटुल के युवकों द्वारा ही हुआ था। आवागमन की बेशुमार मुसीबतों के बावजूद रातोंरात बलवे की ख़बर दूर-दूर के गाँवों तक पहुँच जाती थी। उस बलवे का प्रतीक आम की छोटी डाल में बँधी एक लाल मिर्च थी, जो एक-दूसरे के हाथों होकर, गाँव-गाँव और घर-घर पहुँच गई थी।

जैसे बरसों का दबा लावा अचानक फूटकर निकला हो और उसे कुछ देखे-सुने बिना सिर्फ़ आग-आग होकर तमाम आसपास की चीज़ों को अपनी गोद में भरते जाना हो।

वही हुआ। बुरी तरह मार-काट मची और सरकारी अधिकारियों में जो जैसा मिला, बस एक ही घाट उतार दिया गया।

किसी जंगल या पहाड़ी के बीच गाँव में आदिवासियों की एक विशाल सभा जुटी है। गिरफ़्तार सरकारी अधिकारी क़तार से पेड़ों में बँधे हुए, बारी-बारी से अपने दुर्भाग्य की राह देख रहे हैं। जिसकी बारी आती है, पहले उसका अपराध सबके सामने सुनाया जाता है :

"नाम (ज़रूरत नहीं)। काम : पटवारी (खेती के लिए ज़मीन नहीं देता था, कइयों के खेत बेदख़ल कराए और उनके पेट पर लात मारी। खाने के लिए रोज़ मुर्गी, बकरा और शराब चाहिए)।"

फ़ैसला होता है कि जिन उँगलियों से यह लिख-लिखकर लोगों को बरबाद करता रहा है, उन्हें पत्थर से कुचल दो, और हराम के पैसों से मज़े उड़ाने वाले इसके मुँह में गोबर भरकर सबके सामने खिलाओ!

दूसरा अपराधी :

"नाम (ज़रूरत नहीं)। काम : जंगल रेंजर अथवा फॉरेस्टर (जंगल तेरे बाप का है? इस पेड़ को काटो, उसे न काटो। यहाँ से लकड़ियाँ ले जाओ, वहाँ से ले

जाने पर जुर्माना होगा...)। बताओ साले को, जुर्माना कैसा होता है!"

तीसरा अपराधी :

"नाम (ज़रूरत नहीं)। काम : पुलिस इन्स्पेक्टर। थाने से जान छुड़ाकर पहाड़ी की ओर भागता हुआ पकड़ा गया। उसके हाथ-पाँव रस्सियों से बाँधकर रास्ते-भर घसीटकर लाया गया था; परिणामतः शरीर बुरी तरह ज़ख़्मी है (गाँव वालों को आदमी नहीं, जानवर समझता था। क़दम-क़दम पर बेगारी चाहिए। कभी भी किसी को बेंत-कोड़ों से मार देना बड़ी बात नहीं थी। जिस गाँव में पहुँचे, गाँव के कोतवाल को उसके पाँव दबाने के लिए दो जवान लड़कियाँ गाँव से निकालनी पड़ती थीं)।"

चर्र र्र र्र र्र र्र...

तीर की नोक उसके सीने पर गड़ाकर उसकी कमीज़ चीर दी जाती है। ग़श खाया और काँपता हुआ इन्स्पेक्टर ठीक से देख ही नहीं पाता कि...

कच्च! तेज़ धार वाली छुरी से उसकी जननेन्द्रिय काटकर उसी के सामने फेंक दी जाती है। लहूलुहान शरीर से ख़ून की धाराएँ फूटकर धरती पर बहती हैं और अभागा इन्स्पेक्टर पकड़-जकड़कर, हलाल किए बकरे की तरह चिल्लाता और छटपटाता है...

इसी आपाधापी में एक वर्ग और बुरी तरह पिस गया और उसमें थे—व्यापारी और छोटी-मोटी दुकान वाले।

बाज़ार लगा है और बलवाइयों का अचानक हमला होता है। खुली की खुली दुकानें देखते-देखते लूट ली जाती हैं। भगदड़ मच जाती है और क्षण-भर में सारा बाज़ार ख़ाली हो जाता है। जिन्होंने अड़कर बीच-बचाव करने की कोशिश की, वहीं ढेर कर दिए गए। जिसने रोकना चाहा, वही जान से गया। आतंकित लोग जहाँ-तहाँ छिपे हैं। हफ़्तों गलियों तथा सड़कों में सिवाय तीर-कमान वाले बलवाइयों के और कोई नज़र नहीं आया।

वह सब सुनकर रज्जू मियाँ कई क्षण जहाँ के तहाँ खड़े रह गए। डर और आशंका के मारे उनका मुँह अपने आप खुल गया और दिल बुरी तरह धड़कने लगा।

वह हफ़्ते-भर के लिए रायपुर गए थे और बलवा-मारकाट की बात सबसे पहले वहीं सुनी थी। ख़बर सुनने के बाद उनसे वहाँ एक क्षण भी नहीं ठहरा गया और किसी तरह ले-देकर, भागे-भागे लौटे। रास्ते-भर उनका मन काँपता रहा और वह बी-दारोग़िन तथा बच्चे की सलामती की दुआ माँगते आए थे, पर घर के सामने आते ही वह जैसे संज्ञाशून्य होकर खड़े रह गए।

उनके दरवाज़े पर साँकल और साँकल पर ताला पड़ा था।

बड़े आशंकित हृदय से उन्होंने पड़ोस का दरवाज़ा खटखटाया और धीरे-से पूछा, "कुछ मालूम है, यह कहाँ गई?"

पड़ोसी को जब पूरी तरह से इत्मीनान हो गया कि बलवाई नहीं, रज्जू मियाँ ही हैं, तो दरवाज़े का आधा पल्ला खोलकर लम्बी साँस भरते हुए उसने कहा, "अरे भइये, क्या बताएँ?"

"क्यों, क्या हुआ?" घबराहट में वह कई क़दम उस औरत के पास चले गए और लगभग चिल्लाकर बोले, "बोलो क्या हुआ? ख़ैरियत तो है?"

बड़ी कठिनाई के बाद उसने कहा, "ख़ैरियत यही है कि तुमसे बातें करने के लिए आज मैं रह गई हूँ। रायपुर के लिए यहाँ से कब निकले थे?"

"सात-आठ दिन हो गए।" रज्जू मियाँ ने साँस रोककर जवाब दिया।

पड़ोसिन थोड़ी देर सिर झुकाए सोचती रही, फिर बोली, "उसके दूसरे दिन तो वह भी बाज़ार गई हैं और तब की गईं अभी तक नहीं लौटीं। राम राम, मेरा तो बड़ा जी डरता है। अरे, इन बिफरे हुए जंगली उजड्डों का क्या भरोसा कि कब क्या कर दें। भगवान ने ही मुझे बचा लिया। देखो न, यहाँ शहर में पुलिस-हिरासत और चारों ओर पहरे-चौकी के बाद भी निकलने की एकाएक हिम्मत नहीं पड़ती।"

रज्जू मियाँ का सब्र आख़िर जाता रहा। वह झल्लाकर उसे डाँटना चाहते थे। अजीब बेमुरब्वत और स्वार्थी औरत है! किसी की चिन्ता के मारे जान पर बनी हुई है और यह है कि उसे तसल्ली देना या बताना-कहना छोड़ उल्टे...

प्रकट में ज़रा झुँझलाकर देखते हुए बोले, "भला ऐसे मौक़े पर उनको बाज़ार जाने की क्या ज़रूरत थी?"

"अब किसे पता था भैया कि अचानक यह बलवा हो जाएगा! वह तो ख़ैर कैसे-कैसे मैं भी रुक गई, वरना..."

"उसके साथ वाले कोई लौटे क्या?" उन्होंने बीच में ही टोककर जल्दी से पूछा। वैसे वह समझ गए थे कि वहाँ ज़्यादा समय खोना बेकार है। प्रश्न करने के बाद भी जवाब सुनने के लिए रुकना नहीं चाहते थे। वह दहलीज़ से बाहर आ गए और चलते-चलते ही सुन लिया कि एक-दो लोग किसी तरह भाग आए हैं, लेकिन औरों का कोई पता नहीं।

बड़ी देर से आकाश में काले बरसाती बादल घिरे हुए थे और ठहर-ठहरकर बिजली चमकती थी। उनके सड़क पर आते-न-आते हवा तेज़ हो गई और थोड़ी देर में ऐसी बुरी आँधी चली कि दस मिनट में उसने सारे के सारे वातावरण को बुरी तरह झकझोर कर रख दिया। मोती तालाब की अमराई वाला बिजली का खम्भा एक गहरे झोंके के साथ ज़मीन पर लोटने लगा और मस्जिद के सामने का पुराना कदम्ब बड़ी ज़ोर से अरअरा कर गिरा।

बिना छतरी के बारिश में भीगते हुए वह रोशन के हॉस्टल की ओर चले कि शायद उसे अपनी माँ के बारे में पता हो। इधर पिछले दो-तीन बरसों से दोनों ने

सलाह करके रोशन को स्कूल के बोर्डिंग हाउस में रखवा दिया था, क्योंकि मिर्ज़ा के बाद विवश होकर बी को रोज़गार की ओर ध्यान देना पड़ा, और दोनों के इधर-उधर चले जाने के कारण रोशन को न केवल तकलीफ़ होती थी, बल्कि पढ़ाई-लिखाई का भी नुक़सान होता था। पहले उसके लिए बी तैयार न थीं और जाने के दिन रोशन भी ख़ूब कुनमुनाया, पर आख़िर निर्ममता बरतनी पड़ी। यों निकाह के बाद रोशन की बातचीत और व्यवहार-बरताव में वह एक आश्चर्यजनक परिवर्तन देख रहे थे। उसमें न तो पहले जैसी चंचलता रह गई थी और न उनके प्रति ललक-प्यार। वह अधिकतर अलग-अलग और गुमसुम बैठा अपने आप ही कुछ किया करता या अकेले कहीं बाहर निकल जाता।

उन्होंने कई बार देखा कि रोशन के सामने आते ही बी अकसर सिटपिटा-सी जातीं, जैसे किसी गुनाह के लिए भीतर-भीतर अपने को अपराधी मानती हों। इस बात का एहसास स्वयं उन्हें भी कई बार हुआ था। बहुत दिनों तक अलग-अलग दोनों के मन में यह बात घुमड़ती रही और अन्त में एक दिन बी ने कहा, "रोशन के चचा, तुम एक चीज़ देख रहे हो कि रोशन चुपचाप रहता है? और बच्चों की तरह न खेलता है, न ही बोलता-चालता है। जो पूछोगे बस उसका जवाब देगा, वरना बीमार आदमी की तरह किसी कोने में बैठा टुकुर-टुकुर ताकता रहता है।"

उनसे अधिक शिकायत रज्जू मियाँ को थी। रोशन न केवल उनसे कम बातें करने लगा था, बल्कि कई बार उनकी कई बातें उसने बिना सुने ही टाल दी थीं। एकाध बार जब उन्होंने सख़्ती से बात की तब या तो चिड़चिड़ा उठता अथवा झल्लाता, पाँव पटकता हुआ बाहर हो गया।

फिर भी उन्होंने बी की बात का प्रकट में समर्थन नहीं किया। हँसकर बोले, "अरे, बच्चा है, उसकी बात क्या लेती हो?"

"बच्चा है, तभी तो कहती हूँ।" बी-दारोग़िन ने भरे कंठ से कहा था, "कहीं ऐसा तो नहीं कि उसे हमारे निकाह का सदमा पहुँचा हो। शायद हम लोगों ने ठीक नहीं किया, क्यों?"

"छिः छिः, तुम तो पागल हो! उसे इन सब बातों की क्या समझ? कुछ बच्चों का स्वभाव ही ऐसा होता है।" कहकर हालाँकि उन्होंने हँसने की कोशिश की, लेकिन लगा कि यह झूठ कहते हुए उनकी ज़बान बुरी तरह लड़खड़ा रही है और ज़रा-सी गहरी आँखों से देखे या घूरे गए तो उनकी कलई खुल जाएगी। इधर वह देख रहे थे कि रोशन न केवल उनसे कम-से-कम बोलने की कोशिश करता, बल्कि ऐसा हर अवसर टाल जाता जिसमें दोनों आमने-सामने पड़ते हों। मसलन, सर्दियों में सुबह धूप आए बिना किसी का मुँह नहीं धुलता। कोई ज़रूरी काम न हो तो हर कोई इस बात की प्रतीक्षा करता रहता है कि पिछवाड़े के चबूतरे पर धूप उतरे और उसके बाद सबके मुँह धुलें।

पर रोशन के हॉस्टल जाने के पहले कई बार ऐसा हुआ कि यदि पहले से रज्जू मियाँ चबूतरे पर दातुन चबाते बैठे हों, तो रोशन उनके उठने की राह देखता अथवा ज़रूरत हुई तो सर्दियों के बावजूद ठंडे गुसलख़ाने में घुस जाता। पहले उन्हें विश्वास नहीं होता था, लेकिन दो-एक बार की घटनाओं ने पूर्ण यक़ीन दिला दिया...

"अरे, मर जाएगा।"

सहसा किसी का यह कहकर चिल्लाना उन्हें चौंका गया। देखा कि वह बोर्डिंग हाउस के पास तक पहुँच गए हैं और सामने की बड़ी नाली उन्हें लाँघनी है।

थोड़ी देर में इतनी बारिश हुई कि नालियों का पानी लबों तक आकर बहने लगा। हालाँकि हल्की-हल्की बूँदें आड़ी-टेढ़ी होकर अब भी पड़ रही थीं, लेकिन पानी जैसे थम चुका था। बोर्डिंग हाउस के आसपास के घरों के बच्चे नाली के पानी से खेलने और उस पर काग़ज़ की नावें चलाने इकट्ठे हो गए थे। उन्हीं में किसी ने नाली के किनारे बैठ, उसके तेज़ बहाव वाले पानी में अपनी टाँगें डाली थीं कि भीतर से किसी स्त्री कंठ ने चिल्लाकर डाँटा।

नाली लाँघते हुए क्षण-भर ठिठककर रज्जू मियाँ उधर देखते रहे। कैसी अजीब बात है कि कई बार उम्र बढ़ जाती है, देह में बहुत से परिवर्तन हो जाते हैं और शरीर कहाँ-से-कहाँ पहुँच जाता है, पर मन उतना ही रहता है जितना वर्षों पहले कभी बचपन में था। जैसे गर्मी की दुपहरी में चुपचाप निकलकर किसी जामुन-इमली की आपस में गुँथी शाख पर सो जाना या वहाँ बैठकर बेमानी गीत गाना। जैसे कि यूक्लिप्टस के पेड़ों के नीचे-नीचे चलकर उनके सूखे फूल चुनना और सूनी कचहरी के पक्के फ़र्श पर भौंरे घुमाना या जैसे मतलब न समझते हुए भी बार-बार गन्दी गालियाँ बकना...

धीरे-धीरे चलते हुए उन्होंने अहाता पार किया और बोर्डिंग हाउस की बिल्डिंग के पास पहुँचकर रोशन के कमरे का नम्बर याद करने की कोशिश करने लगे। पहली बार तब आए थे जबकि रोशन को दाख़िले के बाद उस कमरे तक ले जाकर छोड़ना था, और दूसरी बार आज जबकि...

"क्या रोशन से मिलना है?" किसी एक लड़के ने रज्जू मियाँ के पास आकर कहा तो वह चौंके। रोशन का साथी-संगी होगा, शायद उन्हें पहचानता था।

बोले, "हाँ, रोशन का कमरा कौन-सा है?"

"चलिए, मैं पहुँचा दूँ।" कहकर उत्तर की प्रतीक्षा किए बिना ही वह आगे-आगे चलने लगा। लिहाज़ा उन्हें मजबूरन उसके पीछे-पीछे चलना पड़ा। बरामदे के पक्के फ़र्श पर पड़ने वाले जूतों की आवाज़ के बीच सारी राह वह सोचते आए थे कि पता नहीं रोशन उनसे किस तरह मिलता है।

अच्छा हुआ कि साथ वाला लड़का उन्हें कमरे तक छोड़कर चला गया। उन्होंने बन्द दरवाज़े के पास ठिठककर सोचा और उत्सुकतावश अपनी एड़ियाँ

उठाकर खिड़की के काँच से भीतर झाँककर देखा। कमरा छोटा-सा था। एक मेज़-कुर्सी, उस पर फैली कुछ किताबें-कॉपियाँ, एक ट्रंक, तसवीर की खूँटियों पर टँगे कुछ मैले कपड़े और खाट पर बैठा हुआ...

तत्काल ही रज्जू मियाँ ने बिजली जैसी तेज़ी से अपनी आँखें काँच पर से हटा लीं। वह हट जाना चाहते थे, लेकिन एक क्षण रुककर उन्होंने कुछ सोचा, इधर-उधर चोरों की तरह ताका और पूर्ण शक्ति के साथ अपने से ज़बरदस्ती करते हुए उन्होंने फिर से काँच पर आँखें जमा दीं।

जैसे हज़ारों लोगों के बीच चोरी करते पकड़े गए हों, इस तरह लज्जित और जड़ होकर रज्जू मियाँ थोड़ी देर वहीं खड़े रहे। पहले सोचा कि दरवाज़ा खटखटा कर पुकार लें, लेकिन फिर कुछ सोचकर, बिना आहट किए चुपचाप ही सीढ़ियाँ उतर आए।

कई दिनों बाद जब मार-काट की ख़बर ठंडी पड़ी और सब कुछ पहले की तरह चलने लगा, एक रात बी-दारोग़िन अचानक आकर खड़ी हो गईं। इस बीच रज्जू मियाँ का अजीब हाल था, खाते थे लेकिन खाना न खाना बराबर था, रहते थे लेकिन वह क्या रहना कि औंधे मुँह बिस्तरे पर पड़े हैं; न किसी से बोलते-चालते हैं, न कहीं आते-जाते हैं, दरअसल, उन्हें लग ही नहीं रहा था कि बी-दारोग़िन लौट आएँगी। एकाएक उन्हें देखकर वह हड़बड़ा गए, हक्का-बक्का होकर कुछ देर ताकते रहे, फिर सीधे पागलों की तरह दौड़कर लिपटाते हुए उन्हें झकझोर डाला।

बी को शायद ख़ुद अपने लौट आने का एतबार न था। धीरे-धीरे बताती जा रही थीं कि लूटमार मचने पर वह कैसे भागीं, कहाँ छिपीं और किस तरह ये सारे दिन डर-डरकर गुज़ारे। वह तो शायद सब दिनों का लिया-दिया आगे आ गया, नहीं तो सही-सलामत लौट आने की उम्मीद कहाँ थी?

रज्जू मियाँ ने अपनी हालत का बयान किया। बताया कि बलवे की ख़बर सुनकर कैसे उनके होश उड़ गए थे। बी-दारोग़िन का पता लगाने के लिए उन्होंने कौन-कौन से जतन किए थे और अन्त में किस तरह निराश हो गए।

"रोशन कैसा है?" बी-दारोग़िन ने अधीर स्वर में पूछा।

एक क्षण के लिए रज्जू मियाँ सोचने लगे। सोच रहे थे कि उन्हें क्या कहना चाहिए। यह ठीक है कि इस बार रोशन के बारे में बहुत-सी बातें करने को वह स्वयं उत्सुक थे और इस बीच यही सोचते रहे कि बी से मिलने पर वह कैसे, क्या कहेंगे, लेकिन उस क्षण का अवसर दूसरा था और वास्तविकता यह थी कि उस दिन के बाद वह रोशन से मिलने ही नहीं गए। एक-दो बार जाकर मिलना भी चाहा, लेकिन पाँवों ने जवाब दे दिया और वह आधे रास्ते से लौट आए थे।

"बताया नहीं, रोशन कैसा है?"

प्रश्न दुहराकर आया तो रज्जू मियाँ ने धीरे-से जवाब दिया, "अच्छा है।"

"तुम मिलने जाते थे?"

"हाँ, एकाध बार गया था, लेकिन रोशन मिला नहीं। तुम्हें मालूम है।" रज्जू मियाँ धीरे-से हँसे और बी के चेहरे पर आँखें गड़ाकर बोले, "तुम्हारी ग़ैरहाज़िरी में इस बीच एक बार भी रोशन घर नहीं आया।"

"क्यों?"

"पता नहीं, होगी कोई बात।" कहकर रज्जू मियाँ ने गरदन झुका ली और हँसने का प्रयत्न करने लगे, "उसकी माँ ही नहीं थी, आकर क्या करता? और सच देखा जाए तो मैं होता ही कौन हूँ?"

बी-दारोग़िन बिलकुल चुप होकर उतरे चेहरे से उनकी ओर ताकती रहीं, फिर ज़रा सँभलकर हँसती हुई बोलीं, "कैसे कुछ नहीं होते? वह नासमझ है तो क्या रिश्ता ही टूट जाएगा? अरे, बच्चा है, खेल-कूद में लग गया होगा।"

रज्जू मियाँ ने कुछ कहा नहीं, चुपचाप उठकर बावर्चीख़ाने की ओर चले गए और वहाँ गगरे से पानी निकालकर उनके पीने की आहट सुनाई दी।

बी-दारोग़िन थोड़ी देर बावर्चीख़ाने की ओर देखती रहीं, फिर उठकर अपना सामान उठाने-धरने लगीं। क्या सचमुच रोशन एक बार भी घर नहीं आया था? सारे इलाक़े में मार-काट मची थी और वह पूरे चार-पाँच हफ़्तों के लिए ग़ायब रहीं। सैकड़ों लोगों की जहाँ जानें चली गईं और जिनके लिए पड़ोसी तक पछताए, वहाँ बेटा होकर क्या वह एक पल के लिए भी परेशान या चिन्तित नहीं हुआ?

सामान उठाने-धरने में हाथ बँटाते हुए रज्जू मियाँ ने कहा, "अफ़सोस इसी बात का है कि रोशन पड़ोस में आता था। रोज़ तुम्हारे बारे में पता लगाता था, लेकिन दो क़दम बढ़कर कभी मेरे पास नहीं आया।"

बी-दारोग़िन के भीतर का तूफ़ान जैसे ढँकना उघाड़कर बाहर छलक आया। उनकी आँखें छलछला गईं। पहले तो वह वहीं बैठ गईं, फिर भर्राये कंठ से बोलीं, "रोशन के चचा, उसके बदले मैं माफ़ी माँगती हूँ...रोशन की नासमझी को अपने मन पर मत लेना।"

दूसरी सुबह रज्जू मियाँ अभी बिस्तर पर ही थे कि घर में रोशन की आवाज़ सुनाई दी। बी-दारोग़िन बरतन धो रही थीं कि उन्हें उलटे-सीधे पटककर दौड़ीं और ललककर उसका हाथ पकड़ती हुई बोलीं, "आ बेटा, तू तो यहीं सामने रहकर पराया हो गया है।"

उत्सुकतावश रज्जू मियाँ ने बिस्तर छोड़ा और खाँसते हुए बाहर निकल आए। छिछलती नज़र से देखा कि माँ-बेटा बड़ी शिद्दत के प्यार से एक-दूसरे की ओर देखते हुए बैठे हैं और बी रोशन के दुबले हो जाने की शिकायत कर रही हैं। बाहर आते ही उन्हें लगा कि एकाएक इन लोगों के बीच आकर उन्होंने ठीक नहीं किया। अपराधी से वह सीधे ग़ुसलख़ाने की ओर बढ़ रहे थे कि रोशन ने उठकर

उन्हें आदाब किया और रज्जू मियाँ का सारा रोष उसी क्षण धुल गया। भीतर से छलछलाते हुए, तनिक रुककर उन्होंने कहा, "कब आए, बेटे?"

"जी, अभी अभी..."

"अच्छे हो न?"

हालाँकि वह सवाल करते जा रहे थे, लेकिन उनकी जाँचती-परखती आँखें बराबर रोशन के चेहरे की ओर जमी हुई थीं। वह देख रहे थे कि उस उम्र के कुँआरे लड़के के चेहरे पर जो आब-ताब होनी चाहिए, वह रोशन के चेहरे से सिरे से ग़ायब है। गालों की हड्डियाँ उभर आई हैं, आँखों के नीचे स्याह गड्ढे पड़ गए हैं और एक नज़र में ही वह सुस्त, झेंपू और बीमार लगता है। उन्हें आश्चर्य हो रहा था कि रोशन इतना बड़ा हो गया, यह बात उनके ध्यान में पहले क्यों नहीं आई थी? कई बरस पहले जिस रोशन को घोड़े पर बिठाकर वह रोज़ सैर के लिए ले जाते थे, वह कहाँ है? अठारह-बीस की उम्र हो गई, खासा ऊँचा और लम्बा हो गया, रंग पहले से अधिक निखर आया और होंठों तथा नाक के बीच हल्के-हल्के, किंचित् भूरे-काले रोएँ फूट आए हैं...

अचानक उन्हें बोर्डिंग हाउस की उस दिन वाली बात याद आ गई—छि:, वह उन्होंने क्या देख लिया? न देखते तो अच्छा था...

सिर झुकाकर वह तेज़ी से ग़ुसलख़ाने में घुस गए।

रात में सोने से पहले इधर-उधर की बातें निकालकर, उन्होंने धीरे-से कहा, "मेरे ख़याल से रोशन की शादी कर दो। जितनी पढ़ाई हो गई, वह जीने-खाने के लिए काफ़ी है।"

बी पास लेटी हुई थीं, अचानक उठंगी होकर बोलीं, "यह एकाएक शादी की बात तुम्हें कहाँ से सूझ गई?"

"क्यों, क्या नहीं सूझनी चाहिए? लड़का जवान हो गया, कहीं ग़लत सोहबत में पड़कर भटके, इससे पहले राह से लग जाना चाहिए।"

बी हँसने लगीं, "बाँस जैसा लम्बा हो गया, क्या इसी से तुम्हें जवान लगने लगा? अभी तो पूरी तरह बीस का भी नहीं हुआ।"

उस वक़्त रज्जू मियाँ ने अधिक कुछ नहीं कहा। "तुम माँ हो इसलिए ऐसा कहती हो," कहकर चुप हो गए। लेकिन दूसरे, तीसरे और बाद के प्राय: हर दिन किसी-न-किसी तरह उसकी शादी की चर्चा निकाल बैठते। कई दिनों बाद अन्त में बी ने हँसकर कहा, "कर लूँगी, लेकिन पहले लड़की तो दिखे। तुमने क्या कोई देख ली है?"

"हाँ, एक मेरी नज़र में है, इसलिए कहता हूँ। अली अमीर को जानती हो?"

"वह जो मुख़्तार हैं और..."

"हाँ हाँ, वही। पहले रियासत के दरबारी अमीर थे, ख़ानदानी और भले आदमी

हैं, सो उन्हीं के यहाँ उठता-बैठता हूँ। तुमसे मन की बात कहूँ। जिस दिन से उनकी लड़की देखी है, चैन नहीं। लगता है, कब रोशन के सिर सेहरा बाँधकर उसे बहू बना लाऊँ।"

"क्या ऐसी सुन्दर है?"

"देखोगी तो आँखें खुली की खुली रह जाएँगी," रज्जू मियाँ ने हँसकर कहा, "लेकिन बात शुरू करते डर लगता है। हमसे अच्छी हैसियत के बड़े आदमी हैं, पता नहीं तैयार हों न हों..."

"न हों, घर बिठाकर रखें!" बी ने उपेक्षा से कहा, "हम इतने गए-गुज़रे तो नहीं। रोशन भी मिर्ज़ा दारोग़ा का बेटा है।"

"और कहीं मेरा बेटा होता तो?" सहसा रज्जू मियाँ ने मुस्कुराकर कहा, और टटोलती आँखों से बी की ओर देखने लगे। लमहा-भर के लिए सकते में आकर बी ने अपने को सँभाला, "तो भी क्या होता, अली अमीर न सही, अकबर फ़कीर की बेटी सही, रोशन कुँआरा तो न रह जाता।"

धीरे-धीरे करते हुए रज्जू मियाँ ज़ोर से हँसने लगे।

और हँसी-हँसी में कही गई वह बात सच भी हो गई। साल-भर के अन्दर-अन्दर रोशन का नाम स्कूल से हटवा लिया गया। महीनों अली अमीर के घर की राह, बी की चप्पलें चटकती रहीं, बहुत-से हील-हुज्जतों के बाद पहले मँगनी हुई, बहस-मुबाहिसे और लड़ाई-झगड़े के बाद शादी, और आख़िर एक दिन अमीर की बेटी, रोशन की दुलहन बनकर इस घर में आ गई।

यह छोटी फूफी थीं।

पाँच

कल की भी नहीं, बिलकुल आज और अभी की घटना मालूम होती है। अभी कुछ दिनों पहले जिन रज्जू मियाँ को देखा था, वह कोई और ही लगते थे। पैंसठ-सत्तर के बीच वाला कृशकाय शरीर, जो लम्बाई के कारण थोड़ा झुक गया था और पीछे थोड़ा कूबड़ निकल आया था। हमेशा सस्ते सफ़ेद कपड़े का शलूका और टखनों से काफ़ी ऊँची सात हाथ वाली मोटी धोती। सिर पर खसखसी बाल, हल्की-हल्की पकी हुई छोटी-सी दाढ़ी और कठिनाई से सूझने वाली धुएँ के रंग की आँखें। यों एक नज़र देखकर यह कह देना कठिन था कि वह मुसलमान हैं।

अपने अन्त के हफ़्ते-भर पहले तक बराबर वह हमारे घर आते रहे और कोई दिन ऐसा नहीं गया जब सुबह या शाम आकर उन्होंने हमारे यहाँ चाय न पी हो।

ऐन चाय के वक़्त वह लाठी टेकते हुए आते और बाहर के दरवाज़े से ही अम्मी का नाम लेकर ज़ोर से पुकारते।

अम्मी तब कुछ भी कर रही हों, छोड़कर उठ जातीं और यह कहती हुई उनकी ओर बढ़तीं, "आओ, मामू..."

रज्जू मियाँ धीरे-धीरे आकर एक निश्चित कुर्सी पर बैठ जाते और चाय आने तक कभी अपने घर या कभी इधर-उधर की ढेर-सी बातें निकाल बैठते। उन सारी बातों के मूल में एक ही स्वर गूँजता कि नये ज़माने ने दुनिया को तबाही की राह लगा दिया है। न पहले के लोग रहे और न पहले की बातें। बड़े-छोटे की मर्यादा नहीं बची, परिणामत: गुनाह दिन-ब-दिन बढ़ते जा रहे हैं और उस पर मज़ा यह कि सुख कहीं भी नहीं। अब तो सिनेमा हैं और आजकल के लड़के-लड़कियाँ हैं—जैसा देखते हैं, वैसा ही करते हैं।

"सुनती हो बहू!" वह अम्मी को लगभग पुकार कर कहते, "मेरी यह उम्र हो गई, घर कहता है—जा,—क़ब्रिस्तान कहता है—आ; लेकिन सिनेमा होता क्या है, यह मैंने आज तक नहीं जाना। पता नहीं, लोग कैसे दीवाने हैं! बैठा-बैठा गाने सुनता हूँ तो कान में उँगली दिए बिना नहीं रहा जाता। तौबा तौबा! और यह लैलून क्या होता है, भाई? सिनेमा से ही फैला होगा कि नहीं? अरे, तमाशा तो देखो, उस दिन रूबीना मुझसे कहती है, दादा, हम भी लैलून की ओढ़नी लेंगे। मैंने कहा, सिनेमा क्या मेरे ही घर पर करोगे? उस पर मोहसिन ने क्या कहा, जानती हो? कहने लगा, यह तो आजकल का फ़ैशन है, घर-घर की लड़कियाँ पहनती हैं। मैंने कहा, घर-घर की लड़कियाँ जाएँ चूल्हें में। दूसरों की देखा-देखी क्या तू भी अपनी बहन को बाज़ार में ले जाकर नचवाएगा?"

अम्मी चाहे चुप सुनती या हाँ-हूँ करती हुई गरदन हिलातीं, मैं या सूफ़िया मुस्कुराए बिना नहीं रहते। कभी यूँ ही छेड़ने के लिए मैं कहता, "दादा, इस उम्र में भी तुम्हारे सारे दाँत बराबर हैं और चश्मा भी नहीं लगता, क्या कोई रसायन-वसायन...?"

वह शायद उनकी सबसे कमज़ोर और दुखती हुई रग थी, तड़पकर कहते, "रसायन-वसायन नहीं बेटा, यह पुरानी हड्डी है। बरसों का खाया-पीया साथ दे रहा है। तुम लोगों की तरह होता तो कभी का बैठ गया होता। अरे, आज डालडा के ज़माने में मिलता ही क्या है खाने को? जैसी सरकार दुरंगी, वैसी चीज़-बस्त। जैसा घी-दूध हम लोगों ने खाया-पिया है, वैसा तो तुम लोगों को देखना भी नसीब नहीं। आजकल के नौजवानों को देखो तो रोना आता है, भरी जवानी, माँझा ढीला... हाँ, सिनेमा के गाने चाहे जितने गवा लो।"

सूफ़िया मुस्कुराकर एक बार मेरी ओर देखती और कहती, "तब तो आप चाय नहीं पीते होंगे, दादा!"

एक क्षण रुककर वह जवाब देते, "हाँ बेटा, नहीं पीता था। पहले इसकी ज़रूरत ही क्या थी, लेकिन अब इधर इसकी भी ऐसी आदत पड़ गई है कि वक़्त पर न मिले तो रहा नहीं जाता। अब उसी दिन की बात लो। शाम को किसी वजह से चाय नहीं पी थी, रात को सो गया, लेकिन आधी रात को अचानक नींद खुली तो महसूस हुआ, जैसे कोई हथौड़े से सिर को कुचल रहा हो। कुछ दिनों पहले एक आदमी को देखा था जो साइकिल में हवा भरते-भरते सिर पकड़कर बैठ गया था। चौबीस घंटे के बाद वह मर ही गया। बाद में लोगों ने बताया कि उसे ब्लडप्रेशर था। यह कोई नई बीमारी होगी, क्यों? मुझे अपनी हालत देख, उस आदमी की याद आ गई। थोड़ी देर के लिए डरा भी, लेकिन तुम्हारे लिए झूठ, मेरे लिए सच, उसी समय जैसे ही अदरक डालकर चाय पी कि सारा दर्द हवा हो गया।"

ऐसी या इस तरह की अन्य खरोंच-तराश के बावजूद रज्जू मियाँ ने न तो कभी बुरा माना और न ही उन्होंने हमारे यहाँ आना-जाना बन्द किया। दरअसल, उन्हें लेकर अम्मी के मन में कहीं कमज़ोरी थी। अपने अब्बा के गुज़र जाने के बाद इधर उनका स्वभाव-सा बन गया था कि हर बूढ़े-बुज़ुर्ग के प्रति वह रहमदिली के साथ ढेर-सी ममता-सेवा उँड़ेल देतीं। दरवाज़े पर आया कोई भी बूढ़ा फ़कीर शायद ही कभी उतरा हुआ मुँह लिये लौटा था। अकसर अम्मी उसे इतना ख़ुश कर देतीं कि वह मुँह भर-भरकर दुआएँ देता हुआ लौटता।

उनकी इस भावना को समझकर ही शायद हममें से किसी ने कभी कुछ नहीं कहा, हालाँकि उनके इस तरह आने और घर का घंटा-आधा घंटा लेने वाली बात किसी को पसन्द नहीं थी। ख़ासतौर से उस दिन वाली घटना के बाद तो इस सम्बन्ध में ज़बान हिलाने की हिम्मत नहीं हुई...

पिछले दिनों मैं छुट्टियों में आया हुआ था। वक़्त से बहुत पहले राशन ख़त्म हो जाने के लिए अब्बा झल्ला रहे थे, "बनिये के यहाँ से साठ-साठ रुपयों का किराना आता है, लेकिन उससे भी महीना नहीं निकल पाता। चार बार साबुन चाहिए, सेर-दो सेर घी, चार सेर खाने का तेल और दस-दस सेर शक्कर...अरे, इस घर को हो क्या गया है? लुटाओ साले को, खुले हाथ लुटाओ! भरने-मरने के लिए वह एक हरामज़ादा अभी ज़िन्दा बैठा है। कोई तो बताए कि दस-दस सेर शक्कर का क्या होता है?"

चाय-पान का ज़िम्मा चूँकि सूफ़िया का था, अत: उसने दबी ज़बान से कहा, "अब्बा, घर के अलावा बाहर वाले भी तो पीते हैं। जो भी आया, ख़बर आती है, चाय लाओ। अब आपके मिलने-जुलने वाले हैं, भैया के दोस्त-यार हैं और अम्मी के अपने-बिराने..."

अपना नाम जुड़ता हुआ सुना कि अम्मी आग हो गईं। तड़पकर बोलीं, "मेरे कितने अपने-बिराने आते हैं? किसे-किसे मैं चाय पिलाती हूँ, ज़रा बताना तो? हाँ,

एक क़ब्र में पाँव लटकाए मामू आते हैं, लेकिन वह भी कितने दिनों के लिए? आज मरे, कल दूसरा दिन..."

अब्बा ने कह दिया, "बूढ़ा हो या जवान, बूँद-बूँद से ही घड़ा भरता है।"

और अम्मी ने वही बात पकड़ ली। ज़ार-ज़ार रोती रहीं कि जिस घर में उन्होंने अपनी सारी उम्र गुज़ार दी, वहाँ उन्हें इतना अधिकार भी नहीं रह गया कि किसी को अपनी मर्ज़ी से एक प्याला चाय पिला सकें। ऐ, आग लगे ऐसी ज़िन्दगी को...!

बात का रुख़ एकदम दूसरी ओर पलट जाते देख, अब्बा ने माथा पीट लिया। सभी ने अम्मी को समझाने की कोशिश की, लेकिन उन्होंने दो दिन तक अन्न को हाथ नहीं लगाया। उनके पास चाय गई तो वह भी यह कहकर लौटा दी कि रहने दो, चाय पिए बिना मर नहीं जाऊँगी, सचमुच बूँद-बूँद से घड़ा भरता है...

सूफ़िया का हाल अलग बुरा था। कोनों-अँतरों में बैठ-बैठकर रोई और चेहरा सुजा लिया, लेकिन चाय की पतीली को हाथ नहीं लगाया। कई दिनों तक जब घर का यही हाल रहा तो भीतर-भीतर घुटता लावा एक बार फिर फूटकर बाहर निकला।

सवेरे-सवेरे का वक़्त। घर के सारे लोग पिछवाड़े के आँगन में हैं। अम्मी ग़ुसलख़ाने में। सूफ़िया बाहर के हौदिये पर, नौकरानी नल के पास। मैं चबूतरे पर बैठा पानी गरम होने की प्रतीक्षा में हूँ और अब्बा मोगरे के पौधों के पास खुरपी लिये बैठे हैं। अचानक ग़ुसलख़ाने से उलटे-सीधे कपड़ों में बड़बड़ाती हुई अम्मी निकलती हैं। सारी झल्लाहट इस बात पर थी कि ग़ुसलख़ाने में इमली की ढेर पत्तियाँ टूटती हैं, काई जम जाती है, पाँव फिसलने लगते हैं, लेकिन किसी की आँखों को यह दिखाई नहीं देता। अभी पाँव फिसलने पर हाथ-पैर टूटते तो कहने के लिए सभी लोग हो जाते। जहाँ दो जून की रोटी ठंडे जी से नहीं मिलती, वहाँ दवा-दारू क्या होगी?

निशाना साधकर बात छोड़ी गई थी, लेकिन उस वक़्त अब्बा ने कुछ नहीं कहा। वैसे ही झुके, धीरे-धीरे खुरपी चला रहे थे, लेकिन अम्मी का झल्लाना, डाँटना और ग़ुस्से में चीज़ें इधर-उधर फेंकना सुनकर बाद में अब्बा ख़ुद उठ आए और सीधे अम्मी के सामने पहुँचकर संयत स्वर में बोले, "सूफ़िया की माँ, आख़िर तुम क्या चाहती हो, बताओ? यह रोज़-रोज़ तुमने क्या धूम मचा रखी है?"

एकदम डटे हुए अब्बा को देखकर अम्मी थोड़ा सकपकाईं, लेकिन कहने में नहीं चूकीं, "धूम मैंने मचाई है कि तुमने? इतने बड़े-बड़े बाल-बच्चों के सामने मुझे ज़लील करते हो।" कहते-कहते अम्मी का स्वर बीच ही में भर्रा गया और वह पल्लू टटोलने लगीं, "माटी मिली एक प्याला चाय के लिए..."

अब्बा ने बड़ी गहरी आँखों से उन्हें घूरा, फिर कातर स्वर में बोले, "बूढ़ी हो रही हो, लेकिन बात की समझ नहीं। ख़ुदा जाने कब अक़्ल आएगी...अरे, कोई

तो सोचो कि सौ-डेढ़ सौ में इतना बड़ा घर मैं कैसे चलाता हूँ...इतना सारा ख़र्च देखकर अगर मैं एक बात कह दूँ तो क्या गाँठ बाँधकर रख लोगी? मुझे कुछ कहने-सुनने का ही अधिकार नहीं? बैल की तरह जुतो और चुपचाप कमा कर धर दो..."

"ठीक है, खिलाते हो न, उठते-बैठते हंटर चलाओ, ताकि बुढ़ापे में अब अक़्ल भी आ जाए..."

उस व्यंग्य से तिलमिला कर अब्बा काँपते से खड़े रहे। कई क्षण यूँ ही देखा और अन्त में दोनों हाथों से अपने ही गाल रोटी की तरह पीट डाले, "मैं ही हरामज़ादा हूँ, सूअर हूँ, नालायक़ हूँ..."

वह घटना रज्जू मियाँ को लेकर न भी हुई हो, लेकिन चूँकि अम्मी ने सारी बातें उसी रोशनी में ली थीं, इसलिए ऊपर से चाहे कुछ न कहें, मन-ही-मन सूफ़िया से लेकर नौकरानी तक उनसे चिढ़ने लगे थे। यूँ भी पहले से उनका आना-जाना किसी को अधिक पसन्द नहीं था। अब तो भार हो गए थे...

अकसर जब वह आते तो अम्मी के सिवाय सब अपने-अपने कमरों में खिसक जाते और चाय देने से छूटने के बाद सूफ़िया कभी उधर क़दम नहीं रखती। लेकिन उस दिन उनके आते ही एक-एक करके सारा घर इकट्ठा हो गया। यहाँ तक कि सूफ़िया भी उनके पास पहुँच गई और पहली बार हमदर्दी-भरी नज़रों से उन्हें देखा, ऐसे कि अगर देखने में सहलाने जैसी कोई बात होती तो सबसे अधिक आराम उन्हें सूफ़िया की आँखों से ही मिलता।

रज्जू मियाँ बच्चों की तरह रो रहे थे और आँसू-भरी आँखों से अम्मी कह रही थीं, "छिः, मामू, इस तरह न रोओ। औरतें रोती हैं तो देख-सह लिया जाता है... आदमी के रोने से धरती फटती हुई लगती है।"

जितने लोग बारी-बारी से पहुँचते गए, सबको अलग-अलग वह रोते हुए बताते, "देखो, मोहसिन ने आज मुझे मारा...बेटी, मोहसिन को मैंने इसी दिन के लिए जान से ज़्यादा चाहा था कि आज बुढ़ापे में मेरी यह गत बनाए..."

वह सब देख-सुनकर क़तई अच्छा नहीं लगा। मन एक उदासी से भर गया। मोहसिन फूफीज़ाद भाई है। दो-एक साल मुझसे बड़ा भी होगा, लेकिन क्रोध के मारे लगा कि कहीं सामने होता तो बरदाश्त करना कठिन था और शायद मैं एकदम लड़ बैठता। यह कहाँ की मर्दानगी या बहादुरी है कि सत्तर साल के बूढ़े को मारकर जतलाई जाए और वह भी उसे, जिसने माँ-बाप की परवाह न करते हुए दिन-रात कलेजे पर लटकाए-लटकाए बच्चे से जवान किया है।

कल या आज से नहीं, मोहसिन को बचपन से ही जानता हूँ, उन दिनों से जब हम लोग प्राइमरी में पढ़ते थे और अपने किसी साथी से झगड़ा होने पर मोहसिन ने उसके गाल में छोटी कैंची भौंक दी थी। लड़का अपेक्षाकृत किसी बड़े आदमी का था और उसके लहूलुहान होते ही सारे स्कूल में सन्नाटा छा गया था। मोहसिन

पहले अपने मास्टर से पिटा, फिर हेडमास्टर से और यह फ़तवा लेकर घर बिठा दिया गया था कि आगे चलकर वह ज़रूर किसी का ख़ून करेगा।

मिडिल स्कूल पहुँचने पर भी छोटी-मोटी अनेक घटनाएँ हुई थीं। कइयों को मारने-पीटने की योजनाएँ उसने मेरे सामने बनाईं और मुझसे अपनी शरारतों में ज़बरन तथा शरमा-शरमी योग लिया था। सच कहूँ, तो अन्दर-ही-अन्दर मैं उसके अच्छे-ख़ासे शरीर, ताक़त और निर्भीक स्वभाव से डरता था और अकसर न चाहते हुए भी विरोध करने का साहस नहीं कर पाता था...

जैसे रोज़ शाम को एकाध रस्सी लेकर मोती तालाब के मैदान में निकलना, किसी भी छन्दे हुए घोड़े को पकड़ना और उसके मुँह में रस्सी की लगाम देकर, नंगी पीठ दूर-दूर तक दौड़ाना। उसके इस खेल में प्रायः अलग-अलग रहकर ही साथ दिया करता था, जैसे संग-संग जाकर घोड़े को घेरने-पकड़ने में मदद देना, मोहसिन के सवार हो जाने पर दूर हटकर घोड़े की पीठ पर एकाध सोटा जमा देना और तालियाँ पीट-पीटकर चिल्लाना, "और दौड़ाओ, मोहसिन भाई, और ज़ोर से..."

यों उसे इस तरह मौज करते देख मेरा जी न मचलता हो, ऐसी बात भी नहीं थी। लेकिन अपने कमज़ोर शरीर का ध्यान आते ही उदास होकर रह जाता। आख़िर एक दिन नहीं रहा गया तो मैंने धीरे-से कहा, "मोहसिन भाई, मुझे भी घोड़े पर चढ़ाओ न...!"

"चढ़ेगा! आ, बैठ जा..."

उसने उतरकर घोड़े की पीठ पर हाथ की ऐसी ठोंक दी कि अपने सारे शरीर को झटककर घोड़ा बड़ी ज़ोर से हिनहिनाया। बड़ी हिम्मत करके मैं निकट आया, पर एकाएक घोड़े पर चढ़ने का साहस नहीं हुआ। आख़िर तक न होता और शायद मैं जान ही नहीं पाता कि घोड़े की सवारी कैसी होती है। पर मोहसिन की ललकार, डरपोक होने के ताने और तसल्लियों ने कुछ ऐसा रंग चढ़ाया कि मैं चक्कर में आ ही गया। पीठ पर बैठते-बैठते भी मैंने डरी हुई आवाज़ में कहा था, "मोहसिन भाई, यह दौड़ेगा तो नहीं?"

जवाब में हँसकर उसने ऐसे ज़ोर का सोटा घोड़े को लगाया कि मैं ठीक से सँभल भी नहीं पाया और घोड़ा बेतहाशा दौड़ने लगा था। इतना याद है कि कुछ देर मैं पूरे दो फ़ुट ऊपर उठ-उठकर घोड़े की पीठ पर पटखनी खाता रहा। दौड़ते-दौड़ते एकाएक रुककर घोड़े ने अपनी गरदन झुकाई और पीछे की दोनों टाँगें उछालकर ऐसा झकोला दिया कि उसकी गर्दन पर से होता हुआ मैं नीचे आ गया। और कुछ याद नहीं...उसी रात मालूम हुआ कि मेरी पीठ पर अपनी टाप का एक गहरा निशान छोड़ता हुआ घोड़ा निकल भागा था।

मोहसिन के साथ का यह अनुभव ऐसा था कि बाद में कभी कोई समझौता

नहीं कर सका, हालाँकि उसने स्कूली जीवन में कई बार अनेक अवसर और प्रस्ताव उठाए।

गर्मी की दोपहरी है और स्कूल की छुट्टियाँ। मोहसिन मुझे बहलाकर प्रस्ताव करता है, "चल, अमराई की ओर चलते हैं, ख़ूब खाकर और जेबें भरकर आम लाएँगे।"

अथवा

"हॉकी खेलने के लिए कुबड़ी काटने चलता है?"

"कहाँ?"

"पाँच पेड़ आम, पच्चीस पेड़ जाम।"

दलपत झील के आख़िर किनारे पर एक जगह है, जहाँ आम के पाँच और अमरूद के पच्चीस पेड़ हैं। वहाँ का घाट और आसपास की जगह इसी नाम से मशहूर है। तब एक वर्ग के अधिकांश लड़के अमरूद की ऐसी टहनियाँ काटने के लिए जाते थे। हॉकी खेलने का शौक़ मुझे भी था और स्टिक न ख़रीद पाने की विवशता ने एक क्षण के लिए डिगाया भी, लेकिन फिर मोहसिन का कोई भी प्रस्ताव मैं स्वीकार नहीं कर सका।

उन्हीं दिनों रज्जू मियाँ को मोहसिन के पीछे परेशान हाल घूमते देखा था। प्राय: कभी खेल के मैदान में उसे खोजते, कभी स्कूल के अहाते में किसी मास्टर से ख़ुशामदें करते अथवा बाज़ार में टटोलती निगाहों से देखते हुए नज़र आते। पूछने पर मालूम होता कि मोहसिन घर से ग़ायब है, कई दिनों से स्कूल नहीं जा रहा अथवा फ़ीस हज़म कर गया, स्कूल से नाम कट गया, अब डर के मारे छिपता फिर रहा है।

"बेटा, तुमने उसे कहीं देखा है?" मुझसे भेंट होने पर वह अक्सर ही कहते, "तुम तो हमजोली भाई हो। साथ-साथ पढ़ते भी रहे। तुम्हें ज़रूर पता होगा, कहाँ उठता-बैठता और क्या करता है?"

मैं क्या कहता? बहुत-कुछ सच होते हुए भी यह सच नहीं था कि मैं उसके बारे में जानता हूँ या मुझे जानना चाहिए। जितने दिन स्कूल में उसका नाम रहा, मैंने कठिनाई से कुछेक बार ही उसे देखा था। प्राय: यह बात मेरे ध्यान से उठ जाती कि वह मेरे साथ पढ़ता है। और ठीक इसी तरह मोहसिन के विषय में सोचने पर पहले रज्जू मियाँ और बाद में मोहसिन के अब्बा रोशन फूफा का ख़याल आता था।

ऐसे बुज़ुर्ग को, चाहे वह मोहसिन के सगे दादा न हों, मार-पीट देने की बात बड़ी ग्लानिपूर्ण लगी। कारण चाहे जैसा भी हो, बिलकुल यक़ीन करने का मन नहीं हुआ कि आदमी इतने निचले स्तर तक पहुँच सकता है। रक्त का सम्बन्ध क्या इन्सानियत से भी बड़ा होता है?

उसी शाम को छोटी फूफी के पास जाकर बैठ गया।

वही घर-आँगन, वही बीच में खड़ा नीम का पेड़, वे ही लोग और वही ऐसी शामों वाला बेवा के घर का टूटता-सा माहौल!

छोटी फूफी नीम के नीचे वाले आँगन में झुकी खर्र-खर्र करती हुई धीरे-धीरे झाड़ू दे रही थीं। रूबीना घर पर नहीं थी और भाभी बावर्चीख़ाने में कुछ बघारती बैठी थीं। दोनों पहर के मेल का समय और गर्मियों की साँझ का आकाश। न उजाला ठीक से छिपा है और न ही अँधेरे के डैने अभी खुले हैं—आसमान बिलकुल नीले और बेसिलवट वाले काग़ज़ की तरह साफ़ तना है, और उस पर बेतरतीबी से फैले सफ़ेद बादल अनसधे हाथों से जैसे-तैसे खिंचे खड़िया मिट्टी के निशान से लगते हैं...

दी गई चटाई पर मैं चुपचाप जाकर बैठ गया और छोटी फूफी की ओर देखने लगा। मुझे बिठाकर उन्होंने फिर से झाड़ू उठा ली और अपना अधूरा काम पूरा करने लगीं।

सब कुछ वही है, जैसाकि वर्षों पहले था। वही बग़ल के मोती तालाब से बह-बहकर आती बिसायन्ध हवा, वही घर-आँगन। यहाँ तक कि खपरैल के नीचे वाले बाँस धुएँ और सड़ाव के कारण काले और खोखले हो गए हैं। जहाँ-तहाँ से टूटकर निकल भी आए हैं, लेकिन बदले नहीं जा सके। नया कहीं कुछ भी नहीं है, वही पुरानापन जो धीरे-धीरे टूटता है तो फिर बन नहीं पाता।

"फूफी, यह किसका मकान बन गया?" पड़ोस का एक नया मकान देखकर मैंने पूछा। बैठे रहने पर भी अहाते के ऊपर से उस नये मकान की साफ़ सफ़ेद चूनापुती दीवारें चमक रही थीं और गेरुए रंग के खपरैल अभी मैले तक नहीं हुए थे।

"कौन, वह?" फूफी सीधी खड़ी हो गईं। अपने हाथ-पैर ढीले छोड़कर, कई क्षण नये मकान की ओर देखती रहीं और बोलीं, "तुम उस आदमी को जानते हो? कोई शुक्ला नाम का है। बाज़ार में पान-बीड़ी लेकर बैठता था, देखते-देखते खेती ख़रीद ली, यह मकान बना लिया और आज हज़ारों की बात करता है।"

सूनी आँखों से देखकर फूफी का 'वह' कहना अजब व्यथा-भरा लगा। क्या सचमुच वहाँ कहीं ईर्ष्या थी? मैंने अपने को ही टटोलकर देखा।

इधर छुट्टियों पर आने पर, जब-जब थोड़े-बहुत फ़ासले के साथ मैं शहर में निकल गया हूँ, कोई-न-कोई ऐसे परिवर्तन देखने में आए हैं कि मैं बुरी तरह चौंका हूँ। अजीब बात है कि हर बार कोई-न-कोई पुराना मकान टूटते अथवा नया बनते देखता हूँ। धीरे-धीरे अपना ही नगर कितना अपरिचित और दूर-दूर होता जा रहा है। अकसर डर लगता है कि बीच में लम्बा फ़ासला देकर कभी देखा तो कहीं पहचानना कठिन न हो जाए।

"यह धरती बाहर वालों को बहुत फलती है?" एक बार छोटी फूफी ने ही पूछा था, "लोटा-डोरी लेकर आए कल के लोग बड़े आदमी बन गए हैं लेकिन हम नंगे के नंगे..."

यही बात घर में अम्मी कहती हैं, अब्बा कहते हैं और देखा-देखी मैं भी दुहरा देता हूँ; हालाँकि कहते वक़्त बराबर लगता है कि धरती या आदमी कोई भी हो, पबकी अपनी मेहनत अथवा चालाकियाँ फलती हैं। वे लोग पागल नहीं तो क्या हैं जिन्हें हर ऊँची बिल्डिंग, नई कार या किसी सुन्दर महिला की मैत्री में बेईमानी दिखाई देती है...

"मामू घर गए थे?" छोटी फूफी ने आँगन की सफ़ाई पूरी करके सहसा उठते हुए पूछा। एक क्षण खड़ी होकर उन्होंने कमर सीधी की, एक ओर झाड़ू फेंक दी और साड़ी की पटली को पकड़, थोड़ा ऊँचा उठाती हुई, चबूतरे पर बैठ गईं।

"क्या कह रहे थे?" मुझसे जल्दी जवाब न पाकर उन्होंने आगे पूछा।

"मोहसिन कहाँ है?" शायद उस सवाल की ज़हमत से बचने के लिए ही मैंने फ़ौरन यह पूछ लिया और दूसरी ओर देखने लगा। कुछ देर फूफी कुछ नहीं बोलीं। फिर साँस लेकर उन्होंने कहा, "मैं क्या बताऊँ, यही जानती तो यह हाल न होता।"

"फूफी, बात क्या है?" मैंने ज़रा ज़ोर से कहा, "यह मोहसिन को क्या हो गया कि अब घर के बड़े-बूढ़ों पर हाथ चलाने लगा?"

बिना किसी आँधी-झोंके या प्रकट हवा के नीम की पत्तियाँ एकाएक धीरे-धीरे सरसराने लगीं और उनकी कड़वी पत्तियों तथा निबोलियों की गन्ध उतरकर सारे आँगन को घेरने लगी।

ग़ुसलख़ाने की कच्ची नाली के पास दो-तीन काहिया गरदन वाली छोटी बतख़ें ज़ोर-ज़ोर से चिल्ला रही थीं। घर का मरझल्ला मुर्ग़ा था कि चबूतरे के दूसरे कोने पर खड़ा गरदन फुलाता, पंख झटकारता और रोती-सी आवाज़ में बार-बार बाँग देता।

"हट्ट...शी इ इ इ!" वहीं से हाथ उठाकर फूफी ने बतख़ों को भगाने की कोशिश की और फिर जिस अन्दाज़ से चुप लगाए बैठी रहीं, उससे लगा जैसे कहीं कुछ अप्रत्याशित नहीं हुआ है। या तो मुझे ख़बर झूठी मिली है अथवा दादा मियाँ के पिट जाने वाली बात इस घर के लिए बड़ी और महत्त्वपूर्ण नहीं।

"अम्मांऽऽऽऽ, ज़रा इसे देखो जी!" भीतर से भाभी की झल्लाई हुई आवाज़ आई, लेकिन फूफी ने उस पर बिलकुल ध्यान नहीं दिया।

"तुम्हें पता है, मामू हम लोगों से अलग हो गए हैं?"

"ऐं?" मैं चौंककर देखने लगा, "कैसा अलगाव?"

"सभी कुछ," फूफी बोलीं, "खाना-पीना, रहना-सहना...मामू अब इधर नहीं आते। सामने के बरामदे में ही अपने हाथ से पकाते-खाते और सोते हैं।"

"अरे, यह कब से हुआ?"

"क्यों, अरसा हो गया...शायद दो महीने निकल गए। तुम्हारे यहाँ तो आते-जाते हैं, क्या कभी कुछ नहीं बतलाया?"

पिछले दिनों अम्मी कुछ इसी तरह की बातें कर रही थीं, लेकिन मैंने ठीक से ध्यान नहीं दिया था। जिस रिश्तेदारी के कारण रज्जू मियाँ ने सारी ज़िन्दगी खपा दी, आख़िर वह बनावटी ही रही। सोचा, ख़ून की आँच वाली तपिश दूसरी होती है।

"देखो, तो, इस घर में इतने-इतने बच्चों की मैं माँ बनी। बेटा-बहू और नाती-पोते वाली हो गई हूँ, लेकिन शक से अभी तक पीछा नहीं छूटा। सब मुझे ही दोष देते हैं। मामू की असलियत कोई नहीं जानता। कहूँ तो लोग मेरी ही ज़बान पकड़ लेंगे। कभी सुनकर देखो, मैं उनकी बहू हूँ लेकिन कैसी वाही-तबाही बकते हैं..."

"आख़िर बात क्या हुई, फूफी?" मैंने बिलकुल अधीर होकर पूछा। दरअसल, सारा कुछ मुझे बड़ा ही रहस्य लग रहा था और गोल-मोल बातों से घबराहट हो रही थी।

"अरे, बात क्या होगी! सौ बात की एक बात यह कि रँडापा बुरा होता है। सिर की छत हट जाए तो धूप भी लगती है और छींटे भी पड़ते हैं, लेकिन बताओ, मैं क्या करूँ? बेटा सीधे मुँह बोलता नहीं। बहू के मिज़ाज नहीं मिलते; अब कोई भला आदमी आकर दो घड़ी बैठ जाए तो क्या उससे बात भी न करूँ?"

अँधेरा होने लगा था, अतः फूफी के चेहरे की रेखाएँ अस्पष्ट हो रही थीं। नीम की सरसराहट थम गई थी, लेकिन छोटी बतख़ें अभी भी अपने दड़बे में नहीं घुसी थीं। मोती तालाब वाली हवा के पंख इतने शान्त थे कि घुटन होने लगी।

"रो, और ज़ोर से रो!" भीतर बावर्चीख़ाने में भाभी ने बच्चे को कसकर एक तमाचा जड़ दिया था। शायद वह लोट-लोटकर रो रहा था।

ऊबे हुए ढंग से फूफी ने एक बार उधर देखा और दोनों घुटनों पर हथेलियाँ रखकर 'उहं' करती हुई उठ गईं। फिर धीरे-धीरे चलती हुई बावर्चीख़ाने तक गईं। थोड़ी देर बाद गोद में बच्चा और हाथ में लालटेन लिए आकर चबूतरे पर बैठ गईं।

सामने लालटेन रखी थी जिससे नीम की जड़ से पींड तक खिंचा उजाला फैला हुआ था। शायद तालाब में एक साथ बहुत से बगुले उतरे थे। ग़ुसलख़ाने की कच्ची नाली के पास कोई साँझ वाला कीड़ा बिना रुके एक स्वर से चिल्ला रहा था—चीं इ इ इ इ, चिक! चीं इ इ इ इ...चिक!

"सभी लोग थे," फूफी ने बात का सिरा फिर से जोड़ा, "मुझसे कहने लगे कि मैं उनके साथ बदमाशी करती हूँ। कहा, जब तक रोशन था, बुढ़िया थी, शरमा-शरमी करना पड़ता था, लेकिन अब कौन देखने वाला है! अरे, सता लो, सारी कसर निकाल लो...अल्लाह सब देखता है।" एक क्षण रुककर वह फिर बोलीं, "उनके साथ कभी मैंने कपट किया हो तो मेरा चौपट हो जाए। बताओ, घर में जब कुछ

हो ही नहीं तो मैं कहाँ से दूँ? हम लोगों को जाने दो। कई बार तो बच्चे-बाले तक दो-दो जून भूखे सो गए हैं...”

और मुझे याद आया कि खाने-पीने के मामले में रज्जू मियाँ का शौक़ चटोरपन की हद तक था। बाज़ार में कोई नई सब्ज़ी आई तो उसकी ख़बर लेकर पहले वही हमारे यहाँ पहुँचते, “सुनती हो बहू, आज भिंडी आई है। नई फ़सल और कँवला साग...भारी भीड़ और लूटपाट के कारण पाना मुश्किल हो गया। ले-देकर बस यह चार पैसों की मिली सो लेता आया हूँ। ज़रा हो सके तो अपनी हाँडी में इसे भी डाल देना...”

“यह दंडकारनी वाले बंगाली जब से आए हैं, मछली तो खाने को नहीं मिलती। सड़ी-गली सभी ऐसे भाव से उठती हैं कि हमारे जैसे लोग देखते रह जाएँ। मछलीवालियाँ हैं कि सीधे देखकर बात नहीं करतीं। जानती हो, अँगूठा बराबर ज़रा-सी मोगरी को पूछो तो आठ आने से कम में देखने भी नहीं देतीं। बहू, कहो तो मोल-भाव कर ला दूँ? यहाँ तो जब से बुढ़िया गई, मछली खाना भी भूल गए। उसे यह सब पकाने का बड़ा शौक़ था...”

ज़ाहिर है, ऐसे प्रस्तावों और परोक्ष माँगों के बाद खाने के अधिकारी वह हो ही जाते। सूफ़िया को दो-एक बार यह पसन्द नहीं आया और उसने विरोध किया तो अम्मी ने तरस खाने के ढंग से कहा था, “जाने भी दो, सयाने आदमी हैं। एक निवाला उठ गया तो कौन हम ग़रीब हुए जा रहे हैं! हमेशा अच्छी खाई-पीई ज़बान है, मचल ही जाती है।”

जिनका परिवार बाल-बच्चों वाला है, उनके यहाँ का फ़ाक़ा कैसा होता होगा?—मैंने सोचा। चाहा कि लालटेन की रोशनी के बदले दिन का उजाला होता तो फूफी का चेहरा इस बार ठीक से देखता।

“लेकिन अपना सोना ही खोटा है तो सुनार को दोष देने से क्या फ़ायदा!”

सहसा फूफी ने फिर साँस भरकर कहा, “मोहसिन ही ऐसा न होता, कुछ कमाता-धमाता या अपनी ज़िम्मेदारी समझता, तो किसकी मज़ाल थी कि कुछ कह जाए! अरे, बिलकुल सीधे-सीधे मेरे मुँह पर मोहसिन के सामने कह दिया कि ख़सम क्या मर गया, इसकी बन आई। दिनदहाड़े आदमी घुसे रहते हैं।”

छोटी फूफी विद्रूप से हँसीं, “तुम लोग हमारे जने बच्चे हो, मेरी उम्र देख लो और यह इल्ज़ाम...छिः, कितनी दूर की बात!”

उसके बाद जैसे कुछ पूछने को बचा ही नहीं कि मोहसिन की मार-पीट और रज्जू मियाँ की शिकायत के पीछे क्या है।

जब तक उस दिन बैठा रहा, छोटी-मोटी अनेक घटनाएँ फूफी बताती रहीं, शादी होकर आने से लेकर इधर की रोज़मर्रा ज़िन्दगी की मामूली-मामूली अनगिनत बातें। यों इससे पहले रज्जू मियाँ के बारे में जो कुछ भी सुना, उससे हटकर फूफी से

एक बात ऐसी सुनी कि एकबारगी ही धक्का-सा लगा। लगा, जैसे किसी का चेहरा रात की रोशनी में देखने के बाद, दूसरी सुबह दिन में दीख जाए और झक-झक उजाले से कई अनजाने और अनचीन्हे कोने उजागर हो जाएँ!

छह

सोचें तो पन्द्रह साल की उम्र होती ही क्या है! अभी तो लौटे जाते बचपनी पाँव के निशान ही इतने गीले और अनमिटे होते हैं कि पीछे पलटकर, एक नज़र में वह सारी राह, पाँव चिह्न सहित देखी जा सकती है। एक तरफ़ तो गुड़ियों-खिलौनों से ही पूरी तरह नाता नहीं टूटता, और दूसरी तरफ़ मन बदले जाते शरीर के साथ नई-नई जिज्ञासाओं की दहलीज़ पर आ खड़ा होता है।

छोटी फूफी भी उसी अवस्था में थीं जब उनका कुँआरापन उतरा।

कई दिनों की बरसात उस शाम ज़रा थमी थी, लेकिन सारा आकाश काले बादलों में ढँका था। तब रह-रहकर कँपकँपी लाने वाली हवा चलती थी; सड़क, आँगन तथा कच्ची नालियों के घास-भरे किनारे, पानी-कीचड़ से लथपथ डूबे थे और तालाब में मेंढकों का शोर मचा हुआ था।

अपना भारी महज़र जैसे-तैसे सँभालते हुए छोटी फूफी ने नये घर की चौखट पर पाँव रखा कि उनके भीतर से बुरी तरह रुलाई उमड़ आई, जैसे भीतर से कोई गोला उमड़कर उठे और गले में फँसकर साँस रोक दे। उसे रोकने की कोशिश में छोटी फूफी मुँह खोलकर लम्बी-लम्बी साँसें लेने लगीं।

"क्या हुआ?" पीछे से झल्लाकर रज्जू मियाँ ने पुकारा।

"अरे बहू, महज़र सँभाल," बी ज़रा आगे बढ़कर चिल्लाईं और स्वयं महज़र के एक ज़मीन पर लोटते छोर को उठाकर बोलीं, "सारा कपड़ा कीचड़ में सना जा रहा है।"

छोटी फूफी को कुछ भी ठीक से दिखाई नहीं दे रहा था। अन्दाज़ से वह उलटे-सीधे हाथ मारती हुईं खड़ी थीं कि शायद बी ने ही महज़र का एक हिस्सा समेटकर, उनकी दोनों कलाइयों के बीच ठूँस दिया और अभी वह सँभलें-सँभालें कि बाएँ बाज़ू से किसी ने हलके से कोहनी मारी कि चलो, खड़ी क्या हो? वह सम्भवतः रोशन फूफा थे।

"अरे, सन्दल लाओ!" किसी ने ज़ोर से चिल्लाकर कहा। पर बग़ल के नीचे से छोटी फूफी की बाँह पकड़कर फिर किसी ने रोक लिया। भाग-दौड़ मची, कुछ लोग भीतर-बाहर हुए और अन्त में एक सासर में सन्दल लेकर कोई आया।

"हाय, अल्लाह! इतने ज़रा से सन्दल को किसकी नाक में सुँघाऊँ!" सासर हाथ में लेकर सन्दल वाली ने मुस्कुराकर व्यंग्य किया। बी-दारोग़िन पीछे कहीं खड़ी थीं। बुरी तरह तिलमिला कर सामने आईं और दुगुनी झल्लाहट के साथ बोलीं, "ऐ बीबी, क्या सन्दल से नहाओगी? दस्तूर है, उसे किसी तरह निभाओ!"

उस पर किसी ने उसी जोश के साथ बी की बात का समर्थन किया और आख़िर दस्तूर निभा दिया गया। दोनों दूल्हे-दुलहन की हथेलियों में ज़रा-ज़रा सन्दल लगाया गया और रोशन फूफा ने छोटी फूफी का सन्दल वाला हाथ उठाकर, चौखट के ऊपर वाली दीवार पर ऐसे धर दिया कि वहाँ निशान रह जाए।

पर इसके बाद भी मुक्ति नहीं थी। भीतर घुसने के पहले ही मुहल्ले-पड़ोस से कुछ लोग राह रोककर अड़ गए, और उस वक़्त तक नहीं हटे जब तक कि उनका 'नेग' नहीं दे दिया गया। पहले रज्जू मियाँ भी अड़ गए थे। इधर-उधर करके टालना चाहा कि रास्ता-वास्ता रोकने का दस्तूर बहुत हो चुका। इस तरह खामख़्वाह परेशान करने से क्या फ़ायदा? भला यह भी कोई बात हुई कि क़दम-क़दम पर नेग-दस्तूर के बहाने पैसे ख़र्च कराए जाएँ। पड़ोसियों में से किसी ने ताना दिया कि मियाँ, शादी करना क्या मज़ाक़ है? अरे, जब बेटे की शादी करने निकले हो और घर में बहू आ रही है तो उतना बड़ा कलेजा भी रखो। जैसे-तैसे रज्जू मियाँ के हाथ से आठ आने छूटे, व्यंग्य और हँसी के बाद वह एक रुपया हुआ और अन्त में जब पड़ोसी बिना उसे स्वीकार किए यूँ ही राह छोड़कर हटने लगे तो उनकी नाराज़गी के भय से, शरमाशरमी दो रुपये दिए गए।

छोटी फूफी थकावट के मारे लड्डू हो रही थीं। ब्याह घर की गहमागहमी, बेतहाशा शोर-शराबा, नये-नये कपड़ों—महज़र-ओढ़नी, भारी-भारी कपड़ों की लाद-फाँद और परिचित-अपरिचित लोगों का लगातार घेरा! लग रहा था कि अगर थोड़ी देर और हो जाती तो शायद वह सब लोगों का अदब-लिहाज़ छोड़ वहीं टूटकर बैठ गई होतीं। वह तो अच्छा हुआ कि ख़ुदा ने इज़्ज़त रख ली। उसी क्षण उन्हें दोनों कंधों से थामकर कोई भीतर ले चला और घड़ी-दो घड़ी बाद वह बरामदे की एक चटाई पर बिठा दी गईं।

यहाँ फिर से एक रस्म की अदायगी हुई। दूल्हे तथा दुलहन की अलग-अलग पार्टियाँ बन गईं और बीच में चावल से भरा हुआ एक बरतन रख दिया गया। उसे चटाई पर उँड़ेल कर दोनों को एक छोटे गिलास से सात-सात बार नापना पड़ा और बीच में चावल की ऐसी लुका-छिपी चली कि रोशन फूफा के दौर में चावल की कमी पड़ गई। जीती हुई दुलहनवालियों ने दस्तूर के मुताबिक रोशन फूफा से कहलवाना चाहा, "बीवी, मेरे बाल-बच्चे भूखे मर रहे हैं, आधा सेर चावल उधार दो।"

फूफी के चेहरे की रेखाएँ तन गईं और आँखों में बड़ी कड़वाहट भरकर उन्होंने

दुलहनवालियों को घूरा। उस दृष्टि से सामने बैठी एक-दो औरतें सिटपिटाईं, लेकिन ज़हीरा भाभी ने हँसकर कहा, "बोलो भैया, क्या शरम लगती है?"

एक छोड़ कई बार वह बात दुहराई गई तथा उनसे कहलाने की कोशिश की गई, लेकिन फूफा जो सिर झुकाए बैठे कि आँखें ही ऊँची नहीं कीं। हालाँकि उन्होंने कुछ कहा नहीं, लेकिन अपनी भंगिमा से साफ़-साफ़ प्रकट कर दिया कि उन्हें यह सब पसन्द नहीं है, लाख कोई कुछ भी कहता रहे।

"जाने दो बाई," दूर खड़ी बी ने अचानक स्थिति को सँभालने के लिए आगे बढ़कर कहा, "उसे यह सब अच्छा नहीं लगता।"

"अच्छा-बुरा लगने की बात है, बहन?" किसी ने प्रतिवाद किया, "रस्मी शादी करनी हो तो पूरी तरह से करो। चार माँ-बहनें और बहू-बेटियाँ आती हैं। सभी के अपने-अपने अरमान हैं...इन्हीं सबसे तो शादी भी सजती है...अब इसमें नाक-मुँह क्या फुलाना?"

सारी रस्मों के दौरान पेश-पेश होने वाली वह औरत, जो इस बार भी सामने बैठी दस्तूर करवा रही थी, उतरा हुआ चेहरा लिए दूसरी ओर सरक गई और उसी क्षण सारा कुछ ज्यों-का-त्यों छोड़कर रोशन फूफा भी वहाँ से उठ गए।

कुछ देर सकते का सा आलम रहा। सारी औरतों ने एक-दूसरे की ओर देखा और आपस में कानाफूसी की। हरी ओढ़नी वाली ने ग़ुस्से में आकर सिर पर ठीक पड़े पल्लू को इस तरह खींचा कि उससे आधा चेहरा ही ढँक गया। बग़ल वाली की ओर झटके से मुँह मोड़ा, अपने होंठ बिचकाए और हर किसी के सुनने तक ज़ोर से बोलीं, "ऐ अल्लाह, तौबा!"

"हमारी राय में तो बेवा-रंडुवे की तरह सीधे निकाह करवाकर ही ले आती तो अच्छा था, खाला!" ज़हीरा भाभी ने हँसकर ताना दिया, "उससे कम-से-कम दूसरे घरों की बहू-बेटियों की बेइज़्ज़ती तो नहीं होती।"

बी-दारोग़िन कुछ नहीं बोलीं। जब चारों ओर से असहाय हो गईं, तो एक बार कहने की कोशिश की, "जानती तो हो आजकल के लड़के..."

पर किसी ने उनको 'घर घर लड़के हैं, बहन' कहकर बात पूरी करने ही नहीं दी और एक-एक करके सब चुपचाप उठ गईं। बी हर जाने वाली को घेरती रहीं, "बहन, जो कुछ लड़के ने किया, उसके लिए मैं माफ़ी माँगती हूँ। ख़ुदा के लिए, इस तरह नाराज़ होकर मत जाओ।" लेकिन शायद एकाध नज़दीक वाले को छोड़कर कोई नहीं ठहरा।

"अरे, क्या हो गया?" बाहर से चिल्लाते हुए रज्जू मियाँ तेज़ी से भीतर आए, "रोशन की माँ, क्या झगड़ा है?"

चटाई पर चावल के दाने फैले हुए थे। बीच में छोटा गिलास पड़ा था। एक कोने में छोटी फूफी महज़र से थकी-मुँदी झुकी हुई बैठी थीं और एकाध को

छोड़कर घर-भर में कोई न था। केवल बी चबूतरे के पास चुपचाप खड़ी थीं।

कहीं से कोई जवाब न पाकर रज्जू मियाँ भीतर के आँगन में आ गए, और ज़ोर देकर पूछा, "बोलतीं क्यों नहीं, क्या हो गया?"

इस बार भी कुछ न कहकर बी रोने लगीं। थोड़ी देर उसी तरह खड़ी रोती रहीं और अन्त में सीधे अपने कमरे की ओर सुबकती हुई बढ़ गईं।

बिलकुल मूर्खों की तरह इधर-उधर देखकर रज्जू मियाँ चिल्लाए, "कोई साला बताने को तैयार नहीं कि आख़िर क्या हुआ! जिससे पूछो, वही मुँह फेरकर चल देता है। अरे, आख़िर हुआ क्या?"

वह पूरी ताक़त से गरजे, पर उसका कहीं कोई प्रभाव नहीं पड़ा, सिवाय इसके कि चटाई पर बैठी फूफी महज़र के भीतर एक बार काँपीं और अन्त में क्रोध से धम-धम पाँव पटकते हुए रज्जू मियाँ बाहर निकल गए।

"अजीब अहमक़ और ज़ाहिल लोग हैं!"

छोटी फूफी के सुहागकक्ष में पहली रात फूफा के मुँह से पहला वाक्य यही निकला। वह धम से आकर पलंग पर बैठ गए और एक उपेक्षापूर्ण नज़र गठरी बनी छोटी फूफी पर फेंककर अपने जूते उतारने लगे।

मिट्टी की मोटी-मोटी दीवारों वाला छोटा-सा कमरा, जिसमें रोशनी, हवा के दाख़िल होने के लिए दरवाज़े के सिवाय कहीं कोई रास्ता नहीं। न छोटी-मोटी खिड़की, न दीवार में कहीं कोई सूराख। ढाबे का पटाव भी इतने नीचे से शुरू हो जाता था कि दिन में भी घुप्प अँधेरा घिर जाए।

लालटेन की निहायत धुंधली रोशनी में छोटी फूफी ने देखा कि सारा कमरा उजाड़ है। एक ओर की दीवार पर लम्बा तख़्ता जमाकर कुछ पुरानी पेटियाँ क़तार से रख दी गई हैं और उसी के ऊपर कपड़े टाँगने की खूँटियाँ लगी हुई हैं। दूसरी ओर की दीवार के आले पर मिट्टी का बुझा हुआ चिराग़ रखा हुआ था, जिसकी कालिख से लगा कि रोज़ वहाँ जलाया जाता होगा। बिलकुल उसी से लगी हुई नागपुर के औलिया बाबा ताजुद्दीन की तसवीर टँगी हुई थी।

जूते पलँग के नीचे सरका देने के बाद रोशन फूफा ने कपड़े उतारे। चूड़ीदार पाज़ामा, शेरवानी, पगड़ी और कमरबन्द वग़ैरह अलग कर उन्होंने तहमद बदल लिया और उन्हें टाँगने के लिए खूँटी की ओर बढ़े। छोटी फूफी ने देखा, मामूली क़द और मामूली शरीर का साँवला रंग और अच्छा नाक-नक़्श लेकिन चेहरे की हर रेखा से जैसे घमंड और क्रोध टपकता हो। शायद इसी रोब को गहरा करने के लिए उन्होंने भारी-भारी मूँछ भी रख ली थीं।

"चचा के साथ-साथ अम्माँ का दिमाग़ भी फिर गया है।" कपड़े टाँगते हुए

उन्होंने हँसकर कहा, "शादी क्या हो रही है, बेवकूफ़ बने जा रहे हैं! जिसकी मर्ज़ी में जो आता है, वही करना-कराना चाहता है। साले, कहीं मेहँदी-बरात निकाल रहे हैं, कहीं फूलछड़ी मारी जा रही है, कहीं चावल से पीटा जा रहा है—तमाशा है!"

निकाह के दिन यही हुआ था। रस्मी शादी के नाम पर पता नहीं कहाँ-कहाँ के दस्तूर निकले थे। जब बरात आई तो दुलहन वालों की ओर मेहँदी का एक समूचा झाड़ ही लाकर खड़ा कर दिया गया। बीच में परदा और उधर रोशन फूफा। उन्हें उछलकर उसकी पत्तियाँ तोड़नी थीं। एकाध बार हाथ बढ़ाकर उन्होंने लपकने की कोशिश की, लेकिन फिर छोड़ दिया। उसी तरह गुलाब की एक लम्बी टहनी फूलों में लपेटकर लाई गई थी और परदे की आड़ में दूल्हे को मारने की कोशिश चली। यहाँ दूल्हे को होशियारी से वह छड़ी छीन लेनी थी। रोशन फूफा ने भी कोशिश की, लेकिन क्रोध की उस छीना-झपटी के कारण, टहनी पर लपेटे फूल नुच गए और उसके कई काँटों ने रोशन फूफ़ा की हथेली खरोंच कर धर दी।

"मुझे क्या मालूम था कि तुम्हारे घर के लोग इस क़दर जंगली हैं," रोशन फूफा ने लौटते हुए कहा, "पहले जानता तो मैं कभी शादी न करता। जिस चीज़ को नापसन्द करो और अम्माँ से कहो, उसी पर जवाब मिलता कि तुम्हारे सास-ससुर यूँ चाहते हैं, त्यूँ चाहते हैं। ना करने पर बुरा लगेगा, वग़ैरह। मेरी तो जान साँसत में पड़ गई थी। लगता है कि तुम्हारी माँ को अभी भी शादी का बड़ा अरमान है।"

छोटी फूफी उसी जगह क़सम खाकर रह गईं। वह कुछ कहतीं, कहना भी चाहा, लेकिन जैसे-तैसे आँखें उठाते ही देखा कि वह पास आ रहे हैं, चेहरे पर दर्प, घमंड या तनाव कुछ नहीं। कौतुक करने के बाद की सी सहजता, आँखों में तारल्य और ऐसी ललक कि उस क्षण उसे छीनने का मन नहीं हुआ। सिर झुकाकर वह बिलकुल चुप कर गईं।

अगले दिन सुबह एक अजीब दृश्य देखने को मिला।

देखा कि हाथ-मुँह धोये बिना ही, उजड़े-बिगड़े बालों, भरी-भरी आँखों और उतरा चेहरा लिए बी चबूतरे पर उकड़ूँ बैठी हैं और दोनों हाथों से अपनी कनपटियाँ थामे एक ओर चुपचाप देखे चली जाती हैं। रज्जू मियाँ पास खड़े उन्हें धीरे-धीरे मनाने की कोशिश कर रहे हैं, "जो हो गया, सो हो गया। अब उसी को याद करती हुई कब तक बैठी रहोगी?"

बी-दारोग़िन टप-टप आँसू ढालती हैं, अपनी बही जाती नाक को सुड़-सुड़ खींचती हैं और बहुत हुआ तो एक तरफ़ नाक साफ़ कर लम्बा निःश्वास लेती हैं, "या अल्लाह, ऐसा दिन किसी दुश्मन को भी न दिखाना!"

तहमद लपेटे हुए रोशन फूफा ग़ुसलख़ाने के पास दातुन चबाते बैठे थे। कुछ देर तो सुनते हुए भी सारी बातें अनसुनी करते रहे; लेकिन जब बी अपने नसीब को ठोंक-ठोंककर रोने लगीं तो बुरी तरह झल्लाकर रोशन फूफा चिल्लाए, "क्या हो

गया, माँ? आख़िर ऐसा क्या हो गया जिसके लिए इतना रोना-पीटना कर रही हो?"

बी ने उधर नहीं देखा। कई पल एक ओर देखती रहीं, और अन्त में फँसे हुए गले से बोलीं, "कुछ नहीं बेटा, जो कुछ किया, बहुत अच्छा किया। गुनाह तो मेरा है कि मैंने तेरी शादी करवाई और आज किसी के सामने चेहरा दिखाने लायक़ नहीं रही।"

"किसने कहा था शादी करने के लिए? क्या मैं मरा जा रहा था?"

रोशन फूफा की आवाज़ के अन्दाज़ से लग रहा था कि बात बुरी तरह बढ़ने जा रही है। रज्जू मियाँ खँखार कर कुछ कहने जा रहे थे कि तभी बाहर बैलगाड़ी के आकर ठहरने की आवाज़ सुनाई दी और थोड़ी देर में दुलहन वालों की ओर से छोटी फूफी की अम्माँ और दो-तीन औरतें भीतर आ गईं।

सारी बात जहाँ-की-तहाँ रह गई। रोशन फूफा ग़ुसलख़ाने में घुस गए, बी को ज़बरन वहाँ से आँसू पोंछकर उठना पड़ा और रज्जू मियाँ खाँसते हुए बाहर निकल गए।

दुलहन वाले छोटी फूफी को चौथी के लिए मायके ले जाने आए थे। सुबह सुहागकक्ष से निकलकर क़ायदे के मुताबिक़ छोटी फूफी सबसे पहले सास-ससुर को सलाम करने गई थीं। हाथ-भर के घूँघट के साथ, अदब से झुककर उन्होंने सास को सलाम किया और फिर ससुर के पास गईं।

रज्जू मियाँ बाहर के बरामदे में अकेले बैठे चुपचाप बीड़ी पी रहे थे। नई बहू को अचानक अपने पास देखकर थोड़ा हड़बड़ाए, फिर आश्चर्यचकित आँखों से ताकने लगे।

छोटी फूफी के शरीर पर महज़र नहीं था, एक बहुत बारीक़ बुनावट वाली ओढ़नी थी, जिसका घूँघट निकालने पर भी सारा चेहरा साफ़-साफ़ दिखता था। उन्हें सिर्फ़ इतना स्मरण रह गया है कि वह धीरे-धीरे निकट आकर झुकीं और अदब से सलाम करने के बाद भी खड़ी रहीं। लेकिन एक-दो मिनट गुज़र जाने पर भी रज्जू मियाँ ने कोई जवाब नहीं दिया। हालाँकि छोटी फूफी का सिर झुका हुआ था, पर लगा कि उनके चेहरे और शरीर पर रज्जू मियाँ की आँखें बुरी तरह गड़ रही हैं।

थोड़ी देर बाद छोटी फूफी बैलगाड़ी में बैठकर अपने मायके आ गईं, लेकिन सारी राह उन्हें अपने चेहरे और शरीर पर सुबह वाली आँखों का गड़ाव महसूस होता रहा।

सोचने पर वे सब कितनी ओछी बातें लगती हैं। हर चीज़ के लिए रिश्ता होता है, एक उम्र होती है। उससे हटकर किसी बात का संकेत मिलने पर भी पहले तो ख़ुद को यक़ीन नहीं आता, फिर विश्वास भी हो जाए तो किसी के सामने होंठों पर लाने में भी लज्जा आती है। कई चोटें ऐसी होती हैं कि निश्चित स्थान को चाहे छू दें, लौटकर अपने को ही लगती हैं।

काफ़ी पहले एक बार रज्जू मियाँ घर आए थे। छोटी फूफी की उम्र होगी कोई ग्यारह-बारह बरस की। चाय लेकर बैठक में गईं तो रज्जू मियाँ ने उन्हें घूरकर देखा और फूफी के अब्बा से पूछा था, "भैया, यह क्या तुम्हारी बेटी है?"

"हाँ, बस यह एक ही है। बड़ा लड़का और उसके बाद यह..."

"बड़ी प्यारी बच्ची है। यहाँ आओ बिटिया, क्या नाम है तुम्हारा?"

छोटी फूफी बेझिझक पास चली गई थीं, नाम बताया था और जब तक पास खड़ी रहीं, उनका ममता-प्यार भरा हाथ अपनी पीठ पर बराबर महसूस करती रही थीं।

कुँआरेपन में उनका वह देखना ही पहली और आख़िरी बार देखना था। बाद में भी वह घर आए, लेकिन फूफी परदे में बैठ गई थीं और उसके कई बरस बाद उन्होंने चौथी के दिन उसे देखा।

सीधे समझ में आने वाली बात न थी। एक बार तो छोटी फूफी को भी यक़ीन नहीं आया था और दरअसल, घर आने से लेकर उस क्षण तक वह मन-ही-मन आशंकित थीं। बिलकुल विश्वास न था कि रोशन फूफा चौथी के बेतुके दस्तूरों के लिए बुलावा भेजते ही आ जाएँगे। पिछली रात की घटना और बातों के बाद भला सोचने के लिए क्या रह जाता था?

जब फूफी की अम्माँ ने किसी आदमी के ज़रिये रोशन फूफा को बुलावा भेजा तो एक बार रोक देने का मन हुआ था। चाहा कि उठकर कह दें, 'अम्माँ, उनके या इस दस्तूर के बिना यदि काम चल सके तो उन्हें न बुलाओ, वे लोग बड़े और पढ़े-लिखे आदमी हैं, हम लोगों को गँवार समझते हैं।'

पर सचमुच कहने की हिम्मत नहीं हुई। एक तो उनका मुँह खोलकर कुछ कहना शायद सजता नहीं। लोगबाग़ एक-दूसरे को कोहनी मारकर हँसते कि ऐ फलाँ की बेटी तो पटाका है। दूसरे, सारी बातें खोलनी पड़तीं और पता नहीं, बात कितनी और कैसी तूल पकड़ लेती।

मन मारे और होंठ सिये वह ग़ुसलख़ाने से निकल ही रही थीं कि पड़ोस की बेबी ने बताया, "आपा, दूल्हे मियाँ आए हैं।"

छोटी फूफी का जी धक् से होकर रह गया। अब की बार दूसरी तरह की आशंकाओं से मन काँप रहा था, और यह आशंका तब तक बनी रही जब तक कि वह उठकर सीधे-सादे मिज़ाज से चले न गए।

यद्यपि वह महज़र से लिपटी-ढँकी चटाई पर बैठी थीं और हाथ-भर के घूँघट के अलावा सिर झुका हुआ था (ज़रा भी धोख़े से कहीं सिर उठता तो अम्माँ या ज़हीरा भाभी अपने हाथ से उसे दबाकर फिर झुका देतीं), लेकिन जैसे-तैसे वह

बराबर नज़र रखे हुए थीं कि फूफा पर सारी चीज़ों का क्या असर होता है। शुक्र है, उन्होंने सारी बातें चुपचाप मान लीं, और ज़रा भी नाराज़ नहीं हुए।

चटाई पर दोनों के बीच किसी हरी भाजी का ढेर लगा हुआ था और उसमें गुलाब की पँखुड़ियाँ नोचकर मिला दी गई थीं। दोनों में इस बात की होड़ थी कि किसके हिस्से में अधिक फूल आते हैं और किसके नसीब में पत्तियाँ। फूल चुनने में छोटी फूफी के साथ और भी बहुत से हाथ थे, उन सब लोगों ने बड़ी फुर्ती भी की, लेकिन उनके हिस्से आख़िर कोरी पत्तियों का ढेर आया।

यों भी छोटी फूफी के नसीब में फूल कहाँ थे? थीं पत्तियाँ, केवल अल्लर अल्लर और कुम्हलाई पत्तियाँ...

सात

चौथी के बाद लौटाने के लिए फिर वही बैलगाड़ी आई थी, लेकिन इस बार साथ में अम्मी नहीं थी। बस, एक-दो मुहल्ले की औरतें और पड़ोस वाली बेबी आकर छोड़ गईं।

शाम हो गई थी। मुहल्ले की ख़ास सड़क बिलकुल वीरान और निर्जन थी। मोती तालाब के मैदान में हवा थोड़ी देर पहले घास-पात के सायों में काँप रही थी, वह अब नाली लाँघकर इधर बह आई थी और इसी कारण ज़रा ठंडक थी।

गाड़ी से उतरते हुए छोटी फूफी ने देखा कि आस-पास के तमाम मकानों में दीये जलने लगे हैं और थोड़ी-बहुत रोशनी हो रही है। केवल उन्हीं का मकान अँधेरे में ढण्ढार-सा खड़ा है और एकाएक देखने पर विश्वास ही नहीं होता कि वहाँ कोई रहता होगा।

धीरे-धीरे वह दहलीज़ पर आकर खड़ी हो गईं। थोड़ी देर भीतर की आहट ली। लेकिन उस रहने-सहने वाले घर में साँय-साँय सन्नाटे और अँधेरे के सिवाय कुछ भी सुनाई नहीं दिया। भीतर जाने के लिए पहले बड़ा बरामदा, एक लम्बा गलियारा और दो अँधेरी कोठरियाँ पार करनी थीं। लेकिन उस घुप्प अँधेरे के मारे छोटी फूफी की हिम्मत नहीं पड़ रही थी। बाहर के दरवाज़े पर अकेली खड़ी वह बार-बार पछता रही थीं कि उन्होंने व्यर्थ ही साथ आए लोगों को आग्रह करके वापस भेज दिया...मान लो घर पर कोई न हो, या मान लो उन्हें यूँ अँधेरे में अकेली खड़ी देख कोई...

ज़रा काँपकर उन्होंने इधर-उधर देखा और दरवाज़े की साँकल ज़ोर-ज़ोर से बजाने लगीं। कितनी देर तक वह साँकल झनझनाती रहीं, यह याद नहीं। बड़ी देर

बाद नंगे बदन, कमर में तहमद लपेटे और हाथ में एक चिमनी उठाए रज्जू मियाँ भीतर से निकले और पूछा, "कौन है?"

छोटी फूफी की जान में जान आई। अपना घर होता तो वह ज़ोर से चिल्लातीं, 'मैं हूँ, दरवाज़ा खोलो, क्या यहाँ से वहाँ तक अँधेरा कर रखा है?' लेकिन यहाँ वह दुलहन थीं और ब्याह होने पर भी घर पराया था। अपने को किसी तरह रोककर वह चुप रहीं। चाहा कि खाँस दें, लेकिन वह भी अच्छा नहीं लगा। एक-दो बार हाथ उठाकर उन्होंने ऐसे छोड़े कि ढीली और बड़ी चूड़ियाँ बजें और वे जान जाएँ कि कौन आया है।

पर रज्जू मियाँ ने ध्यान न देकर वहीं से सवाल दुहराया और अन्त में जवाब न पाकर बहुत सहमते-सहमते दरवाज़ खोला।

"कौन, बहू?"

इस बार खँखार कर छोटी फूफी ने अपनी उपस्थिति जताई और सिर पर पल्लू ठीक करती हुई भीतर आ गईं।

"क्या अकेली आई हो?"

एक क्षण के लिए वह जैसे भूल गए थे।

"बैलगाड़ी में बेबी वग़ैरह छोड़ गए...मैं बड़ी देर से पुकार रही हूँ।"

"घर पर कोई नहीं है।" चिमनी की लौ को हथेली की आड़ से सँभालते और लौटते हुए उन्होंने कहा, "तुम्हारी सास अपनी बहन के यहाँ चली गई है और रोशन कहीं घूमने के लिए निकला है।"

एक बार छोटी फूफी का जी फिर धक् से रह गया, उन्हें सुबह की बात याद आ गई थी।

"मैं भीतर के कमरे में लेटा था। कोई तो है नहीं, इसलिए लालटेन में चिमनी भी नहीं की।" रज्जू मियाँ ने अपने देर से बाहर निकलने और घर को अँधेरा रखने के लिए कैफ़ियत दी।

"अरे, मैंने इससे कहा," उनका संकेत बी-दारोग़िन के लिए था, "कि जाना हो तो कल चली जाना और शाम को तो बहू भी आ जाएगी; लेकिन मानती कहाँ है! उठी और चल दी। कल वे सब बातें क्या हो गईं, धूम मचा रखी है। रोशन ने भी उलटी-सीधी बातें सुना दी हैं, लेकिन मैं कहता हूँ, घर-संसार में यह सब तो चलता ही रहता है। ऐसी छोटी-छोटी बातों का बुरा मानने से कैसे चलेगा?"

छोटी फूफी ने भीतर के बरामदे में आकर महज़र अलग किया और थोड़ी देर खड़ी रहीं। रज्जू मियाँ ने झुककर वहीं चिमनी रख दी, एकाध बार उन्हें देखकर बावर्चीख़ाने में घुस गए और वह अकेली हो गईं तो फिर डर-सा लगा। ज़रूरत होने पर भी वह अपने कमरे में नहीं गईं। या अल्लाह, कितना बड़ा और डरावना मकान है, जैसे बरसों से वीरान पड़ा रहा हो! इसमें सारी ज़िन्दगी वह अकेली

कैसे रहेंगी? उन्हें रह-रहकर अपना खुला-खुला, और साफ़-सुथरा मकान याद आ रहा था, जिसके कुशादा आँगन में आधी रात को भी अकेले निकलने में वह कभी नहीं डरीं। उनके घर में भी हालाँकि अधिक लोग नहीं थे—अब्बा, अम्माँ, भैया तथा बाद में भाभी। लेकिन कोई न होने पर भी हमेशा भरा-भरा लगता था। इसके अलावा अब्बा को जानवर पालने का बड़ा शौक़ था। आँगन में एक ओर खपरैल का सायबान बनाकर कई तरह के जानवर-परिन्दे पाले गए थे—ख़रगोश, सफ़ेद चूहे, नेवले, बन्दर और तोता...

छोटी फूफी का अधिकांश समय तो इन्हीं में जाता था—कभी ख़रगोश या सफ़ेद चूहों के आगे घास डाल रही हैं, कभी तोते को मिर्च खिलाकर कुछ पढ़ना सिखा रही हैं अथवा बन्दर की नक़लें देखती और हँसती खड़ी हैं।

उनकी विदाई के दिन अब्बा बार-बार यह कहकर रोते थे कि छोटी के जाने से इतने बेज़बान जानवर अनाथ हो गए...अब कौन उन्हें खाना-पानी देगा, कौन उसकी तरह देखभाल करेगा?

अचानक भीतर, बावर्चीख़ाने में बरतनों की उठा-पटक की आवाज़ आई तो उन्होंने अनुमान लगाया कि रज्जू मियाँ शायद खाना खा रहे हों। कई क्षण उन्हीं के विषय में सोचती हुई वह खड़ी थीं, लेकिन जब चूल्हा फूँकने की फुर्र फुर्र आवाज़ के साथ धुआँ बाहर आने लगा तो उत्सुकतावश वह सीधे उधर ही बढ़ गईं।

उनके आश्चर्य का ठिकाना न रहा जब उन्होंने देखा कि उनके ससुर चूल्हे के सामने झुके हुए आग में फूँकें मार रहे हैं। और आग पर कोई छोटी-सी पतीली चढ़ी हुई है।

"मामू, यह क्या कर रहे हैं?" जैसे कोई गुनाह होने ही जा रहा हो, इस तरह बिलकुल झपटती हुई छोटी फूफी बावर्चीख़ाने के भीतर घुसीं और ठीक चूल्हे के सामने जाकर खड़ी हो गईं।

"कुछ नहीं, बहू," रज्जू मियाँ वैसे ही बैठे-बैठे लज्जित-सी हँसी हँसने लगे, "तुम्हारी सास चली गई तो आज चूल्हा ही नहीं सुलगा। रोशन ने भी अपने खाने के लिए मना कर दिया था तो मैं टाल गया। अब तुम आई हो तो कम-से-कम चाय ही बना दूँ।"

छोटी फूफी का जी भर आया, छि:-छि:, ऐसे आदमी के लिए उन्होंने क्या-क्या सोच डाला था! उन्हें अपने अब्बा की बात याद आ गई, जो हमेशा कहते हैं कि किसी भी आदमी के बारे में एक नज़र देखकर किया गया फ़ैसला सही नहीं होता। दरअसल, उन्होंने भी कितना जाना था। केवल एक क्षण की देखा-देखी और बाप जैसी उम्र के आदमी के लिए उस तरह की शंका...जैसे उसी बात का पश्चात्ताप करने के लिए वह और निकट गईं, अपना पल्लू-आँचल सँभाल, तपाक से बैठीं और आदरपूर्वक धीरे-से कहा, "रहने दो, मामू, मैं बना लूँगी।"

और रज्जू मियाँ लाख ज़िद करते रहे, उन्होंने उन्हें हटाकर ही दम लिया और स्वयं चाय बनाने में जुट गईं। ज़रा पास ही सरककर रज्जू मियाँ बैठ गए। और आग्रह करते रहे, कि अभी 'हाथ बरतानी' का दस्तूर बाक़ी है। भला उसके हुए बिना नई दुलहन का चूल्हे-चौके में जुट जाना कहाँ तक अच्छा लगेगा? लेकिन वे सारी बातें छोटी फूफी ने ऐसे टाल दीं, जैसे सुनी ही न हों। दोनों के बीच आग जलने की आहिस्ता आवाज़ के अतिरिक्त मौन था, और छोटी फूफी जलती-चिटचिटाती लकड़ियों और पीली लपटों को देखती बैठी रहीं।

"कल जो कुछ हुआ है, बहू," रज्जू मियाँ ने अचानक बात शुरू की, "उसको मन पर न लेना। ग़लती तुम्हारी सास की है...लेकिन नहीं, उसका भी दोष देखा जाए तो कुछ नहीं है। रोशन ही ज़रा तुनकमिज़ाज है। शादी-ब्याह के मौक़ों पर औरतों को कौन रोक सकता है?"

आग की लपटें मद्धिम पड़ गई थीं और एक-दो लकड़ियाँ जलकर चूल्हे के मुहाने से हट गई थीं। उन्हें भीतर ढकेलकर एक-दो फूँक मारते हुए छोटी फूफी ने अपने सुसर की ओर देखा जो स्वर से बिलकुल बच्चों जैसे सहज होकर बोल रहे थे।

"तुम जानती हो न कि तुम्हारी सास कौन है?" उन्होंने अचानक चौंकाते हुए एक सवाल किया और तत्काल अपनी भूल महसूस कर बोले, "मतलब यह कि वह अपने समाज और सम्प्रदाय की नहीं है, यह बात मालूम है?"

छोटी फूफी ने स्वीकृतिसूचक सिर हिलाया।

"कैसे?...अच्छा...घर में बात हुई होगी...? सो बेटी, अगर कुछ भूल कर जाए तो ध्यान देना या उस बात को गाँठ बाँध लेना कहाँ की अक़्लमन्दी है?"

वास्तव में छोटी फूफी उन सब बातों को सुन नहीं रही थीं। चाय का अदहन जब खौलने लगा तो उन्होंने पत्तियाँ छोड़कर उतार दीं और एक प्याला उनकी ओर बढ़ाया। रज्जू मियाँ मना करते रहे, लेकिन फिर सामने आया प्याला उन्हें उठाना ही पड़ा।

"सुबह तुम्हारे जाने के बाद पुलिस आई थी।" कहकर रज्जू मियाँ सासर की चाय को फूँककर थोड़ी देर ठंडी करते रहे और जब देखा कि बहू की आँखों में सचमुच भय तैर आया है तो एकाध चुस्कियाँ लेकर बोले, "इधर कुछ दिनों से एक नई मुसीबत आई है। पिछले दिनों क़स्बे में एक भयानक ख़ून होने की ख़बर तुमने सुनी होगी। बदक़िस्मती से वह ख़ून हमारे मकान की बग़ल में ही हुआ। आदमी ऐसा हैवान हो सकता है, यह सोचा तक नहीं जा सकता। कमबख़्तों ने बोटी-बोटी काटकर फेंक दी थी।"

"कहाँ?" छोटी फूफी के मुँह से निकला। दरअसल, उन्होंने सिर्फ़ इतना सुना था कि किसी अच्छे-ख़ासे जवान आदमी को काट-छाँटकर और बोरे में बन्द करके, मोती तालाब के एक साठिया कुएँ में डाल दिया गया था। कई दिनों तक

लोगों को कुछ पता नहीं चला। लेकिन जब बदबू के मारे मुहल्ले वालों का रहना कठिन हो गया तो कुएँ को खँगाला गया और उसमें से अलग-अलग टुकड़ों में बँटी लाश निकली।

छोटी फूफी की आँखों के सामने पुराने नल घर के पास वाला ख़ूब चौड़ा और भयावह सा साठिया कुआँ उभर आया। कोई भी मौसम हो, उसमें पानी बराबर भरा रहता। भीतर की काई लगी गोल दीवार में आड़े-तिरछे पेड़ उगा करते और उसकी फैली हुई टहनियाँ कुएँ के काफ़ी हिस्से को ढँक लिया करतीं। कुछ वर्ष पहले जब वे अपेक्षाकृत छोटी थीं, तो इसी मुहल्ले की चन्द लड़कियों के साथ उधर ही खेलने निकल जाती थीं। कुएँ के एक ओर पीले फूलों वाले कनेर के पेड़ों का बाग़-सा था। पेड़ इतने छोटे-छोटे थे कि और लड़कियों के साथ-साथ वह भी टहनियों में झूलकर चढ़ जातीं और अकसर फ्रॉक का अगला पल्ला कनेरों से भर जाता।

वह कौतुक उन्होंने कई बार किया था।

ढेर फूलों को समेटे हुए वे एक-दूसरे के पीछे दौड़ती हैं और एक-एक करके कुएँ की दीवार के पास ठिठक जाती हैं। कोई लड़की डरती-डरती धीरे-से झाँकती है, कई लोग उसका अनुकरण करते हैं और उसके बाद सिवार ढँके पानी में कई ईंटें फेंक, दूर भागकर सबका उसकी गूँज सुनना...

"ख़ुदा ऐसी मौत किसी दुश्मन को भी न दे!" सहसा रज्जू मियाँ ने कहा, "हरामियों ने बकरे की तरह पैर, हाथ, रान और धड़ अलग-अलग काटकर डाल दिया था। सोचो तो, देखने में वह सब कितना भयानक लगता होगा!"

अचानक सिहरन के मारे छोटी फूफी के कंधे थोड़े-थोड़े हिल गए। उन्होंने कल्पना की कि सिवार ढँके हरे-हरे पानी में किसी आदमी की कटी हुई टाँगें, हाथ और सिर अलग-अलग तैर रहे हैं। जैसे ही वह दामन में कनेर लिए जाकर झाँकती हैं, दीवार में उगे पेड़ की टहनियाँ बुरी तरह झूमती हैं और कटे हुए हाथ जल की सतह पर अचानक उठकर उसे बुलाने लगते हैं...

खन्-खनाक!

एकाएक ऊपर कुछ ऐसी आवाज़ हुई और लगा, जैसे ऊँचाई पर रखा कोई टीन का पीपा सहसा ज़मीन पर गिरा हो। उसके साथ ही किसी चीज़ के चलने और सरसराने की सी आवाज़ आई।

छोटी फूफी के माथे पर पसीना निकल आया, सारे शरीर के रोंगटे खड़े हो गए और सिर से पाँव तक कान बनी वह एक क्षण आहट सुनती रहीं। फिर बड़े सभीत स्वर में कठिनाई से बोलीं, "क्या है?"

"कुछ नहीं," उधर एक बार नज़र फेंककर रज्जू मियाँ मुस्कुराए, "ढाबे में ऊल-जलूल सामान है और थोड़ा-बहुत धान भरा है। सारी रात चूहे दौड़-दौड़कर सामान गिराते और परेशान करते रहते हैं।"

लेकिन छोटी फूफी की तसल्ली नहीं हुई। उन्हें लगा कि रज्जू मियाँ ने केवल उसे हिम्मत बँधाने के लिए झूठ कह दिया है, वैसे कोई-न-कोई बात ज़रूर है जो छिपाई जा रही है। उन्हें याद आया कि बहुत से घरों में लोग जिन्नात पालते हैं और उनका डेरा अमूमन ढाबे पर होता है।

बाहर गली-सड़कें सब वीरान हो गई थीं, और साँझ के बरसाती झींगुरों के अलावा किसी का स्वर नहीं था। उन्हें घबराहट-सी हुई। लगा, साँस लेना कठिन हो गया है और थोड़ी देर ऐसा ही चलता रहा तो दम रुक जाएगा। जैसे-तैसे थूक निगलकर वह कुछ कहना चाहती थीं कि बाहर के दरवाज़े के पास आहट सुनाई दी और रोशन को आते देख अचानक चौंककर रज्जू मियाँ उठ खड़े हुए।

रोशन फूफा के आते ही उनका वैसे उठ जाना अजीब-सा लगा। उस चौंकने के पीछे जैसे चोरी करते हुए पकड़े जाने की सी घबराहट थी, लेकिन क्यों, यह देर तक सोचने पर छोटी फूफी को समझ में नहीं आया। उन्हें सारा घर, घर के लोग और आपस के नाते-रिश्ते सभी रहस्यमय से लग रहे थे।

रज्जू मियाँ को देख रोशन फूफा बरामदे में ही थोड़ा ठिठके और फिर घूमकर अपने कमरे में चले गए। कुछ देर आग के पास बैठे रहने के बाद छोटी फूफी धीरे-धीरे अपने कमरे में आईं तो देखा कि वह कपड़े बदल रहे हैं।

बनियान अपने शरीर से अलग करते हुए उन्होंने सामने खड़ी छोटी फूफी को देखा और रुखाई से बोले, "कब आईं?"

"शाम को।"

"क्यों, तुम तो आज लौटने को नहीं थीं न?" अपनी आँखें सीधे फूफी के चेहरे पर ठहराकर उन्होंने पूछा तो कई क्षण उनके होंठों से आवाज़ नहीं निकली। कई बार मन में उन्होंने जुमले बनाए, एक-दो बार दुहराए, लेकिन उनको उसी तरह उगलना नहीं हुआ। सिर्फ़ 'नहीं' करके वह चुप हो गईं और काफ़ी देर के लिए जैसे उतनी बातें पर्याप्त थीं।

सोने के कुछ पहले, छोटी फूफी ने ज़रा साहस किया, "अम्माँ कब तक आएँगी?"

"क्यों?" फूफा ने अपनी आँखों पर उलटी रखी बाँह को उठाकर पूछा और एकटक देखने लगे।

थोड़ा सहमकर छोटी फूफी पहले चुप हो गईं, फिर डरते-डरते धीरे-से बोलीं, "इतने बड़े घर में अकेले मुझे बड़ा डर लगता है।"

रोशन फूफा गम्भीरतापूर्वक हँसने लगे, फिर पता नहीं क्या सोचकर उनके कंधों पर हाथ रख दिया और दिलासा देने के ढंग पर बोले, "डरने की क्या बात है? घर में और भी तो लोग रहते हैं।"

ऊपर ढाबे में फिर किसी टीन पर कंकड़-पत्थर गिरने की आवाज़ आई, और कमरे की दीवार और मकान की पाटियों के बीच चूहों ने दौड़ लगानी शुरू कर दी।

तीसरे दिन बी-दारोग़िन उस वक़्त आईं जब रोशन फूफा दफ़्तर चले गए थे। छोटी फूफी ने अदब से सलाम किया, चाय पीने को पूछा और उनके नहाने के लिए पानी धर दिया। फिर आगे उनका हर काम करती रहीं, लेकिन क़रीब-क़रीब सारा दिन वह चुप बनी रहीं और 'हाँ-ना' के अलावा कुछ नहीं कहा।

शाम को फूफा के दफ़्तर से आने के पहले उन्होंने ख़ासतौर पर नज़दीक बुलाया और पूछा, "क्यों बहू, रोशन चौथी के लिए तुम्हारे घर गया था?"

"जी।"

"सारे नेग-दस्तूरों में भी रहा होगा?" बी कड़वे स्वर में कोंचती-सी बोलीं। और छोटी फूफी के 'हाँ' करने पर चेहरा ही बिगाड़ लिया, "हाँ...हाँ, यहाँ चाहे मेरी नाक उतर जाए, लोग जूते लगा जाएँ, उसे परवाह क्यों होने लगी? ससुराल की बात दूसरी है चाहे जो कहा, करेगा।"

छोटी फूफी ने बात के इस रुख़ की कल्पना नहीं की थी। उन्हें समझने की कोशिश करती हुई देखने लगीं कि वह बोलीं, "वह तो ख़ैर कि चार दरजा अंग्रेज़ी पढ़कर मुंशीगीरी ही कर रहा है। ख़ुदा न खास्ता, ज़्यादा पढ़-लिख गया होता और कहीं तहसीलदार-दीवान होता तो हम लोगों को घर से ही बाहर निकाल देता।"

इस तरह की अनेक बातों के लिए अकारण अपराधी बनी छोटी फूफी सुनती रहीं और फिर उठकर बावर्चीख़ाने में चली गईं।

उस नये घर की नई ज़िन्दगी को शायद ऐसे ही शुरू होना था। ऐसा ही कड़वा-तीखा माहौल, जो पन्द्रह बरस की उम्र से जीवन में आकर फिर कभी नहीं हटा।

घर की परम्परा के अनुसार वह मुँह अँधेरे उठतीं, उतने बड़े घर की झाड़-बुहार करतीं, चूल्हा सुलगाकर चाय चढ़ातीं और समय निकालकर बी-दारोग़िन की सेवा-टहल कर आतीं। देखने-दिखाने में बी चाहे जैसी लगती हों, वैसे उनकी तबीयत कभी ठीक नहीं रही। कभी हाथ-पाँव या कमर में दर्द है, कभी सिर फटा जा रहा है, कभी सर्दी-खाँसी है अथवा बुख़ार-ताप है। परिणामतः चूल्हे-चौके से लेकर सारे घर के कपड़े-लत्ते, लिपाई-सफ़ाई, माँजना-धोना या कूटना-पीसना, अकेले फूफी के ही ज़िम्मे आ गया।

मुँह अँधेरे ही ससुर को चाय चाहिए, इसी वक़्त फूफा के कमरे से पुकार होती और यही समय बी-दारोग़िन की अपनी ज़रूरतों और तकलीफ़ों का था। अकसर यह होता कि एक को ख़ुश करने की कोशिश में वह दूसरे को नाराज़ कर लेतीं।

"यहाँ से जो छूटती हो तो लौटकर भी नहीं देखतीं।" रोशन फूफा डाँटते।

बी रूठकर करवट बदल लेतीं और मुँह फेरकर कहतीं, "ठीक है, बहू, तुम लोग अपने आप में ही मस्त रहो। कोई मरे या जिये, तुम्हें क्या मतलब?"

"अरे, आज क्या चाय नहीं मिलेगी?" रज्जू मियाँ अपने कमरे से चिल्लाते, "रोशन की माँ, कब तक मुझे मुँह ताकते बिठाए रहोगी। जब से मालती गई है मेरा तो ठौर-ठिकाना ही नहीं।" और उस भाग-दौड़ तथा धमा-चौकड़ी में कभी गर्म पानी की पतीली हाथों पर लुढ़कती, कभी चूल्हे की जलती हुई लकड़ी लौटकर साड़ी पर आ जाती या कप-सासर टूटते।

सात-आठ तक नाश्ते की तैयारी होती और दस बजे तक रोशन फूफा खाना खाकर कचहरी चले जाते। दोपहर आती, लेकिन उसका आधा समय नहाने-धोने में निकल जाता और आधे में कई काम ज़रा-ज़रा करके पूरे होते। मसलन, मिलों के अभाव में चक्की के सामने बैठ गेहूँ पीसना अथवा गाँव से आए धान को अपने हाथों से कूटना, इस सबमें शाम हो जाती। फूफा कचहरी से लौटकर चाय पीते और टहलने निकल जाते और फूफी बावर्चीख़ाने में घुसकर फिर उसी सिलसिले को जोड़तीं। प्राय: रात में खिला-पिलाकर सकेलती-धरती हुई वह इतना थक जातीं कि शरीर चूर-चूर हो जाता, सारे हाथ-पाँव की नसें टूटतीं और दीवार से पीठ टेककर कमर सीधी करते-करते कई बार वहीं आँख लग जाती।

इतने पर भी बी-दारोग़िन का मन जीतना हमेशा कठिन बना रहा।

सुबह जैसे-तैसे बिस्तर छोड़कर उठतीं, हाथ-मुँह धुलता, ग़ुसलख़ाने में घुसकर घंटा-आधा घंटा अच्छी तरह नहातीं और निकलकर अपने कमरे में बन्द हो जातीं।

सुनने में यह बात अजीब-सी लगती है, लेकिन ऊपर से चाहे वह बी-दारोग़िन या इस्लाम बी हों, भीतर से अन्त तक वह बिट्टी ही बनी रहीं। उनके अपने लकड़ी के सन्दूक़ (जिसमें सारे ज़ेवर और पैसे रहते) के पल्ले में लक्ष्मी की तसवीर आख़िर तक चिपकी रही और नहाने के बाद कमरा बन्द करके लक्ष्मी पूजा करना उन्होंने कभी बन्द नहीं किया।

यह बात रोशन फूफा भी जानते थे और रज्जू मियाँ को भी मालूम थी, लेकिन चूँकि बी का यह नियम मिर्ज़ा के ज़माने से चला आ रहा था, अत: उसमें बाधा देने का साहस किसी को भी नहीं हुआ। छोटी फूफी के आ जाने पर एक काम उसमें यह जुड़ा कि उनके नहाकर निकलते ही ऊददानी में आग भरकर उन्हें कमरे में पहुँचाना पड़ता।

और इन सबसे निबटने के बाद वह चबूतरे पर आकर बैठ जातीं, थोड़ी-थोड़ी देर में पान की गिलौरियाँ तैयार करके, अग़ल-बग़ल की ज़मीन पीकों से रँगतीं और प्राय: दिन-भर किसी-न-किसी बात पर बड़बड़ातीं।

"ऐ बहू, यह आँगन कितने दिनों से नहीं झड़ा?"

या

"अरे, इस घर में कोई रहता है कि नहीं? घर-भर में धूल उड़ रही है। बहू, ज़रा सोने-बैठने से फ़ुरसत मिले तो बरामदे को लीप-पोतकर भले आदमियों के बैठने-उठने लायक़ बना दो। कोई आकर देखे तो क्या कहे? माटीमिला कुत्ता भी घूरे पर बैठता है तो अपनी पूँछ से आस-पास की जगह साफ़ कर लेता है।"

अगर छोटी फूफी कभी प्रतिवाद करने की कोशिश करतीं अथवा धीरे-से कहतीं, "कहाँ अम्माँ, अभी थोड़ी देर पहले तो झाड़-बुहार कर उठी हूँ," या यह कि "कल ही तो सारा घर लीपा था," बी और आग हो जातीं, "लो, हमें अन्धी बना रही है! सीधे कह दे कि आँखें फूट गई हैं या बुढ़ापा आ गया है तो अक़्ल सठिया गई है! अरे, यह जवानी का घमंड अपने पास रख...यह किसी का साथ नहीं देती, चार दिन की चाँदनी और फिर अँधेरी रात!"

कभी फ़ुरसत न मिलने या दिन-रात काम में जुटे रहने की दलील रखी जाती तो ताना मिलता, "अपने माँ-बाप के यहाँ से दहेज़ में एक लौंडी ले आती और रहती रानी की तरह। घर-गिरस्ती में तो काम-धाम चलता ही है। और कौन ऐसी धन्ना सेठ की बेटी हो कि घर में नौकर-चाकर से काम चलाती थीं! हमसे क्या छिपा है, घर में उधर फ़ाकेमस्त रहते थे, यहाँ आकर चर्बी चढ़ रही है! और काम ही कितना है? यही घर है जिसे मालती आईना बनाकर रखती थी।"

जब नहीं सहा गया तो एक दिन छोटी फूफी की ज़बान से निकल गया, "अम्माँ, मैं तुम्हारे पाँव पड़ती हूँ, मेरे माँ-बाप को कुछ न हो; जैसे भी हों, वे अपने घर में मस्त हैं। किसी के यहाँ माँगने नहीं जाते..."

उस बात पर इतना तूफ़ान मचा कि रज्जू मियाँ को बीच-बचाव करना पड़ा और उस रात घर में खाना बना भी तो किसी ने हाथ नहीं लगाया।

प्रायः इनमें से अधिकांश बातों का पता रोशन फूफा को नहीं चल पाता। पहले छोटी-मोटी घटना का उल्लेख फूफी कर दिया करतीं, लेकिन एक दिन उसके लिए भी डाँट मिल गई तो उन्होंने अपने कान पकड़ लिये। रोशन फूफा उस तरह के आदमी थे जो अपनी माँ के विषय में बीवी से कुछ भी सुनना पसन्द नहीं करते और यह कहकर टाला जाता कि मुझे इस बीच में न घसीटो, निभना-निभाना तो तुम्हें है...

लेकिन उस दिन अपने आपको ज़ब्त कर सकना उनके लिए असम्भव हो गया।

शाम को घूमने के लिए निकले हुए फूफा काफ़ी देर से लौटे। शायद रात के दस बज गए होंगे, मगर सारा घर सो गया था और बाहर के हिस्से में उसी तरह अँधेरा था। देर तक साँकल झनझनाने के बाद फूफी ने दरवाज़ा खोला, पर और

दिनों की तरह न तो उनके भीतर आने की प्रतीक्षा की और न ही साथ-साथ जाकर उनके पाँव के जूते उतारे। सीधे वह बावर्चीख़ाने में घुस गईं और थोड़ी देर पश्चात पास आकर सिर्फ़ इतना बोलीं, "आओ, खाना निकाल दिया है।"

फूफा को यह व्यवहार थोड़ा चौंकाने वाला ज़रूर लगा, लेकिन उन्होंने कहा कुछ नहीं। हाथ-मुँह धोकर चुपचाप खाने पर जा बैठे, सिर झुकाकर हाथ बढ़ाया और चौंकने का अभिनय करते हुए फूफी की ओर देखा। फूफी हमेशा की तरह चूल्हे के सामने वाले पीढ़े पर बैठी थीं, लेकिन उनका दाहिना गाल एक उठे हुए घुटने पर टिका हुआ था और मुँह दूसरी ओर फिरा हुआ था।

जलती हुई आँखों से फूफा उन्हें कई क्षण घूरते रहे, फिर त्योरी चढ़ाकर बोले, "क्यों, खाना तो मिट्टी हो गया है। अगर मुझसे देर हो गई तो क्या तुमसे गरम करते भी न बना?"

फूफी ने कोई जवाब नहीं दिया। एक बार धीरे-से सिर उठाकर उन्होंने देखा और फिर निरुद्देश्य चूल्हे की ओर ताकने लगीं।

"बोलती क्यों नहीं?" फूफा ज़ोर से गरजकर बोले, "क्या ज़बान कट गई है?"

स्पष्ट था कि वह कहीं का ग़ुस्सा कहीं उतार रहे थे, पर इस बार भी फूफी चुप रहीं तो उनका क्रोध बुरी तरह भड़क गया। यह चिल्लाते हुए कि "वह मर-मरकर कमाते हैं और सब सालों का पेट पालते हैं, लेकिन कोई उनके ज़रा से खाने-पीने का ख़याल नहीं करता," उन्होंने दाल की कटोरी उठाई, फूफी के मुँह पर दे मारी और दाँत पीसकर यह कहते हुए चले गए, "ले साली, अब तू ही खा..."

दाल से लथपथ सना मुँह और कटोरी की कोर से ज़ख़्मी पेशानी लिये छोटी फूफी उसी तरह झुक गईं। न कुछ बोलीं, न चिल्लाईं और न ही रोईं।

अगली सुबह सारा काम रोज़ की तरह हुआ। मुँह अँधेरे रज्जू मियाँ को चाय देना, फूफा के हाथ-पाँव दबाना, बी के हाथ-मुँह धोने के लिए दातुन-पानी रखना और फिर नाश्ते की तैयारी...

जब फूफा ग़ुसलख़ाने में थे तो उनके लिए गरम पानी लेकर वह भीतर गईं और चुपचाप ठंडा पानी मिलाने लगीं। इस बीच फूफा सिर्फ़ अंडरवियर पहने पत्थर पर खड़े थे। अचानक फूफी को देखते-देखते वह मीठे बन गए और किंचित् रोबीले स्वर में पूछा, "यह तुम्हारे मुँह पर क्या हो गया?"

फूफी सिर्फ़ सिर उठाकर रह गईं। सुबह की उजली चमचमाती धूप में उनके चेहरे का रोंया-रोंया स्पष्ट था, बायें गाल पर छिटके-छिटके तिल के दो-तीन दाग़, एकाधिक लाल-भूरी फुन्सियाँ और होंठों के पास हल्का नीलापन लिये उभर आए दो बड़े-बड़े फफोले।

"क्या दाल से जली हो?" फूफा ने ज़रा दबी ज़बान से पूछा।

"नहीं," कहकर फूफी उसी संज़ीदगी से लौटने लगीं, पर उन्होंने ज़बरन रोक लिया और अपेक्षाकृत अधिक नरमी तथा प्यार से बार-बार आग्रह करने लगे। जब टाल सकना कठिन हो गया और फूफी पूरी तरह आश्वस्त हो गईं कि बात का उलटा असर नहीं होगा तो धीरे-से बोलीं, "कुछ नहीं, सज़ा मिली है।"

"कैसी सज़ा?"

"मुँहजोरी करती हूँ, उसकी।"

"कौन...किसने सज़ा दी?"

"और कौन देगा," फूफी ने रूखे ढंग से हँसने का प्रयत्न किया, "अम्माँ ने जलती हुई लकड़ी मेरे मुँह में भर देनी चाही थी, पर जब वह नहीं कर सकीं तो भून कर ही रख दिया..."

कई क्षण फूफा स्तब्ध से खड़े उनकी ओर ताकते रहे, फिर पूछा, "बात क्या हो गई?"

"जानते तो हो, पानी वाली रौताइन कई दिनों से नागा कर रही है। उसके भरोसे बैठे रहने पर कई बार ऐसा धोखा हुआ है कि बूँद-भर पानी के लिए तरस गए हैं। सो अम्माँ रात में नल तक चली जाती हैं और एक-दो गुंड उठा लाती हैं। इससे पहले मुझसे कभी नहीं कहा था पर कल साथ ले गईं। बाल्टी-आल्टी होती तो मैं उठा लाती, अब उतने बड़े गुंड को सिर पर उठाकर कैसे लाती? मैंने सिर्फ़ इतना कहा कि मुझसे सिर पर उठाकर नहीं ले जाया जाएगा, कभी आदत नहीं। उसी पर चिढ़ गईं, कहने लगीं कि मुझे ताने देती है..."

कहते-कहते छोटी फूफी ने एक बार सशंकित आँखों से बाहर झाँककर देखा और बोलीं, "यहीं तक होता तो कोई बात न थी। अब उलटी-सीधी बकने लगीं। कहा, 'मैं तेरी नौकरानी नहीं हूँ कि तू अपने ख़सम के साथ सोये और मैं तेरे नहाने के लिए पानी लेकर आऊँ...तौबा तौबा...' और भी बहुत-सा ऊलजलूल बकती रहीं, जो मेरी ज़बान से नहीं निकलेगा। मैंने इतना ज़रूर कहा कि माँ होकर बहू-बेटी के बारे में ऐसी फूहड़ बातें करना भले आदमियों का काम नहीं है...बस, उसी पर मेरे माँ-बाप, ख़ानदान और साथ ही पुरखों को पानी पिलाया और जब तसल्ली नहीं हुई तो चूल्हे से एक जलती हुई लकड़ी लेकर दौड़ीं..."

छोटी फूफी को एकाएक रुलाई आ गई। उन्होंने पीछे झूलता पल्लू खींचकर आँख-मुँह पर रख लिया, दो-एक क्षण तक हिचकियाँ लेती रहीं और फिर सारे चेहरे को कसकर पोंछती हुई बाहर निकल गईं।

उसी दिन शाम को जब बी-दारोग़िन कहीं पड़ोस में बैठी थीं और फूफा अभी आए नहीं थे, छोटी फूफी चाय लेकर रज्जू मियाँ के कमरे में गईं। रज्जू मियाँ लापरवाही से अपनी खाट पर लेटे हुए थे और उस लेटने में उनकी धोती रान से हट गई थी।

चौखट के पास सहसा ठिठककर छोटी फूफी ने सिर झुका लिया और धीरे-से बोलीं, "मामूजान, चाय लाई हूँ।"

रज्जू मियाँ की आँखें खुली हुई थीं और वे बराबर देख रहे थे, लेकिन वे ज़रा भी नहीं हड़बड़ाए और न ही उन्होंने खुली रान ढँकी, उसी तरह निश्चल लेटे-लेटे उन्होंने गम्भीरता से कहा, "लाओ..."

एकाध सेकेंड उसी जगह सिर झुकाए छोटी फूफी प्रतीक्षा करती रहीं कि शायद रज्जू मियाँ स्वयं उठकर चाय ले लेंगे, लेकिन जब हिले ही नहीं और एकटक उनकी ओर देखते रहे, तो घबराकर वह आगे बढ़ गईं। जल्दी-जल्दी चलकर चाय का प्याला उन्हें थमाया और लौटना चाहती थीं कि रज्जू मियाँ ने रोकते हुए कहा, "बहू, सुनो..."

छोटी फूफी अचानक सहमकर रुक गईं, जैसे तेज़ी से निकल भागने के प्रयास में उनका आँचल किसी नुकीले लोहे में फँस गया हो। यह अजीब बात थी कि रज्जू मियाँ के सामने अकेले में पड़ते ही वह बुरी तरह घबरा उठती थीं, और शायद इसी भय के कारण जहाँ तक सम्भव होता, ऐसे अवसर प्रायः टाला करतीं। न जाने किस कारण उनका जी धड़कने लगा, वह रुकीं ज़रूर, लेकिन पूरी तरह मुड़कर देख नहीं पाईं।

"तुम्हारी सास आई?"

"नहीं..."

"आज खाना भी नहीं खाया होगा?" रज्जू मियाँ ने ऐसे स्वर में पूछा जैसे स्वयं तमाम बातों से अनभिज्ञ हों और जानना चाहते हों। हालाँकि बिलकुल स्पष्ट हो गया कि वह सवाल नहीं था, पिछली घटना को नये सिरे से पकड़ने का प्रयत्न था।

एक क्षण ठहरकर छोटी फूफी ने धीरे-से कहा, "कई बार तो कहा था, लेकिन उन्होंने इनकार कर दिया।"

रज्जू मियाँ उठकर बैठ गए और थोड़ी देर बिना कुछ कहे सीधी आँखों से घूरने लगे। उसके बाद क्या हुआ कि अचकचाकर उन्होंने खाट छोड़ दी और बिलकुल छोटी फूफी के पास आकर बिना बात के खड़े हो गए।

पड़ोस के मकान में कोई गोद का बच्चा मचला। उन्हीं के यहाँ गोठान में घर लौटी गाय रँभा रही थी और देर से अपने दड़बे की फिराक़ में, लम्बी गरदन वाली बड़ी और सफ़ेद बतख़ें ज़ोर-ज़ोर से चिल्ला रही थीं। घर के अलावा तमाम शाम की चहल-पहल थी, लेकिन छोटी फूफी को लगा कि किसी घने और वीरान जंगल में वह बिलकुल अकेली हो गई हैं, और उनके चेहरे तथा शरीर के अंगों पर वही पहले दिन वाला गड़ाव महसूस हो रहा है।

सहसा पलक उठाकर देखने की उनकी हिम्मत नहीं हुई। वह तत्काल पलटीं

और तेज़ी से दरवाज़े से बाहर हो जाना चाहती थीं, पर अचानक पीछे बग़ल की ओर से एक हाथ ने, उनकी बाँह, ठीक काँख के नीचे से पकड़ ली और छोटी फूफी को लगा कि उनकी साँस ही रुक जाएगी। उनके सिर और सीने का पल्लू ढलककर दूसरी बाँह पर आ रहा, कलेजा धड़धड़ाने लगा। बिजली जैसी फ़ुर्ती और सारी ताक़त के साथ उनके एक हाथ ने वह पकड़ छुड़ाई और झाग उगलने वाले साबुन की तरह फिसलकर वह बाहर निकल भागीं।

रात जब खाना खाने के लिए रज्जू मियाँ बावर्चीख़ाने में आए और बी-दारोग़िन के साथ बैठकर खाने लगे तो छोटी फूफी लगातार वह एक ही बात सोच रही थीं कि इस नये घर में सचमुच उनका निभाव कैसे होगा? उन्हें तो सारा घर रहस्यमय लगता है और ज़रा-ज़रा सी बात पर वह डर जाती हैं। अब भला किस मुँह से कहा जाए और कौन विश्वास करेगा कि...

उन्होंने बहुत बचकर, सिर के पल्लू की आड़ से देखा—चावल के बड़े-बड़े निवालों से मुँह भरकर, बी-दारोग़िन से ज़ोर-ज़ोर से बातें करते हुए रज्जू मियाँ बैठे हुए थे। उनकी अधेड़ उम्र का दुबला-पतला शरीर, अवस्था के ही कारण किंचित् पिचके गाल, छोटी-छोटी बेगुनाह और ममत्वपूर्ण आँखें और निहायत बेशिकन पेशानी...

'अल्लाह तौबा'! उन्होंने सोचा, 'यह सब क्या है? क्या कभी उन्होंने कोई गुनाह किया था जिसकी सज़ा ज़िन्दगी की शुरुआत में ही उन्हें मिल रही है?'

"क्या ज़माना आ गया!" रज्जू मियाँ ने मुँह का कौर निगलते हुए पानी का गिलास उठाया, "मैं तो तेल देखता हूँ, तेल की धार देखता हूँ। जिस दिन पहली बार देखा तभी समझ गया था कि औरत मामूली दिल-गुर्दे की नहीं। नीचे-नीचे देखती है, लेकिन है ख़ूब घुटी हुई। मैंने तो तभी मना किया था, उसे अपने यहाँ आने-जाने मत दो।"

छोटी फूफी के कान ज़रा चौकन्ने हुए। वह सँभलकर बिलकुल निश्चल बैठ गईं।

पिछले दिनों मुहल्ले में जो ख़ून हुआ, उसी की बात चल रही थी। कई दिनों से सैकड़ों लोगों की भीड़ के बीच चल रही तफ़तीश ने आज सुबह अजीब-अजीब मोड़ लिये—मृत व्यक्ति की पत्नी के साथ-साथ एक रिटायर्ड पुलिस इन्स्पेक्टर की गिरफ़्तारी ने सनसनी फैला दी थी।

"ऐ, हमें क्या ख़्वाब आया था कि वह औरत ऐसी होगी?" बी ने ज़रा तमक कर कहा, "हम भले, ज़माना भला। जिस काम को करने में अच्छे-अच्छे मर्दों का कलेजा काँपे, उसे यह मरझल्ली औरत करके ऐसे चुप बैठ जाएगी, यह किसने सोचा था?"

रज्जू मियाँ ने उस दलील पर ध्यान नहीं दिया, उत्साहपूर्वक बताने लगे कि

गिरफ़्तार हो जाने के बाद भी उस औरत के माथे पर सिलवट तक नहीं आई—वैसा ही चेहरा लिये कहती रही कि वह कुछ नहीं जानती।

"उसने चालाकी क्या की, जानती हो? जिस रात सब कुछ हुआ, उसके दूसरे-तीसरे दिन उसने इन्स्पेक्टर वाला मकान लीप-झाड़कर ख़ाली कर दिया और अलग जाकर रहने लगी। अब, उस आदमी की सारी काट-पीट तो इन्स्पेक्टर वाले मकान में हुई थी। मामूली-सी बात है कि जिसके घर इतनी बड़ी हत्या हो, उसे पता तक न चले, यह कैसे मुमकिन है? तो इन्स्पेक्टर धर लिये गए। पुलिस को तो पहले ही शक था कि उस हत्या के पीछे ज़रूर कोई ऐसा दिमाग़ है जो अपराध और जुर्म की बारीकियों को समझता है। क़त्ल करके सारे शरीर को जोड़-जोड़ से अलग करना, अलग-अलग बोरों में भरना और कुएँ में फिंकवाना, यह सब कम-से-कम उस औरत के दिमाग़ की उपज नहीं हो सकती..."

आश्चर्य और डर के मारे छोटी फूफी का मुँह खुल गया। पिछले दिनों उनके सामने यहाँ भी उस सिलसिले में एक-दो बार पुलिस वालों ने आकर पूछताछ की थी कि वे लोग कहाँ तक क्या जानते हैं। रज्जू मियाँ ने साफ़-साफ़ इनकार कर दिया और वे लोग चले भी गए, लेकिन छोटी फूफी का जी सारा दिन काँपता रहा—बात शक ही की तो है, जाने कब किस पर आ जाए...

"लेकिन सुनो," बी बोलीं, "मान लिया, औरत की उस आदमी से दुश्मनी थी। लोग बताते हैं कि वह ख़ुद भी कहा करती थी कि उस आदमी ने उसकी बेटी को गला घोंटकर मार डाला था और वह बदला लेना चाहती थी, लेकिन भला इन्स्पेक्टर को उस औरत से क्या दिलचस्पी हो सकती है, न तो जवान है और न साफ़-सुन्दर?"

"क्यों नहीं हो सकती! पैसे से बड़ी दिलचस्पी और क्या हो सकती है? सुना है कि अपनी बेटी के मारे जाने की बात औरत को मालूम थी। वह उसका दूसरा आदमी था और इस तरह बेटी सौतेली हुई। वह आदमी शराब पीकर अकसर पैसों के लिए तंग करता था। चिल्लाया भी करता था कि जिस तरह उसने उसकी बेटी को ख़त्म कर दिया, उसी तरह उसको भी ठिकाने लगा देगा और पुलिस उसका कुछ नहीं कर सकेगी। जब वह बहुत ही परेशान हो गई तो, बताते हैं कि अपने किराएदार इन्स्पेक्टर रामसहाय के सामने उसने रोना-गाना किया और उसी ने यह तरकीब सुझायी कि रोज़-रोज़ के झगड़े से किस तरह छुटकारा पाया जा सकता है। बदले में पैसे मिल गए होंगे।"

'अरे, सब कहीं कुछ भी हो सकता है!' छोटी फूफी ने भीतर से एक बार सिहरकर सोचा, 'ऊपर से दिखाई देने वाले रिश्ते-विश्ते भी काम नहीं देते। अब यही घटना अपने सामने या पास-पड़ोस की न होती, कोई अलग से सुनाता तो क्या क़िस्से की तरह न लगती? वह कब विश्वास करतीं कि आज भी दिन-दहाड़े एक

आदमी अपनी सौतेली बेटी का गला घोंट सकता है, बदले में पत्नी कुछ किराए के आदमियों के सहारे अपने पति की बोटी-बोटी उड़वा सकती है और...'

उन्हें बेसाख़्ता अपने घर-परिवार और अब्बा की याद आ गई। मन रोने-रोने को हो आया और एहतियातन सिर का पल्लू अधिक आगे खींचकर उन्होंने एक तरफ़ का सारा चेहरा ढँक लिया।

थोड़ी देर में हाथ धोकर रज्जू मियाँ उठ गए। उनके पीछे-पीछे बी भी बावर्चीख़ाने से निकल गईं और जूठे बरतनों तथा रीते-अधरीते गिलासों से घिरकर छोटी फूफी अकेली हो गईं। काफ़ी देर बाद वहाँ से उठने के पहले एक बार शाम की बात का ख़याल आया और बग़ल के नीचे वाली बाँह की पकड़ सजीव हो गई। लेकिन लगा, जैसे थोड़ी देर पहले जो उठकर गए हैं, वह चाहे कोई और हों, गई शाम वाले रज्जू मियाँ नहीं हो सकते। शायद वह शाम सचमुच नहीं आई थी। उन्हें सिर्फ़ मुगालता हो गया है। वैसे ही, जैसे किसी नई और अनजानी जगह में पहली बार पहुँचने पर भी कई बार हर चीज़ जानी-पहचानी और पुरानी लगती है।

"अम्माँ, कुछ लोग चूड़ियाँ पहनने आए हैं," छोटी फूफी ने बहुत ही विलग स्वर में अपनी सास के पास जाकर कहा।

बी-दारोग़िन खाट पर लेटी आराम कर रही थीं। सुनकर भी कई क्षण वह वहाँ से नहीं हिलीं, वैसे ही पीठ किए पड़ी रहीं। एक से अधिक बार दुहराने पर कहीं उन्होंने करवट ली, पर थोड़ी देर यूँ घूरती रहीं जैसे छोटी फूफी ने अपने हाथों हुए किसी नुक़सान की ख़बर दी हो। अन्त में बड़ी कठिनाई से ऊबी हुई सी उठीं, और दुखते से स्वर में बोलीं, "बहू, अब इस उम्र में तो कुछ आराम दो। सारी ज़िन्दगी तो हाय-हाय में कट गई।"

इससे पहले कई बार ऐसे अवसर आने पर छोटी फूफी ने धीरे-से कहा था कि उन्हें तो चूड़ियाँ पहनाना नहीं आता। डर लगता है कि सब तोड़-ताड़ डालूँगी।

"इस डर के बहाने क्या कभी सीखोगी भी नहीं?" बी की झल्लाहट थी, "कोई भी काम चाहने पर ही होता है। रोशन के चचा को देखो, आदमी होकर भी सब कर लेते हैं।" वह दलील उन्हें खली ज़रूर, क्रोध में आकर एकाध बार अकेले में दूसरों की कलाइयों में चूड़ियाँ डालने की भी कोशिश की, लेकिन या तो पहनने वाली के हाथ से ख़ून उछल आता अथवा नफ़ीस और क़ीमती चूड़ियों का बेहद नुक़सान होता। अत: उन्होंने उस काम में हाथ लगाना ही छोड़ दिया, भले ही गाहे-बगाहे इस तरह के ताने सहने पड़ते।

इस बार भी सुनकर वह बिना कुछ कहे उलटे पाँव लौट गईं। शायद उनके

पीछे ही ऊबे हुए क़दमों से बी-दारोग़िन निकलीं और बरामदे में बैठी इन्तज़ार करतीं कुछ औरतों की ओर बढ़ गईं।

वैसे घर में व्यवसाय सम्बन्धी पहले की कोई बात नहीं रही। न पहले जैसा कारोबार और न ही उत्साह-उमंग।

रोशन फूफा के स्कूल छोड़ने के बाद उनकी नौकरी के लिए दोनों ने कोशिश की थी। रज्जू मियाँ पहले ही अपनी नौकरी-चाकरी छोड़कर बैठ गए थे, क्योंकि चूड़ियों का व्यवसाय अकेली बी-दारोग़िन से सँभलता नहीं था। महीने-दो महीने में नया माल लाने उन्हें रायपुर जाना पड़ता था और छुट्टी-वुट्टी में बड़ी दिक़्क़त होती थी। हालाँकि घर बैठ जाने के दो-चार माह बाद उन्हें पता लगा कि बेकारी कैसी उबा देने वाली होती है। धन्धे का काम तो ख़ास-ख़ास मौक़ों और दिनों में होता था और अधिकांश बी-दारोग़िन सँभाले हुए थीं। लेकिन इसका एहसास इतनी देर बाद हुआ कि चुप कर जाने के सिवाय कोई उपाय नहीं रहा।

उनकी पहली नौकरी वैसे रोशन के बहुत काम आई। रियासत का ज़माना था, छोटे से बड़े तक उनकी पहचान और पहुँच थी। किसी से सलाह लेकर रज्जू मियाँ ने एक दिन अपनी पुरानी अचकन निकाली, तंग मोहरी का पाजामा चढ़ाया और सन्तरई रंग का साफ़ा बाँधकर रियासत के अंग्रेज़ दीवान के सामने पेश हो गए। हाथ जोड़कर अदब से कहा, "हुज़ूर, ग़ुलाम ने अपनी हैसियत और औक़ात के अनुसार जहाँ तक हो सका, रियासत की ख़िदमत की, पर सेहत की ख़राबी की वजह से ख़ुद साथ इज़्ज़त के अलग हो गए। उनका एक जवान बेटा है, जिसे उन्होंने थोड़ा-बहुत पढ़ा लिया है। अगर हुज़ूर की नज़रे-सानी हो तो वह भी ठीक रास्ते पर लग जाए और कम-से-कम दोनों का बुढ़ापा निभ जाए..."

कहते हैं, अंग्रेज़ लोग बड़े रहमदिल होते थे और मेहनत तथा ईमानदारी की क़द्र उन्हीं के ज़माने में होती थी। चन्द दिनों के भीतर ही रोशन फूफा तहसीलदार की अदालत में मुहर्रिर हो गए और जिन दिनों उनकी शादी हुई, वह तरक़्क़ी करके ऐसे ओहदे पर पहुँच चुके थे जहाँ पाजामे-धोती से काम नहीं चलता, पतलून-कोट पहनते थे, पाँवों में नोकदार बूट होता था और कोट के एक ओर जेबी घड़ी की ज़ंजीर झूमती रहती थी।

रफ़्ता-रफ़्ता व्यवसाय की ओर से बी की दिलचस्पी भी कम होती गई। रज्जू मियाँ ने गाँव की खेती की देखभाल करने का निश्चय करके अपने हाथ खींच लिये और अब सिर्फ़ इतना रह गया था कि घर पर थोड़ी फैन्सी और अच्छी चूड़ियाँ पड़ी थीं। बाज़ार में बैठना बन्द हो गया और कुछ परदानशीन तथा अच्छे-भले घर की औरतें स्वयं घर आकर चूड़ियाँ पहन जाती थीं।

रोशन फूफा के दफ़्तर जाने से पहले दस बजे तक घर में थोड़ी गहमागहमी और भागदौड़ रहती, पर उसके बाद सारे काम अपनी निश्चित गति से होते। बी

शाम से पहले कहीं नहीं निकलतीं और रज्जू मियाँ अक्सर सारे समय घर पर ही बने रहते। कभी पिछवाड़े के आँगन-बरामदे में बैठे औरतों वाली बातों में खाँस रहे हैं, कभी बाहर टहल रहे हैं अथवा अपने कमरे में चुपचाप लेटे एक के बाद एक बीड़ी का धुआँ फूँकते पड़े हैं।

यों तो छोटी फूफी पहले ही सारे घर से भयभीत सी थीं, उस शाम की रज्जू मियाँ वाली घटना ने उन्हें एकदम भीरु और अपराधी बना दिया। बैठे-बैठे वह अचानक चौंक जातीं और घबराकर सशंकित आँखों से अग़ल-बग़ल ताकतीं। लगता, जैसे कोई खड़ा है और एकाएक पास आ जाएगा। काम करते-करते ध्यान उचट जाता। लगता, सामने की खिड़की की सलाख़ों पर चेहरा टिकाए कोई एकटक घूरे जा रहा है। ग़ुसलख़ाने में नहाते-नहाते अपने आप ही वह हाथ-पाँव समेटकर गुड़ी-मुड़ी बैठ जातीं, जैसे बिना सूचना दिए कोई घुस आया है, और छोटी फूफी को डूब मरने की भी जगह नहीं है।

उस दिन दोपहर को ऐसा ही हुआ। फूफा को दफ़्तर भेज, काम-धाम से जल्दी निबटकर वह जो ग़ुसलख़ाने में घुसीं तो दो-तीन घंटे लग गए। गन्दे कपड़ों का ढेर था कि जल्दी ख़तम होने में ही न आता। पिछवाड़े का आँगन रोज़ की तरह सूना था और सास-ससुर अपने-अपने कमरे में थे। फूफी दो-चार कपड़े इकट्ठे धो-निचोड़ कर बाहर निकलतीं और आँगन में खिंचे तार पर फैलाकर भीतर हो जातीं।

धूप बेहद चिलचिला रही थी। जैसे-तैसे उन कपड़ों से छूटकर नहाने की तैयारी में छोटी फूफी अन्तिम कुछ गीले कपड़े तार पर डाल रही थीं। सारे शरीर पर एक गीला पेटीकोट ही था जिसे उन्होंने दोनों बग़लों में बाँध लिया था। पानी-साबुन के छींटे माथे, आँखों और गाल पर पड़े थे, और नंगे सिर के बाल अजीब बेतरतीबी से कुछ चिपके और कुछ उड़े पड़ रहे थे।

अचानक उन्हें बरामदे पर पाँवों की आहट सुनाई दी और जैसे ही पलटकर देखा, हड़बड़ाकर रह गईं—रज्जू मियाँ उनकी ओर देखते ही चले आ रहे थे। एक पल के लिए छोटी फूफी की समझ में कुछ न आया। वह शायद वहीं बैठ जातीं, लेकिन दूसरे क्षण सारा कुछ वहीं फेंककर वह ग़ुसलख़ाने की ओर गिरती-पड़ती भागीं और पहुँचकर ऐसे हाँफती रहीं जैसे मरते-मरते बची हों।

"यह मामू से कहो न," कई दिनों बाद फूफा की खुश तबीयत देखकर उन्होंने एक बार कहा, "क्या दिन-भर घर में ही पड़े रहते हैं। न कहीं जाना, न किसी से मिलना-जुलना..."

"क्यों, क्या हुआ?"

"कहाँ?" छोटी फूफी पहले ज़रा घबरा-सी गईं, फिर सँभलकर बोलीं, "हुआ कुछ नहीं, लेकिन मर्द-माने सारा दिन घर पर ही बने रहें, यह कुछ अच्छा नहीं लगता। औरतें दिन में पच्चीस बातें करती-कहती हैं। काम-धाम में दस तरह का

हुलिया होता है—कभी नहा-धो रही हैं, कभी उलटे-सीधे कपड़ों में हैं—अब ऐसे में..."

बात काटकर रोशन फूफा ने बीच में ही कहा, "काम न हो तो भी क्या ज़बरदस्ती भटकते रहें? अजीब बात करती हो!"

"भटकने की बात कहाँ कहती हूँ!" छोटी फूफी उनका रुख़ देखकर बोलीं, "पास-पड़ोस है, लोग हैं...मिलने-बैठने में क्या बुराई है?"

उस पर रोशन फूफा ने ऐसी अजीब आँखों से उन्हें घूरा कि वह सकपकाकर रह गईं। मन-ही-मन पछताईं कि व्यर्थ ही वह बात उन्होंने कहकर अपने को बुरा बना लिया। कहना ही था तो सीधी और साफ़ बात बता देतीं। वास्तव में उस तरह उन्होंने सिलसिला ही निकाला था। कहना तो वह और ही कुछ चाहती थीं, जिसके लिए कई दिनों से अपने को तैयार कर रही थीं, लेकिन आख़िर तक हिम्मत नहीं बनी। उलटे फूफा झल्लाते रहे कि वह उन्हें उनके माँ-बाप से छुड़ाना चाहती है। उनकी सेवा-टहल करती जी चुराती है। भला बुढ़ापे में उन्हें कहाँ और कैसे निकाल सकते हैं? लोग क्या कहेंगे! क्या इसी दिन के लिए उन लोगों ने पाल-पोस कर बड़ा किया और उसे ब्याह लाए?

छोटी फूफी ज़बान काटकर रह गईं। कहने का मन इस बार भी हुआ और शब्द होंठों तक आ गए, 'तुम्हें क्या पता ये किसलिए ब्याह लाए हैं और भीतर से क्या हैं?' सोचा, कह दें, चाहे बाद में कुछ भी भोगना क्यों न पड़े, लेकिन अपने क्रोध और अपमान की याद करके वह चुप हो गईं। जहाँ उन्हें निभना-खटना है, वहाँ इस तरह की बातों से आख़िर क्या बनेगा? सब एक हो जाएँगे, सिर्फ़ उन्हीं की स्थिति दूध की मक्खी की तरह हो जाएगी...

छोटी फूफी ने उस बार ही नहीं, हमेशा-हमेशा के लिए होंठ सी लिये।

ब्याह के बाद पहली बार देखने के लिए अम्माँ आईं।

रविवार का दिन था, इसलिए दफ़्तर की चिन्ता छोड़ रोशन फूफा अपने कमरे में सो रहे थे। सुबह का नाश्ता करके इत्मीनान से पान चबाती हुई बी बरामदे में बैठी थीं, और पेड़ों की वजह से आँगन में धूप का आना अभी भी बाक़ी था।

चूल्हे के पास छोटी फूफी ने अचानक बी की आवाज़ सुनी, "बहू, देखो तुम्हारी अम्माँ आई हैं।"

ससुराल में कोई मायके से आए, इससे बढ़कर ख़ुशी किसी नई बहू को क्या हो सकती है? लेकिन छोटी फूफी का जी धक् से होकर रह गया। मन हुआ कि वैसी ही उठकर सीधी दौड़ती हुई अम्माँ के पास जा खड़ी हों लेकिन बन्दिशों की याद करके वह कसमसाकर रह गईं। जैसे सारा शरीर रस्सियों से जकड़ा हो, मुँह

पर पट्टियाँ बँधी हों, सिर्फ़ आँखें खुली रहें और भागने की कोशिश में आदमी केवल एक बार हिल-डुलकर विवश हो जाए। जैसे डैने-बँधी डाल दी गई चिड़िया भूलकर उड़ना चाहे और सिर्फ़ फड़फड़ाकर रह जाए। शादी के बाद उन्हें बार-बार बताया गया था, मौक़े-बेमौक़े चेतावनी दी गई थी कि मायके से चाहे जो भी आए, उन्हें सीधे जाकर नहीं मिलना है। यह नहीं कि कोई आया और दौड़ गए, पहले बड़े-बूढ़ों के पास बैठने दो, बातें करने दो, जब दो-एक बार बुलाया जाए तभी बाहर आना चाहिए...

चार-पाँच माह हो गए। एक क़स्बे में रहते हुए उन्होंने अपने परिवार के किसी को नहीं देखा। एकाध बार घबराकर उन्होंने घर जाने की बात पूछी थी, लेकिन कोई राज़ी न हुआ, उलटे ताने मिले कि नज़दीक-पास का मामला है तो जाने की बात कहती है, कहीं किसी दूसरे शहर ब्याह होकर गई होती तो क्या करती? बेटी के माँ-बाप तो उसी दिन मर जाते हैं जिस दिन डोले में बैठकर निकल आती है...

छोटी फूफी बड़ी देर तक निश्चल पीढ़े पर बैठी दूसरी पुकार की प्रतीक्षा करती रहीं और फिर अधीर होकर उठ खड़ी हुईं। सामने समूची दीवार खड़ी थी। एक खिड़की भी थी, तो बाज़ू वाली दीवार पर, वहाँ से बाहर का जो टुकड़ा आँखों में समाता था, वह आम की पींड और चबूतरे के कोने-भर का था। वहाँ से बरामदे का कोई भी हिस्सा दिखाई नहीं दिया।

अन्त में बी की आवाज़ आई, "अरे बहू, बाहर आकर देखो, तुम्हारी अम्माँ आई हैं।" फिर चापलूसी के स्वर में बनावटी लाड़ घोलकर उन्होंने कहा, "क्या करे, दिन-भर काम में जुटी रहती है! घड़ी-भर को फ़ुरसत नहीं मिलती, धीरे-धीरे सारा दिन करती ही चली जाती है।"

ठीक से सिर पल्लू करके छोटी फूफी बाहर आईं और बिलकुल भूखी नज़रों से अपनी अम्माँ की ओर देखा। ब्याह को छह माह से भी अधिक नहीं हुए होंगे, लेकिन इतने थोड़े से समय में ही लगता था, अम्माँ के बाक़ी तमाम बाल सफ़ेद हो गए हैं और चेहरा छोटी-छोटी झुर्रियों से अधिक भर गया है। पता नहीं, अब्बा का क्या हाल होगा?

धीरे-से आदाब करके फूफी रुक गईं और दोनों एक-दूसरी को देखने लगीं, बिलकुल बेबात के, चुपचाप। भीतर मन की तमाम परतें आहिस्ता-आहिस्ता खुलती जा रही थीं, लेकिन उन परतों को अलग-अलग करके धर देने का उपाय न था। सास दोनों के बीच हायल थीं और उनकी आँखें अव्यक्त भाव से अपनी बातें दुहरा रही थीं कि सलाम करने के बाद वहाँ फूफी के रुकने का कोई काम नहीं रह जाता।

"छोटी!" अम्माँ ने फँसे गले और भरी आँखों से पुकारा, "माँ से मिलने की भी फ़ुरसत नहीं रहती?"

बड़ी कठिनाई से फूफी ने अपने को रोका। जैसे-तैसे करके आवाज़ निकली,

"चावल खौल रहे थे और उनके गीले हो जाने का डर था अम्माँ, इसलिए देर हो गई।"

और इतना कहकर वह उलटे पाँव लौट आईं।

उसके बाद अम्माँ थोड़ी देर और बैठी रहीं, लेकिन क्या बातें होती रहीं, इसका पता फूफी को नहीं चल पाया। लौटने से पहले मिलने के लिए अम्माँ सीधे बावर्चीख़ाने में आ गई थीं, लेकिन तब भी वह कुछ बोल नहीं पाईं। आँखों में आँसू भरे, अपलक ताकती रहीं और सिर्फ़ इतना कहा, "अच्छा, बेटी..."

फूफी के मन में बहुत से सवाल उभरे चले आ रहे थे, 'अब्बा कैसे हैं? दमा उन्हें अब परेशान तो नहीं करता? भैया क्या अब भी रात को देर से लौटते हैं? अम्माँ, तुम उन्हें डाँटती क्यों नहीं? और ख़रगोश को खाना-पानी कौन देता है? सफ़ेद चूहे ने क्या और बच्चे दिए? और...'

पर तभी बरामदे से उठकर उधर चली आती बी की आवाज़ आई और आँखें पोंछती हुई अम्माँ दरवाज़े के बाहर हो गईं।

'दिन की शान्त और चुपचाप लेटी हुई सामने वाली दोपहरी चाहे झूठ हो जाए, मगर वह बात झूठ नहीं!' ऐसी या कुछ इस तरह की बात ही ज़हीरा भाभी ने कही थी। लेकिन किसी के बारे में इतने अधिक यक़ीन के साथ कैसे कहा जा सकता है, यह छोटी फूफी की समझ में कभी नहीं आया। जब-जब कोई इस तरह का दावा करता है, वह हैरत से ताकने लगती हैं। अव्वल तो उन बातों के अस्तित्व पर उन्हें यक़ीन नहीं आता, दूसरे विश्वास भी कर लें तो यह स्वीकार कर नहीं पातीं कि वैसी बात उस व्यक्ति से सम्बद्ध की जा सकती है, जिसे वह अच्छी तरह जानती-मानती हैं।

वही क़स्बे की अवाक् और दत्तचित्त लेटी दोपहरी, धूप सड़कों पर चुपचाप बगरी पड़ी थी। हवा बहक-बहककर चलती थी, और पेड़ थे कि अपने-अपने सायों पर निर्जीव से खड़े थे। कहीं कोई हलचल नहीं। किसी अजानी दूरी से झिल्लियों का किरकिराना, तालाब के पत्थरों पर रह-रहकर कपड़े पटकने की धप-धप, कभी-कभार किसी भटके काग की आवाज़ और फिर वही पुरानी और बेरस धूप का अनन्त फैलाव...

छोटी फूफी दरवाज़े के पास केवल कुछ क्षणों के लिए खड़ी हुईं और बाहर की दोपहरी देखी कि पिछली रात वाली भाभी की बात याद आ गई।

सबके सब मीलाद में गए थे और रात काफ़ी देर बाद लौटना हुआ। वैसे शायद फूफी न जातीं, लेकिन एक तो बी ने पहली बार टालते से ढंग में आग्रह किया, दूसरे चहारदीवारी के भीतर घिरी फूफी स्वयं ऊब गई थीं। सोचा, शायद अम्माँ से भी वहाँ मुलाक़ात हो जाए।

अल्लाह तौबा, उन्हें कितनी शरम आ रही थी! ठीक से क़दम ही न उठते थे और हर लमहा डर लग रहा था कि कहीं पाँव फँस न जाए और उतने सारे लोगों के बीच ज़मीन में धँसना पड़े। शादी के आठ-दस माह बाद भी नई दुलहन की तरह महज़र-घूँघट से चलना और सरे महफ़िल छम-छम करते हुए जाकर बैठना अजीब-सा लगता है। उन्होंने इसी बिना पर प्रतिवाद भी किया था, लेकिन सास ने त्यौरी चढ़ा ली, और तीख़े स्वर में कहा था कि वह नई दुलहन नहीं तो क्या है? साल-डेढ़ साल तो हाथ से मेहँदी की ख़ुशबू नहीं छूटती।

आगे-आगे सास और उनके पीछे-पीछे आज्ञाकारिणी बहू सी, महज़र का हाथ-भर घूँघट निकाले, कड़े-छड़े में छन-छनाक करती छोटी फूफी। किसी तरह मजलिस में जाकर बैठी ज़रूर, लेकिन बड़ी देर गरदन झुकाए रहीं, ताकि कोई देखकर हँसे भी तो उन्हें पता लग जाए। बी ने महफ़िल में पहुँचते ही सलाम-दुआ की लेन-देन शुरू कर दी थी, उनका वह सिलसिला उस वक़्त तक चलता रहा जब तक कि मीलाद शुरू न हो गई। जब सारी औरतें सामने मुँह करके बैठ गईं और छोटी फूफी की आँखें उस भीड़ में अपनी अम्माँ को तलाश करने लगीं, तो कहीं आसपास से ज़हीरा भाभी सरक आईं और धीरे-से बाँह पकड़कर कहा, "दुलहन!"

फूफी ने लौटकर देखा कि जासन फूल की तरह खिली हुई ज़हीरा भाभी हँस रही हैं, वही ब्याह के दौरान की भाभी जो अमूमन बात करते वक़्त छोटे-बड़े का ध्यान नहीं रख पातीं। प्याज़ी रंग की काग़ज़ी हल्की, फूली-फूली साड़ी, कुछ उसी तरह का ब्लाउज़ और सिर का पल्लू कंधे या फिर कलाइयों पर। माँग में अफ़शाँ की गाढ़ी लकीर, पान के कारण ज़रा-ज़रा रचे दाँत-होंठ और क्षण-क्षण में उनकी बड़ी-बड़ी बरौनियों का झपकाव। लगा, इस बीच ज़हीरा भाभी न सिर्फ़ निखर गई हैं, बल्कि ज़रा माँस भी चढ़ आया है और पहली नज़र में वह जल डूबा गुलाब लगती हैं।

"भाभी, आदाब!" फूफी ने जल्दी से मुस्कुराकर कहा और ज़रा इस तरह सरककर बैठीं कि उनकी ओर पीठ न हो।

भाभी ने शरारत से मुस्कुराकर दुआएँ दीं और धीरे-से पास झुककर बोलीं, "आओ, उधर कोने में बैठें। यहाँ तो..."

उनका संकेत था कि कहाँ बूढ़ियों से घिरी बैठी हो। कहीं कोने-अँतरे में बैठा जाए तो बातचीत भी की जा सके। संकेत से ही फूफी ने अपनी विवशता बताई कि सास को यह सब बुरा लगता है। उनका ख़याल था कि उस दलील के बाद वह छूट जाएँगी, पर भाभी ने एक क़दम और सरककर बी को भी पटा लिया, सलाम के बाद बोलीं, "बी खाला, हम लोग उधर पीछे बैठते हैं।"

"महफ़िल-मजलिस में बहू-बेटियों को मर्यादा के साथ रहना चाहिए। बड़ी-बूढ़ियों के साथ अदब से बैठना, क़ायदे से कम बातें करना और अधिक सुनना,

यही सब शराफ़त की निशानी है।" बी ने बारहा कहा था, "यह क्या है कि न बड़ों का अदब, न छोटों का लिहाज़, जहाँ देखो मुँह-से-मुँह जोड़े ही ही, हू हू कर रही हैं..."

फूफी को लगा कि इस बार भी वह साफ़ ना कर देंगी, शायद झल्ला भी पड़ें, पर वह चुप रहीं और भाभी जवाब की प्रतीक्षा किए बिना उन्हें उठाकर आख़िरी कोने की ओर घसीट ले गईं।

"कैसी हो दुलहन?" भाभी ने बैठते हुए राज़दारान ढंग से पूछा, "जब से दूल्हे के घर गई हो, ईद का चाँद हो गईं?"

फूफी ने मुस्कुराकर टाला, "भाभी, तुम भी तो हमारे यहाँ कभी नहीं आतीं?"

"हाय अल्लाह!" बड़े प्यारे ढंग से आँखें नचाकर भाभी बोलीं, "अरे, क्या तू अकेली ही दूल्हे वाली है? माना कि नई हो, लेकिन नया नौ दिन और पुराना सब दिन।"

इस तरह की बातों या मज़ाक़ का जवाब फूफी से कभी नहीं बना। ऐसे अवसरों पर वह हँस-मुस्कुराकर चुप हो जाती थीं, सो इस बार भी वही किया।

जब तक मीलाद ख़त्म न हो गई, भाभी धीरे-धीरे कुछ-न-कुछ कहती रहीं। कई बातें निकाल बैठी थीं, लेकिन सबका केन्द्र उनका देवर था, जो उन दिनों छुट्टियों में आया हुआ था—यह कि देवर कैसा है? क्या पढ़ता-लिखता है? कैसे पहनता-ओढ़ता है? कैसी चाल-ढाल और बातें हैं...बताती रहीं कि उनके बिना वह हाथ-पाँव तक हिला नहीं सकता, देंगी तो खाएगा, नहीं तो मुँह ताकता बैठा रहेगा।

"मैं कहती हूँ," भाभी भीतर से चिटककर बोलीं, "भैया, ऐसे कब तक चलेगा? मैं तुम्हें हमेशा सँभालने से रही—क्या बीवी पर भी ऐसे ही बेसहारा होकर लद जाओगे। पागल हँसता है। एक दिन कहने लगा..." कहती-कहती भाभी एक क्षण के लिए ठहरीं और कोई राज़ की बात बताने के अन्दाज़ में फूफी के कान के पास मुँह ले जाकर बोलीं, "कहने लगा, भाभी, तुम बड़ी सुन्दर हो। कहीं मैं पहले देख लेता तो भैया को तुमसे शादी करने ही न देता। देखती हो कितना शरारती है! मैं तो शरम के मारे कुछ कह न पाई, सिर्फ़ हँसकर इतना बोली कि 'क्यों मियाँ, तुम्हारी नीयत तो नहीं लग गई...?' "

छोटी फूफी ने घबराकर अपने आस-पास देखा कि कोई सुन तो नहीं रहा। दरअसल, इस ख़ुसुरफुसुर से कइयों की आँख बार-बार उन लोगों की ओर टिक जाती थी, और फूफी को डर था कि कहीं बी की नज़र न पड़ जाए। उन्होंने कई बार करवट बदली, जम्हाई ली और ज़हीरा भाभी की बक-बक रोकने के लिए बात बदलनी चाही। वह हाँ-हूँ करती हुई दूसरी ओर देखतीं, या यूँ ही पूछ बैठतीं कि फ़लाँ नीली साड़ी वाली कौन है, जो मीलाद पढ़ रही है? वह किसकी बीवी है, अथवा यह कि भाभी उनके घर कब आ रही हैं? पर भाभी थीं कि एकाध शब्द

से जवाब देकर, फिर देवरपुराण खोल देतीं, और सब समझते हुए भी अन्त तक समझना नहीं चाहा।

आख़िर सब लोग सलाम के लिए उठ खड़े हुए।

सलाम के बाद फूफी खिसककर अपनी जगह लौट जाना चाहती थीं, लेकिन बहुत-सी औरतें इस बीच और भर गई थीं और भाभी ने उन्हें उठने नहीं दिया। इसके अलावा एक कारण और था। सारा समय चूँकि वह अपनी और देवर की बातों में ही लगी हुई थीं, अत: अपने आसपास देखने का अवकाश नहीं मिला था। सलाम पढ़ने के बाद यह हुआ कि लोग थोड़े फैल-फैलकर बैठ गए और चलने से पहले की तैयारी शुरू हो गई। इसी बीच ज़हीरा भाभी ने उन्हें धीरे-से कोहनी मारी, एक तरफ़ देखने का आँखों का संकेत किया और बोलीं, "ज़रा उस लड़की को देख लो...वोऽऽऽ कोने वाली, जिसने सफ़ेद साड़ी पहनी हुई है।"

फूफी ने देखा कि प्राय: सभी से कटी-छँटी, कोने में एक साँवले रंग की युवती चुपचाप बैठी हुई है। उम्र शायद पच्चीस-तीस के बीच होगी। दुबला-पतला, रोगी-सा शरीर, रंग अजीब उखड़ा-उखड़ा, पीली आँखें एकदम फीकी और हर सामने पड़ने वाली चीज़ से ऊबी हुईं।

"कौन है?" उन्होंने धीरे-से पूछा।

भाभी ने फिर से अपनी सतर्क आँखों को नचाकर इर्द-गिर्द देखा और मुस्कुराती हुई बोलीं, "बताती हूँ, तुम उसे ठीक से देख तो लो।"

"देख लिया।"

"कैसी है? कुँआरी लगती है?"

फूफी हँसने लगीं। भाभी भी हँसी, और रस लेती हुई बोलीं, "मज़ाक़ नहीं कर रही। मैं कुछ बताऊँ, इससे पहले यह जान लेना ज़रूरी है कि वह कुँआरी लगती है या नहीं।"

और उसके बाद भाभी ने वह बात बताई जिसे सुनकर फूफी स्तब्ध हो गई थीं। कई क्षण मुँह खोले वह अविश्वासपूर्वक ताकती रहीं, फिर घबराकर दोनों हथेलियों से अपने कान बन्द कर लिये।

जब शीरनी बँटने लगी, एक-एक करके लोग खिसकने लगे और औरतों की भीड़ विरली हो गई तो भाभी ने उनका हाथ पकड़कर कहा, "आओ, तुम्हें उसी लड़की से मिलाएँ।"

फूफी को कुछ सोचने या कहने का समय नहीं मिला। एकाध मिनट बाद हाथ छुड़ाकर उन्होंने देखा कि वह उस युवती के सामने खड़ी हैं और भाभी कह रही हैं, "रशीदा, तुम भी आई हो?"

रशीदा अब उठकर खड़ी हो गई थी। अपना नाम सुनकर उसने पलटकर देखा, लेकिन ज़हीरा भाभी की उपस्थिति ने उस पर कोई प्रभाव नहीं छोड़ा—बिलकुल

निर्विकार और भावविहीन चेहरा, जैसे झाड़ की छाया में पड़ा, मरा हुआ पत्ता...

फूफी ने देखा कि बैठे रहने पर रशीदा का क़द जैसा लगता था, वैसी वह नहीं थी, अपेक्षाकृत अधिक लम्बी और दुबली थी। आँखें बड़ी-बड़ी और सुन्दर थीं, लेकिन उनमें आकर्षण का सिरे से अभाव था। बाल छोटे-छोटे, सीना मर्दों की तरह सपाट और चेहरे की बनावट में बीमारियत...सचमुच उसे कुँआरी कौन कहेगा?

"क्या इसी जगह बैठी थीं?" ज़हीरा भाभी ने दूसरा बेमानी सवाल किया और ललकती हुई निकट चली गईं। उनका पहला प्रश्न भी वास्तव में प्रश्न नहीं था, महज़ बात चलाने की कोशिश थी और फूफी को यह देखकर आश्चर्य हुआ कि उतनी ललक और निकटता दिखाने के बावजूद रशीदा के चेहरे की रेखाओं में कोई परिवर्तन नहीं हुआ। पथरीले से भाव लिये वह ऐसे देखती रही जैसे भाभी या तो बिलकुल अपरिचित हों अथवा जैसे हाड़-माँस के शरीर और सुकुमार भावनाओं वाली स्त्री के बदले वहाँ किसी पत्थर के स्तम्भ के पास खड़ी हों।

"इनसे मिलो, भाई," भाभी ने उसी तरह अविचलित भाव से हँसकर कहा, "यह रोशन की दुलहन है—बी खाला की बहू..."

रशीदा ने एक पल फूफी की ओर देखकर आदाब किया, थोड़ी देर बचती-बचाती नज़रों से देखती रही फिर भाभी से पूछा, "शादी कब हुई? क्या अभी हाल में आई हैं?"

"हाँ," भाभी ने मुस्कुराकर जवाब दिया, "अभी पूरा साल भी नहीं हुआ।"

इस पर फूफी ने देखा कि रशीदा का चेहरा निमिष-भर के लिए और बुझ गया। वह ज़रा देर अजीब उदास आँखों से फूफी का महज़र, गले की काली पोत वाली चौकड़ी और माँग की अफ़शां की ओर बारी-बारी से देखती रही, फिर अपने सिर का पल्लू सँभालती, जलती हुई गैसबत्ती की ओर देखने लगी।

तभी वहाँ से अधिकांश औरतों का जत्था बाल-बच्चों सहित उठा, कोई-न-कोई बीच में हायल होने लगा और उनमें से किसी ने रशीदा का नाम लेकर पुकारा।

चलते-चलते रशीदा सिर्फ़ इतना बोली, "अच्छा," और दूसरे क्षण भीड़ में मिल गई। न तो फूफी की ओर दुबारा देखा और न ही भाभी से मिलने-जुलने या आने-जाने की बात की। बड़ी देर तक भाभी उधर ही देखती रहीं, फिर होंठ बिचका कर बोलीं, "अजीब औरत है! तुम ताज्जुब करोगी, अभी उस दिन मिली तो घंटों बात करती रही। पर, पता नहीं, इसे कभी-कभी क्या हो जाता है...देखो तो, आज मिली तो ऐसे बन गई, जैसे पहचानती ही नहीं!"

लौटते में रास्ते-भर फूफी भाभी की बातों पर सोचती आई थीं। भाभी ने अलग ले जाकर बताया था कि रशीदा बेचारी का बाप नहीं रह गया, चाचा के पास रहती है, लेकिन चाचा ख़ुद दोज़ख़ का कीड़ा है। उसकी शादी-ब्याह करता नहीं, बेचारी कुँआरी ही बूढ़ी हो रही है। जो जो पैग़ाम लेकर पहुँचता है, उसे गाली-गलौज़ करके

निकाल देता है। सारी बिरादरी में मशहूर कर रखा है कि मुनासिब लड़के मिलते नहीं, लेकिन हक़ीक़त कुछ और है—ऐसी कि मुँह पर आते ही ज़बान कटकर गिर जानी चाहिए। वैसे रखने को सफ़ेद दाढ़ी, दिखाने को पंचवक़्ता नमाज़, लेकिन भीतर से?...तौबा, तौबा, अल्लाह रहम करे, कहीं जीते जी उसके बदन में कीड़े न पड़ जाएँ!

कहते-कहते भाभी की आकृति विकृत हो गई थी। उन्होंने हिक़ारत से एक ओर थूक दिया था, "हाँ आ आ! मैं जानती हूँ बुड्ढे को अच्छी तरह से, जब रशीदा की चाची ज़िन्दा थी तो उसकी मुहब्बत में कुछ औरतें पहले बैठ-उठ आया करती थीं, लेकिन वह भी बाद में बन्द हो गया। और बुड्ढा क्या करता था, जानती हो? अपने घर आई औरतों को इधर-उधर से ताके-झाँके। कई बार तो छप्पर पर चढ़ जाए और ऊपर की खपरैल हटाकर परदानशीन औरतों को घूरे। एक बार सुना कि घर पर कोई था नहीं, कोई औरत बैठने आई तो इसने धोखा देकर भीतर बुलवा लिया और दरवाज़े बन्द कर लिए...ख़ैर, उन सबको जाने दो, कुछ लोग ओछी नीयत के होते हैं, लेकिन इन्सान होकर ऐसी क्या नीयत कि सगी बेटी का रिश्ता भुला दिया जाए? आदमी और जानवर में आख़िर फ़र्क़ क्या हुआ?"

छोटी फूफी आश्चर्य के मारे पलक तक झपकाना भूल गई थीं।

"तुम्हें क्या, किसी को विश्वास नहीं होता," ज़हीरा भाभी ने ज़ोर देकर कहा था, "पहले मुझे भी नहीं होता था, लेकिन एक दिन पूछने पर रशीदा ने ख़ुद रो-रोकर सारा हाल बताया। बोली, 'जीते जी क़ब्र में पड़ी हूँ।' मैंने कहा, कब तक ऐसी गुनाह की ज़िन्दगी को ढोती फिरेगी, नदी-तालाब तो नहीं सूखे, ज़हर तो दुनिया से उठ नहीं गया?..."

"अरे, बहू, दरवाज़े पर खड़ी क्या देख रही है?" अचानक भीतर से आवाज़ आई। छोटी फूफी ने बुरी तरह चौंककर देखा कि पीछे वाले दरवाज़े के दोनों पल्ले खुले हैं। सामने धूप उसी तरह फैली हुई है। सारे पेड़ उसी तरह चुपचाप और बेहिस खड़े हैं और उनके साये अथवा बेसाये में मरे हुए, कत्थई रंग के पत्ते ज्यों-के-त्यों पड़े हुए हैं।

जल्दी-जल्दी पल्ले भिड़ाकर लज्जित-सी फूफी लौटीं तो देखा कि बरामदे में बी बड़बड़ाती हुई खड़ी हैं। फूफी ने बावर्चीख़ाने की ओर अपने क़दम तेज़ कर दिए। उनकी आँखों के सामने उस समय भी रशीदा की तसवीर थी। सास क्या कह रही थीं, यह उन्होंने नहीं सुना। उन्हें आश्चर्य हो रहा था कि साथ रहते अरसा हो गया, दिन में सैकड़ों बार वह अपनी सास की आवाज़ सुनती हैं, लेकिन लौटने में सहसा क्यों लगा, जैसे उन्हें बी ने नहीं, रज्जू मियाँ की आवाज़ ने पुकारा हो।

आठ

अचानक छोटी फूफी घबराकर खाट पर उठ बैठीं और सशंकित आँखों से कमरे के कोने-अँतरों को देखने लगीं। उनका समूचा शरीर पसीने से भीग गया था। सीना धड़क रहा था। दोनों टाँगें पैंतालीस के कोण बनाती हुई बिस्तर पर फैली थीं और उनमें से एक पर हाथ पड़ा हुआ था। कमरे के आले पर एक बिना काँच वाला छोटा बेडलैम्प मद्धिम रोशनी से जल रहा था।

'कितना बुरा सपना था!' उन्होंने सिहरते हुए सोचा। आँखें मूँदते ही सपने के धुँधले, अस्पष्ट और बेमानी टुकड़े, मस्तिष्क में अलग-अलग इकट्ठे होने लगे। सब मिलाकर देखने पर उसका कोई अर्थ नहीं निकलता था और हालाँकि उन्हें पूरी तरह विश्वास भी हो चुका था कि वह सपना ही था, लेकिन निर्भीकतापूर्वक उठकर बाहर जाने की हिम्मत उन्हें अब भी नहीं हो रही थी। उन्होंने सहमती आँखों से एक बार सोते हुए फूफा को देखा और सपने को भुलाने के प्रयास में अपने को झुठलाने की कोशिश करने लगीं कि उन्हें फिर से नींद आ रही है।

इधर कई दिनों से यही हो रहा था। एक तो देर तक नींद नहीं आती, फिर जैसे-तैसे आँखें लगते ही डरावने सपने परेशान करने लगते। अकसर थोड़े-बहुत बदले हुए रूप में वह एक ही तरह का ख़्वाब देखतीं कि वह बिलकुल मृत्यु के समीप पहुँच गई हैं, लेकिन इससे पहले कि वह सचमुच पहुँच जाएँ, उस अविश्वसनीय स्थिति में, सहसा उन्हें इस बात का एहसास हो जाता कि वह सच नहीं, बल्कि सपना देख रही हैं और वह घबराकर आँख खोल देतीं।

मसलन, किसी वीरान जंगल के बीच वह अकेली पड़ गई हैं, किसी फूलों से भरी घाटी में उतरती हैं; वहाँ ऊँचे-ऊँचे शाल वृक्ष खड़े हैं, पर जैसे ही वह आँखें उठाकर ऊपर देखती हैं कि कोई चितकबरी पीठ वाला साँप अचानक उनकी ओर लपकता है। किसी तरह जान बचाने के लिए वह लौटती हैं और पूरी ताक़त से बेतहाशा भागना चाहती हैं, लेकिन अजीब बात है कि वह चाहे जितनी शक्ति लगाएँ, फ़ासला कम ही नहीं होता और परिणामस्वरूप साँप उनके शरीर से लिपट जाता है। यही क्षण घबराकर आँखें खोलने या उठ बैठने का होता है।

...किसी मेले-मंडई में फूफा के साथ गई हैं। भीड़ में चलते-चलते फूफा बहुत पीछे रह गए हैं, लेकिन वह अकेली आगे, बहुत आगे निकल गई हैं। थोड़ी देर के बाद देखती हैं कि उनके साथ फूफा नहीं, बल्कि रज्जू मियाँ चल रहे हैं। कहीं से रशीदा भी आ गई है और जैसे ही वह अपने ससुर की ओर ताकती हैं, उनका चेहरा रशीदा के चाचा की शक्ल में बदल जाता है। या अल्लाह, अब क्या होगा? घबराकर वह पीछे हटना चाहती हैं कि उनकी बग़ल के नीचे से किसी ने दोनों बाँहें पकड़ ली हैं...

ऐसे अनेकानेक सपने, जिनका अर्थ उनकी समझ में कभी नहीं आया। एक दिन जब ऊबकर उन्होंने फूफा को बताया तो उन्होंने कहा, "बैठी-बैठी यही सब ऊलजलूल सोचती रहती होगी। तुम क्या मरने से बहुत डरती हो?"

फूफी जवाब नहीं दे पाईं। मरना सचमुच कोई भी नहीं चाहता, लेकिन फूफा के सामने स्वीकार करना उन्हें ओछापन-सा लगा। उन्होंने साफ़-साफ़ इनकार कर दिया था कि ज़िन्दगी को लेकर कोई बहुत बड़ी हसरत उनकी नहीं है। और फिर फूफा के सामने मर जाएँ, इससे बड़ी ख़ुशनसीबी उनकी और क्या हो सकती है?

इस बार उन्होंने फिर आँखें खोल दीं, एक बार फूफा के शरीर की ओर देखा और धीरे-से पाँव उतारकर वह खड़ी हो गईं।

कितनी रात निकल गई होगी? शायद आधी से बहुत ज़्यादा...शायद सुबह होने में बहुत देर न हो। सड़क पर एक के पीछे एक चलने वाली बैलगाड़ियों के चक्कों की आवाज़ अब शुरू हो गई थी और रज्जू मियाँ के कमरे से खर्राटों तथा नाक की घरघराहट का स्वर आ रहा था। फूफी जानती थीं कि जैसे-जैसे रात घटती है, उनकी नींद गहरी होती जाती है और कई बार खर्राटों से डर लगता है।

रात में सोने से पहले छोटी फूफी को कई बार धोखा हुआ था। फूफा अभी आए न थे और कमरे में वह अकेली थीं। मुहल्ला क्या कम उजाड़ है कि अँधेरा होते ही सारे घरों में पट-पल्ले लग जाते हैं और यहाँ से वहाँ तक किसी की आहट नहीं मिलती। मोती तालाब से कई तरह के जलपाखी उड़ते-चिचियाते हैं, पास-पड़ोस की झाड़ियों से खेत और सड़क पार तक सियार चले आते हैं और ज़रा रात घिरते ही उनका समवेत स्वर तथा मुहल्ले के कुत्तों का अलग-अलग भौंकना—दोनों गूँजते रहते हैं।

फूफा को कई बार उन्होंने संकेतों से कहा था कि वह रात को जल्दी लौट आया करें, मुहल्ले में एकदम सन्नाटा पड़ जाता है, बी और रज्जू मियाँ अपने-अपने कमरों में घुस जाते हैं और उन्हें बड़ा डर लगता है। अब पिछली रात की ही बात लो। लेटे-लेटे पहले तो वह ज़हीरा भाभी की बात सोचती रहीं, फिर रशीदा का ध्यान आ गया। रशीदा को उन्होंने कठिनाई से पाँच मिनट के लिए देखा होगा, लेकिन उसका चेहरा ज़ेहन में इस तरह चस्पाँ हो गया कि शक़्ल की हर रेखा ठीक-ठीक याद हो गई है और यहाँ तक कि उसे सपने में भी कई बार देखा था।

अचानक रशीदा के साथ उन्हें रज्जू मियाँ का ख़याल आ गया और उसी क्षण जैसे वह भी याद आया कि वह अकेली हैं। सामने के दरवाज़े पर आँखें लगाए वह बड़ी देर तक निश्चल लेटी रहीं। लम्हा-दो लम्हा बाद उन्हें लगा कि बाहर पल्ले से सटा कोई खड़ा है और अँधेरे में छिपा उन्हें लगातार घूर रहा है। एक-दो बार ऐसा आभास भी हुआ, जैसे कोई अँधेरे में टहल रहा हो।

धड़कता जी लिये वह दरवाज़े पर बराबर आँखें गड़ाए रहीं, जैसे आनेवाली विपत्ति को आँखों से रोके हुए हों और पलक हटाते ही कोई टूटे बाँध के जल की तरह भीतर घुस आएगा। उन्होंने भयभीत लेकिन ज़रा डाँटने के स्वर में पुकारा था, "कौन...कौन?"

दरवाज़े का फ्रेम शायद एक सेकेंड के लिए ख़ाली हो गया। घबराकर फूफी ने फिर वही प्रश्न दुहराया, लेकिन जवाब नहीं मिला और बरामदे में कोई खटका हुआ। डर के मारे फूफी की साँस रुकने-सी लगी। वह पूरी ताक़त से चिल्लाने ही वाली थीं कि बाहर फूफा के जूतों की आहट मिली और उन्होंने खटखटाया।

नियम के अनुसार फूफा ने हाथ-मुँह धोये, खाने में दस-पन्द्रह मिनट की देर भी कर दी, लेकिन फूफी की ज़बान से अपनी शंकाओं की बात नहीं निकली। जहाँ अधिकांश बातों को पी जाने की आदत थी, वहाँ वह बात भी दबकर रह गई और थोड़ी देर इधर-उधर करवट बदलने के बाद वह सो गई थीं।

'कहीं वह कह देतीं तो क्या होगा?' उन्होंने जैसे दूर तक देखते हुए सोचा। पिछली बार रज्जू मियाँ के घर पर रहने की बात को लेकर वह आज तक पछता रही थीं। यद्यपि उस बात पर उस समय या बाद में फूफी ने कुछ नहीं कहा, लेकिन दूसरे दिन से दोनों—सास-ससुर—के व्यवहार में कटुता का इज़ाफ़ा देखकर वह सब समझ गई थीं। बी उस पर आज भी ताने देती हैं, "उन लोगों की आँखों में राई-नोन जो देख-देख जलते हैं। अरे, ज़िन्दगी-भर कमाया-धमाया है। अब अपने बेटे के राज़ में बैठकर खाते हैं तो किसी का क्या लेते हैं? तेली का तेल जले, मशालची की क्यों..." छोटी फूफी किसे समझातीं कि उनके कहने का मतलब क्या था। लोग हैं कि बात को तोड़-मोड़कर रख देते हैं...

टींऽऽऽऽ टिंटिं!...टींऽऽऽऽटिंटिं!...

सहसा उनके मकान की छत पर से कोई परिन्दा चिल्लाता हुआ निकल गया। पड़ोस के किसी पेड़ पर चमगादड़ों ने एक साथ अपने डैने फड़फड़ा कर खोले और उस सुनसान वातावरण में उनकी बड़ी तीखी किरकिराहट तैर आई। सियार अब दूर जाकर चीख़ रहे थे और सड़क पर एक अकेला कुत्ता रह-रहकर भौंकता था।

स्पष्ट कारण कुछ नहीं था, लेकिन उस रात फूफी बड़ी देर तक अकेली खड़ी रोती रहीं।

अगली सुबह एक नई बात देखने में आई कि रज्जू मियाँ के कमरे में कुछ बच्चों के चिल्ला-चिल्लाकर पढ़ने की आवाज़ आ रही है :

"अलीफ़ दो ज़बर?..."

"आऽऽऽऽ!"

"बे दो ज़बर?..."

"बाऽऽऽऽ!"

ढेर-सा काम पड़े रहने के बावजूद छोटी फूफी उत्सुकतावश उठ गईं और किसी बहाने उस कमरे के सामने आ खड़ी हुईं। भीतर कोई चार-पाँच बच्चे होंगे। रज्जू मियाँ बीच में बैठे थे और उनके सामने आधी गोलाई बनाए पास-पड़ोस के बच्चे सिर पर टोपियाँ लगाए, अरबी क़ायदे खोले और ज़ोर-ज़ोर से पढ़ते हुए झूल रहे थे।

"अलीफ़ में ज़बर क्यों लगता है?" एकाएक रज्जू मियाँ ने बिलकुल मास्टरों के से अन्दाज़ में बच्चों से सवाल किया।

सारे बच्चों ने सिर उठाकर उनकी ओर देखा और चुप हो गए।

"अरे, नहीं जानते?" वह प्यार से समझाते हुए हँसे, "हम टोपी लगाते हैं तो कैसे दिखाई देते हैं? अच्छे लगते हैं कि नहीं? उसी तरह अलीफ़ में ज़बर लगाने से अलीफ़ अच्छा दिखाई देता है—समझे?"

रज्जू मियाँ के सिर पर टोपी नहीं थी। बच्चों ने उनके नंगे सिर को एक बार देखा, फिर अपनी-अपनी टोपियों को हाथों से छूकर एक-दूसरे की ओर देखा, मुस्कुराते हुए समझने का संकेत किया।

"और बताओ, तशदीद का क्या काम है?" एक सवाल और हुआ।

बच्चे फिर चुप।

"भई, बहुत आसान है।" रज्जू मियाँ ने उत्साहित करती हुई आँखों से सबकी ओर देखा, लेकिन जब किसी से जवाब न बना तो उन्होंने प्यार से बताया, "तशदीद जोड़ने या मिलाने का काम करता है, समझते हो? अपनी दोनों बाँहों से यह दो अलग-अलग हरफ़ों को मिलाता है। कितने सवाब का काम है, है कि नहीं?"

पढ़ाने का यह अजीब ढंग देखकर छोटी फूफी मुस्कुराए बिना न रह सकीं। वहाँ से वह तुरन्त लौट आईं।

"यह मामू ने एकाएक मास्टरी कैसे शुरू कर दी?" उस दिन खाने के दौरान, पंखा झलते हुए उन्होंने फूफा से पूछा।

"कहाँ? अच्छा वो...? मास्टरी क्या, दो-चार पड़ोस के बच्चों को बुलाकर पढ़ा रहे हैं।"

"वही तो, आख़िर मास्टरी और कैसी होती है?"

"क्यों, उसमें क्या बुराई है?"

"नहीं, नहीं, कोई बुराई नहीं," फूफी ने कहा, "इससे अच्छी बात तो दूसरी हो ही नहीं सकती, लेकिन मैं कह रही थी कि यह अचानक..."

"क्यों, तुम्हीं तो शिकायत कर रही थीं कि करते-धरते कुछ नहीं।"

"मैं शिकायत कर रही थी?" फूफी ने हाथ का पंखा रोककर आश्चर्यपूर्वक

उनकी ओर देखा, "मैंने यह कब कहा कि वह काम-धाम नहीं करते? उस दिन जो कहा, उसका मतलब सिर्फ़ यह था कि उनका दिन-रात घर पर बने रहना अच्छा नहीं लगता। मर्दमानों को चार दोस्तों के साथ उठना-बैठना चाहिए तो..."

"रहने दो, रहने दो!" फूफा ने बीच में ही बात काटकर कहा, "अदालत में रोज़ दस-पाँच वकीलों से निबटता हूँ। तुम्हारी बात उनसे टेढ़ी तो नहीं होगी।"

उनका रुख़ देखकर फूफी बिलकुल चुप कर गईं।

बाहर से रज्जू मियाँ की झल्लाई हुई चीख़ सुनाई दी। बी को पुकारकर कह रहे थे, "एक प्याला चाय के लिए कितनी बार चिल्लाना पड़ेगा, रोशन की माँ?"

सुनकर फूफा ने प्रश्नवाचक दृष्टि फूफी की ओर उठाई, हाथ रोक दिया और घूरकर देखने लगे। सहमकर फूफी ने सिर झुका लिया और कैफ़ियत दी, "अभी थोड़ी देर पहले तो चाय भिजवाकर आ रही हूँ।"

रज्जू मियाँ लगातार बड़बड़ाते जा रहे थे कि इस घर में ज़िन्दगी-भर कमाने-जुटाने के बावजूद वह अब चोर हो गए हैं। उनका घर में रहना, उठना-बैठना, खाना-पीना घर के ही लोगों से देखा नहीं जाता। अब तो मुँह खोलकर लोग साफ़-साफ़ कहते हैं और क्या चाहिए? सड़ी-सड़ी सी चीज़ों के लिए तरसते रह जाओ, कोई पूछने वाला नहीं। कहाँ दिन-भर में दस-दस प्याले पी जाते थे और कहाँ अब प्याले-दो प्याले के लिए चिल्ला-चिल्लाकर हलक सुखाना पड़ता है।

"बहू, हम लोगों को चाय-वाय मिलेगी?" शौहर के स्वर से स्वर मिलाती हुई इस बार बी की करलाई हुई आवाज़ आई और दूसरे काम छोड़ चाय का प्याला लेकर छोटी फूफी बाहर निकलीं। रज्जू मियाँ बरामदे में खड़े अब भी बड़बड़ा रहे थे, फूफी को देखकर उन्होंने मुँह फेर लिया और चुप हो गए। उनकी ओर बढ़कर, चाय का प्याला पकड़ाने की कोशिश करती फूफी ने बी को सफ़ाई देनी चाही, "अभी थोड़ी देर पहले तो चाय भिजवाई थी, अम्माँ!"

"तो कौन तेरे बाप की दौलत लुटी जाती है?" बी हाथ चमकाकर चिल्लाईं, "बहू है, बहू की तरह रह। कर-धर के हम तुझे लाए हैं या तू हमें इस घर में लाई है?"

छोटी फूफी ने इस बार कुछ नहीं कहा। प्याला लिये चुपचाप खड़ी रहीं, पर रज्जू मियाँ ने चाय लेने से इनकार कर दिया, बोले, "रहने दो, जी दुखाकर देने से क्या फ़ायदा? हमें नहीं पीनी चाय..."

बी का बड़बड़ाना-चिल्लाना अब और तेज़ हो गया। तीख़े से तीख़े शब्दों में वह फूफी को कोसती रहीं, फिर चिल्लाकर बोलीं, "क्यों रे रोशन, अपनी बीवी को तूने यही सिखाया है?"

रोशन फूफा भीतर खाना खा रहे थे। एक क्षण बाद पता नहीं क्या सोचा कि वह जूठा हाथ लिए बाहर निकल आए, दाँत पीसते हुए आगे बढ़े और फूफी का

झोंटा पकड़कर कई घूँसे जड़ दिए, "साली, मेरे घर में रहकर मेरे ही माँ-बाप से दुश्मनी रखती है! कमाने-लाने वाला मैं, खिलाने-पिलाने वाला मैं, तू कौन होती है कि बीच में टाँग अड़ाए? रहना है तो सीधी तरह रह, नहीं अपना रास्ता नाप..."

जैसे उसी क्षण सब कुछ शान्त हो गया। बी का बड़बड़ाना रुक गया, मारपीट देखते ही रज्जू मियाँ उठकर भीतर चले आए और उस दिन बिना पान-तम्बाकू लिये गुस्से में ही फूफा को दफ़्तर जाना पड़ा।

रह गईं केवल रोती-बिसूरती अकेली छोटी फूफी!

उसी दिन शाम को रज्जू मियाँ कह रहे थे, "रोशन की माँ, अब मालती को बुलवा लो। इस बहू के राज में तो हम लोग बेमौत मर जाएँगे।"

अगर भाग्य साथ देता तो अपने रूप और गुण के कारण मालती किसी बड़े घर में होती और रानी की तरह राज करती। औसत से अच्छा क़द, तीख़े नाक-नक़्श, खुलता हुआ साफ़ रंग, जिसे अधिकांश लोग गोरी कहेंगे, भरा-भरा सा शरीर और हमेशा हँसमुख बना रहने वाला चेहरा।

कौन कह सकता था कि मालती किसी धीवर के घर में पैदा हुई और कुछ समय तक उन्हीं के बीच पली-बढ़ी? बातचीत, रहन-सहन और रखरखाव कहीं कोई कमी नहीं। बस, यही लगता था कि वह किसी सुसंस्कृत परिवार के लिए ही जन्मी थी, लेकिन भाग्य ने पहले उसके पाँव पदमूर गाँव के एक धीवर के यहाँ टिका दिए।

गर्मियों के दिन थे। रोज़ दोपहर के बाद बादल घिर आते, सारा आसमान स्याह होकर इमली, आम और शाल के ऊँचे पेड़ों पर झुक आता और थोड़ी देर के बाद झक्-झक् चमककर ख़ूब बारिश होती।

अपने खेतों में पहली जुताई कराने के लिए रज्जू मियाँ अपने गाँव पदमूर गए हुए थे। दो दिन में सारा काम निबट गया, सो ख़ाली थे और शाम का अधिकांश समय किसी गाँव वाले के कोठार या आँगन में गुज़रता था। एक सुबह टहलकर लौटते में क्या देखते हैं कि एक फूस की टूटी-फूफी झोंपड़ी के पल्ले लगे हुए हैं, बाहर से ताला पड़ा हुआ है और अन्दर से किसी बच्चे के चिल्ला-चिल्लाकर रोने की आवाज़ आ रही है। एकाध घंटा प्रतीक्षा करने के बाद गाँव वालों का साथ करके उन्होंने ताला तुड़वाया। देखा कि एक तीन-चार साल की बच्ची का रोते-रोते बुरा हाल हो गया है और माँ का कहीं पता नहीं है।

बच्चे छोड़कर काम पर या इधर-उधर जाने की बात गाँव में आम है, सोचकर उन्होंने पहले चिन्ता नहीं की। उसे घर पर लाकर खिलाया-पिलाया और उसी दिन वापस लौटने वाले, एक दिन के लिए और रुक गए। उनका अपना बच्चा

कोई न था और सचमुच बाप कभी न बने, लेकिन स्वभावतः बच्चों के प्रति जो आकर्षण मन में होता है, उसका एहसास उन्हें कभी नहीं हुआ था। पहली बार उस बच्ची को लेकर वह भीतर से ख़ुश हो गए और यहाँ तक कि उसे अपने से जोड़कर सोचने लगे थे।

सारा दिन गुज़र गया, शाम हुई और रात भी हो गई, लेकिन बच्ची को लेने कोई नहीं आया। वह गाँव की ओर निकले और पटेल के कोठार में जा बैठे। साथ में बच्ची थी, जो अब तक उनसे कुछ हिल गई थी। लेकिन उनका सारा उत्साह ठंडा पड़ गया और एकाएक वे चुप हो गए, जब पटेल ने बताया कि वह कोला धीवर की बच्ची है और उसकी माँ किसी के साथ पिछली रात भाग गई है।

"कोला कहाँ है?" कुछ देर बाद उनके मुँह से आवाज़ निकली।

"उसको तो गए साल-भर हो गया, भैया!" पटेल ने कहा, "वह जीवित होता तो यह बच्ची अनाथ क्यों हो जाती?"

रज्जू मियाँ बच्ची के सिर पर प्यार और दया से हाथ फेरते हुए कुछ देर चुप रहे, फिर सुबह की सारी घटना सुनाई और दोनों आश्चर्य करते रहे कि बाप एक बार निर्मम हो जाए, माँ अपने पेट की औलाद को इस तरह बेसहारा छोड़कर किसी आदमी के साथ भाग जाएगी, इस पर सहसा कौन विश्वास करेगा?

उस रात बड़ी देर तक रज्जू मियाँ नहीं सोये। रह-रहकर आँख खुल जाती और लगता, जैसे कोई बाहर दरवाज़ा खटखटाकर पुकार रहा हो। यद्यपि उन्होंने पटेल की हाँ में हाँ तो मिला दी थी, लेकिन वास्तव में उन्हें बिल्कुल विश्वास नहीं था कि उस बच्ची की माँ सचमुच भाग गई है और बच्ची को लेने नहीं आएगी।

अगले दिन भी वह अकारण रुक गए। खाने के बाद पटेल से बातें करते रहे; रात में करवटें बदलकर बार-बार सोचते रहे और सुबह अचानक फ़ैसला करके बच्ची को अपने साथ घर ले आए। दरअसल, उन्हें बी का डर था। पता नहीं बच्ची को देखकर क्या कहे, क्या सोचे, पर आशा के विपरीत बी ने ख़ुश होकर कहा, "अच्छा किया, जो ले आए। जाने बेचारी किसके हाथ पड़ जाती और उसकी क्या दुर्गति होती! रहना हो तो यहीं रह जाएगी और कहीं उसकी माँ आई तो दे देंगे।"

उस बात को तेरह बरस बीत गए और तीन-चार साल की मालती सत्रह की हो गई, लेकिन उसे लेने कोई नहीं आया। एकाध बार रज्जू मियाँ ने उसकी माँ का पता लगाने की भी कोशिश की, लेकिन सब व्यर्थ हुआ, आख़िर मालती उस परिवार के अभिन्न अंग की ही तरह उसी माहौल में जवान हुई। कभी उसका रूप, निखार और स्वभाव देखकर बी-दारोग़िन गद्‌गद् कंठ से कहतीं, "सुनो, मालती तो हमारे-तुम्हारे घर के बच्चों से अच्छी लगती है। उसके चेहरे पर गुदने-टीके के निशान न होते तो सबसे यही कह देते कि हमारी बच्ची है, क्यों?"

"दूसरों के बच्चों से कहीं अपनी कोख भरी है?" रज्जू मियाँ हँसकर टाल

जाते। उनके चेहरे के भाव से स्पष्ट लगता है कि बी की वैसी भावुकता-भरी बातें निहायत मूर्खतापूर्ण लगती हैं।

"मेरी कोख कौन सूनी है?" बी बात को आड़े हाथ पकड़कर कहतीं, "अल्लाह ने मुझे भी औलाद दी है। हाँ, एक बेटी नहीं, लेकिन उससे क्या? बाँझ तो मैं नहीं हूँ..."

लेकिन वही मालती रोशन फूफा की शादी में नहीं रही। बी की कोई बड़ी बहन किसी दूर के देहात में बीमार थी। अकेली जान और बेवा। खेती-बाड़ी का काम सँभलता नहीं था और बीमारी में खाने-पीने की बड़ी तकलीफ़ थी, सो एक बार देखने गईं तो बी मालती को वहीं छोड़ आईं। कहा, बीमार और बेऔलाद हैं, मालती होगी तो कम-से-कम मुँह में पानी तो डाल देगी।

तब से मालती नहीं लौटी थी, हालाँकि उसके वहाँ पड़े रहने को लेकर रज्जू मियाँ शुरू से अप्रसन्न थे। गाहे-बगाहे वह टोकते, ताने कसते, बोलियाँ मारते, लेकिन उनका असर क्षण-भर से अधिक देर के लिए न होता।

"अच्छा बाबा, बुला दूँ, अगर उसके लिए इतनी ही लार टपकी पड़ रही है। तुम अकलमुंडे जो ठहरे, तुम्हें क्या मालूम कि रिश्तेदारी क्या होती है।" बी अकसर तुनककर कहतीं और ऐसा कुछ प्रकट करतीं मानो मालती पड़ोस के किसी घर में बैठी हो और जैसे वह आवाज़ देकर बुला लेंगी। पर क्रोध शान्त होने के बाद या दूसरे दिन दोनों उस बात को इस तरह भूल जाते, जैसे हुई ही न हो।

ब्याह के अवसर पर भी यही हुआ था।

जिस घड़ी मालती आई, फूफी ग़ुसलख़ाने में कपड़े धो रही थीं। सामने की साड़ी का पटली वाला हिस्सा एक तरफ़ से ज़रा उठाकर, ऊपर खोंस लिया था, सिर का आँचल कंधे पर ले, कसकर कमर में लपेट लिया था, मुँह तथा बालों पर साबुन के छींटे और फेन के गीले टुकड़े जम गए थे और नंगा सिर तथा नंगी पिंडलियाँ लिए फूफी दूध जैसे झाग में हाथ डुबोए बैठी थीं।

मालती के अचानक आकर ग़ुसलख़ाने के दरवाज़े के पास उस तरह खड़ी हो जाने से वह एक क्षण के लिए सकपकाईं। झाग की पहाड़ी से अपना हाथ निकालकर झटकती हुईं, उन्होंने पिंडलियों का कपड़ा खींचा, सीने का पल्लू ठीक करने के लिए वही हाथ ऊपर बढ़ा और इससे पहले कि फूफी कुछ पूछतीं, मालती ने कहा, "भाभी, सलाम!"

फूफी ने जवाब दिया, लेकिन उनकी आँखों की हैरानी नहीं गई। इतना-भर किया कि कमर में लिपटे और खुँसे आँचल को निकाल-खींच कर खड़ी हो गईं और यह सोचने लगीं कि उन्हें क्या करना चाहिए।

"भाभी, मुझे पहचानती हो? मैं मालती हूँ!" मालती ने हँसते हुए कहा और दरवाज़े पर निकलने की जगह देकर खड़ी हो गई। इस बार भी फूफी कुछ नहीं कह पाईं, लेकिन मालती ने उनका रास्ता नहीं देखा, स्वयं ही बताने लगी, "पहचानोगी कहाँ से? शादी में तो थी ही नहीं, और तुम्हारे आने के बाद इस घर में पहली बार आ रही हूँ।"

फूफी सिर ढँकने जा रही थीं कि आधी राह पर ही हाथ रोककर उन्होंने गहरी दृष्टि डाली और मालती के नाक-नक़्शे के बारे में सुनी बातों को याद करते हुए फिर से देखा—मालती रूपवती है, इसमें सन्देह नहीं। स्वस्थ-साफ़ और धुली दूब-सी निखरी-निखरी, विनम्र और हँसमुख। उसके बारे में बी ने जो कुछ बताया, वह कम ही था और फूफी के मन में सुन-सुनाकर मालती की जो काल्पनिक तसवीर बनी थी, उसका इस मालती से कहीं मेल न था। लगा, अगर अच्छे कपड़े पहने और ऊलजलूल देहाती ज़ेवर उतार दे तो सचमुच बहू होने लायक़ वह दिखे, फूफी नहीं।

उसका हाथ पकड़कर फूफी बाहर ले आईं और हालाँकि सारे वक़्त प्रसन्नता प्रकट करती हुई बातें करती रहीं, लेकिन भीतर से उनका मन अकारण उदास हो गया था।

"अच्छा, शादी में क्यों नहीं आईं?"

"कहाँ से आती मैं? माँ बीमार थी और अब-तब हो रही थी। फिर ख़बर भी देर से पहुँची। मेरा वश चलता तो उड़कर आ जाती, लेकिन क्या करूँ? जिस दिन भैया का निकाह हो रहा था, मैं ही जानती हूँ कि मारे रुलाई के मेरा क्या हाल था?"

'माँ यानी बी की बहन', छोटी फूफी ने अनुमान लगाया।

"बाद में भी कई बार आना चाहती थी, लेकिन माँ हटने ही न दें। फिर तो बरसात आ गई और पुल टूटने और गाड़ियाँ न चलने का बहाना हो गया।"

"वह गाँव कितनी दूर है?" फूफी ने पूछा।

"बैलगाड़ी से चार दिन का रास्ता है।" मालती बोली और छोटी फूफी के मन में ताड़-सलपी और छींद के पेड़ों से घिरा दक्षिण बस्तर का कोई गाँव उभर आया, जिसे उन्होंने कभी बचपन में देखा था।

आन्ध्र की सीमा से लगे दक्षिण बस्तर के गाँव कितने अलग और नये-नये से लगते हैं। मिट्टी की छोटी-छोटी झोंपड़ियाँ हैं, उन पर ताड़ के सूखे पत्तों का छाजन है, बाड़ी में तम्बाकू के पौधे फूल रहे हैं और एक ओर के मंडप में बड़ी-बड़ी कच्ची लौकियाँ झूल रही हैं। बड़े चक्कों वाली बैलगाड़ियाँ और ऊँचे-ऊँचे सफ़ेद बैल...

जब हवा चलती है तो बादल छूते ताड़ के पेड़ बिलकुल बेसहारा से होकर झूमते हैं। बड़े पंखे जैसे चौड़े-चौड़े सूखे पत्ते और नारियल जैसे फल कभी भी सहसा टपक पड़ते हैं।

"चलो, चलकर मुँह-हाथ धो लो," छोटी फूफी ने उठते हुए कहा। दरअसल, उन्हें आशंका हो गई थी कि अधिक देर बैठे रहने पर उनकी उदासी मालती पकड़ लेगी।

'क्या उन्हें कहीं मालती से ईर्ष्या हो गई है?' अकेली होने पर फूफी ने सोचा, उससे ईर्ष्या करके क्या होगा? एक बेचारी सीधी-सादी अनाथ-सी लड़की जो दूसरों के सहारे पल-बढ़कर अपने मीठे बोलों के कारण, ख़ामख़ाह सबको अपना बनाए हुए है, भले कोई हो या न हो।

लेकिन उस दिन पहली बार फूफी का ध्यान अपने शरीर की ओर गया। जब से ब्याहकर आई हैं किसी दिन एक गज़-भर कपड़े का टुकड़ा लेकर फूफा नहीं आए। शादी के जोड़े ही अब तक काम देते रहे हैं, लेकिन एकाध माह से अधिक चलेगा नहीं। उन्हें ज़हीरा भाभी का ध्यान आया। वह और वैसी कई औरतें पाउडर-स्नो, और काजल-सुरमे से निकलती हैं। उन्हें वैसा सिंगार करने में शर्म आती है। एकाध बार देखने के ख़याल से लगाने के अलावा कभी नहीं छुआ, पर अच्छे और सुन्दर कपड़े-लत्तों की बात ही और है। उन्हें आश्चर्य हुआ कि इतनी उम्र तक एक बार भी अपने रूप-रंग के बारे में उन्होंने कैसे नहीं सोचा। अब इतने दिनों बाद अचानक मन में जिज्ञासा उठती है कि पता नहीं, वह देखने-दिखाने में कैसी लगती होंगी।

उस रात बड़ी देर तक रज्जू मियाँ और बी मालती के साथ जागते रहे। कमोबेश वह साल-सवा साल बाद आई थी और कहने के लिए तीनों के पास बहुत-सी बातें थीं। बातचीत के उसी सिलसिले में एक-दो बार छोटी फूफी का भी ज़िक्र आया था, लेकिन धीरे-धीरे क्या कहा जा रहा था, वह नहीं सुन पाईं।

सचमुच मालती के आने के बाद कई बातों का आराम हो गया। पहले जैसी हाय-तौबा नहीं रही, बी का चिल्लाना-बड़बड़ाना कम हो गया, और रज्जू मियाँ की चाय के लिए फूफी को मार-पीट भी नहीं पड़ी। वह बात अलग है कि घर के रोज़ाना काम में छोटी फूफी की मदद करने के लिए मालती कभी सामने नहीं आई। उसका सारा वक़्त बी और रज्जू मियाँ की ख़िदमत और लेन-देन में निकल जाता। कभी बी के लिए पान लगा रही है, कभी रज्जू मियाँ के कमरे की लीप-झाड़ हो रही है। उनके पुराने कपड़े सिये जा रहे हैं, आठ-दस दिन की आड़ में बिस्तर धुल रहे हैं और ऐसे छोटे-मोटे अनेक काम, जिनमें दिन-भर और रात के सोने से पहले तक मालती व्यस्त रहती।

अब रज्जू मियाँ और बी के कमरों से आवाज़ ज़रूर आती, लेकिन पुकार छोटी फूफी की न होकर मालती की होती, चाहे एक गिलास पानी लेना हो, खाना निकलवाना हो अथवा बाहर किसी पुकारने वाले को जवाब भिजवाना हो। सारे दिन घर में मालती का नाम गूँजता रहता।

पहले-पहल अपने स्वभाव के अनुसार छोटी फूफी के कामों में मदद करने के लिए मालती बैठ जाती थी। फूफी बरतन मलने में लगी है तो अपने मन से मँजे हुए बरतनों को धोने के लिए बैठ जाती, चूल्हे पर अदहन चढ़ा हो तो चावल चुन कर रख देती, कपड़े धुल रहे हों तो साबुन लगा देती या दो-चार कपड़े फटककर अलग हो जाती, पर कठिनाई से वह हफ़्ता-भर ही चल पाया। अकसर ऐसे मौक़ों पर बी पुकार बैठतीं, कोई-न-कोई दूसरा काम निकल आता और इस तरह के ताने मिलते कि काम के बहाने गप्पें लगाई जाती हैं। उनकी पीठ पीछे कुछ कहा-सुना गया होगा, क्योंकि धीरे-से मालती ने अपने हाथ एकदम खींच लिये और फूफी पहले जैसी हो गईं—वही धीरे-धीरे अकेले काम और बात-बात पर ताने।

"ऐ रोशन चचा, दुनिया ज़हान के बाहर एक तुम्हारी बहू ही पेट से है! दिन-भर सोना या लुढ़के पड़े रहना! अरे, यह आदमी जन रही है कि रावण?"

"कितना सच, कितना झूठ, ख़ुदा ही जाने! लटके-मटके दिखाती है तो हम भी कहते हैं कि ठीक है, नाई बाल काटेगा तो आख़िर सामने ही गिरेंगे, देख लेंगे..."

इधर रज्जू मियाँ में आश्चर्यजनक परिवर्तन हो गया था, चाहे सास ताने देती रहे, वह अपनी ज़बान से कभी एक लफ़्ज नहीं कहते। यह चुप रहना बाद में इतना बढ़ा कि महीनों हो गए और बहू से एक शब्द में उन्होंने बात तक नहीं की। मालती के आने के बाद प्राय: हर काम के लिए वह उसे ही पुकारा करते और ऐसे अवसर कम-से-कम आए कि उन्होंने आमने-सामने खड़े होकर अपनी बहू से आँखें मिलाकर कोई बात की हो।

उस दिन घर पर कोई न था और शाम को अचानक बिना गर्जन-तर्जन के ख़ूब बरसात हो गई। पहले न बादल थे, न हवा और न ही पानी गिरने के कोई आसार, पर सब कुछ एकाएक हो गया। बारिश की बूँदें ऐसी बड़ी-बड़ी और आढ़ी-तिरछी थीं कि घर जगह-बेजगह सभी कमरों में चूने लगा।

फूफी आँगन में सूखने के लिए फैले कपड़ों को जल्दी-जल्दी समेटने में लगी थीं। सारे कपड़े तार पर झूल रहे थे और हालाँकि उनकी संख्या दस से अधिक न थी, लेकिन उन्हें निकालते-निकालते वह भीग गईं। सहसा मालती को आवाज़ देते हुए रज्जू मियाँ अपने कमरे से निकले और बहू को देखकर ठिठक गए। इस बीच कई दिनों से आमना-सामना तक नहीं हुआ था, लेकिन अब एकाएक लौट जाने का उपाय न था। धीरे-से बोले, "मालती नहीं है?"

फूफी ने साये में आकर आँचल-पल्ले ठीक किए और बताया कि मालती नहीं है।

"मेरे बिस्तर पर पानी चू रहा है, बहू..." एक क्षण रज्जू मियाँ ठिठककर बोले,

लौटने लगे, लेकिन पता नहीं क्या सोचकर पलटे, एक नज़र फूफी पर डाली और स्नेहसिक्त स्वर में कहा, "और तुम ऐसी हालत में क्यों भीग रही हो?" कहकर तुरन्त बाद ही रज्जू मियाँ चले गए, लेकिन फूफी बड़ी देर तक उसी जगह गीले कपड़ों में खड़ी रहीं। लगा, जैसे बरसों के अन्तराल के बाद किसी ने अब्बा की तरह उनसे बात की हो। यही होता था, घर में बिलकुल यही, और फूफी को पानी में भीगते देखकर अब्बा यूँ ही झल्लाया करते थे, 'अरे, भीग क्यों रही है, छोटी? बीमार पड़कर क्या मुझे परेशान करना है?'

फूफी के मन के भीतर से जैसे कोई उफान उठा और एक क्षण में आँखें गीली हो आईं। एक लम्बी साँस खींचकर उन्होंने आँसू पोंछे और एक-दो बरतन लेकर वह अपने ससुर के कमरे में घुस गईं।

बाहर मूसलाधार बारिश हो रही थी और साथ ही बड़े-बड़े ओले पड़ रहे थे, 'ब्याह के पहले तक ऐसे अवसरों की कैसी प्रतीक्षा की जाती थी', फूफी ने बरसात को भरपूर आँखों से देखते हुए सोचा, 'पानी की बूँदों को अपने शरीर पर झेलते हुए, नंगे पाँव आँगन-भर में दौड़ना, ओले चुन-चुनकर बच्चों जैसी किलकारियाँ मारते हुए उन्हें चबाना और ओलती के बूँद-बूँद टपकते पानी से अँजुली भिगोना...'

तड़ तड़...!

सहसा हवा के झोंके से खिड़की की चौखट पर रखे एक-दो सामान नीचे टीन के ट्रंक पर गिरे। फूफी चौंककर सीधी खड़ी हो गईं। बरसात के कारण कमरे में किंचित अँधेरा-सा हो गया था। बाहर पानी का वेग इतना था कि हवा पागल हो गई सी लगती। आँगन के आम की शाखाएँ बुरी तरह डोल रही थीं और भुनगे की पतली टहनियाँ टूट-टूटकर गिर रही थीं।

आले में रखी चिमनी बढ़ाकर फूफी ने खिड़की के पल्ले लगा दिए और रोशनी की। कमरा सचमुच कई जगह से चू रहा था। जहाँ ससुर का बिस्तर लगा था, उसके सिरहाने ठीक ऊपर के खपरैल में दो इतने बड़े-बड़े सूराख थे कि थोड़ी देर में ही सारा बिस्तर गीला हो गया था।

वहाँ बरतन रखकर फूफी ने चिमनी उठाई और कमरे को एक सिरे से देखना शुरू किया।

कमरा इतना छोटा था कि अधिक-से-अधिक तीन खाटें ही वहाँ समा सकती थीं। एक ओर कुछ पेटियाँ रखी हुई थीं, जिन पर पुराने कपड़ों के गिलाफ़ बनाकर मालती ने डाल दिए थे। उसी के किनारे रज्जू मियाँ के बारिश में काम चलाने के लिए फटे-पुराने जूते रखे हुए थे। बायीं ओर की दीवार पर रज्जू मियाँ के कपड़े टँगे झूल रहे थे। अचानक फूफी चौंक गईं—देखा कि ट्रंक के किनारे एक उतरा हुआ पेटीकोट ऐसे गोल पड़ा है जैसे कमर से नीचे सरकाकर किसी ने अपने पाँव हटा लिए हों। रोशनी लेकर फूफी पास तक चली गईं। बी पेटीकोट पहनती

नहीं, निश्चय ही वह फूफी का भी नहीं था, कुछ दिनों पहले जिस पेटीकोट को उन्होंने मालती को पहनते हुए देखा था, वह हू-ब-हू ऐसा ही था—यही सफ़ेद रंग, रेशमी धागे से कढ़े हुए, अनसधे हाथों के फूल-पाँख और क्रोशिये के काम वाला निचला बॉर्डर...

लेकिन मालती का पेटीकोट यहाँ कैसे आ गया, सोचते ही फूफी अपने आप में संकुचित होकर रह गईं। उन्हें एकाएक रशीदा की याद आ गई। उन्होंने चोरों की तरह इधर-उधर देखा और आगे बिलकुल न सोचने के लिए अपने सिर को झटककर बिस्तर की ओर बढ़ गईं।

तीन-चार माह पहले जब मालती पहले-पहल आई थी, उन्हें एक बार इसी तरह अपने से ज़बरदस्ती करनी पड़ी थी और उसका प्रभाव कई दिन तक उनके मन पर बना रहा।

दोपहर का समय था और सारा घर सो रहा था। खाने के बाद फूफी को कुछ ऐसी अलस झपकी आई कि सब भूल-भुलाकर वह घंटा-आधा घंटा सोती रहीं। जब आँखें खुलीं तो अचानक बाहर के दरवाज़े का ख़याल आया। सामने का दरवाज़ा खुला छोड़ देने के लिए कई बार सैकड़ों तरह की बातें हो चुकी थीं। अकसर यह होता कि पल्ले भिड़े रहते, लेकिन पड़ोसी या आने-जाने वालों की लापरवाही की वजह से सारे लोग पीछे बने रहते, और अवसर देख कुत्ते भीतर घुस आते।

दरवाज़ा बन्द करने के लिए झपाटे से क़दम बढ़ातीं फूफी ने बरामदा पार किया, बीच कमरे में आईं और जैसे ही रज्जू मियाँ के कमरे के सामने से गुज़रने वाली थीं कि भीतर से अनपेक्षित-सी आहट सुनाई दी, न चाहते हुए भी उनके पाँव ठिठक गए। आहट कुछ ऐसी थी जैसे कोई निकल भागने की कोशिश में कमरे की पेटी-पलंग से टकराए अथवा गिलास-बरतनों को ठोकर मारता हुआ हड़बड़ाकर रह जाए।

क्षण-भर बाद उन्होंने देखा कि रज्जू मियाँ के कमरे की चौखट पर भीतर से निकलकर मालती हाँफती-सी खड़ी है। नहीं, वह खड़े होना न था, या तो एक पल के लिए ठहरकर सुस्ताहट की साँस भरना या ग़लत जगह देखे और पकड़े जाने की अचकचाहट थी।

अधिक देर नहीं, मुश्किल से चार-छह क्षण लगे होंगे और इतने में फूफी ने मालती की समूची तसवीर अपनी आँखों में भर ली—कंधे के एक कोने पर कठिनाई से ठहरा हुआ पल्लू, बेअख़्तियार उड़े हुए बाल, तपा हुआ सा लाल चेहरा और खुले तथा जल्दी-जल्दी साँस लेते हुए होंठ।

उस क्षण भी फूफी वहाँ नहीं ठहरीं, देखा-अनदेखा करके आगे बढ़ गईं और अपने से ज़बरदस्ती करती रहीं कि उन्हें आगे नहीं सोचना चाहिए।

खिड़की से आकाश का जितना टुकड़ा दिखता था, उसमें नेज़े की तरह

बिजली कौंधी। उसी समय इतनी ज़ोर से बादल गरजे कि फूफी काँपकर रह गईं और एक क्षण के लिए लगा कि कान सुन्न हो गए हैं। आसपास कहीं ज़रूर गाज गिरी होगी।

ज़रा संयत होने पर चिमनी नीचे रखकर उन्होंने खाट खींची, बरतन उठाकर टपकने की जगह रख दिया, बिस्तर समेटकर खड़ी हो गईं और एक क्षण सोचने के बाद कमरे से बाहर निकल गईं।

रात में जब सभी खाना खाने के लिए इकट्ठे बैठे तो पल्लू-घूँघट की आड़ या अँधेरे के सहारे फूफी बड़ी देर तक मालती को ऐसे देखती रहीं जैसे पहली बार देखकर चेहरा याद कर रही हों। उन्हें बिलकुल विश्वास नहीं हुआ कि मालती को पहले वह पहचानती रही हैं।

मालती हँस-हँसकर बातें करती हुई खाना खा रही थी। घड़ी-घड़ी वह झटके से गरदन उठाती, रज्जू मियाँ या बी की ओर चेहरा पलटती और किसी-न-किसी बात पर अकारण ही हँस उठती। ऐसा करने में उसके कान के झुमके रोशनी में झिलमिलाते, पेशानी या नाक पर ठहरी पसीने की बूँदें चमकतीं, जूड़ा टेढ़ा होकर बेलमोगरा की सजधज को खोल देता और फूलों की एक भीनी-सी गन्ध फूफी तक सरक आती।

देखते-देखते अचानक उन्हें याद आया कि ससुर के बिस्तर समेटने-धरने के दौरान, सिरहाने से जो कुछ चीज़ें गिरी थीं, उनमें अधजली बीड़ियों, दियासलाई की तीलियों और खपरैल से गिरे कचरे के साथ बेलमोगरा के कुछ बासी और सूखे फूल भी थे।

बीच में शायद दो-तीन माह गुज़र गए। अब तक स्वयं छोटी फूफी की हालत ऐसी हो गई थी कि बैठतीं तो उठ नहीं सकतीं और उठतीं तो चलना कठिन हो जाता। मुँह भर में छाले पड़ गए थे और सिवाय दूध के कुछ भी हलक के नीचे नहीं उतरता। एक जगह बैठकर धीरे-धीरे खाना बनाने के अतिरिक्त वह अब किसी काम की नहीं रह गई थीं।

सुबह का नाश्ता बन चुका था। मालती फूफी की बग़ल से चूल्हे के पास कुछ रसोई का ही काम करती बैठी थी कि फूफी ने दाल को मिर्च और प्याज़ की छोंक दी। अभी तक मालती अच्छी-भली थी और तबीयत भी उसकी ख़राब न थी। जैसे ही छन-छन करती हुई दाल कड़कड़ाते तेल वाली पतीली में लौटने लगी और उसकी ख़ुशबू उड़ी, मालती ने अपनी साड़ी का पल्लू नाक पर कर लिया, हुलकी-सी ली, एक क्षण बाद 'उआ उआ' करती बाहर भागी और नाली के पास बैठकर क़ै करने लगी।

रोशन फूफा को छोड़कर बाक़ी सबने देखा। फूफी जलता हुआ साग छोड़कर जैसे-तैसे उठीं और फटी-फटी आँखों से खिड़की के बाहर ताकने लगीं। रज्जू मियाँ चबूतरे के पास, धूप की ओर पीठ किए बैठे थे। उलटी की आवाज़ से बुरी तरह चौंके और सफ़ेद होते चेहरे से उन्होंने मालती की ओर देखा। बी ग़ुसलख़ाने से लौट रही थीं, जहाँ की तहाँ ऐसे रुक गईं जैसे काठ मार गया हो। और मालती इन सबकी नज़रों को अपनी पीठ और खुली गरदन पर महसूस करती हुई उसी जगह बैठी 'ओक ओक' करती रही।

जब वह वहाँ से उठी और सिर झुकाए लौटने लगी तो आँगन में कोई न था, केवल फूफी चौखट पर खड़ी भयभीत आँखों से मालती के शरीर को घूर रही थीं। पर दोनों में कोई बात नहीं हुई। आँखें तक मिलाए बिना मालती धीरे-धीरे भागी, अपनी जगह बैठकर घुटनों पर चेहरा टिकाया और एक ओर असहाय-सी ताकती हुई हाँफने लगी।

"मालती!" बड़ी देर बाद फूफी ने आवाज़ दी, दुबारा आवाज़ दी और एक से अधिक बार पुकारा, लेकिन मालती ने अपना चेहरा नहीं उठाया, उसी तरह सिर गड़ाये बैठी रही।

"यह क्या कर लिया तूने, हरामज़ादी?" अन्त में फूफी ने फँसे गले से इतना ही कहा और धीरे-से आकर उसके पास बैठ गईं। तब मालती ने अपना चेहरा घुटनों में फँसाकर छिपा लिया। उसे इतनी सुबकियाँ लग गई थीं कि हर साँस के साथ सारा शरीर हिल रहा था और रुलाई का आवेग रोकने के प्रयास में वह हाँफ-हाँफ कर रह जाती थी।

उसी दोपहर को बी के कमरे से मालती के रोने की आवाज़ सुनकर फूफी झपटती हुई उधर चली गईं। देखा कि दरवाज़े और खिड़कियाँ भीतर से बन्द हैं, दबी हुई आवाज़ में बी कुछ बार-बार पूछती हैं; लेकिन मालती रोने के सिवाय और कोई जवाब नहीं देती।

"बता, नाम बता..." दाँत पीसकर बी चिल्लाईं, ताकि आवाज़ पास-पड़ोस तक न पहुँच जाए। फूफी ने अनुमान लगाया कि बी ने निश्चय ही मालती को झोंटा पकड़कर नीचे ज़मीन पर पटक दिया है और उत्तान पड़ी मालती केवल सिसकारी भरती, रोती या मुँह छिपाती है।

"मैं तेरा गला घोंट दूँगी, हरामज़ादी! रंडी, बाज़ारू, किससे पेट भराया है, बोल...बोल...मैं भी तो देखूँ कि उस कमीने के सीने में कितने बाल हैं..."

बी की गालियाँ, मारपीट और क्रोध को सुनकर बाहर खड़ी फूफी ने कई बार चाहा कि दरवाज़े पर थपकी देकर मालती या बी को पुकार लें। लेकिन ऐसे अवसर पर बी की सिंहनी जैसी स्थिति की कल्पना करके, उनकी हिम्मत अन्त तक नहीं हुई।

मालती कोई घंटा-डेढ़ घंटा बन्द कमरे में बराबर पिटती रही, लेकिन सिवाय कराह के उसकी ज़बान से कुछ नहीं निकला और आख़िर हार-थककर स्वयं रोती हुई बी बाहर निकल आईं। एक बार दरवाज़े के पास आकर वह रुक गईं और टूटे हुए स्वर में बोलीं, "एक बात और कान खोलकर सुन ले, तू जिस ज़िद में अड़ी है, वह तुझे काम नहीं देगी। हम तो तेरे भले के लिए कह रहे थे, नहीं समझती तो भाड़ में जा; लेकिन रोशन के आने के पहले यहाँ से अपनी मनहूस सूरत ज़रूर हटा लेना। वह कहीं देख-सुन ले तो तेरी जान ले लेगा, बताए देती हूँ।"

बी के निकल आने के बाद फूफी चोरी से भीतर गईं। देखा, मालती लगभग अधनंगी-सी फ़र्श पर पड़ी है। बाल और चेहरा बुरी तरह नुचे हुए हैं, ब्लाउज़ फटकर शरीर को काफ़ी उघाड़े हुए है और उसके तमाम ज़िस्म के साफ़-सुथरे माँस पर बेंत के कई आड़े-तिरछे रोल उभर आए हैं।

उसी शाम को फूफा के आने से पहले मालती घर से निकल गई।

अपने यहाँ, बी के मिलने-बैठने वालों को छोड़कर किसी दूसरे का स्वागत करने में यों भी फूफी झिझकती थीं; दो-एक बार ऐसे अनुभव भी हुए कि अपने दुर्व्यवहार से बी ने न केवल घर आए मेहमानों का अपमान कर दिया, बल्कि कई बार फूफी को स्थिति सँभालना कठिन हो गया था; अतः ऐसे अवसर प्रायः टाल जातीं। महफ़िल-मजलिस या मीलाद वाज़ में लोग मिलते तो अपने-अपने यहाँ आने के लिए इसरार पर इसरार करते। पहले-पहल झूठे वायदे करके और बाद में मुस्कुराकर, हाँ हूँ से अथवा बात को बहला-फुसलाकर वह टाल जातीं, क्योंकि किसी के यहाँ एक बार भी जाने का मतलब है अपना द्वार दूसरों के लिए खुला रखो। इसीलिए अपनी ओर से किसी को भी घर आने के लिए फूफी कभी ज़ोर नहीं देतीं।

ज़हीरा भाभी के साथ भी वही हुआ था। यहाँ-वहाँ की अचानक मुलाक़ात में दसियों बार उन्होंने आग्रह किया होगा, लेकिन वायदा करने के बाद भी फूफी कभी उनकी दहलीज़ तक नहीं पहुँच पाईं। अन्त में ज़हीरा भाभी ने उस बात को छेड़ना ही बन्द कर दिया, पर मौक़ा पाते ही ताने मारना न भूलतीं।

सो उस दिन अचानक ज़हीरा भाभी को अपने यहाँ देखकर फूफी हतप्रभ रह गईं। एक क्षण बाद उन्होंने मुस्कुराकर कहा, "अरे, कोई सूचना न सन्देशा, यह एकाएक कैसे?"

"क्यों?" चौखट के पास ही ठिठककर ज़हीरा भाभी मुस्कुराईं, "क्या ख़बर करके आना ज़रूरी था? बोलो तो, अब भी लौट जाएँ?"

"नहीं नहीं, यह बात नहीं," फूफी मजबूरन हँसने लगीं, "मेरा मतलब था कि मैं पहले से ही तैयार मिलती। और मान लो, हम लोग कहीं चले गए होते तो?"

"तो क्या? लौट जाती!" ज़हीरा भाभी ने कंधे उचकाकर कहा और भीतर आकर बैठती हुई बोलीं, "अब हमने कहा कि तुम तो आने से रहीं, रास्ता देखते-देखते शायद बुढ़ापा भी आ जाएगा। शादी हुई, नई से पुरानी हुई, बाल-बच्चे वाली भी हो गईं, लेकिन कभी हमारे घर की तरफ़ भूले से भी नहीं पहुँचीं। सोचा, हम ही चलें, चाहे तुम बुलाओ या न बुलाओ..."

फूफी कुछ कहतीं कि तभी बी अपने कमरे से निकल आईं और एक जगह ठिठककर, अप्रसन्न मुद्रा में ज़हीरा भाभी को घूरती रहीं। उनका वैसा घूरना ही इस संकेत के लिए पर्याप्त था कि ज़हीरा भाभी को अपने घर पर देखकर वह प्रसन्न नहीं हुईं। फिर भी जब भाभी ने उन्हें अदब से सलाम किया तो बी ने सलाम लिया और अनमने ढंग से पास आ बैठीं।

"बी खाला, कैसी हो?" ज़हीरा भाभी ने शायद उनका रुख़ ताड़ लिया था, उन्हें ख़ुश करने की कोशिश में बहुत विनम्र होकर पूछा।

उसी अनमने भाव से बी ने जवाब दिया, "अल्लाह का शुक्र है। भला अब इस उम्र में क्या अच्छा और क्या बुरा होगा। चलती हैं, चलती हैं, जिस क्षण साँस रुक जाएगी, उठ जाएँगी।"

फूफी उठकर पानदान लेने चली गईं और ज़हीरा भाभी इधर-उधर की कई बातें बी से करती बैठी रहीं। मसलन, मौसम की, अनाज की क़िस्मों और उनकी फ़सलों की, चूड़ियों के व्यवसाय और उससे फ़ायदे-नुक़सान की, मौलवी-मुल्ला और उनके वाज़-तक़रीरों की और इस बीच दो बार पान खा चुकीं। फूफी ने ऊबकर शिकायताना नज़रों से ज़हीरा भाभी की ओर देखा। यह उनकी अजीब आदत थी कि ख़ुद ही बात छेड़ देतीं, एक पर एक सिलसिला निकालकर घंटों बोले जातीं और अन्त में ख़ुद ही ऊबकर खिसकने की कोशिश में लग जातीं।

"तुम्हारी बच्ची कहाँ है?" आख़िर ज़हीरा भाभी ने बात पलटकर फूफी से कहा, "बच्ची ही हुई है न?"

फूफी ने जवाब नहीं दिया, सिर झुकाकर रह गईं और बी ने लापरवाही तथा उपेक्षा से हामी भरी मानो कहती हों, 'हाँ, और क्या उम्मीद की जा सकती है?"

"क्या नाम रखा है?" ज़हीरा भाभी ने दूसरा सवाल किया और इस बार फिर फूफी कठिनाई में पड़ गईं। बच्ची के नाम रखने को लेकर भी पिछले दिनों बड़े-बड़े हंगामे हुए। फूफी कुछ नया और प्यारा-सा नाम रखना चाहती थीं और अकेले में उसे सालिहा के नाम से पुकारने भी लगी थीं पर बी को यह बिलकुल पसन्द नहीं आया। उपेक्षा से नाक-भौं सिकोड़कर उन्होंने कहा, "सालिहा भी कोई नाम हुआ? ऐसा लगता है जैसे गाली दी जा रही हो। देखना, लोग सालिहा कहते-कहते साली कहने लगेंगे!" फिर उन्होंने बड़े ऊटपटाँग और नाम सुझाए थे, जैसे नसीबन, करीमन, रहीमन।

फूफी ने कह दिया था, "ये सब तो नौकरानियों के नाम हैं।" बस उसी बात पर तूफ़ान खड़ा हो गया और फूफी की अच्छी तरह से ख़बर ली गई। बाद में फूफा ने भी वही बात कही कि दूसरों की नक़ल और दिखावे की बातों से क्या फ़ायदा, बकरी चाहे कुछ भी कर ले, उसकी दुम चार अँगुल से बढ़ेगी नहीं।

"बताया नहीं, नाम क्या रखा है?" भाभी ने दुबारा सवाल किया। इस बार बी ने टेढ़ी आँखों से देखकर चिढ़ाते हुए कहा, "क्यों...साली या बहनोई ऐसा ही कुछ है...क्या है, बहू?"

"सालिहा!" फूफी ने धीरे-से कहा।

"सालिहा?" ज़हीरा भाभी ने उसी प्यारे अन्दाज़ में आँखें फैलाकर पूछा, "वाह, बहुत प्यारा नाम है! साल-भर की हो गई होगी, नहीं?"

फूफी ने बताया कि महीना पूरा होते ही दो साल की हो जाएगी। इस बीच हालाँकि बी चुप बैठी थीं, लेकिन उनके जबड़े बराबर चल रहे थे और अपनी जगह से इंच-भर हिले बिना वह अन्त तक जमी रहीं।

आख़िर उनसे छूटने की ज़हीरा भाभी ने राह निकाली, बोलीं, "दुलहन, तुमने तो एक ही जगह बिठा रखा है। अपना घर भी तो दिखाओ।"

खिसककर अलग होने का यह अच्छा तरीक़ा था, लेकिन बी के रुख़ से साफ़ लगा कि वह ताड़ गई हैं। दरअसल, वह ज़हीरा भाभी को बिलकुल पसन्द नहीं करती थीं और उनके साथ अलग-अलग बैठकर ख़ुसुर-फुसुर करने के सख़्त ख़िलाफ़ थीं। महफ़िल-मजलिस के ऐसे उदाहरणों को लेकर उन्होंने फूफी को कई बार डाँटा था, सो इस बार भी फूफी सहम गईं। वह बहुत डरती-डरती ज़हीरा भाभी के साथ उठीं कि बी कहीं फटाक् से कोई जुमला न दे मारें, लेकिन शुक्र है कि वैसा कुछ हुआ नहीं। सम्भवतः जलती हुई आँखों से घूरने के सिवाय और कोई उपाय भी वहाँ न था।

"अब सुनाओ, कैसी हो!" चूल्हे के पास आकर इतमीनान से बैठती हुई ज़हीरा भाभी ने कहा, जैसे फूफी से अभी-अभी मुलाक़ात हुई हो और इससे पहले की तमाम बातें जैसे कहीं और करती रही हों।

"हमें क्या, सब ठीक-ठाक है," फूफी बोलीं, "आप अपनी कहिए...इस बीच तो बहुत बदल गई लगती हैं।"

ज़हीरा भाभी सहसा उदास हो गईं और दूसरी ओर देखकर उन्होंने एक ठंडी साँस ली।

कुछ पल प्रतीक्षा करने के बाद फूफी ने पूछा, "बीच में क्या तबीयत ठीक नहीं थी?"

निस्सन्देह, पहले की ज़हीरा भाभी यह नहीं हैं। स्वास्थ्य, चेहरा-मोहरा, पहनाव-उढ़ाव सब कहीं आश्चर्यजनक बदलाहट आ गई है। बात-बात में खिली

रहनेवाली आँखों के नीचे स्याही पड़ गई है। और जो गाल हमेशा प्रसन्नता के मारे दहकते रहते थे, वे मुरझाये पत्ते की तरह अल्लर लगते हैं। न वे होंठ हैं, न होंठ में जमे रहने वाले पान...

"तुम रशीदा से कब मिली थीं?" फूफी के सवाल का जवाब न देकर भाभी ने स्वयं प्रश्न कर दिया और तितली के पंखों की तरह अपनी गीली बरौनियों को ढाँपती-खोलती हुई उनकी ओर देखने लगीं।

"बस वही मुलाक़ात, जो आपने एक बार मीलाद में कराई थी," फूफी ने कहा, "फिर दो साल से ज़्यादा हो गए, उसे कहीं नहीं देखा। क्यों, क्या उसकी शादी हो गई?"

ज़हीरा भाभी ने हैरत-भरी आँखों से फूफी की ओर देखा, कई क्षण ताकती रहीं, फिर आश्चर्य करती हुई बोलीं, "तुमने उसके बारे में कुछ भी नहीं सुना?"

"क्या?"

"अरे, तुम किस दुनिया में रहती हो?" भाभी जैसे दर्द से हँसीं, "उस अभागिन की क्या शादी होती? गए महीने ऊबकर वह बेचारी जल मरी!"

फूफी की ऊपर की साँस ऊपर और तले की तले रह गई। वह वेदना जैसे पानी के घूँट की तरह होंठों से हलक, हलक से गला और गले से नीचे उतरती हुई शरीर के सारे अवयवों में फैल गई और फूफी जड़ होकर रह गईं। वहाँ न आश्चर्य का स्थान था, न पूछने की जगह।

"उस हादसे के एक हफ़्ता पहले मेरे पास आई थी," ज़हीरा भाभी उसी उमड़े-उमड़े स्वर में बोलीं, "लेकिन तब मैं क्या जानती थी कि वह मुझसे आख़िरी बार मिल रही है और एक दिन वह सब कर बैठेगी। उस दिन भी बड़ी देर तक रोती रही कि उसे मौत नहीं आती। घंटों बैठकर मुझे रोज़-ब-रोज़ का हाल सुनाती रही और अपना सारा ज़िस्म खोलकर दिखाया। हाय अल्ला, मैं देखकर बेहोश नहीं हो गई, यही ग़नीमत समझो? घुटनों से लेकर गले तक, जगह-जगह उसने अपने शरीर को आग से भून डाला था। इस तरह जला-भूनकर शायद वह समझ रही थी कि ख़ुदा उसके गुनाहों को माफ़ कर देगा। कहने लगी—मैं चाहती हूँ कि मेरा जिस्म बदसूरत हो जाए—इतना बदसूरत कि उसमें हाथ तक न लगाया जा सके। मैंने रोकर कहा कि रशीदा, यह तूने क्या कर लिया? बोली—जीते जी दोज़ख़ भोग रही हूँ। ख़ुदा जाने उसके बाद उसने क्या सोचा-समझा, हफ़्ते-भर बाद सुना कि एक रात जब सब सो रहे थे तो अपने शरीर पर किरासिन तेल छिड़ककर वह जल मरी..."

फूफी को लगा कि ज़हीरा भाभी के आँसू-भर नहीं निकल रहे हैं। उनकी स्थिति उस जलभीगी रेत की तरह थी जो गीली तो होती है, लेकिन बह नहीं पाती। फूफी ने अपनी ओर से संवेदना प्रकट करनी चाही, लेकिन क्या कहें, यह समझ में नहीं आया।

"तुम्हें सच बताऊँ?" ज़हीरा भाभी एक क्षण ठहरकर बोलीं, "जब से रशीदा मरी है, मुझे बिलकुल चैन नहीं। रात को ठीक से नींद नहीं आती। अँधेरा होते ही अजीब बेचैनी और घबराहट शुरू हो जाती है। कहीं थोड़ी देर के लिए आँख लगती है तो रशीदा को ही सपने में देखती हूँ। मन बदलने के लिए कुछ दिन बाहर भी रही, लेकिन कोई फ़र्क़ नहीं पड़ा। तुम कहोगी कि मैं भी कैसी पागल हूँ, है न?"

फूफी को याद आया, भाभी ने रशीदा के जीवनकाल में उसे आत्महत्या करके गुनाहों की ज़िन्दगी ख़त्म करने की सैकड़ों बार सलाह दी थी। वह चाहे भावावेश में हो अथवा क्रोध में आकर संवेदना के कारण, और आज जब रशीदा सचमुच वह सब कर गई तो भाभी भीतर से भीरु और अपराधी बन गई हैं।

फूफी ने फिर चाहा कि भाभी को तसल्ली दें, लेकिन संकोच के मारे वह चुप रह गईं। बी उधर से चिल्लाईं, "बहू, सुनाई नहीं देता? बच्ची ने रो-रोकर हलक सुखा लिया है..."

तत्काल वहाँ से उठकर, लगभग भागती हुई-सी फूफी निकलीं और थोड़ी देर बाद बच्ची को गोद में उठाए लौट आईं। वास्तव में रशीदा की चर्चा ने उन्हें बुरी तरह झकझोर दिया था और प्रकट में वह उस बात से बचना चाहती थीं। विषय बदलने के प्रयत्न में उन्होंने मुस्कुराकर पूछा, "और आपके देवर कैसे हैं?"

वेदना के उस प्रभाव से मुक्त होकर बाहर आने में ज़हीरा भाभी ने थोड़ा समय लिया। कुछ क्षण बाद, ऊपर से स्वस्थ और संयत वह ज़रूर हुईं, लेकिन भीतर का स्वर नहीं बदला, बोलीं, "उनका क्या है? ख़ूब मज़े में हैं! अब हमारे यहाँ आने की फ़ुरसत किसे है? ताज़्जुब करोगी, जो महीने-दो महीने नहीं रह पाता था, वही साल-भर बाद आता है और मन लगाकर बातें करना तो दूर, नज़रें बचाकर निकल जाता है।"

कहती-कहती भाभी जैसे पिछला कुछ समेटने के लिए रुकीं, एक घुटने को उठाकर उस पर अपनी ठोड़ी रख दी और जंगले के पार दूर तक देखती हुई बोलीं, "कभी-कभी मैं सोचती हूँ कि हम लोगों की ज़िन्दगी का कितना हिस्सा धोखे-धोखे में निकल जाता है! शायद इतना ही देखकर हम लोग सन्तोषपूर्वक आँखें मूँद लेती हैं कि हथेलियाँ ख़ाली नहीं हैं, जबकि कई बार उनमें गीली मिट्टी भरी होती है। ऐसी गीली मिट्टी जिसे मुट्ठी बन्द करके रखना कभी सम्भव नहीं होता। पकड़ने के लिए उसे जितना ही दबाओ, उतनी ही वह पकड़ के बाहर होती जाती है।"

बाहर तीसरे पहर की धूप ढल रही थी। आँगन में खड़े आम की ऊपरी फुनगियों पर अन्तिम किरणों का सुनहरा रचाव धुँधलाता जा रहा था।

फूफी की बच्ची गोद में मचल गई और ज़ोर-ज़ोर से रोने लगी। लाख पिलाई-हिलाई गई लेकिन चुप न हुई। उस सारे समय जबकि फूफी 'ओ ओ, ना बेटी ना' कह-कहकर मनाने में लगी थीं, भाभी लगातार बच्ची की ओर ताकती रहीं। जब

फूफी उठकर उसे टहलाने लगीं तो बोलीं, "अब इन्हें ही देख लो," उनका संकेत अपने पति के लिए था, "शादी के दस बरस गुज़ार दिए, कभी कोई बात नहीं हुई, पर अब बीसियों तरह के नुक्स निकालते हैं कि मोटी हूँ, बाँझ हूँ, बिला वजह चर्बी चढ़ाए जा रही हूँ...पर मैं इनमें से किसी बात का बुरा नहीं मानती, क्योंकि यह सच है कि मैंने उन्हें कुछ नहीं दिया। जिसका सबसे अधिक सदमा मुझे है, वह यह कि जिन दिनों करना था, तब तो नहीं किया, अब शक के मारे अन्धे हो रहे हैं। बाहर निकल जाने का बहाना करते हैं। और कहीं पास-पड़ोस में छिपकर देखते रहते हैं कि मैं क्या करती हूँ। दौरे की बात कहकर चले जाएँगे और अचानक आधी रात को आकर धीरे-धीरे दरवाज़ा खटखटाएँगे या इशारा करने के ढंग पर सीटियाँ बजाएँगे...ऐसे में क्या मन होता है, बताऊँ? यह कि बिना किए ही इल्ज़ाम पाने से तो करके बदनाम होना ज़्यादा अच्छा है। एक बेचारी रशीदा थी!"

अचानक बात को फिर से पुराना मोड़ देकर भाभी चुप हो गईं और उसके साथ ही जैसे सारी बातें चुक गईं। ज़हीरा भाभी वहाँ से तब तक नहीं उठीं जब तक कि उधर से बी फिर न चिल्ला पड़ीं, "ऐ बहू, आज क्या पकाना-खाना नहीं है, कब तक बातें खपालती बैठी रहोगी?"

जब वे दोनों बाहर आईं तो फूफी के ठीक से क़दम नहीं पड़ रहे थे। उन्हें जिस बात का डर था, आख़िर वही हुआ। हालाँकि भाभी कुछ बोलीं नहीं, लेकिन जिस तरह हड़बड़ाकर उतरा चेहरा लिये खड़ी हो गईं, उसे देखकर फूफी रुआँसी हो गईं।

धूप अब आम की फुनगियों से ग़ायब हो चुकी थी और बाहर की सड़क से लौटती-रँभाती गायों की आवाज़ें आ रही थीं। बी को अचानक सामने देखकर भाभी ने लज्जित स्वर में कहा, "सचमुच बी खाला, बड़ी देर हो गई।"

पर बी को सन्तोष नहीं हुआ, घूरकर उन्होंने रुखाई से कहा, "तुम्हें भी क्या घर में काम-धन्धा नहीं है? बैठ गईं तो घंटों बैठ गईं।"

एक क्षण के लिए भाभी ज़रूर निरुत्तर हो गईं। अपमान और क्रोध के मारे उनका चेहरा भी तमतमा गया, लेकिन तुरन्त हँसकर उन्होंने कोई मीठा-सा जवाब दिया और गरदन झुकाकर बाहर हो गईं।

लेकिन जैसे ही ज़हीरा भाभी बाहर हुईं, रज्जू मियाँ किसी पास के कमरे से निकले और अचानक बी पर बरस पड़े, "यह घर किसी भले आदमी के बैठने-उठने लायक़ नहीं रह गया। भला घर आई किसी शरीफ़ औरत के साथ क्या इसी तरह सलूक किया जाता है? अरे, ज़रा देर बैठ ही गई तो कौन-सा पहाड़ टूट पड़ा?"

थोड़ी देर बी उन सारी बातों को सुनती हुई रज्जू मियाँ को घूरती रहीं और जब उनका बड़बड़ाना ख़त्म हो गया तो अपने बायें हाथ को हँसिया चलाने की तरह चमकाकर वह ज़ोर से बोलीं, "अब तुम मेरी ज़बान न खुलवाओ, वरना तुम्हारी

सारी शराफ़त यहीं खोलकर रख दूँगी। मैंने ऐसा कह क्या दिया कि लाल-पीले होने लगे? और कोई भी आए-जाए, तुम्हें ताक-झाँक करने की क्या ज़रूरत है? यही है शराफ़त! कहे देती हूँ, मुझसे तुम्हारा कुछ भी छिपा नहीं, राई-रत्ती हाल जानती हूँ! अरे, शराफ़त होती तो उसी दिन चुल्लू-भर पानी में डूब मरे होते जिस दिन..."

बी न जाने क्या कहने जा रही थीं और क्या बक जातीं, पर अपने को उन्होंने बड़ी कठिनाई से रोका, और दाँत पीसते तथा गालियाँ बकते हुए रज्जू मियाँ भी बाहर निकल गए।

उस रात एक क्षण के लिए भी रशीदा का चेहरा फूफी की आँखों से नहीं हटा। जितना ही वह उसे अपने ज़ेहन से झटकने की कोशिश करतीं, उतनी ही स्पष्टता के साथ वह उभर आता और उससे अधिक सजीवता से खिंच आता। मालती का फ़र्श पर लोटता शरीर, जो जगह-जगह से उधड़ा है, जिस पर बेंत के कई आड़े-तिरछे और लाल-लाल रोल उभर आए हैं और जिसके पास बेलमोगरा के सूखे फूल पड़े हैं...

...और आज जब मैं रज्जू मियाँ की रूह की बख़्शिश के लिए फ़ातिहा देने बैठा हूँ और फूफी भी मौजूद हैं, तो उनके ससुर के अन्तिम दिन याद आ जाते हैं...

बी के बाद वह बिलकुल अकेले पड़ गए थे और आख़िर के डेढ़ साल में फूफी से बातचीत का भी सम्बन्ध नहीं रहा था। उसी घर में रहते हुए अन्त के दो-एक दिनों को छोड़कर न तो फूफी कभी उनके सामने आईं और न ही रज्जू मियाँ कभी भीतर की ओर गए।

बाहर के बरामदे में खाट डालकर वह दिन-भर पड़े रहते। जो भी मिलने-बैठने आता, उसके सामने फूफी की ढेर सारी शिकायतें लेकर बैठ जाते कि बुढ़ापे में उन्हें खाने-पीने और हर बात की तकलीफ़ दी जाती है। वह हफ़्तों बुख़ार में तपते पड़े रहते हैं, लेकिन कोई बच्चा तक उनके पास नहीं फटकता। बस, कुत्तों की तरह उनके आगे खाना डाल दिया जाता है, सो उसे भी बन्द करके उन्होंने ख़ुद ही पकाना शुरू कर दिया है। यह सोचकर कि ठीक है, उनसे किसी ज़माने का बदला लिया जा रहा है।

लेकिन इन सब आरोपों के उत्तर में फूफी कभी कुछ नहीं कहतीं, सिवाय गरदन झुकाकर रह जाने और यह कहने के कि वह बोलती नहीं, यह ज़रूर सच है, लेकिन क्यों, इसका कारण बाहर वालों की समझ में कभी नहीं आएगा, स्वयं ससुर अच्छी तरह जानते-समझते हैं।

चूँकि बाहर वालों को इन सबसे कुछ लेना-देना नहीं था, अत: आख़िर तक छोटी फूफी ही बदनाम रहीं। किसी ने देखा कि लम्बी बीमारी और थकावट के

बाद जब वे अस्पताल उठकर जा रहे थे तो एक बार भीतर आए थे। बड़ी देर तक यूँ ही खड़े ताकते रहे, फिर फूफी को पुकारा। वह आईं और दोनों आमने-सामने हुए तो भी बड़ी देर तक चुप्पी रही। थोड़ी-थोड़ी दूर पर अलग-अलग खड़े, दोनों एक-दूसरे के बोलने की प्रतीक्षा करते रहे और अन्त में रज्जू मियाँ बोले, "बहू, मैं अस्पताल जा रहा हूँ।"

फूफी ने एक छिछलती नज़र उठाई, निमिष-भर उन्हें देखा और सिर झुकाकर खड़ी हो गईं।

"यहाँ ठीक से इलाज नहीं हो पाता, बहू और..." कहते-कहते वह एक क्षण के लिए रुके और बहुत ही भर्राये स्वर में बोले, "और तुम्हें कितना बदनाम करूँ? सोचता हूँ, अब अल्लाह के सामने खड़े होना है, आख़िरी वक़्त ही अपना ईमान ठीक कर लूँ।"

फूफी ने कहना चाहा, "मामू, मैंने कब कहा..."

"नहीं, नहीं, तुम कुछ मत बोलो," रज्जू मियाँ ने बीच में बात काटकर अधीर स्वर में कहा, "कहना मुझे ही है, क्योंकि तुमसे माफ़ी माँग सकूँ, ऐसा मुँह भी अब मेरे पास नहीं है, बहू...ओ बहू..." कहकर रज्जू मियाँ रोने लगे और फूफी अपने मुँह में आँचल ठूँसकर वहाँ से भाग आईं।

उस दिन के निकले हुए रज्जू मियाँ फिर अस्पताल से लौटकर नहीं आए। लगभग महीने-भर बाद, एक सुबह चादर में लिपटा उनका निर्जीव शरीर आया। बड़ी कठिनाई के बाद फूफी ने उनके मरे हुए मुँह की चादर उठाई, लेकिन एक पल से अधिक वह नहीं देख सकीं, घबराकर ढँक दिया और दोहत्थड़ मारकर बड़ी ज़ोर से चिल्लाईं।

"...लाओ, बेटे, रोटियाँ बदल दें!" अचानक फूफी ने मुझे चौंकाते हुए पूछा।

मैंने सहमकर देखा कि रज्जू मियाँ के नाम की फ़ातिहा हो गई है और रोटियाँ पड़ी सूख रही हैं, लेकिन मैं कहीं बहक गया हूँ।

दूसरा खंड

भटकाव : दिशाएँ चूमती स्त्रोतस्विनी

नौ

गर्मियों के अन्तिम दिन।

शाल वृक्षों ने अपने पाँच पँखुड़ियों वाले कत्थई फूल धरती पर गिरा दिए थे और आकाश में बाँहें फैलाए हुए टहनियाँ पहली बरसात की बाट देख रही थीं। पेड़ों के नीचे-नीचे, जहाँ तक निगाह जाती, शाल फूलों के पाँख-पाँख सायों में छितराये पड़े मिलते।

इमली के छोटे-छोटे फूल इस क़दर झरते थे कि घर के आँगन में जैसे पीला फ़र्श बिछ जाता। जयमंगल की शाख़ों से झूलती हरी ज़ंज़ीरों में दीये की तरह जलते लाल-लाल फूल इतने चिटकते कि सुबह बुहारकर फेंकना पड़ता।

सिर्फ़ एक पहर धूप होती और दोपहर के बाद आकाश काले बादलों से ढँक जाता। अचानक हवा तेज़ हो जाती और हर पेड़ की छाँव में लेटे बेशुमार सूखे पत्ते और तिनके बेसहारा होकर ऊपर उठ जाते।

उन दिनों, ऐसे ही किसी सूखे पत्ते की तरह सारा दिन डोलना, आज याद-भर रह गया है। भरी दोपहरी को सोये पड़े घर से चुपचाप खिसककर निकल जाना और सारे दिन का अकारण भटकाव—कभी अमराई में हथेलियों का तकिया बनाए लेटे हैं, कभी इमली जामुन की जाल जैसी बुनी शाख़-टहनियों के बीच बेमानी गीत गा रहे हैं, कभी दलपत के किनारे से नाव खोलकर घंटों सैर कर रहे हैं अथवा पानी में कूद-कूदकर सिंघाड़े निकाल रहे हैं।

पर मोहसिन को इससे अधिक आनन्द निशानेबाज़ी में आता। रबर की गुलेल लिए वह दिन-भर गिरगिटों के पीछे दौड़ता और उसके पीछे भागा-भागा फिरता मैं। हालाँकि व्यक्तिगत रूप से मैं इस मामले में नकारा था और अन्त तक गुलेल से एक आम तक गिराते मुझसे कभी नहीं बना।

धूप तेज़ है, प्यास के मारे हलक में काँटे उगे आ रहे हैं, लेकिन अमराई और बाग़ों में गुलेल ताने हुए मोहसिन है कि आम की पींड़ों, दूसरों पेड़ों की जड़ों और घास के पीछे आँख जमाए गिन-गिनकर गिरगिट गिराए जा रहा है—लाल मुँह वाले, बड़े सिर वाले, काली-पीली शक्ल वाले तथा विभिन्न प्रकार और जाति के।

"कितने हुए?" एक नज़र वह मेरी ओर फेंकता हुआ धीरे-से पलटकर निहायत लापरवाही के साथ पूछता। पीछे-पीछे चलने और साथ रहने के कारण मेरे ज़िम्मे यह काम था कि मैं मारे गए गिरगिटों का हिसाब रखूँ। मोहसिन को याद न हो, ऐसी बात नहीं; लेकिन हर बार पूछकर जैसे वह जतलाना चाहता था कि उसने अमुक-अमुक संख्या में गिरगिट मारे हैं और मुझे याद रखना चाहिए।

मैं मन-ही-मन हिसाब करके, पन्द्रह या बीस, जो भी संख्या हो, बताता।

"बस?" वह आश्चर्य करके मेरी ओर देखता, "ठीक से याद करो, ज़्यादा होंगे।"

जब मैं कहता कि मैं भूल नहीं रहा तो आरम्भ से गिनना शुरू करता, "सुनो,, एक नीम पर, एक बड़ के नीचे, एक आम की डाल पर, एक कचहरी की सीढ़ियों में—कितने हुए?"

कभी मैं गिनती में साथ देता, कभी चुप रहकर उसी की भंगिमाएँ देखता रहता।

"चलो, पाँच और मार देते हैं।"

वह गुलेल को ठाठ से झुलाता हुआ आगे बढ़ जाता, इस आत्मविश्वास के साथ, कि मैं बेझिझक साथ दूँगा ही। कई बार अनचाहे ही साथ देना पड़ता। नाहीं करने पर मोहसिन के द्वारा छेड़े जाने का डर था और ऐसे कई अवसर आ चुके थे कि जब उसने मेरी कमज़ोरी का मज़ाक़ बनाकर हँसने की कोशिश की थी। शरारत से वह मेरे गाल पकड़कर नोच देता और कहता, "क्यों रे, लड़का है कि लड़की?"

यही अपनी झूठी मरदूमी थी, जिसे उसके सिर लादने की कोशिश में मैं कई बार घिसटा-घिसटा फिरता। चाहे प्यास लग रही हो या नींद, अपने होंठों को गीला करके मैं रुखेपन से मुस्कुराता और उस वक़्त तक पीछे पाँव नहीं रखता जब तक कि स्वयं मोहसिन न कह दे।

लेकिन बहुत जल्दी ऊब भी स्वाभाविक थी। चमकते हुए लाल सिर वाले गिरगिटों का किसी टहनी की आड़ में रुककर धीरे-धीरे सिर हिलाना और तेज़ी से भागना, मोहसिन की गुलेल से ज़ख़्मी होने पर जान बचाकर छिपना और शिकारियों की तरह गुलेल ताने हुए मोहसिन का पीछे-पीछे दौड़ना, उन सबमें नई बात नहीं रही। न पहले जैसी उत्सुकता, न उमंग और मैं इस सारे व्यापार से कतराने लगा।

एक दिन बाज़ार से रिंग फिराता लौट रहा था कि मोहसिन मिल गया। मैं उसे अनदेखा करके खिसकना चाहता था, लेकिन उसने पकड़ लिया, पूछा, "खेलने क्यों नहीं आता?"

"मुझे अच्छा नहीं लगता," मैंने धीरे से कहा।

"क्या अच्छा नहीं लगता?"

"यही गिरगिट-छिपकली मारते ,फिरना," मैंने कहा, "किसी की जान लेने से

क्या फ़ायदा? हमारे-तुम्हारे लिए तो खेल है, लेकिन बेचारों की मुफ़्त में जान चली जाती है।"

"अच्छा!" मोहसिन व्यंग्य से हँसा और बलपूर्वक मेरी कलाई पकड़कर ज़ोर से मरोड़ते हुए उसने कहा, "यह हिन्दुओं जैसी बात कहाँ से सीख ली, बेटा?"

मुझे उसका बेटा कहना क़तई अच्छा न लगा, लेकिन मोहसिन के हाथ में मेरी कलाई मुड़ी जा रही थी और मुझे डर था कि पकड़कर तोड़ न दे। दर्द से होंठ-भौं चढ़ाते हुए मैंने मिन्नत के स्वर में कहा, "छोड़ दो, मेरा हाथ टूट जाएगा।"

मोहसिन हँसता रहा, फिर उसने झटके के साथ मेरा हाथ छोड़ दिया और अपनी दोनों हथेलियाँ एक दूसरी पर पटककर धूल झटकने के अन्दाज़ में बोला, "जा, छोड़ दिया, तू भी क्या याद करेगा! जाकर घर में गुड्डे-गुड्डी का ब्याह रचा!"

पीड़ा और अपमान के मारे मेरी आँखों में आँसू आ गए थे। अपनी कलाई को सहलाता हुआ मैं थोड़ी देर वहीं खड़ा, बहादुरों की तरह लौटते हुए मोहसिन को देखता रहा, फिर आँखें पोंछकर निकल आया।

मेरा ख़याल था कि उस दिन के बाद से मैंने मोहसिन को अपना दुश्मन बना लिया है। ज़रूर वह बातें करना छोड़ देगा और गाहे-बगाहे दूसरे लोगों के आगे मेरा अपमान भी करेगा, पर वास्तव में ठीक इसके विपरीत हुआ।

कुछ दिनों बाद मिला तो उसके व्यवहार में अप्रत्याशित रूप से परिवर्तन था। पहली ही बार उसने उतनी विनम्रता से बात की। कुछ खा रहा था। यह पूछने के बाद कि मैं कहाँ जा रहा हूँ, उसने अपनी जेब से भरी हुई मुट्ठियाँ निकालीं और उन्हें मेरी हथेलियों पर रखकर, स्नेह से बोला, "ले, खाएगा?"

अस्वीकार करने या लौटाने का उपाय न था। मैं भरी मुट्ठियाँ लिये चुप खड़ा रहा। मन में उस दिन की अपनी कलाई का दर्द सजीव हो आया था।

"भाई होकर मुझसे लड़ता है?" उसने एक स्नेह-भरी झिड़की दी और मुँह चलाते हुए मेरी ओर ग़ौर से देखने लगा।

मोहसिन की वह बात सचमुच मेरी समझ में नहीं आई, लेकिन अपनी ओर से प्रश्न करने का साहस नहीं हुआ। सोचा, सभी दोस्त भाई होते हैं। धीरे-से बोला, "मैं कहाँ लड़ता हूँ? तुम्हीं उलटे मेरा हाथ तोड़ना चाहते हो।"

"अरे, वोऽऽऽऽ।" मोहसिन लज्जित-सी हँसी हँसने लगा, "वह तो मज़ाक था। लेकिन तू मेरी बात क्यों नहीं मानता? देख, तू मेरा भाई है, इसलिए बताए देता हूँ।" कहकर उसने इधर-उधर देखा और कोई राज़ खोलने के अन्दाज़ में धीमे स्वर में बोला, "मैं गिरगिट यूँ ही नहीं मारता, है एक वजह, जो लोग कम जानते हैं।"

"वजह क्या है?"

"तू जानता है कि गिरगिट कौन है?"

मैंने अस्वीकृतिसूचक सिर हिलाया।

"दुश्मन है स्साला!" उसने अपने स्वर में ही नफ़रत भरकर कहा, "अब्बा कहते हैं कि हमारे पैग़म्बर को इसी ने एक बार दुश्मनों से गिरफ़्तार कराया था। पैग़म्बर बेचारे दुश्मनों से भागकर एक जंगल में छिपे थे। चूँकि उनके प्रवेश से झाड़ियाँ सब दब-बैठ गई थीं और उनके देखे जाने का अन्देशा था, सो उन्होंने मकड़ी से इल्तिज़ा की कि उनके चारों तरफ़ जाले पूर कर उन्हें छिपा दे। मकड़ी दोस्त और रहमदिल होती है, उसने वैसा ही किया। जब दुश्मन आए तो भटक गए थे। उन्हें बिलकुल पता नहीं लग पाता, लेकिन पास ही साला एक गिरगिट था जिसने सिर हिला-हिलाकर उस ओर इशारा कर दिया और पैग़म्बर गिरफ़्तार हो गए। तब से गिरगिट को मारो तो सबाब पहुँचता है।"

सच हो या झूठ, मोहसिन की वह बात बड़ी दिलचस्प लगी। एक क्षण के लिए उससे ईर्ष्या भी हुई कि मोहसिन को बहुत सबाब मिलेगा और मैं ख़ाली रह गया। यह भी सोचा कि अब सचमुच गुलेल चलाना सीखना चाहिए, लेकिन जैसे ही ख़ून से लथपथ, तड़पते और बार-बार मुँह खोलकर दम तोड़ते निरीह गिरगिट का ध्यान आया, उत्साह फिर ठंडा पड़ गया।

'लूटने दो, मोहसिन को ही सबाब लूटने दो।' मैंने अपने मन में कहकर अपने को तसल्ली दे दी थी।

मोहसिन ने अब मेरी बग़ल में हाथ डाल दिया और धीरे-धीरे मुझे अपने साथ खींचे लिये चल रहा था। थोड़ी उत्सुकता से मैंने उसके चेहरे के साथ चाल-ढाल और शरीर के हर अवयव को ग़ौर से देखा। जैसे मन-ही-मन जाँचने लगा था कि मोहसिन, जो इतना निडर, ताक़तवर और बड़ा है, जिसने एक-एक निशाने से 'दुश्मनों' के ढेर लगा दिए, मुझसे कहाँ और किस तरह अलग है?

"तुझे मामूल था कि तू मेरा भाई है?" अचानक मोहसिन ने मुझे बग़ल से खींचकर अपने पास सटाते हुए पूछा, फिर मेरे जवाब की प्रतीक्षा किए बिना सामने देखता हुआ स्वयं ही बोला, "अरे, मैं ख़ुद भी नहीं जानता था। कल तेरी बात अम्मी से कह रहा था कि उन्होंने नाम से चौंककर हुलिया पूछा। मुझसे पूछने लगीं कि तेरे अब्बा का नाम क्या है। वह तो मुझे मालूम न था, मैंने घर का पता बता दिया। सुनकर क्या हुआ, जानता है?" मोहसिन हँसने लगा।

मैंने धीरे-से सिर हिलाया। सोच रहा था कि मोहसिन ज़रूर कोई बड़ी बात बताएगा, पर वह बोला, "अम्मी रोने लगीं। थोड़ी देर उसी तरह रोती रहीं, फिर मुझसे बोलीं कि मोहसिन, उसे मत मारियो, बेटे, वह तेरा छोटा भाई है। मुझे ताज्जुब हुआ। पूछा कि छोटा भाई है तो हम लोगों के साथ क्यों नहीं रहता? कहने लगीं कि वह अपने अब्बा के पास रहता है। तब जाना कि तुम्हारे अब्बा अम्मी के बड़े भाई हैं और इस तरह तू मामूज़ाद भाई हुआ।"

फिर भी मोहसिन की बातें एकाएक समझ में नहीं आईं। अव्वल तो रिश्ता ही दिमाग़ में उलझ गया, फिर जब धीरे-धीरे साफ़ हुआ कि मेरी कोई फूफी भी हैं और मोहसिन उनका लड़का है, तो कई कारणों से विश्वास नहीं हुआ। और इसमें कोई सच्चाई है तो मुझे इसका पता क्यों नहीं? फूफी और मोहसिन कभी हमारे यहाँ क्यों नहीं आए, या हम लोग ख़ुद कभी एक बार भी मोहसिन के यहाँ क्यों नहीं गए? लगा, मोहसिन मुझे दूसरी तरह से दोस्त बनाए रखना चाहता है। जब देख लिया कि ताक़त काम नहीं करती तो फुसला रहा है।

पर मैंने प्रकट में शंका नहीं की, धीरे-से इतना ही कहा, "कुछ भी हो, मोहसिन, मैं तुम्हारे साथ गिरगिट मारने नहीं जाऊँगा।"

अब की बार मोहसिन की त्यौरी चढ़ गई और भौंहों में बल पड़ गए। रूखे स्वर में झल्लाकर बोला, "तुझे बुलाता ही कौन है, मैं अकेले क्या नहीं मार सकता? और तू करता ही क्या था, सिवाय पीछे-पीछे दौड़ने के?"

मुझे लगा, बात अनायास बिगड़ी जा रही है। उसे मनाने की कोशिश में मैंने रुआँसे स्वर में कहा, "मोहसिन, तुम सच मानो, मैं तुम्हारे साथ आना चाहता हूँ, लेकिन वह सब देखकर अच्छा नहीं लगता, जी बहुत दुखता है और तुम हँसना मत, मुझे रोना आता है।"

मोहसिन सचमुच बड़ी ज़ोर से ठहाका लगाकर हँस पड़ा और जैसे मुझ पर तरस खाते हुए अपना हाथ मेरे कंधे पर पटककर बोला, "जाने दे...जाने दे। इसीलिए तो कहता हूँ कि तुझे लड़की होना चाहिए था, भूल से लड़का हो गया। बात-बात में आँसू...चल, बेर खाएगा?"

चलते-चलते हम लोग प्राइमरी स्कूल के अहाते के पास से गुज़र रहे थे। अहाते के भीतर खड़ा बेर का पेड़ सारे लड़कों के बीच अपने मीठे स्वाद के लिए मशहूर था, लेकिन दिक़्क़त एक ही थी कि पेड़ ऊँचा बहुत था और काँटों के मारे उस पर चढ़कर बेर तोड़ना सबके बूते की चीज़ न थी। लेकिन गिने-चुने लड़कों में एक मोहसिन भी था जो सफ़ाई से ऊँची टहनियों तक चढ़ जाता और शाख़ों को झकझोर कर बेरों के ढेर कर देता।

हालाँकि घर लौटने में देर हो गई थी और वापसी में अँधेरा हो जाने का डर था, लेकिन मैं ना नहीं कर सका।

जब मैं अपनी जेबें भर रहा था तो मोहसिन पेड़ से नीचे उतर आया और एक बेर कुतरता हुआ बोला, "बेर मीठे हैं, नहीं?"

अब तक मैं बुरी तरह दब चुका था। चुपचाप स्वीकृति में सिर हिलाकर मैंने ख़ुशामदाना स्वर में पूछा, "इस पेड़ पर चढ़ना मुझे भी सिखा दोगे?"

इस बार फिर ज़ोर-से हँसकर उसने कहा, "तू चढ़ेगा? कहा न, यह काम लड़कियों का नहीं। अच्छा, चल, तुझे अपने घर ले चलते हैं, चलेगा?"

मोहसिन से मुलाक़ात को इतने दिन हो गए थे, लेकिन सारी भेंटें स्कूल और इधर-उधर ही हुई थीं और हालाँकि उसका मकान मैंने दूर से देखा था, पर एक बार भी ऐसा अवसर नहीं आया कि कभी उसके घर गया होऊँ।

मैंने पूछा, "क्यों, घर जाकर क्या करना है?"

"लोग घर जाकर क्या करते हैं?" उसने कहा, "बस चलेंगे, थोड़ी देर बैठकर चले आना।"

एक तो देर हो रही थी, दूसरे सच बात यह थी कि एकाएक किसी के घर जाने में मैं डरता था, सो मैं टाल गया कि घर बताकर नहीं आया हूँ, अब्बा नाराज़ होंगे।

"मत चल, हमें क्या है!" उसने लापरवाही से अपने कंधे उचकाए, "वह तुझसे मिलना चाहती हैं, कह रही थीं कि देखे बहुत दिन हो गए।"

इस बार मैं चौकन्ना हुआ। एक और रहस्य कि मोहसिन की अम्माँ मुझे देखना चाहती हैं और मुझसे मिल चुकी हैं; लेकिन उसका पता मुझे नहीं है। असमंजस में पड़ा मैं मोहसिन की ओर देखता रहा। वास्तव में यह तय नहीं कर पा रहा था कि मुझे क्या कहना चाहिए या जाना चाहिए अथवा नहीं। अन्त में मैंने कहा, "मोहसिन, आज नहीं, फ़िर किसी दिन आऊँगा।"

"किसी दिन कब?"

"कभी भी।"

"अम्मी को बता दूँ कि कल आओगे?"

उसके इस सवाल पर मैं एक पल के लिए सहम गया। इतनी जल्दी निर्णय कर लेने में घबराहट हो रही थी, लेकिन मोहसिन चूँकि लगातार घूरे जा रहा था और अधिक देर सोचने-समझने का उपाय न था, अत: जैसे-तैसे हामी भरकर मैं चला आया।

दूसरे दिन बड़ी बेचैनी रही। रात ठीक से नींद भी नहीं आई और देर तक मोहसिन की बातें कानों में गूँजती रहीं। कहने को तो मैं कह आया, लेकिन बार-बार अपनी ही बातों का ध्यान आता था। कभी लगता कि उस तरह बात टालकर चले आना शायद ठीक नहीं हुआ। यह पहला अवसर था कि मुझे किसी ने उत्सुकतापूर्वक अपने घर बुलवाया और कोई सचमुच मुझसे मिलना चाहता था। इससे पहले घर या रिश्तेदारों के बीच रहता ज़रूर आया था, लेकिन अपने अस्तित्व का ज्ञान न था।

अब्बा को जब भी देखा, हड़बड़ी या जल्दी में देखा। बिस्तर छोड़ते ही उन्हें घर से निकलने की जल्दी पड़ जाती और कई बार उनकी जल्दबाज़ी देखकर लगता कि घर उनका इसलिए नहीं है कि उनकी बीवी और बच्चे हैं बल्कि सिर्फ़ इसलिए है कि कपड़े-लत्ते और सामान धरे हैं, उनके नहाने-खाने का इन्तज़ाम होता है और रात में सोने के लिए आना पड़ता है।

जैसे ही आँख खुलती, देखता कि कोने वाले ग़ुसलख़ाने के पास के बड़े पत्थर पर बैठे वह हाथ-मुँह धो रहे हैं। वह काम निबटते ही ग़ुसलख़ाने में घुस जाते और अम्मी की पुकार होती कि नहाने का पानी और तौलिया आदि रख जाएँ। बिलकुल भाग-दौड़ होती और जब तक अब्बा घर से निकल नहीं जाते, अम्मी को देखता कि न सिर-आँचल का होश है, न चीज़ों के ठोकर लगने या गिरने-पड़ने का ख़याल। अब्बा ग़ुसलख़ाने, आँगन या अपने कमरे से पुकार रहे हैं और यह कुछ-न-कुछ हाथों में लिये तेज़ी से झपटती चली जा रही हैं, फिर भी कहीं-न-कहीं कुछ कमी रह जाती। मसलन, पानी ठीक से गर्म नहीं, मंजन ख़त्म हो गया, लेकिन पहले से ख़बर नहीं की गई, अथवा चाय है कि शरबत, होंठ ही गर्म नहीं हो पाते...इन शिकायतों के साथ ग़ुस्सा ऐसा होता कि सबकी सिट्टी-पिट्टी गुम। वह इतनी ज़ोर से चिल्लाते कि गले की सारी नसें मोटी होकर उभर आतीं, पेशानी पर बल पड़ जाते और सामने रखा कोई भी सामान हो, फेंक-फाँककर बराबर कर दिया जाता। ऐसे अवसर पर हम लोग एक कोने में दुबक जाते और किसी की भी हिम्मत उनके सामने पड़ने की नहीं होती।

कमोबेश, यह अकसर होता और शायद ही कोई दिन ऐसा जाता हो कि अब्बा किसी बात पर नाराज़ हुए बिना सादे मिज़ाज से घर से बाहर निकले हों। रात में वह इतनी देर से लौटते कि हम लोग सो चुके होते और अमूमन उनका आना हम जान ही न पाते।

उनसे अजीब स्वभाव था अम्मी का। जब तक अब्बा के काम-काज में लगी रहतीं तब तक तो ख़ैर हम लोगों के लिए समय निकालने का सवाल ही न पैदा होता, जब वे ख़ाली होतीं तब भी ऐसा रुख़ न रखतीं कि हम लोग पास जाकर बैठ-उठ सकें या कोई बात इधर-उधर की, की जा सके। अब्बा के चले जाने के बाद अकसर वह थककर खाट पर पड़ जातीं, माथे पर अपनी बाँह मोड़कर रख लेतीं और आँखें मूँदकर चुपचाप पड़ी कुछ सोचा करतीं।

पहले जब अनुभव न था तो हममें से कोई उनके पास जाकर बैठना-लेटना या बातें करना चाहता था, पर कभी उन्होंने ऐसी चीज़ों को शह नहीं दी। कभी अचकचाकर देखतीं और थकी नज़रों से ताककर फिर आँखें मूँद लेतीं, अथवा पास लेटे या बैठे हमारे शरीर को हाथ से परे ढकेलती हुई झल्लाकर कहतीं, "हम पर लदो नहीं, जाओ, बाहर जाकर खेलो!"

मैं गिनकर बता सकता था कि कितनी बार मैंने अम्मी को मुस्कुराते या हँसी-ख़ुशी बातें करते देखा था। वे अवसर उँगलियों पर गिनाए जा सकते थे जब अब्बा बाहर भागने की हड़बड़ी छोड़, इतमीनान से बैठे हों अथवा हम लोगों से लाड़ की बातें की हों। पढ़ाई-लिखाई हो, कपड़े-लत्ते हों या खेल-कूद हो, सभी से सम्बन्धित बातें चलते-चलते, उनकी तैयारी के दौरान में ही होतीं।

"अब्बा, हमारे लिए भूगोल की किताब ला दो।" सूफ़िया धीरे-से आगे बढ़कर कहती, "कब से बता रहे हैं, लेकिन आती ही नहीं। मास्टर साहब कहते हैं कि अब किताब लेकर नहीं आए तो स्कूल से निकाल देंगे।"

"हमारे पास कॉपियाँ नहीं, अब्बा!" सूफ़िया के साथ मेरी भी हिम्मत बँध जाती।

सूफ़िया छोटी थी, अतः उसके प्रति अब्बा अधिक ध्यान देते थे। उसी लाड़ के कारण वह कई बार ग़ैर-ज़रूरी तौर पर तुतलाने और चोंचले करने लगती और एकदम निर्भीकता से उनकी गोद में चढ़ जाना चाहती।

"हाँ, हाँ, आ जाएँगी...शाम को सारी चीज़ें आ जाएँगी।" कहकर एक-एक को अब्बा खिसकाते और तेज़ी से खट-खट करते हुए घर के बाहर हो जाते।

लेकिन, उस दिन, उन थोड़े से क्षणों से काम चलने का नहीं था। लग रहा था, जैसे कोई बड़ी ख़ास बात अपने सीने में दबाए हूँ और चलते-चलते या जल्दी में कह देना उसके महत्त्व को खो देना होगा। रात में इसीलिए बड़ी देर तक जागते हुए अब्बा की प्रतीक्षा की थी, पर मोहसिन की बात सोचते-सोचते पता नहीं कब नींद ने घेर लिया और सुबह हो गई।

और दिन होता तो शायद कुछ देर और पड़ा रहता, पर उस सुबह सब्र नहीं आया। जल्दी से उठकर किसी-न-किसी बहाने उनके इर्द-गिर्द डोलता हुआ, उस पल की बाट देखता रहा जब अब्बा से कहकर मैं उन्हें चकित कर दूँगा। इस बीच अम्मी अपने काम में लगी थीं और सूफ़िया सो रही थी। जब-जब उन लोगों पर निगाह जाती, मैं यह सोचकर अपनी ख़ुशी दबाने लगता कि बेचारों को मेरे बारे में कुछ पता नहीं है और कहीं सूफ़िया ने सुन लिया तो ज़रूर जल-भुन जाएगी।

"लाओ...जल्दी करो। आज कितनी देर तक सोता रह गया और तुमने जगाया भी नहीं," अब्बा ने आँगन में फैली धूप की ओर देखकर कहा।

"तुम उठो जब न," अम्मी बरामदे से आँगन में आ गईं और गर्म पानी का घड़ा खोलकर देखती हुई बोलीं, "कोई चाहे चिल्लाता रहे तुम करवट बदल-बदलकर सोये जाओगे और देर होगी तो उसका ग़ुस्सा हम पर तोड़ोगे। ऐसा ही है तो जल्दी उठा करो!"

कहने के बाद अम्मी ने ध्यान नहीं दिया कि अब्बा उस जवाब पर एक क्षण घूरते रहे और फिर किसी काम से भीतर चले गए।

लौटकर उन्होंने पूछा, "ख़रगोश को किसी ने कुछ दिया? बँदरिया है कि इतनी देर से चिल्ला रही है..." फिर स्वयं चिल्लाकर बोले, "अरे, उसे कोई पानी-वानी पिलाओ!"

मैली चिन्दी के सहारे गर्म पानी का भरा घड़ा दोनों हाथों से उठाए, किंचित् झुककर धम्म-धम्म पाँव रखती हुई अम्मी ग़ुसलख़ाने की ओर बढ़ी जा रही थीं,

अब्बा की बातें उन्होंने अनसुनी कर दीं। पहले अपना काम पूरा कर लिया, फिर वहाँ से लौटकर टखनों के पास भीगी साड़ी निचोड़ती हुई टालती-सी आवाज़ में बोलीं, "उन्हें छोड़कर तुम पहले अपना काम करो...बँदरिया का क्या है, यह तो दिन-भर चिल्लाती ही रहती है..."

"चिल्लाती रहती है तो क्या मर जाने दोगी?" अब्बा ने झल्लाकर कहा, "जानवर पाले हैं तो उनकी हिफ़ाज़त करनी पड़ती है।"

"हमें नहीं करनी हिफ़ाज़त!" लापरवाही से कहती हुई अम्मी आगे बढ़ गईं, "बन्दर-भालू की देख-रेख के सिवाय क्या कुछ और काम ही नहीं है?"

उसी जगह पर खड़े अब्बा जलती आँखों से घूरते रहे, शायद वह चिल्लाते और बात बढ़ जाती, लेकिन तभी सूफ़िया ने कोठरी में पानी ले जाकर बँदरिया को पिला दिया और आए हुए ग़ुस्से को किसी तरह टालकर अब्बा नहाने के लिए घुस गए।

वह सब देखकर मुझे थोड़ी निराशा हुई थी, लेकिन नहाकर निकलने, कपड़े बदलने और लोबान छोड़ने के दौरान (कोई भी दिन अथवा मौसम हो, नहाने के बाद अब्बा नियमित रूप से लोबान छोड़ते थे—पता नहीं किसके नाम से और क्यों) उनका रुख़ देखकर थोड़ी आशा बँधी। मैं बराबर आसपास डोलता रहा। कदाचित् बात भी हो जाती, लेकिन बीच में अम्मी बिगड़ पड़ीं। अकसर उनके उठकर यह-वह लेने के बीच मैं पड़ जाता और उससे उनकी गति में बाधा पड़ती। अतः उन्होंने मुझे डाँटकर कहा, "क्या है रे? खा लिया, पी लिया, अब बीच-बीच में क्या है? जाओ न, बाहर जाकर खेलो!"

मैं दयनीय आँखों से ताककर रह जाने के सिवाय कुछ नहीं कह पाया और सच कहूँ तो उस समय इतनी वेदना हुई कि वह मार देतीं तो अच्छा था। आसपास डोलने का मतलब कुछ खाने-पीने का लालच है, यह सोचकर ही अपमान के मारे मेरी आँखें भर आईं।

अब्बा को शायद लगा कि मैं देर से कुछ कहना चाहता हूँ। खाना छोड़कर उन्होंने प्यार से पुकारा और अपने पास बिठाकर स्नेह से पूछा, "बोलो, क्या बात है?"

पहले ही मेरी आँखें भर आईं थीं, इस बार मैं छलछलाकर रोने लगा और हालाँकि वह दसियों बार पूछते रहे, लेकिन मैंने कुछ भी नहीं बताया। सोचा, अब किसी को कुछ नहीं बताना है। न अब्बा को, न अम्मी को और न ही सूफ़िया को...

मैं चुपचाप घर से निकल गया और जान-बूझकर बाज़ार की ओर से गुज़रा, ताकि कहीं रास्ते में मोहसिन मिल जाए तो अकेले उसके घर जाने की ज़हमत से बचूँ और किसी संकोच के मारे न रह जाऊँ। दरअसल, पिछले दिन के आग्रह को टालकर आज अपनी ओर से जाने में झिझक हो रही थी। चाहता था कि मोहसिन

कहीं मिले और घर चलने के लिए फिर से आग्रह करे; पर उसे नहीं मिलना था, न ही मिला।

मुहल्ले में पहुँचकर मैं धीरे-धीरे चलने लगा। शायद तब भी उम्मीद थी कि आसपास कहीं मोहसिन दिख जाएगा। दिन के लगभग दस बज रहे थे और दफ़्तर-कचहरी वाले अपने-अपने घरों से काम पर जा रहे थे। दूसरे घरों के लोग कितनी देर बाद दफ़्तरों के लिए निकलते हैं! अब्बा को दफ़्तर के लिए निकले ज़माना हो गया। इतनी-इतनी देर तक घर पर रहकर लोग क्या करते हैं? मैंने सोचा—ज़रूर अपने बच्चों के पास बैठकर अच्छी-अच्छी बातें बताते और उनकी बातें सुनते होंगे। अच्छा, अब्बा का दफ़्तर कैसा होगा?

दूर से ही तालाब देखकर मैंने मोहसिन का घर पहचान लिया था, लेकिन पास पहुँचकर ठिठक गया। बाहर का दरवाज़ा लगा था और सामने किसी की आहट नहीं मिल रही थी। कुछ देर सशंकित आँखों से इधर-उधर ताकता मैं खड़ा रहा। सोच रहा था कि मुझे क्या कहकर पुकारना चाहिए। मोहसिन मिल जाए तब तो ठीक है, लेकिन अगर उसके बदले कोई और दरवाज़ा खोलकर निकल पड़ा तो क्या कहूँगा?

तभी भीतर से कुछ आहट-सी सुनाई दी और अनुमान हुआ कि कोई बाहर आ रहा है। तत्काल चौंककर मैं सँभल गया और वैसी ही हड़बड़ी में उलटे पाँव लौटकर दूर पुल के पास जा खड़ा हुआ। वहाँ से देखा कि दरवाज़ा खोलकर कोई अधेड़-सा आदमी कोट-पतलून और बूट पहने बाहर निकला, मुँह फेरकर किसी को आवाज़ दी और कुछ कहकर सड़क पर आ गया। अब्बा को इस तरह के लिबास में मैंने कभी नहीं देखा। अजीब बात थी कि वह पाजामा तक नहीं पहनते थे। हफ़्ते में एक बार जुमे के दिन जब मस्जिद जाना होता तो वह थोड़ी देर के लिए ज़रूर पहनते, लेकिन लौटकर तुरन्त धोती बदल लिया करते।

जब वह पास से गुज़रने लगे तो मैंने ग़ौर से देखा—लम्बा-छरहरा शरीर, छोटे-छोटे घुँघराले बाल, जिनमें बायीं ओर माँग निकालकर वह कंघी करते थे, बड़ी तेज़ और घूरती हुई आँखें, रौबीला चेहरा और होंठों के ऊपर फैली काफ़ी चौड़ी मूँछें। सोचा, इन्हें कहीं मास्टर होना चाहिए। हालाँकि उससे पहले उन्हें कभी नहीं देखा था, लेकिन अपने आप विश्वास हो गया कि मोहसिन के अब्बा यही होंगे। मेरे कौन...? फूफा...फूफाजान...मैंने मन-ही-मन कई बार दुहराकर देखा कि बोलने में कैसा लगता है।

"अरे कहो, बेटा!"

अचानक किसी का एक मज़बूत हाथ मेरे कंधे पर पड़ा। चौंककर देखा कि हँसता हुआ, मेरे कंधे पर हाथ दिए मोहसिन खड़ा है। इस बार फिर उसका बेटा कहना अखरा ज़रूर, लेकिन उसके मिल जाने की ख़ुशी में भूल गया। देखा कि

निकर-कमीज़ पहने है, हाथ में गुलेल, निकर की जेब में गोल-गोल चुनी हुई गोटियाँ भरी हुई हैं और चेहरा लाल है।

पूछा, "कहाँ से आ रहे हो?"

"यों ही, तालाब की ओर गए थे।" बिना गोटी फँसाए गुलेल की रबर तान और मकान की ओर निशाना साध, उसने फट से छोड़ दिया और बोला, "आते-आते अब्बा पर निगाह पड़ी तो झाड़ के पीछे छिप गया था।"

"वह तुम्हारे अब्बा थे?"

"हाँ।"

"कब से ग़ायब हो?"

"सुबह से।" वह हँसने लगा, फिर गुलेल झुलाता हुआ बोला, "चलें, नाश्ता करना है।"

वह कुछ क़दम बढ़ भी गया था, लेकिन शायद अचानक याद करके लौटा और पूछा, "तुम घर चलोगे?"

मैं थोड़ी देर उसकी ओर देखता रहा, हाँ या ना कुछ भी नहीं कह सका, फिर चुपचाप साथ हो लिया।

सामने का दरवाज़ा हालाँकि निकट पड़ता था और उस समय खुला भी था, लेकिन मोहसिन ने उससे भी आगे बढ़कर बाज़ू की एक गली पकड़ी जो उसके घर के पिछवाड़े दरवाज़े के पास से गुज़रती थी। गली की ऊबड़-खाबड़ ज़मीन और गड्ढे (जो निश्चय ही बारिश के कारण पड़ गए थे) के बीच उलटे-सीधे पाँव रखते हुए हम लोग भीतर गए।

चौखट के पास एक क्षण के लिए ठिठका था, पर मोहसिन मेरे संकोची स्वभाव से परिचित होने के कारण सीधे घसीटता हुआ ले चला। कुछ संकोच, कुछ झिझक और कुछ खुलने वाले रहस्य को ठीक-ठीक देख पाने की सतर्कता लिये मैं धीरे-धीरे क़दम रख रहा था कि मोहसिन ने वहीं से पुकारकर कहा, "अम्मी, देखो, यह कौन आया है!"

धक्-धक् करते जी और सहमती आँखों से मैंने देखा कि मोहसिन की अम्मी और मेरी फूफी निकलीं। कोरी सफ़ेद साड़ी में टखने से लेकर माथे तक ढँकी, एक मझोले क़द की गोरी महिला—ख़ूब बड़ी-बड़ी संजीदा आँखें, कसकर बँधे हुए बाल और सोने-चाँदी के ज़ेवरों से लदा शरीर।

खुला मुँह और अनझपी आँखें लिये वह मेरे पास आईं, सामने खड़ी होकर कुछ देर एकटक ताकती रहीं, फिर मेरे सिर पर अपना हाथ फेरते हुए उन्होंने छलछलाए स्वर में कहा, "तू वही बब्बन है, यह कौन विश्वास करेगा?"

मेरे सारे शरीर के रोंगटे खड़े हो गए। लगा, जैसे कुछ उफनकर बाहर आना चाहता है, लेकिन सिर्फ़ मथकर रह जाता है।

"आओ, भीतर आओ..." कहकर उन्होंने एक बाँह में मुझे घेर लिया और दूसरा कंधा पकड़कर बावर्चीख़ाने में ले गईं।

देखता हूँ कि छोटे-छोटे बच्चे कई हैं, पर घर साफ़-सुथरा और लिपा-पुता है। अपने घर पर हम दो भाई-बहन ही होते थे, लेकिन तमाम बेतरतीबी और अव्यवस्था पहली नज़र में खिंच आती थी।

बरामदे में सब्ज़ियों के छिलके, छोटे-छोटे काग़ज़ के टुकड़े और सिगरेट की पन्नियाँ और ख़ाली पैकेट फैले हैं। ऊपर एक ओर तनी रस्सी में गन्दे और उतरे हुए कपड़े टँगे हैं, चौखट या दरवाज़े के पास जूठे बरतन पड़े सूख रहे हैं और उन्हें उठाकर किनारे करने वाला कोई नहीं। मोहसिन के यहाँ कितने बच्चे हैं? कितने भाई-बहन? मोहसिन, शमीम, रूबीना और...

"सल्लो, देख बब्बन आया है।"

अचानक फूफी ने सामने दरवाज़े की ओर देखकर पुकारा और जब तक कि मैं पलटकर देखूँ, ख़ूब घेरदार गरारे को सर-सर करती एक बड़ी-सी लड़की भीतर घुस आई। एक क्षण बाद धीरे-से सिर उठाया तो पाया कि आगे बढ़ती-बढ़ती उसने गरदन मेरी ओर फेर ली है और मुस्कुराती आँखों से देख रही है। आँखें टकराते ही मैंने नज़र झुका ली और नीचे देखने लगा। मन में कहा, यही मोहसिन की सालिहा आपा होगी।

"अम्मी, शरमाता है!" मोहसिन, जो अभी तक चुप बैठा यह सब देख रहा था, ज़ोर से बोला, जैसे एकाएक किसी के सामने कोई छिपी हुई बात खोल रहा हो। इस तरह से किसी भी वाक्य के लिए कम-से-कम वहाँ मैं क़तई तैयार न था। सुना कि इस पर सल्लो आपा ज़ोर से खिलखिलाकर हँस दीं और उधर देखने की मेरी हिम्मत नहीं हुई।

"क्यों री, तू पहले बब्बन से मिली थी?" फूफी की ओर से सवाल हुआ।

"नहीं..."

"कहाँ से मिलती?" स्वयं उन्होंने साँस भरकर कहा, "ख़ुदा ने एक तक़दीर मेरी बनाई है। यहीं मायका, यहीं ससुराल। अब्बा रट लगा-लगाकर मर गए, लेकिन साँस रहते जाने को ही नहीं मिला। अम्माँ के जीते जी मायके में कभी दो दिन चैन से नहीं रह पाई। अब भाई-भावज हैं, लेकिन उन्हें भी देखे बरसों निकल गए हैं।"

मैंने सिर नहीं उठाया, आवाज़ से ही अनुमान हुआ कि फूफी भीग गई हैं। मोहसिन की उस दिन की बात याद आई कि मुझे न मारने की हिदायत देती हुई वह रो पड़ी थीं।

"कोई नहीं मानेगा, कोई नहीं..." सहसा फँसे गले से कहकर फूफी बिलकुल

चुप हो गईं, लेकिन उस चुप होने के आगे जैसे बहुत-सी बातें खुलने-खुलने को अन्त तक फड़फड़ाती रहीं। उस दिन बड़ी देर तक बैठा रहा, फूफी और सल्लो आपा से बीसियों बातें हुईं, पर दोनों परिवारों के बीच कहाँ कौन-सी खाई है, इसका आभास अन्त तक नहीं हुआ।

और उस दिन धीरे-से अब्बा के कमरे में खिसक गया। अँधेरा झुक गया था और घर-घर में चिराग़ जल चुके थे। अम्मी काम-काज में दूसरी ओर लगी हुई थीं। वह कहीं आसपास होतीं तो कदाचित् सम्भव न होता और सूफ़िया ने भी मुझे अब्बा के कमरे में घुसते देख लिया होता तो उसकी शिकायत पर वह ज़रूर बिगड़तीं, क्योंकि हममें से किसी को भी उनके कमरे में उस तरह से आने-जाने की अनुमति न थी। ऐसे अवसर कठिनाई से एकाध बार ही आए होंगे जब मैंने उस कमरे की दहलीज़ पर पाँव रखे हों। जब से होश सँभाला, अम्मी को उस कमरे में जाकर लेटे या बैठे कभी नहीं देखा और अब्बा के यहाँ घुसते या निकलते समय मैं अकसर नींद में होता।

उस दिन दहलीज़ पार करते ही इसीलिए ठिठक गया। सारा कमरा अपरिचित और नया-सा लग रहा था। अगर कोई मेरी आँखें बन्द करके वहाँ छोड़ जाए तो एकबारगी विश्वास नहीं होता कि वह हमारे ही मकान का एक हिस्सा है—उस मकान का, जिसमें मैं जन्म से लेकर अब तक बराबर रहता आया हूँ।

एक तसवीर सारे घर की थी और एक वहाँ की, दोनों में कहीं कोई साम्य नहीं। कहाँ सारे मकान की अस्त-व्यस्तता और कहाँ उस कमरे की व्यवस्था, सफ़ाई और सजावट! दीवारें उजली-दूधिया, ऊपर सफ़ेद कपड़े की चाँदनी, नीचे पक्का फ़र्श और हर चीज़ करीने से जमी हुई। बीच में बड़े-बड़े पंखों वाला शीशम का भारी पलंग, साफ़-सुथरा बिछा बिस्तर और उस पर चारों ओर मदमस्त फूलों का बिखराव! दीवारों पर कुछ गिनी-चुनी तसवीरें थीं, लेकिन सबसे अधिक ध्यान आकर्षित करने वाला और बड़ा चित्र एक कैलेंडर का था, जो पलंग के ठीक सामने टँगा हुआ था।

चोरों की तरह सहमे डग उठाता मैं पलंग के निकट तक चला गया। छूकर देखा—बहुत नरम, गुलगुला और आरामदेह! चादर और तकिये से फूलों और इत्र की महक आ रही थी। यह सब क्या है? अब्बा और अम्मी के कमरों में इतना अन्तराल क्यों है? वह इस कमरे में दिन हो या रात, कभी क्यों नहीं आतीं? ऐसे कई प्रश्न मेरे मन में एक साथ उठे, लेकिन उनका उत्तर कहीं नहीं था। सारा वातावरण रहस्यमय लग रहा था, जैसे किसी भी क्षण अचानक एक चौंकाने वाला दृश्य उपस्थित हो जाएगा, और यदि मैंने साहस छोड़ दिया तो पता नहीं क्या हो?

'लेकिन मैं यहाँ छिपकर क्या करने आया हूँ?' कैलेंडर के पास खड़े होकर देखते हुए अचानक मेरे मन में प्रश्न उठा। गए दिन फूफी के यहाँ जो जिज्ञासा उठी थी, उसका सम्बन्ध इसी कमरे से कहीं है, यह बात मेरे मन में क्योंकर आई? और कहाँ है वह सम्बन्ध सूत्र, जिसके लिए मैं चोरों की तरह छिपकर आया हूँ?

अचानक कैलेंडर के चित्र पर निगाह पड़ी। मैं और पास चला गया। चित्र बहुत बड़ा और आकर्षक था—एक सुन्दर स्त्री अपनी साड़ी के सामने वाले पल्लू के एक कोने को दाँतों से दबाए, परदा करने का अभिनय करती हुई, ब्लाउज़ उतार रही है, लेकिन लगभग अर्धनग्न है और उसी के पास फ़िल्म अभिनेत्री कज्जन बाई की मुस्कुराती हुई तसवीर टँगी है।

निराश होकर मैंने पेटियाँ टटोलीं। एक में सब काग़ज़ात, पिन-क़लमें तथा पेन्सिल और दूसरी पेटी में कुछ ऊनी, रेशमी और ज़री के कपड़े तह किए रखे हुए थे।

'तेरे दादा बस्तर रियासत के दरबारी अमीर थे, बेटा!' मुझे फूफी की बात सहसा याद आई, 'वह भी एक ज़माना था कि कल तक उनके नाम से सोने के मुर्ग़े उठकर बाँग देते थे...और एक यह तेरे अब्बा का ज़माना है...'

कहाँ हैं वे कल वाले सोने के मुर्ग़े जो आजकल बिलकुल मौन हो गए हैं? मैंने पेटी के तमाम कपड़ों को उत्सुकतावश उलट-पलट डाला और सचमुच वह ढेर देखकर मेरी आँखें विस्फारित हो गईं—बनारसी साड़ियाँ, ज़री की पगड़ी-टोपियाँ, मखमल की छोटी-छोटी सदरियाँ, ओढ़नियाँ, शेरवानी आदि। उन कपड़ों के बीच पता नहीं कितनी मुद्दत से केवड़े का एक फूल सूखकर टूट चुका था जो सारे कपड़ों को एक अजीब पुरानेपन की महक दिए हुए था।

केवड़े की उन काली पड़ गई पत्तियों को उठाते-उठाते सहसा मैं चौंक गया। उनके नीचे दबी किताब की तसवीर इससे पहले मैंने कभी नहीं देखी थी। स्त्री, स्त्री है और पुरुष, पुरुष; लेकिन जिस तरह दोनों उस तसवीर में इकट्ठे दिखाए गए थे, वह बात नई और उकसाने वाली थी और उसी ने मुझे इतना प्रेरित किया कि डरते-डरते भी उठाकर मैंने सारी किताब उलट डाली।

जैसे-जैसे नया पृष्ठ खुलता गया, हज़ार-हज़ार परदे वाला रहस्य परत-दर-परत अपने को बेगिलाफ़ करता हुआ जैसे अचानक मेरे सामने नंगा हो गया। इतना अकस्मात् कि मेरी आँखें बन्द हो गईं।

जब कमरे से बाहर निकला तो हाथ-पाँव बुरी तरह काँप रहे थे। सूफ़िया या अम्मी की ओर आँखें उठाकर देखने की हिम्मत नहीं थी और लग रहा था जैसे कोई अपराध करके आया हूँ।

रात एकाएक अम्मी की सिसकियों की आवाज़ से नींद उचट गई। कमरे में एक छोटा-सा लैम्प मद्धिम लौ से जल रहा था। उसमें किसी का चेहरा पहचान

पाना कठिन था, लेकिन आकृतियों से अनुमान लगाकर देखा कि अम्मी उठकर अपने बिस्तर पर बैठी रो रही हैं और उनके पास खड़े अब्बा विनम्र स्वर में समझाते हुए कह रहे हैं, "तुम ख़ामख़ाह बहुत ज़िद करती हो। कभी तो बात समझने की कोशिश किया करो।"

"अब इस उम्र में समझकर क्या करूँगी?" अम्मी ने रुँधे हुए कंठ से जवाब दिया, "समझो तुम और समझाओ उस राँड को, जिसके पीछे तुम कुत्ते बन गए हो!"

अब्बा उसी तरह चुपचाप खड़े रहे। अजीब बात थी कि इतनी बड़ी गाली के बाद भी उन्हें बिलकुल क्रोध नहीं आया, ज़रा-सा हिलकर वह फिर ज्यों-के-त्यों स्तब्ध हो गए।

अम्मी बिसूरती हुई बोलीं, "और यह भी क्यों लेकर आ गए? इसे भी ले जाकर वहीं बहा आओ। मैं नाजायज़ करती-कहती हूँ तो कोई आकर मेरे मुँह पर थूक दे। ज़माने में और भी मर्द हैं, क्या सभी ऐसा ही करते हैं?"

"कितने मर्दों को तुम जानती हो?" अब्बा ने तीख़े स्वर में व्यंग्य किया।

"दस!" अम्मी सहसा तिलमिलाकर सीधी तन गईं और आवाज़ को बहुत वज़नी बनाकर बोलीं, "और अभी दस-बीस को और जानना है, सुनते हो, दस-बीस और!"

कहकर अम्मी एक पल के लिए रुकीं और थरथराती हुई लम्बी साँस लेकर उसी कड़वाहट से बोलीं, "जब मेरे करने के दिन थे तब तो तुम्हारे पाँव पर सिर औंधाये पड़ी रही, अब क्या है?"

"लो, रुपये रख लो," अब्बा ने स्थिति देखकर धीरे-से कहा।

"कहा न, ले जाकर उसी कुतिया को दे दो!" अम्मी ने तेज़ स्वर में कहा और अब्बा के हाथ झटक दिए, "आठ-दस रुपये में मुझसे घर नहीं चलता। तुम चला सकते हो तो चला लो..."

थोड़ी देर चुप रहकर अब्बा ने शायद वे रुपये उठा लिये और दाँत पीसकर बोले, "नहीं रखतीं तो चूल्हे में जाओ, लेकिन याद रखना, फिर कहीं माँगने बैठीं तो ज़बान खींचकर बाहर कर दूँगा।"

"यह डराते किसे हो! मेरी ओर से चाहे एक पैसा लाकर न दो। कौन मेरे ही अकेले के छोटे-छोटे रोने-गाने वाले हैं। नहीं लाओगे तो तुम्हारे ही बच्चे भूखे मरेंगे।"

थोड़ी देर निरुत्तर-से अब्बा पता नहीं कैसी आँखों से ताकते रहे। मेरा ख़याल है कि दबे हुए क्रोध के मारे उनकी आँखें जलने लगी होंगी। बाद में बेहद घृणा में सना स्वर निकला, "नीच जो ठहरी। भले घर की होती तो ऐसी बातें नहीं करती।"

"और भले आदमियों का काम यही है, जो तुम करते हो!" व्यंग्य करती हुई अम्मी ज़ोर से बोलीं, "भागते कहाँ हो? जागने दो बच्चो को! अच्छा है, वे भी

तमाशा देखें। मैं ज़ोर से चिल्लाऊँगी। कुछ तो शरम करो, कब तक सींग कटाकर बछड़े बने रहोगे?"

सचमुच अब्बा लौटकर जा रहे थे। अम्मी का वह ज़हर-भरा वाक्य सुनकर ठिठके और बड़ी ज़ोर से दहाड़कर कहा, "चुप रहती है कि नहीं? बेहया, कमीनी कहीं की..."

पर इतने पर भी अम्मी चुप नहीं हुईं, बराबर ज़बान लड़ाती हुईं बात पर बात जोड़ती रहीं। वह एक कहते तो अम्मी दस सुनातीं। अन्त में यह हुआ कि अब्बा ने गन्दी और मोटी गालियों के साथ अम्मी को झोंटा पकड़कर खाट पर पटक दिया और बेहिसाब लात-घूँसे जमाकर हाँफते हुए कमरे के बाहर निकल गए।

इस कोलाहल में सूफ़िया ज़रूर अपनी खाट पर उठकर बैठ गई और घबराई तथा भयभीत आँखों से अम्मी की ओर देखने लगी। मैं दम साधे हुए अपने बिस्तर पर पड़ा रहा, हिला-डुला तक नहीं। इससे पहले अम्मी को ऐसी गालियाँ बकते और कोसते मैंने कभी नहीं सुना था। वह काँप-काँपकर रोतीं और जैसे भीतर मन से अब्बा को कोसती हुई बद्दुआ निकाल रही थीं, "अरे, तुम्हारा सत्यानाश हो जाएगा। ख़ुदा कभी भला नहीं करेगा। देखना, यही उलट जवानी कोढ़ रोग बनकर फूटेगी और तुम्हें कोई कुत्ता भी नहीं पूछेगा..."

सूफ़िया थोड़ी देर उसी तरह बैठी ताकती रही, फिर लुढ़ककर सो गई। मैं उठकर अब्बा के कमरे की ओर जाना चाहता था, लेकिन अम्मी अपने घुटनों में सिर दिए बड़ी देर तक बैठी रोती रहीं। उस रात आख़िर नींद नहीं आई। रह-रहकर अब्बा और उनकी पेटी से निकली किताब की तसवीरें मेरी आँखों के आगे चढ़ आतीं और उससे बचने के लिए सिर को झटकता हुआ मैं करवट बदल लेता। न जाने कितनी देर तक यही चलता रहा, यह याद नहीं। याद है तो उसके बाद सुबह के झोंकों की।

"यह भी पसन्द नहीं?" सहसा मोहसिन ने अपने निकर की जेब से एक मरी हुई चिड़िया निकालकर अपनी हथेली मेरे सामने फैला दी और मुस्कुराने लगा। मैंने देखा, वह गौरैया थी—चोंच खुली, आँखें बन्द, गरदन के पास रोएँ उखड़े हुए और कहीं ख़ून का एक धब्बा जमकर सूखा हुआ।

पूछा, "तुमने मारा है?"

"हाँ, और भी हैं," कहकर उसने गुलेल को गजरे की तरह गरदन में पहन लिया और दूसरी जेब से दो और निकालकर मेरे सामने धर दिए। वही गौरैया, दो मादा और एक नर। जिस तरह चोंच खोलकर सबकी सब मरी पड़ी थीं, वह देखकर बड़ी वेदना हुई। एक क्षण देखता रह गया, मुँह से आवाज़ नहीं निकली।

"तुम ठीक कहते थे," मोहसिन बोला, "साले गिरगिटों को मारना बेकार है, कोई फ़ायदा नहीं होता।"

"इन्हें क्या करोगे?" मैंने धीरे-से यह सोचकर पूछा कि इस बार फिर कोई अजीब सबाब की बात होगी और शायद कोई नई कहानी सुनने को मिले। मोहसिन उस पर हँसने लगा, फिर अपने गले से गुलेल उतारकर 'वाई' की आकृति वाली उसकी लकड़ी की ओर संकेत कर बोला, "यह देखते हो?"

मैंने देखा कि उस लकड़ी में तमाम जोड़, छोर और सिर पर लाल-लाल धब्बे पड़े हुए हैं। पूछा, "क्या है?"

"ख़ून है," उसने जैसे गर्व से सीना फुलाकर कहा, "जैसे ही चिड़िया फड़फड़ाने लगती है, उसका ताज़ा ख़ून गुलेल पर फ़ौरन लगा लेता हूँ।"

"क्यों?"

"निशाना सधता है, और क्यों?"

ज़रा ठहरकर मैं विरोध करना चाहता था, "मोहसिन, तुम्हारा निशाना तो पहले ही सधा हुआ है और जब गिरगिट मारते थे..."

पर बीच में ही उसने कहा, "अरे, साले गिरगिट में ख़ून होता ही कितना है!"

मुझे विश्वास नहीं हुआ। असल बात करते हुए मोहसिन की ज़बान कभी लड़खड़ाती नहीं थी, यह मैं अच्छी तरह जानता था; पर बोला नहीं। थोड़ी देर हम दोनों चुपचाप चलते रहे और लाल बजरी पर फैले शाल-फूलों और पत्तों की आवाज़ पीछे भागती रही। सड़क जहाँ ख़त्म होती थी, उसके मोड़ पर भी जब नहीं रुका तो मैं समझ गया कि हम लोग मोहसिन के घर चल रहे हैं। इसी बीच मैं दो-तीन बार और हो आया था और उन मुलाक़ातों का ऐसा प्रभाव पड़ा था कि मन से मैं फूफी और सल्लो के आसपास अधिक बने रहना चाहता था।

"इसके अलावा एक बात और है," अन्त में मोहसिन ने धीरे-से कहा, "तू जानता है कि यह गौरैया कौन होती है?"

"नहीं..."

"बाम्हन है साली!" कहकर मोहसिन ने जैसे नफ़रत से मुँह फेर लिया, मुझे दो-तीन रोज़ पहले की एक घटना याद हो आई :

हालाँकि स्कूल की छुट्टियाँ हो गई थीं, लेकिन प्रायः हर शाम बहुत से सहपाठी आपस में मिला करते। विशेषकर यह मुलाक़ात खेल के मैदान में अधिक होती और सिवाय पढ़ाई के बहुत-कुछ खुले स्कूल वाले दिनों की तरह चलता। दुर्भाग्यवश, खेल के ही मैदान में कुछ रोज़ पहले मोहसिन का किसी ब्राह्मण लड़के से झगड़ा हो गया था और वह लड़का चूँकि दुर्बल था, अतः मोहसिन ने उसे पीट-पाट भी दिया था। उस दिन तो और कोई बात नहीं हुई, पर दो-चार रोज़ के बाद जब मोहसिन किसी अमराई में अकेले भटक रहा था तो दो-तीन लड़कों ने मिलकर

मोहसिन की बुरी तरह पिटाई की थी—इतनी कि हल्दी-चूने का सेंक देने की नौबत आ गई। उसी दिन से मोहसिन ने न केवल ब्राह्मण की मैत्री छोड़ दी, बल्कि चौबे नामक एक सीधे-सादे मास्टर से भी चिढ़ने लगा, महज़ इसलिए कि वे ब्राह्मण थे।

मुझे याद है कि पिटने के बाद, दो-तीन दिन तक मोहसिन घर से बाहर नहीं निकला और जिस दिन बाहर आया, सारा दिन उन्हीं लड़कों को पीटने और अपना बदला लेने की योजना बनाता रहा। बाद में उसी के जैसे स्वभाव वाले दो-तीन साथी भी मिल गए। अपनी-अपनी कमर में बिजली के तारों का सोटा बाँधे वे कई दिन तक लटकाए घूमते रहे, पर कुछ नहीं हुआ और बाद में पता चला कि वे लड़के छुट्टियाँ बिताने किसी दूसरे शहर या गाँव में चले गए।

सुनकर निष्फल क्रोध करता और दाँतों को पीसता हुआ मोहसिन रह गया था, और दूसरे दिन से ही उसने गौरैया मार गिराना शुरू कर दिया...

"इधर से!" अचानक मेरी बाँह पकड़कर मोहसिन ने एक ओर इशारा किया और अपनी आदत के मुताबिक़ मेरी प्रतीक्षा किए बिना स्वयं ही मुड़कर चलने लगा। मैंने देखा, मोहसिन के घर का अहाता आ गया है, लेकिन सामने का फाटक या पीछे का दरवाज़ा छोड़, वह एक तीसरी राह से (जो एक जगह दीवार टूटने से बन गई थी) ही लिये चल रहा है। वह आँगन का उतना बड़ा हिस्सा, एक-दो छोटे-मोटे मकान-गोठान और ढेंकी-चक्की वाला सायबान घर से लगे रहने पर भी जैसे बिलकुल अलग-सा पड़ता था। उनमें से एक घर में कोई बेवा औरत अकेली रहती थी। वह अकसर बाहर निकल जाती। घर और इस हिस्से के बीच एक दरवाज़ा था जो प्राय: बन्द रहा करता और इधर दिन को भी सन्नाटा-सा छा जाता।

सिगरेट के पुराने और काले पड़ गए डिब्बों, टीन या काँच के नुकीले टुकड़ों और टूटी हुई चूड़ियों के अवशेषों से पाँव बचाता हुआ मैं भीतर आकर खड़ा हो गया।

जहाँ पर बेवा औरत रहती थी, उसी के बग़ल वाले मकान में धान भरा रहता था और इधर की सारी देखरेख के लिए ही उस औरत को एक कमरा उठा दिया गया था। उसके दरवाज़े के सामने कुछ सूखे कंडे पड़े हुए थे और गोठान में पुआल का ढेर था।

हालाँकि मैं पूछता ही रह गया, लेकिन मोहसिन ने कुछ भी कहे बिना कुछ कंडे चुने, थोड़ा-सा पुआल और इधर-उधर बिखरे लकड़ी के टुकड़े एक जगह इकट्ठे किए, अपनी जेब से दियासलाई की तीलियाँ निकालकर पत्थर के ज़रिए आग जलाई और मुझे उसी जगह रहने को कहकर वह घर की ओर चला गया।

थोड़ी देर बाद लौटा तो उसके हाथ में शाल का एक पत्ता था और उसमें नमक और लाल मिर्च लाई गई थी। मुझे सब पहेली की तरह लग रहा था। आश्चर्य करते हुए मैंने पूछा, "यह सब क्या है?"

"देखते जाओ और बीच में टोको नहीं।" उसने सयानों की तरह कुछ डाँट और कुछ आदेश मिले स्वर में कहा, और तुरन्त व्यस्त हो गया। आग में ठीक से कंडे डाले गए, तीनों चिड़ियाँ निकाली गईं। उनके पर नोंचकर फेंक दिए और उन्हें एक के बाद एक आग में डालकर भून डाला। चिड़ियों के वे नन्हें-नन्हें शरीर जब पूरी तरह जल-भुनकर पक गए तो उन पर नमक-मिर्च छिड़ककर उसने एक पत्ता मेरी ओर बढ़ाया और बोला, "लो, खाओ..."

एक तो इस तरह कच्चा माँस खाने की बात मेरे ज़ेहन में कभी नहीं आई थी, दूसरी गौरैया जैसी घरेलू नन्हीं चिड़िया भी खाई जा सकती है, यह कभी नहीं सोचा। लगा, यह सब खेल-तमाशा होगा और मोहसिन मज़ाक़ कर रहा है। पर हमेशा की तरह इस बार भी उसने मेरी प्रतीक्षा नहीं की, समूची भुनी चिड़िया उठाई, उसे सीधे मुँह में भर लिया और दाँतों से कतर कर एक बार में आधी करते हुए वह धीरे-धीरे चबाने लगा तो मैं पलक तक झपकाना भूल गया। पहली बार मोहसिन के लिए मेरे मन में तीव्र घृणा उत्पन्न हो आई। जी में आया कि उसके हाथ-मुँह से वह सब छीनकर फेंक-फाँक दूँ और रौंदकर भाग जाऊँ, लेकिन उसी क्षण अपने दुर्बल शरीर की याद आ गई।

जब बाहर निकला तो विवशता और पौरुषहीन क्रोध के मारे मेरी आँखों में आँसू आ गए थे। रास्ते-भर गले में सुइयाँ-सी चुभती रहीं। जीभ को अधर टाँगे-टाँगे वापस आया और जैसे-तैसे घर पहुँचते ही क़ै करने लगा।

दस

घर-भर में सल्लो आपा का व्यक्तित्व सबसे अलग और अनोखा था। लम्बा छरहरा शरीर, साँवला रंग और हँसने से उस पर खिलते हुए क़तार से जमे और छोटे-छोटे दाँत तथा ख़ूब तीखी नाक। आँखें और घुँघराले बाल ज़रूर बाप से मिले, लेकिन रंग माँ का नहीं मिला। अपने भाई-बहनों में एक उन्हीं का रंग सबसे साँवला पड़ता था। पर जैसा स्वभाव उन्होंने पाया था, वह न फूफी का था, न फूफा का और न ही किसी दूसरे भाई-बहन का।

सचमुच, यह बात अजीब-सी लगती है कि दोस्ती मोहसिन से हुई, घर बुलाया फूफी ने, लेकिन धीरे-धीरे ये दोनों कट गए और सल्लो आपा मेरी आत्मीय बन गईं। पहले कुछ दिन वह दूर-दूर रहती थीं और मैं संकोच करता रह जाता था। याद है कि बहुत दिनों तक तो मैंने ठीक से आँखें मिलाकर ही बातें नहीं की थीं। घर जाकर फूफी के पास बैठता तो सल्लो आपा भी कुछ काटती-छाँटती वहीं आ

जमतीं और मेरी या फूफी की किसी बात पर दस बार रुककर मेरी ओर मुस्कुरातीं, पर उनके साथ अकेले पड़ते ही शरम के मारे मेरा बुरा हाल हो जाता और लगता कि कोई बड़ी मुसीबत आ गई है।

मोहसिन का पहनावा और रख-रखाव एक हद तक बड़े घर के बच्चों के शौक़ की हद तक था, जबकि उसकी अपेक्षा मैं सस्ते और घटिया कपड़े पहनता था। इसका एहसास फूफी के यहाँ आने के पहले कभी नहीं हुआ। यह उन्हीं के घर की बात थी कि जब-जब फूफी हम दोनों के बीच से उठकर चल देतीं, मेरे लिए एक विपत्ति-सी आ जाती। लगता कि सल्लो आपा मेरे घटिया, मैले और कई बार फटे कपड़ों को देखकर मुस्कुरा रही हैं। अगर घुटने मोड़कर बैठा होता तो बार-बार निकर को तानकर, अधिक-से-अधिक रान ढँकने की कोशिश करता अथवा सिमटी हुई कमीज़ के छोरों को गोद पर फैला लेता। यह घबराहट तब तक थी जब तक कि एक दिन स्वयं सल्लो आपा मुझे पकड़कर अपने कमरे में नहीं ले गईं।

अकसर मोहसिन के यहाँ मैं दोपहर को जाया करता और घंटे-दो घंटे बैठ-खेलकर लौट आता। यह करते शायद महीना भी निकल गया था, लेकिन कभी एक बार भी फूफा से भेंट नहीं हुई। अमूमन वह दफ़्तर गए होते और उनके वहाँ से लौटने के पहले ही मैं निकल आता।

पर उस दिन का ऐसा संयोग कि मैं बैठा ही रह गया और बाहर उनके जूतों के बजने की आवाज़ आई। मोहसिन मेरे साथ नहीं था। फूफी सूप में चावल फैलाए बीनती हुई बैठी थीं और वहीं पास में सल्लो आपा सिल पर मसाला पीस रही थीं। जैसे ही जूतों की आवाज़ आई, आपा चौंकीं, एक क्षण हाथ रोककर, सम्भवत: अपने अनुमान को पक्का करती रहीं, फिर एकाएक हड़बड़ाकर उठीं और सिर झुकाए चावल बीनती फूफी की ओर देखकर घबराए स्वर में बोलीं, "अब्बा आ गए।"

स्वयं फूफी ने इतनी ज़ोर-से चौंककर अपना सिर उठाया कि उनके बाल खुल गए, बोलीं नहीं, केवल किंकर्तव्यविमूढ़ सी ताकती रहीं, जैसे अचानक कोई आपत्ति आकर खड़ी हो गई हो। उसी समय सल्लो आपा फुर्ती से उठकर पास आईं और मेरी बाँह पकड़कर बोलीं, "आओ भैया, यहाँ आओ..."

अचानक यह कुछ मेरी समझ में नहीं आया। मैं सोचता ही रह गया था, पर उन्होंने मेरे उठने की प्रतीक्षा किए बिना, स्वयं ही खींचकर उठाया और जल्दी-जल्दी, लगभग घसीटते हुए ले जाकर, मुझे बावर्चीख़ाने में बिठा दिया, फिर झुककर फुसफुसाती हुई बोलीं, "थोड़ी देर तुम यहीं बैठो।"

मैं कुछ कहूँ, इससे पहले दोनों ही मेरे पास से जा चुकी थीं। थोड़ी देर बाद फूफा के पुकारने की आवाज़ आई और खिड़की की सलाखों के पीछे से मैंने देखा कि फूफा आकर बरामदे में पड़े स्टूल पर बैठे हैं और उनके पाँवों के पास झुकी

हुई छोटी फूफी उनके जूते के बन्ध खोल रही हैं। फ़ीते ढीले करने के बाद वह ज़मीन पर बैठ गईं, एक-एक पाँव अपनी गोद में रखकर उन्होंने जूते खोले, मोज़े उतारे और उठकर भीतर चली गईं। उनके पीछे-पीछे फूफा भी गए और थोड़ी देर बाद जब वह बाहर निकले तो देखा कि उनकी पोशाक बदल चुकी है और सिर्फ़ एक तहमद-बनियान पहने वह खड़े हैं।

कुछ देर बाद फिर सल्लो आपा मेरे पास आईं और इस बार भी वही किया, बाँह पकड़ी, उठाया और तर्जनी उँगली को होंठों पर रखकर, चुप रहने का संकेत करते हुए, दूसरी ओर घसीट ले चलीं।

वैसे चाहे समझ में कुछ न आया हो, यह ज़रूर समझ गया था कि मुझे यहाँ-वहाँ छिपाया जा रहा है ताकि मैं फूफा की नज़रों के सामने न पड़ूँ। लेकिन क्यों? क्या मैं बहुत ही गया-गुज़रा और बुरा लड़का हूँ? मेरे देख लेने में क्या बुराई है?

सहसा मुझे अपने कपड़ों का ध्यान आया। हमेशा की तरह उस दिन भी मेरे कपड़े साफ़ न थे। सुबह मैंने नहाकर कपड़े बदलने चाहे थे, लेकिन अम्मी बिगड़ गईं। कहा, "यहाँ कौन धोबी बैठा है? तुम्हारे हाथ-पाँव हैं। पहनना हो तो धोकर पहन लो।" लेकिन सच बात यह थी कि साबुन का ख़र्च बचाया जा रहा था। मन मार कर मैंने वही उतरे कपड़े पहन लिये और वैसे ही मोहसिन के घर चला आया था।

वह सब सोचकर मुझे धक्का-सा लगा। एक हाथ से मैंने कमीज़ का सामने वाला पल्ला खींचकर उसकी सिकुड़नें ठीक करने की कोशिश की और अपने को एक बार देखकर, रुँआसा हो आया। जैसे ही कमरे की दहलीज़ पार हुई, भीतर आए और मेरी बाँह की पकड़ ढीली हुई, मैंने झल्लाकर आपा का हाथ हटा दिया, "क्या हो गया, आपा? मुझे क्यों खींचे लिये जा रही हो?"

सल्लो आपा वहाँ तो कुछ नहीं बोलीं, कमरे में पहुँचकर भी बहलाने लगीं। बोलीं, "देखो, यह मेरा कमरा है। कैसा है? तुम्हें पसन्द आया? मैं अब इन दीवारों पर कुछ तसवीरें लगाने जा रही हूँ। इधर-उधर से बहुत सारी जमा कर रखी हैं। दिखाऊँ?"

वास्तव में उन्हें मेरे हाँ-ना की ज़रूरत न थी। आपा ने बढ़कर एक ट्रंक खोला और किसी पत्रिका में दबी बहुत-सी तसवीरों की कतरनें लाकर मेरे सामने फैला दीं और पूछा, "बताओ, कौन-कौन सी बहुत अच्छी हैं?" देखा कि अधिकांश तसवीरें सिनेमाई अख़बारों से काटी गई हैं और फ़िल्म के अभिनेता-अभिनेत्रियों की हैं। तब सिनेमा देखना मुझे भी प्रिय लगता था और सच्ची बात यह थी कि उनमें से कई चित्र बहुत पसन्द आए थे, लेकिन, जाने क्यों, उस वक़्त मैं सच बोलना नहीं चाहता था। इधर-उधर उलट-पलटकर मैंने उपेक्षा से कहा, "एक भी अच्छी नहीं, सब बेकार हैं।"

लेकिन आशा के विपरीत न तो आपा को चोट लगी और न ही उनका चेहरा उतरा। उसी तरह हँसते हुए उन्होंने कहा, "कैसे अच्छी नहीं? यह देखा...और यह...और..."

शायद और भी कुछ कहती रहीं, पर मैं सुन नहीं पाया। मेरा सारा ध्यान बाहर की ओर लगा हुआ था और ईमान से कहूँ तो मैं मन-ही-मन डर गया था कि कहीं फूफा इधर ही न निकल आएँ। कोट-पतलून और काली मूँछों वाला उनका व्यक्तित्व अपने सारे रोब सहित मेरी आँखों के सामने घूम रहा था।

वैसे आपा का कमरा अपेक्षाकृत और अधिक सुन्दर था। न वहाँ टीन-कनस्तर थे और न फिज़ूल के सामान का अम्बार। कमरे की खिड़की बाहर की ओर खुलती थी और उससे ढेर रोशनी भीतर आती। खाट पर बिछे आपा के साफ़-सुथरे बिस्तर को देखकर मुझे अपने बिछौने की याद हो आई, जिस पर सोते हुए रोज़ रात को मुझे बुरी तरह कोफ़्त होती थी। हम लोग जिस कमरे में सोते थे, वह कमोबेश बीच में था और कोई बाहर का आदमी आए तो उसे उसी कमरे में से होकर गुज़रना पड़ता था। ऐसे अवसर कई बार आए थे जबकि कुछ अपरिचित लोग, रात में बिस्तर लगने के बाद या सुबह बिस्तर उठने से पहले आ गए हैं, मैं अपने बिछौने पर पड़ा हूँ और अपने घर में अचानक मेहमानों को देखकर बुरी तरह हड़बड़ा गया हूँ। वहाँ से निकल भागने का समय मिलता तो जल्दी-जल्दी बिछौना समेटकर खिसक जाता अथवा दूसरी करवट लेकर मुँह ढँककर पड़ जाता और उनके सामने उठने की हिम्मत नहीं होती। यह उलझन बाद में डर की हद तक बढ़ गई थी और प्राय: बिस्तर पर जाने से पहले मैं मन-ही-मन प्रार्थना करता कि जब तक सारे बिछौने उठाकर कोने में न रख दिए जाएँ, खुदा करे, घर पर कोई न आए।

"अरे, सल्लो कहाँ है, सल्लो..." आँगन की ओर से फूफा के पुकारने की आवाज़ आई तो आपा हड़बड़ा कर उठ खड़ी हुईं और तसवीरें वहीं फेंक-फाँक कर 'जी...ईईईई' कहती हुई भागीं।

"मोहसिन कहाँ गया है?" फूफा का गरजता हुआ प्रश्न गूँजा। शायद आपा ने अपनी असमर्थता बताई हो, फिर से उनका वही स्वर आया, "तू जानती नहीं, तेरी अम्मी को देखने की फ़ुरसत नहीं और वह लौंडा है कि दिन-ब-दिन लफंगा हुआ जा रहा है। अब क्या मैं नौकरी-चाकरी छोड़कर उसके पीछे भागता फिरूँ? रोज़ कोई-न-कोई बात, एक-न-एक शिकायत। अरे, अब इस लड़के से पढ़ाई-लिखाई हो चुकी...साले, हल चलाएँगे या चपरासीगीरी करेंगे।"

"हुआ क्या?" फूफी ने धीरे से पूछा।

"और क्या होगा?" फूफा ने पलटकर उन्हीं को डाँट दिया और गरजे, "स्कूल से तो ग़ायब रहता ही था, आज सुना कि कई माह की फ़ीस भी उसने नहीं पटाई है। मास्टर बेचारे ने मारे मुलाहिज़े के अपनी जेब से भर दी और नाम कटने से बच

गया, लेकिन उसे यह अपनी सूरत दिखाना ही भूल गए क्योंकि पैसे तो सब यहाँ से ले जाकर उड़ा चुके थे..."

थोड़ी देर किसी की आवाज़ नहीं आई। अकेले फूफा ही थम-थमकर चिल्लाते रहे कि मोहसिन को घरवालों ने और विशेषकर फूफी ने बिगाड़ा है। मारे लाड़ के पैसे पर पैसे दिए जा रहे हैं। घूमने-फिरने, होटलों में जाकर खाने और मनमानी करने की पूरी छूट दी जा रही है और उन्हें किसी बात की कानोकान ख़बर नहीं। बताया जाता है कि मोहसिन कमरे में पढ़ रहा है, जबकि रात देर तक ग़ायब है। कहीं लौंडों के साथ घूम रहे हैं या सिनेमा देख रहे हैं। क्या यह लड़का हाथ से निकल गया...

फूफा की उस बड़बड़ाहट का भी किसी ने जवाब नहीं दिया और थोड़ी देर बाद सब शान्त हो गया, इतनी शान्ति कि भीतर के कमरे में अकेले बैठे हुए मुझे घबराहट-सी होने लगी। लगा, जैसे मेरे सिवाय सबके सब घर छोड़कर कहीं बाहर चले गए हैं। ऊबकर मैं वहीं टहलता रहा, फिर दहलीज़ के पास आकर बाहर झाँकता हुआ खड़ा हो गया। बड़ी देर के बाद सल्लो आपा झपाटे से आती हुई दिखाई दीं। मुझे दहलीज़ पर देखकर दूर से ही उन्होंने हाथ हिलाते हुए भीतर जाने का संकेत किया और पास आकर बड़े स्नेह से बोलीं, "बब्बन भैया, मेरा एक कहा मानोगे?"

मैंने धीरे-से सिर हिला दिया।

वह ज़रा और पास सरक आईं, अपनी हथेली मेरे एक गाल पर रखकर धीरे-धीरे थपथपाती रहीं, फिर सीधे मेरी आँखों में देखकर ख़ूब प्यार से उन्होंने पूछा, "बुरा तो नहीं मानोगे?"

आपा की नरम लेकिन लहसन की गन्ध वाली हथेली मेरे दाहिने गाल पर जलने लगी थी और उसकी ओर मेरा ध्यान अधिक था। इससे पहले न वह इतना पास आई थीं और न ही मेरे चेहरे को कभी इस तरह छुआ था। मैंने सारा साहस बटोरकर अपनी आँखें उठाईं और कुछ देर बेझिझक देखने की कोशिश की। लगा, आपा की आँखों में जो तरलता काँप रही है, उसे समझना सचमुच बड़ा कठिन है।

सम्भवत: आश्वस्त होकर उन्होंने अपना हाथ हटा लिया और धीरे-धीरे बोलीं, "तुम बुरा तो नहीं मानोगे, यही सोचकर कह रही हूँ...देखो, अभी तुम यहाँ से जाओ और कल फिर दोपहर को आना।"

मुझे लगा कि मेरा चेहरा फ़ौरन उतर गया होगा। उस समय कोशिश करने पर भी जल्दी कुछ कहना या जवाब देना मेरे लिए सम्भव नहीं हुआ। थोड़ी देर यहाँ-वहाँ देखता रहा, फिर बिना कुछ कहे चुपचाप खिसकने लगा। पर आपा ने बढ़कर मुझे रोक लिया, एक बार फिर वायदा लिया कि मैं दूसरे दिन आऊँगा, मुझे एक मिनट रुकने को कहकर, स्वयं बाहर निकल गईं, आँगन की ओर इधर-उधर सतर्क आँखों से देखा और फिर लौटकर बोलीं, "अच्छा, अब जाओ..."

लेकिन आपा जिस बात से डर रही थीं, वही हुआ।

अभी मैं आँगन तक भी नहीं पहुँच पाया था कि अचानक अपने हाथ पोंछते हुए फूफा एक कमरे से निकल आए। उन्हें देखकर मैं अपराधी की तरह काँपकर रह गया। जिस क्षण निगाह पड़ी, वहीं ठिठक गया और धड़धड़ाते जी से आने वाले अनिष्ट की प्रतीक्षा करने लगा।

"यह कौन है?" फूफा ने रुककर मेरी ओर देखा और घूरते हुए जैसे मुझे जाँचने लगे। बावर्चीख़ाने से फूफी निकल रही थीं, वहीं रुक गईं। आपा इधर आँगन की ओर आ रही थीं, सहमकर आशंकित आँखों से ताकती हुई दहलीज़ पर ही थम गईं और इन सबके बीच मूर्खों की तरह निहारा रह गया मैं—जिसके पास न जवाब था, न सवाल।

इस बार भी सल्लो आपा ने ही स्थिति सँभाली। आगे बढ़कर मेरे पास आ गईं और अपनी उपस्थिति से जैसे बल देती हुई धीरे-से बोलीं, "यह बब्बन है, अब्बा—मामू का लड़का।"

"कौन मामू?" मेरी ओर देखते हुए ही उन्होंने सवाल किया।

आपा ने उसी तरह सहमते हुए मेरे अब्बा का नाम बताया और सिर झुकाकर खड़ी हो गईं, मानो एक तूफ़ान को झेलने के लिए शक्ति जुटा रही हों। अपनी बात कहूँ तो आँखों में आँसू आना भर शेष था। उनसे आँखें मिलाकर बातें करना तो बड़ी दूर की बात थी।

एक बार और घूरकर फूफा बरामदे की कुर्सी पर जा बैठे और पूछा, "यहाँ कैसे आया है?"

यह सवाल पहले से ज़्यादा कठिन था, लेकिन आपा ने ही जवाब दिया, "मोहसिन के स्कूल में पढ़ता है, साथ-साथ आ गया।"

अबकी बार जैसी नज़रों से फूफा ने मुझे देखा, उससे लगा कि वे मुझे डाँटने जा रहे हैं कि घर चले आना ही अकेला अपराध नहीं, बल्कि यह भी है कि मैं मोहसिन का दोस्त हूँ और चूँकि वह बिगड़ रहा है, इसलिए उसका दोषी भी मैं ही हूँ। पर, पता नहीं, क्या सोचकर उन्होंने कुछ नहीं कहा और भीतर चले गए।

उस घर के बाहर आते ही देर से थमे मेरे आँसू पलकों में झिलमिला आए। और उन्हें पूरी तरह बहने देकर मैं अपने को ही कोसने लगा कि अच्छा हुआ, मेरे जैसे स्वभाव के लड़के का इसी तरह अपमान होना चाहिए। भला मैं मोहसिन के यहाँ क्यों दौड़-दौड़कर जाता हूँ?

सड़क पर पहुँचते-पहुँचते सब पर क्रोध आया। निश्चय किया कि फूफा, फूफी, मोहसिन और सल्लो आपा—उस घर के सब-के-सब लोग ख़राब हैं और मुझे उनकी दहलीज़ पर क़दम भी नहीं रखना चाहिए।

लेकिन दूसरे दिन जब क्रोध शान्त हुआ तो अपने पिछले दिन के निश्चय पर हँसी आई। लगा, सचमुच धैर्य और सहनशीलता का मुझमें बेहद अभाव है। अगर किसी कारणवश फूफा मुझे या मेरे घर के किसी सदस्य को अपने घर में स्वीकार नहीं करना चाहते, तो उससे वह बुरे कैसे हो गए? फूफी या सल्लो आपा का दोष कहाँ है? बेचारी सल्लो आपा हैं ही कौन? एक कुँआरी और आश्रिता, जो स्वयं अपने बाप के भरोसे औंधाये बैठी हैं और इतने पर भी मुझे अपमान से बचाने के लिए क्या हर जतन कोशिश उसने नहीं की?

गर्मी कई दिनों से और तेज़ पड़ रही थी। सारा दिन तपता अथवा बदली के कारण उमस होती। चारों ओर से जैसे बन्द हवा के हिलने का नाम नहीं। फूफी के यहाँ से लौटने के बाद तीन-चार दिन तक बाहर ही नहीं निकला। उन सारी बातों को अपने भीतर दबाए मैं घर पर ही बना रहा, हालाँकि अकेले उन सबको सोचने में बड़ी घुटन होती थी। कई बार बातें होंठों तक आ-आकर लौट गईं, लेकिन मैंने घर में किसी से चर्चा नहीं की, जैसे कोई बहुत बड़ा दु:ख अकेले झेल रहा हूँ। इस तरह चुपचाप कहीं बैठा, लेटा या पड़ा होता और सड़क पर या सामने के घर-द्वार में खेल रहे बच्चों को ताकता रहता।

अम्मी शायद मेरी गतिविधियों को कुछ दिनों से देख रही थीं। उस दिन पसीने से भरा चेहरा और गर्मी से तपता-फुँकता शरीर लिये आकर खड़ी हो गईं और बोलीं, "बब्बन, घर में घुसा तू क्या करता रहता है?"

इस सवाल के लिए मैं बिलकुल तैयार न था। जब दोपहर को निकल पड़ता और शाम तक ग़ायब रहता था, तब भी उन्हें शिकायत थी कि धूप में मारा-मारा फिरता हूँ। इधर घर बैठकर सोच रहा था कि उन्हें सन्तोष होगा, पर वह भी व्यर्थ।

"इसके सारे ढंग हरामी-हलाली के हैं," अम्मी ने मुझसे ही कहा, लेकिन ऐसे जैसे किसी तीसरे को सुना रही हों, "घूमेंगे तो दिन-रात, नहीं तो घर में लड़कियों की तरह घुसे बैठे हैं। बच्चे वे अच्छे लगते हैं जो समय देखकर काम करते हैं। दूसरों के बच्चों और उनकी तन्दुरुस्ती को देखो, आँखें भर जाती हैं, एक ये हैं कि..."

कैसी होती है तन्दुरुस्ती! दूसरों को कहाँ से मिल जाती है? खेल-कूद और उस तरह की दौड़-धूप मुझे क्यों अच्छी नहीं लगती? मेरी आँखों के सामने मेरा अपना ही शरीर घूम गया—लम्बा और दुबला-पतला, पतली-पतली कलाइयाँ और उभरी हड्डियों वाले सूखे से पाँव। क्या सचमुच मैं इतना कमज़ोर हूँ कि दयनीय लगता हूँ? सल्लो आपा मुझे देखकर क्या सोचती होंगी?

"और किताबों का पता कब लगाएगा?" अम्मी ने सहसा बात बदलकर पूछा, "घर बैठे रहने से क्या अपने आप आ जाएँगी।"

छुट्टियाँ समाप्त होने को आ रही थीं, लेकिन किताबों का सचमुच मैंने कुछ नहीं किया। अम्मी इसलिए कह रही थीं कि कुछ दिनों बाद स्कूल खुल जाएगा और

मैं ही उन लोगों को परेशान करूँगा। गर्मी की हर छुट्टी में यही होता है। इम्तहान पास करने के बाद ही घर में तक़ाजे शुरू हो जाते हैं कि जो लोग ऊँची कक्षाओं में निकल गए हैं, उनसे अपने उपयोग की पुरानी किताबें ख़रीद लूँ, ताकि आधे दामों में काम चल जाए। पहले इसमें भी बड़ा उत्साह रहता था कि रिज़ल्ट के बाद नई क्लास की किताबें लाकर घर में उलटना-पलटना अच्छा लगता था, लेकिन धीरे-धीरे आधी या एक-चौथाई क़ीमत पर ख़रीदी पुरानी और स्याही के दाग़ों से भरी पुस्तकों से ऊब हो गई। एक वर्ष इसी तरह टाल गया था। नई, साफ़-सुथरी और चमकती ज़िल्द वाली पुस्तकों का ही मोह था, शायद। और अम्मी शायद उसी डर से मुझे बार-बार याद दिला रही थीं।

"आज देखूँगा।" मैंने धीरे-से कहा और वहाँ से उठकर बाहर निकल गया।

धूप सड़कों पर आईने की तरह झिलमिला रही थी। घर से लेकर चौराहे तक एक भी पेड़ नहीं था, आगे एकाध थे, लेकिन उनसे अधिक सहारा क़तार में खड़े मकानों की छाया का था, जिस पर मैं नंगे पाँव चल सकता था।

यही धूप अभी चन्द रोज़ पहले नहीं खलती थी, मैंने अपने चेहरे पर झुलसती हुई तपिश महसूस करते हुए सोचा। घर से निकलकर नंगे पाँव चलता हुआ कब मोहसिन के यहाँ पहुँच जाता, यह पता ही नहीं चलता। अब क्या हो गया है? क्या कहीं मुझमें और भी दुर्बलता आ गई है? अच्छा, जो इतने दिनों से फूफी के यहाँ नहीं गया, उसे लेकर सल्लो आपा क्या सोचती होंगी? कुछ न सोचतीं तो रूबीना के ज़रिये ख़बर क्यों भिजवातीं?

न चाहते हुए भी मेरे होंठों पर सन्तोष की एक मुस्कुराहट खिंच आई। ख़बर आने पर भी मैं नहीं गया, बात टाल दी, यद्यपि किसी ने भी एक बार ज़ोर दिया होता तो अपने को रोक पाना मेरे लिए कठिन था। क्या इस तरह उस दिन के अपमान का बदला ले रहा था?

"बब्बन भैया, तुम क्या मुझसे नाराज़ हो गए? देखो, मैं तुमसे बड़ी हूँ। चाहूँ तो तुम्हें पीट सकती हूँ कि नहीं? तुम उस दिन के बाद घर क्यों नहीं आते? गाँव से अनार आए हैं, आँगन वाला कलमी आम, तुम जानते हो कितना मीठा है; लेकिन मैंने छुआ भी नहीं है। तुम आओगे तो इकट्ठे खाएँगे..."

यह ख़त लेकर रूबीना आई थी और उसी से पता लगा कि आपा और मोहसिन में भी किसी बात पर झगड़ा हो गया और दोनों में बातचीत बन्द है। यह ख़त कितनी मरतबा पढ़ गया होऊँगा, याद नहीं। मिलने के तुरन्त बाद चला भी गया होता, लेकिन अम्मी की बात याद आ गई।

"कहाँ घूम रहे हो?" सामने वाली दुकान पर बैठा स्कूल का एक साथी पुकार रहा था, लेकिन मैंने उधर ध्यान नहीं दिया। अगर रुकता तो शायद किताबों की बात उसी से तय हो जाती, पर मैं जान-बूझकर आगे बढ़ गया। इधर एक अजीब

मनोवृत्ति हो गई थी कि जो बात घर में अम्मी कहें, उसके विरुद्ध करने में सुख मिलता था। उन्होंने किताबों की बात न कही होती तो निश्चय ही रुककर मैंने तय कर लिया होता। और अब्बा? मेरे मन में आया, अब्बा के बारे में क्या सोचा है?

'आओ, इधर आओ!' जैसे कोई खींचता हुआ मुझे लिये चल रहा था। अनचाहे ही मेरे पाँव मोहसिन के घर की ओर मुड़े जा रहे थे और थोड़ी देर के बाद देखा कि मैं मोहसिन के घर के सामने खड़ा हूँ।

तपती हुई दोपहरी ठीक सिर पर सीधी खड़ी थी। हरेक घर के पट बन्द थे, सड़कें चुप और दूर कहीं नीम और पीपल के पेड़ों से सन्नाटा खिंचा आ रहा था। पास खड़े पीले कनेर की टहनियों में कुछ गौरैये भर शोर कर रही थीं।

मैंने सहमते हुए स्वर में आवाज़ दी और धीरे-से दरवाज़ा खटखटाया। कुछ क्षणों बाद पट खुले और देखा कि सल्लो आपा सिर की ओढ़नी ठीक करती हुई खड़ी हैं।

"बब्बन!"

इधर उन्हें आदाब करना मैंने बन्द कर दिया था। होंठ के कोनों पर मुस्कुराया और वहीं से पूछा, "मोहसिन है?"

वास्तव में मैं उन्हीं से मिलने गया था, लेकिन मोहसिन को पूछकर जैसे उस बात को छिपाना चाहता था।

"होगा कहीं," सल्लो आपा ने लापरवाही से कहा, "तुम भीतर नहीं आओगे?"

नहीं करने का मन कहाँ था? बिना कुछ कहे भीतर आ गया। सारे घर में यहाँ से वहाँ तक सन्नाटा। फूफी और बच्चे भी शायद भीतर के कमरों में सो रहे थे। सामने हौदिये पर मँजने के लिए जूठे बरतन पड़े हुए थे। मुझे सिर घुमाकर इधर-उधर निहारते देख आपा बोलीं, "सब सो रहे हैं। आओ, इधर आओ। मैं चाहे रात में जितनी देर जागूँ, दोपहर को कभी सो नहीं पाती।"

धीरे-धीरे बढ़कर अपराधी भाव लिये मैं बैठ गया और मेरे सामने चटाई खींचकर आपा ने कहा, "मैंने सोचा कि तुम अब नहीं आओगे।"

"क्यों?"

"तुम नाराज़ हो, है न?" आपा हँसने लगीं, "लेकिन सोचो, उस दिन हम लोग क्या करते? अब्बा को तुम जानते नहीं, पता नहीं, कब क्या कर बैठें। मैंने सोचा कि ऐसा मौक़ा आने के पहले तुम हट जाओ तो अच्छा है।"

"लेकिन मैंने क्या किया है?"

"कुछ नहीं," एक क्षण रुककर आपा बोलीं, "तुम मामू के लड़के हो, नाराज़ होने के लिए बस इतना काफ़ी है।"

यहीं कहीं है वह रहस्य, मैंने मन-ही-मन कहा, कि क्यों फूफी हमारे घर नहीं आतीं और दोनों परिवारों के बीच खाई पड़ गई है। अम्मी को कहीं से मालूम

हो गया है कि मैं फूफी के यहाँ आता-जाता हूँ, उस दिन डाँट रही थीं कि किसी दिन अब्बा को मालूम हुआ तो टाँगें तोड़कर रख देंगे। मैंने कारण पूछा तो और भी झल्लाकर रह गईं। सो चुप कर गया। अगर कहता, जाऊँगा, सौ बार जाऊँगा, जिसे मना करना है, कर ले, तो क्या होता? और आज जो सारा मान-मनौवल छोड़कर अपने आप चला आया हूँ, उसके पीछे क्या कहीं अम्मी की मना करने वाली बात नहीं है?

सहसा बात तोड़कर सल्लो आपा उठ गईं और भीतर के कमरे से दो क्षण बाद आकर बोलीं, "ये देखो, आम तो गए, अनार अभी ख़राब नहीं हुए हैं। चलो, उधर चलकर बैठते हैं।"

तुरन्त आपा की चिट्ठी याद आई। लगा, कहीं वह यह न समझ लें कि मैं सचमुच आम-अनार के लालच से खिंच आया हूँ, अतः हँसकर बोला, "जाने दो आपा, अनार में भी क्या रखा है?"

"क्यों जाने दें?" एक तरफ़ गरदन टेढ़ी करके वह ख़ास अन्दाज़ से बोलीं और मैंने देखा कि ऐसा करने पर उनका चेहरा गरदन पर ज़रा-सा तिरछा हो जाता था और वह वास्तविकता से अधिक सुन्दर लगने लगती थीं।

"तुम्हें अनार पसन्द नहीं?" उन्होंने पूछा।

"हैं क्यों नहीं?" मैं बोला, "लेकिन उनके लिए पागल हुआ जाए, ऐसी कोई बात तो मैं नहीं देखता।"

"कौन पागल हो रहा है, मैं?" कहती हुई आपा ने मेरी बाँह पकड़कर उठा दिया और हँसती-हँसती आगे चलने लगीं। पीछे-पीछे हो लिया मैं, यही सोचता कि सल्लो आपा मुझसे तीन-चार बरस बड़ी हैं, कई बातों को मुझसे अधिक समझती हैं, अपनी आत्मीय भी हैं, अपनी कुछ बातें उनके सामने रख दी जाएँ तो क्या हो? क्या कहीं लज्जा की स्थिति आ जाएगी? किस तरह कहूँ...किस तरह?

"अम्मी कहती हैं, पहले इन सबमें धान भरा रहता था," सल्लो आपा ने सामने उँगली दिखाकर कहा।

देखा, हम लोग एक गली से होकर पिछवाड़े निकल आए हैं। उसी विशाल बाड़े में, जहाँ छोटे-छोटे तीन-चार मकान पड़ते थे और जहाँ उस दिन मोहसिन ने मुझे गौरैयों को भूनकर खिलाया था। उसी दिन की निर्जनता और उस पर खड़ी दोपहरी का सन्नाटा। धूप थी कि माँस को भेदकर सीधी हड्डियों तक पहुँच रही थी। सारा बाड़ा बंजर खेत की तरह ऊबड़-खाबड़ और उजाड़ लग रहा था। हरियाली के नाम पर अहाते की कोने वाली दीवार के पास ज़मीकन्द के कुछ पत्ते भर चिलचिला रहे थे। वहाँ कहीं कोई ऊँचा नीम होता तो उसकी छिदरी छाया में चटाई डालकर लेट रहना कैसा लगता?

एक घर की छाया में आपा थोड़ा रुकीं और निकट आने पर मुझे साथ लेकर

एक बरामदे की ओर बढ़ गईं। उन तीन-चार मकानों में एक वही घर था जिसके सामने वाले आँगन का थोड़ा हिस्सा लिपा-पुता था और दीवारें भी साफ़-सुथरी लगती थीं। हमेशा की तरह दरवाज़े पर ताला पड़ा हुआ था। बरामदे के फ़र्श पर जामुन की सूखी गुठलियाँ फैली हुई थीं और दरवाज़े के पास एक फटा-सा बोरा पड़ा था। उसे ठीक से बिछाकर आपा उस पर बैठ गईं और मेरे लिए थोड़ी जगह छोड़ती हुईं बोलीं, "आओ..."

दोपहरी के निर्जन एकान्त में यह सब अजीब-सा लग रहा था। दूर किसी मिल से आती ठक्-ठक् की आवाज़ सुनसान वन के कठफोड़वे का भ्रम पैदा करती थी। हवा बन्द, धूप और पेड़-पौधे सब निश्चल तथा निर्जीव।

क्या यह नई बात नहीं कि आपा के पास बैठते ही इधर मुझे झिझक लगती थी? बैठ ज़रूर जाता, लेकिन उतने निकट से आँखें मिलाकर कभी आपा की ओर देख नहीं पाता। उनके शरीर से एक महक उठकर धीरे-धीरे घेरने लगती, जिसका भरपूर एहसास तब होता जबकि वह उठतीं या हवा को काटती हुई एक झटके के साथ अचानक पास बैठ जातीं। ऐसा करने पर उनके घुटनों की हड्डियाँ चट्-चट् बोलतीं और मैं आँखें बन्द कर लेता।

"लो..." आपा ने अपना दाहिना हाथ कमल की कली की तरह नुकीला बनाकर और अनार के छिले हुए गुलाबी दाने छोड़कर हटा लिया। बोलीं, "बहुत मीठे हैं, खाकर देखो।"

"आपा, एक बात पूछूँ?" मैंने धीरे-से कहा। जो कहना चाहता था, उसके वाक्य मैंने मन-ही-मन पहले बना लिये थे।

आहिस्ता से मुँह चलाते हुए आपा ने मेरी ओर देखा, "क्या है?"

"तुम हमारे यहाँ क्यों नहीं आतीं? फूफी अब्बा को याद करके क्यों रोती हैं? यहाँ आने के लिए अम्मी मना क्यों करती हैं? फूफा मुझ पर नाराज़ क्यों होते हैं?"

"हाय अल्लाह!"

सल्लो आपा ने अपनी तर्जनी उँगली को अर्धचन्द्राकार बनाकर दूसरे होंठ के नीचे रख लिया, "इतने सवाल एक साथ! भैया, तुम तो एक बात पूछने जा रहे थे न?"

"सवाल तो एक ही है, आपा!"

"नहीं तो," आपा हँसकर बोलीं, "सवाल कई पूछ रहे हो; हाँ, जवाब अलबत्ता एक ही है।"

मैं उनके चेहरे की ओर देखने लगा ताकि जल्द-से-जल्द उनके मुँह का वाक्य छीन लूँ, पर वह बोलीं नहीं, हलके-हलके मुस्कुराती हुईं, शरारत करती सी घूरती रहीं, फिर अपने दोनों घुटनों में हथेलियाँ फँसाकर, धीरे-धीरे झूमती हुई सामने देखने लगीं।

अहाते की दीवार के उस पार शिरीष का बड़ा और मज़बूत पेड़ खड़ा था। उसकी पत्तियों के बीच पीले फूलों के बेशुमार गुच्छे फूले हुए थे। प्रत्येक टहनी में लोबिया की फली की तरह झूलती हुई लम्बी-लम्बी काली तथा सूखी फलियाँ टूट-टूटकर इधर गिरती जा रही थीं। जब हवा चलती तो धरती पर फैली असंख्य धनुषाकार फलियाँ आहिस्ता-आहिस्ता सरकने लगतीं और उनकी खरखराहट के स्वर के साथ ज़मीन पर कई बेमानी नक़्शे खिंच जाते।

उधर ही देखते हुए आपा ने धीरे-से जवाब दिया, लेकिन उनके दो शब्दों वाले उत्तर 'झगड़ा है' से मुझे सन्तोष नहीं हुआ। इतना तो मैंने भी अनुमान लगा लिया था। उत्सुकता जिस बात की थी, आपा तो उसे छिपाए जा रही थीं।

"किस बात पर झगड़ा हुआ?" आख़िर मैंने स्पष्ट शब्दों में पूछा, "झगड़े-झाँसे तो घर-घर होते हैं, ऐसा कहाँ होता है कि जानी दुश्मन बन जाएँ और बरसों एक-दूसरे की सूरत न देखें!"

आपा को शायद मेरे प्रश्न के उस रूप की आशा न थी, थोड़ी देर वह मुझे गहरी आँखों से देखती रहीं, फिर हँसकर बोलीं, "मैं क्या जानूँ? ये सब बड़ों-बड़ों की बातें हैं, अम्मी से पूछो।"

मैं निराश नहीं हुआ। लगातार कई तरह से कुरेदने की कोशिश करता रहा, यहाँ तक कि वह घिर गईं और हारकर बोलीं, "भैया मेरे, तुम उन सब बातों को अभी नहीं समझोगे।"

"क्यों नहीं समझूँगा?"

"अभी छोटे हो, इसलिए।"

"कौन छोटा है, मैं? और तुमने कैसे समझ लिया है?"

"मेरी बात दूसरी है," आपा ने हँसकर कहा, "मैं तुमसे बड़ी नहीं हूँ!"

मैंने झुँझलाई आँखों से उन्हें देखा और हताश स्वर में बोला, "उससे क्या? दो-एक साल छोटे-बड़े होने से क्या फ़र्क़ पड़ता है? हाँ, न बताना चाहो, वह बात दूसरी है।"

अपनी फूटी पड़ती मुस्कुराहट को छिपाकर आपा मेरी ओर देखने लगीं। मैंने ध्यान दिया कि बात छिपाने से अधिक उन्हें मुझे छेड़ने में आनन्द आ रहा था। मैं जितना झल्लाता, हाथ-पाँव मारता या लाल-पीली आँखें करता, उतनी ही गहरी आँखों से वह मेरी ओर एकटक देखे जातीं। अन्त में जब मैं तुनककर उठने लगा तो मेरा हाथ पकड़कर खींचती हुई स्नेह से झिड़ककर वह बोलीं, "बैठो, बैठो, ज़िद्दी कहीं के! समझ में नहीं आता कि तुम्हें इन सबसे क्या करना है? अपनी पढ़ाई-लिखाई और खेल-कूद देखो।"

विजय की चमक को चेहरे पर छिपाता हुआ मैं धीरे-से बैठ गया। जानता था कि मेरी ज़रा-सी मुस्कुराहट से सारा रहस्य आते-आते यूँ लौट जाएगा, जैसे काफ़ी

गहरे कुएँ से जल भरी बाल्टी खींची जाए, ऊपर तक पहुँचे भी, लेकिन जैसे ही बाल्टी की ओर हाथ बढ़े कि सहसा रस्सी फिसलकर नीचे उतर जाए।

"अच्छा, तुम कभी अपने अब्बा के कमरे में गए?" आपा ने काफ़ी देर बाद बात शुरू की।

"हाँ...तो?"

"वहाँ कुछ देखा?"

मैं एक क्षण के लिए चुप हो गया। आँखों के सामने अब्बा का वह छोटा-सा कमरा खिंच आया, जिसमें उस दिन चोरी से खिसक गया था। शीशम का बड़ा पलँग, साफ़-सुथरा बिस्तर और चादर के सारे कोनों पर बिछे हुए महकीले सुन्दर फूल। अकस्मात् बिजली की तरह वह तसवीरों वाली किताब कौंध गई और उसके बहुत-से चित्र आँखों में तैर आए। लज्जा के मारे मेरा चेहरा लाल हो गया। और कमरे में था क्या? सोचा कि बता दूँ; लेकिन आपा के चेहरे की ओर देखकर फिर लज्जा ने जकड़ लिया।

मुझे कहने के लिए हिचकता देख आपा ने मुँह पर कपड़ा रख लिया और मुस्कुराहट छिपाती हुई बोलीं, "बोलो..."

"किताब?" मैंने डरते-डरते धीरे-से कहा।

"कैसी किताब?"

इस बार मेरी ज़बान बन्द हो गई। एक पल सोचता रहा, फिर उनकी ओर देखता और सिर झुका लेता। देखता और होंठ काँप-काँपकर रह जाते। जैसे-तैसे आवाज़ निकली, "बड़ी ख़राब किताब है, आपा! एकदम वाहियात तसवीरें हैं।"

सल्लो आपा मुझे आश्चर्य से देखती रहीं और हैरान स्वर में पूछा, "कहाँ हैं?"

"अब्बा की पेटी में।"

थोड़ी देर सिर झुकाकर शायद वह समझने का प्रयत्न करती रहीं, फिर हँसकर बोलीं, "अरे, वह नहीं।"

"फिर?"

इस पर सल्लो आपा खिसककर मेरे बहुत पास हो गईं। अपना दाहिना हाथ उन्होंने मेरे सिर पर रखा, बायीं हथेली से चिबुक के सहारे चेहरा पकड़ा, ऊपर झुकती हुई मेरे कान पर अपने होंठ रख दिए और धीरे-से कुछ फुसफुसाईं। यह सब इतनी जल्दी हो गया कि मैं सँभल भी नहीं पाया। अचानक अपनी ठोड़ी पर नरम हथेली की पकड़ महसूस हुई और कान पर दो गर्म-गर्म होंठ एक क्षण के लिए आ टिके। ऐसा करने से उनके होंठों तथा गालों के स्पर्श ने मेरे कानों को भी लमहे-भर के लिए तपा दिया था। सारे शरीर की रगों में एक झनझनाती हुई सिहरन उतर गई और जैसे नशे के बोझ से दोनों आँखें अपने आप मुँद गईं।

थोड़ी देर के लिए सब भूल गया कि मैं क्या पूछ रहा था और उन्होंने

फुसफुसाकर क्या जवाब दिया। जब कान के लवों की तपिश कम हुई, भीतर की लहर थमी और आँखें खुलीं तो जैसे स्मृति लौट आई।

"एक औरत," उन्होंने फुसफुसाकर कहा था।

सहसा मुझसे बातें करते नहीं बना। यह भी समझ नहीं पाया कि आपा के कहने का क्या अर्थ हो सकता है। एक औरत, कौन? कौन-सी औरत? कहाँ की औरत? अब्बा के कमरे से उसका क्या सम्बन्ध? आपा ने उसे कहाँ देख लिया? ऐसे दसियों सवाल एक साथ मन में उठकर मस्तिष्क में टकराने लगे।

मैंने देखा कि कानों में कहने के बाद आपा का शरीर मुझ पर से तत्काल हट गया, लेकिन दूरी पहले की अपेक्षा एकदम कम हो गई और मैं उनके गालों के रोएँ तक देख सकता था। लगा, बताने को तो बता गईं, पर वे ही क्षण उनके लिए कठिन पड़ गए और सचमुच उन्हें निगलना पड़ रहा है।

"पता नहीं, मैं क्या देखने गई थी?" मेरे प्रश्न करते ही आपा ने ज़रा बिगड़कर कहा, "सुना है कि वह घर में आती-जाती है। उसी को लेकर अब्बा और मामू में झगड़ा हो गया और झगड़ा ही नहीं, बाहर की गली में मार-पीट तक हो गई। तब से बरसों हो गए, आपस में देखादेखी तक नहीं। अम्मी हैं, मामू को एक नज़र देखने के लिए तरस गई हैं।"

मुझे बड़ी निराशा हुई—इतनी ज़रा-सी बात और उसके लिए इतना रहस्यमय हेरफेर! इसे तो वह चलते-चलते बता सकती थीं। ऐसी ख़ुशामद-दरामद की ज़रूरत ही कहाँ थी?

मैंने पूछा, "तुम्हारी बात अगर सच है तो इतने साल मुझे घर पर रहते हो गए, मैंने क्यों नहीं देखा?"

"तुम कहाँ से देखोगे?" आपा हँसकर बोलीं, "अपने घर में सो रहते होगे। और फिर वह सबके सामने थोड़े ही आती होगी। तुमने मामी को बिगड़ते हुए सुना होगा।"

वास्तव में मैंने नहीं सुना था, लेकिन आश्चर्य हो रहा था कि उसमें बिगड़ने, झगड़ा करने या छिपाने जैसी क्या बात है? घर में कई तरह के लोग आते हैं। अब्बा अदालत में काम करते हैं, मुक़दमे-पेशी वाले आते-जाते ही हैं, भला उसमें...

"वह अच्छी औरत नहीं, भैया!" आपा ने जैसे समझाते हुए कहा, "अम्मी कहती हैं, उसी की वजह से तुम्हारा घर तबाह हुआ जा रहा है। ज़मीन-जायदाद सब गई, अब पैसे आते हैं तो ज़्यादा उसी के पीछे ख़र्च होते हैं और तुम लोग तरसते रह जाते हो।"

तो आपा सब जानती हैं! यह भी जानती हैं कि हम लोग कठिनाई से अपने दिन गुज़ार रहे हैं और घर-भर का वातावरण कड़वा हो गया है। अभी उस दिन एक पुराना निकर पहने सल्लो आपा के सामने चला गया था। उसका कपड़ा सस्ता

तो था ही, मोहरी के पास की सिलाई से फटने लगा था और बार-बार सुधारने के कारण सामने की पट्टी शरीर छोड़कर ऊपर उठ गई थी। जब आपा ने देखा तो उसकी सिलाई भी टूट चुकी थी और दाहिनी रान के उस हिस्से पर बार-बार हाथ रखकर मैं ढँकने की कोशिश कर रहा था ताकि उनकी नज़र न पड़े। मुझे याद है, आपा ऐसी बन गईं जैसे उन्होंने देखा ही न हो। और मुझे कैसा लगा था? कैसा?...

मैंने बाईं आँख के कोने-से आपा के चेहरे की ओर देखा। वह दूर अहाते की दीवार के पास खड़े ज़मीकन्द के पौधों की ओर देख रही थीं। शिरीष के पेड़ से अभी भी फलियाँ टूट-टूट कर गिरती जा रही थीं, पर हवा नहीं थी। क्या सचमुच हमारा घर तबाह हुआ जा रहा है?

"आपा!" मैंने धीरे-से कहा, "तुम जानती हो कि वह हमारे घर क्यों आती है?"

सल्लो आपा ने, तत्क्षण अपनी गरदन फेरकर मेरी ओर देखा, एक पल घूरती हुई मुस्कुराती रहीं, फिर अपना सिर दीवार पर टेककर हँसी और आँखें मूँदकर छोटा-सा उत्तर दिया, "नहीं।"

बड़ी देर बाद जब धूप हलकी और घर के साये लम्बे हो गए तो वह अचानक हड़बड़ा कर उठीं और सीने का दुपट्टा सँभालती हुई बोलीं, "चलो, बहुत देर हो गई। अम्मी चिल्ला रही होंगी।"

वहाँ से लौटते हुए वह गली के पास ठिठक गईं। जब मैं निकट हो गया तो मेरे कंधे पर हाथ रखकर बोलीं, "अब मेरी एक बात का जवाब दोगे?"

"क्या?"

"थोड़ी देर पहले तुमने कहा था कि मामू की पेटी में कोई किताब है, है कि नहीं?" कहकर वह एक निमिष के लिए हिचकीं और वैसे ही संकोच-भरी आँखों से मेरी ओर देखकर जवाब की प्रतीक्षा करने लगीं। मैंने स्वीकृति में सिर हिलाया तो पूछा, "उस किताब में क्या है?"

मेरे लिए होंठ हिलाना कठिन हो गया। समझ में नहीं आया कि जवाब में क्या कहना चाहिए। आख़िर बोला, "उसमें बड़ी ख़राब तसवीरें हैं, आपा!"

"मुझे दिखाओगे?" उतावले से स्वर में उन्होंने पूछा। एक क्षण के लिए मैं सचमुच घबरा गया। वह इतना साहस कर बैठेंगी, यह मैंने कभी नहीं सोचा था। मेरा हाल यह है कि आँखें उठाकर बातें करने तक में शरम आ रही थी। ठिठकते-लड़खड़ाते ढंग से मैंने वही दलील रखी कि देखने में अच्छी नहीं और वैसे भी उन्हें नहीं देखना चाहिए।

"क्यों? क्यों नहीं देखना चाहिए?" थोड़ी देर पहले मेरी कही हुई बात आपा ने मेरे ही सिर धर दी, "जब तुम देख सकते हो तो मैं क्यों नहीं देख सकती? सुनो, कल आओगे तो उसे लेकर आना, अच्छा!" कहकर उसी तेज़ी से बिना मुझे कोई

अवसर दिए आपा आगे बढ़ गईं और उनकी ओढ़नी के छोरों से छूटती गन्ध उस समय तक वहाँ भटकती रही जब तक कि वह मोड़ में ओझल न हो गईं।

उस रात मेरे लिए पलक लगाकर ठीक से सो पाना कठिन हो गया। अगर आँखें झपतीं तो भी नींद आते-आते लौट जाती और सारा ध्यान अब्बा के कमरे की ओर चला जाता। आपा ने कहा था, वह क्या सच है? क्या सचमुच ऐसा होता है? लेकिन आपा ने इस घर में आए बिना वह सब कैसे जान लिया और मुझे क्या हो गया है कि इस घर का एक अंग बनकर रहने के बावजूद किसी भी बात का पता नहीं है? उसी उलझन में कई घंटे निकल गए और जब देखा कि सबके सब सो गए हैं तो धीरे-से उठकर, हौले पाँव धरता हुआ अब्बा के कमरे के पास जा खड़ा हुआ।

अब्बा के कमरे का दरवाज़ा भीतर से बन्द था और अन्दर भी अँधेरा था। जाने को तो चला गया, लेकिन देर तक मूर्खों की तरह खड़े-खड़े बड़ी कोफ़्त हुई। पता नहीं, वह कौन-सी उम्मीद थी जिसने सिर से पाँव तक 'कान' बनाकर मुझे घंटों वहाँ खड़ा रखा और अन्त में निराश होकर चोरों की तरह पाँव रखता हुआ मैं वापस लौट आया।

मगर एक शायद अन्त:प्रेरणा होती है। ऊपर से हमें कुछ चीजें नहीं करनी चाहिए, लेकिन भीतर से कोई एक शक्ति चुपचाप अपना काम करा लेती है और लगता है कि हमारी इच्छाशक्ति या निश्चय की प्रेरणा कहीं-न-कहीं कमज़ोर है।

यही हुआ। जिस क्षण आपा ने कहा था, मैं बिलकुल तैयार नहीं था। एक तो इसलिए कि अब्बा की पेटी से निकालकर कोई चीज़ ले जाना चोरी करने की तरह था। दूसरे उसे आपा को दिखाने की सोचकर अकेले में भी लजाता था। उस दिन घर लौटते समय निश्चय भी यही कर लिया था, पर पता नहीं, कैसे क्या हुआ कि अगली बार जब मैं सल्लो आपा के घर पहुँचा तो अपने निकर की बेल्ट के सहारे, मैं किताब दबाए हुए था। ऊपर से ढँकी हुई कमीज़ उभरी हुई न दिखाई दे, इसलिए रास्ते में बार-बार हाथ से दबा लेता था।

"लाया?" फूफी की नज़रें बचाकर आपा ने मेरी ओर देखा और आँखों के इशारे से ही पूछा। मैंने हँसकर गरदन झुका ली और यूँ बनने लगा, जैसे गए दिन की बात बिलकुल भूल गया होऊँ।

उस समय आपा सिलबट्टे के पास बैठी थीं। जल्दी-जल्दी मसाले से छूटकर कोहनी से अपने कपड़े ठीक करती हुई वह उठीं, हाथ धोये और दुपट्टे का पल्लू सिर पर धरती हुई बोलीं, "आओ, तुम्हें अमरूद खिलाते हैं।"

स्पष्ट था कि उस बहाने से आपा मुझे वहाँ से निकाल लाईं। आँगन की बाईं ओर अमरूद के पेड़ थे। उनकी टहनियाँ मोहसिन के मारे अकसर साफ़ रहती

थीं, फिर भी उनके नीचे खड़े होकर हम लोग देर तक ऊपर पत्तों के बीच ताकते रहे हैं। एक-दो अमरूद दिखे भी हों तो आपा यह कहकर टाल गईं कि जाने दो, बहुत ऊँचाई पर हैं।

अन्त में हम लोग उसी पिछवाड़े की ओर आए जहाँ उस दिन बैठे थे, हम दोनों में से किसी को अपनी ओर से किताब की बात निकालने का साहस नहीं हो रहा था। बड़ी देर इधर-उधर की बेसिलसिले वाली बातें होती रहीं। जब ऊब होने लगी तो आपा ने जमुहाई लेकर कहा, "बब्बन भैया, मुझे अपने घर ले चलोगे?"

"क्यों?" मैंने साश्चर्य पूछा। दरअसल, एक बार अपने घर आने के लिए मैंने स्वयं आग्रह किया था, पर उनके अचानक तैयार होने की बात समझ में नहीं आई।

"अरे, क्यों क्या?" आपा ने कहा, "मतलब के बिना मैं नहीं आ सकती? मामा-मामी से मिलना है, घर-बार देखना है, और भी बहुत से काम हैं...और क्या वह मेरा घर नहीं है?"

भीतर से मुझे ख़ुशी ज़रूर हुई लेकिन बोला नहीं। उन्होंने ही जैसे उलाहना देते हुए कहा, "तुमसे तो आपा का कोई ज़रा-सा काम नहीं होता।"

"कौन-सा काम मैंने नहीं किया, बताओ...?"

"अरे, अब यही कल की बात लो..." कहती-कहती वह बीच में रुकीं। एक पल ठहरकर मेरे पेट और उस पर से उभरी पड़ती कमीज़ की ओर निगाह डाली और पूछा, "यह क्या रखा है?"

मैंने झपट कर कमीज़ ठीक करनी चाही, लेकिन हाथ के दबाव से काग़ज़ की फड़-फड़ की आवाज़ बराबर उभर आई और मैंने घबराकर छिपाते हुए कहा, "कहाँ? कुछ नहीं है, आपा, कुछ नहीं..."

"कैसे कुछ नहीं है? क्या दबा रखा है, देखूँ?" कहकर सल्लो आपा ने मेरा एक हाथ पकड़ लिया, अपनी ओर खींचकर झुकाया और चाहे लाख मैं बचने-बचाने की कोशिश में हाथ-पाँव मारता रहा, पर मेरी कमीज़ के भीतर ज़बरन हाथ डालकर उन्होंने किताब निकाल ली। पराजय और घबराहट के मारे मैं रुआँसा हो गया, धड़कनों के मारे पसीना छूटने लगा और आँखें उठाकर तत्काल ही आपा की ओर देखने की हिम्मत नहीं हुई। अपनी बजती हुई कनपटी को सँभाले मैं उसी तरह सिर झुकाए बैठा था कि आपा की काँपती हुई आवाज़ सुनाई दी, "तौबा!"

क्षण के लघुतम अंश में जैसी-तैसी आँखों से मैंने देखा कि वह किताब आपा की गोद में खुली हुई पड़ी है, उनका सारा चेहरा लाल-गुलाल हो गया है, सीना ज़ोर-ज़ोर से उठ-बैठ रहा है, लेकिन 'तौबा' कहने के बावजूद नज़र है कि जैसे किताब के पन्नों में चस्पां होकर रह गई है।

अचानक उन्हें अपनी ओर देखे जाने का शायद एहसास हुआ, तत्काल ही उसे मूँदकर उन्होंने उस पर दुपट्टे का छोर ढँक दिया और घबराहट तथा आशंका

भरी आँखों से इधर-उधर ताककर सामने देखने लगीं। मैंने देखा कि उनके कान की लवें तपकर लाल हो गई हैं, नाक और ऊपरी होंठ के बीच की जगह में पसीने की बूँदें चुहचुहा आई हैं और दोनों खुले होंठों में से एक कँपकँपाहट-भरी लम्बी साँस धीरे-धीरे छूट रही है।

"सल्लो आपा!" कुछ देर बाद अपराधी के से स्वर में मैंने आहिस्ता से पुकारा। दरअसल, मैं डर के मारे मन-ही-मन पछता रहा था कि क्यों मैंने आपा की बात मानकर मूर्खता कर ली। कहीं उसे लेकर वह फूफी के पास पहुँच गईं और उन्हें दिखा दिया, तो क्या होगा? फूफी क्या सोचेंगी? मैं कौन-सा मुँह लेकर उनके पास जाऊँगा?

तभी बड़े फाटक के पल्ले खुले रहने के कारण कोई आवारा गाय भीतर घुस आई और इतमीनान से पुआल के ढेर की ओर बढ़ने लगी। आपा ने मेरे पुकारने पर हाँ-हूँ कुछ भी नहीं किया, गाय हकालने के बहाने वह वहाँ से उठ गईं और उसे बाहर करने, फाटक लगाने और वापस आने में लगभग पाँच मिनट का समय ले लिया।

"मैं कहता था न कि किताब बुरी है?" उनके लौटकर आते ही मैंने सफ़ाई दी, "वह तो तुम पीछे पड़ गई थीं, नहीं तो हरगिज़ न लाता। लाओ दो, लेकर वहीं रख दें..."

पर आपा ने किताब नहीं लौटाई। इस बीच पता नहीं उसे कहाँ छिपा लिया था कि न हाथ में थी, न दुपट्टे में। मुस्कुराकर शरारत करती हुई धीरे-से बोलीं, "कौन-सी किताब?"

"वही जो अभी मैंने तुम्हें दी..."

"मेरे पास कहाँ है?"

दोनों हाथ झटककर सल्लो आपा शरारत से बोलीं, और चेहरे की उनकी रेखाएँ देखकर सहसा मेरा मुँह उतर गया। उन्हें उदास आँखों से देखकर मैंने उतरे मन से कहा, "छि:, आपा, मज़ाक़ न करो।"

सल्लो आपा हँसने लगीं, फिर छेड़ने के ढंग पर अपने कपड़े झाड़ती हुई बोलीं, "मेरे पास हो तो निकाल लो।"

अगर उन्होंने हँसकर न कहा होता तो मैं सचमुच रुआँसा हो गया था। उनकी ओर न देखकर मैंने गरदन झुका ली। लगा, मेरा चेहरा ज़रूर सूजा हुआ दिखाई दे रहा होगा और शायद यही सब भाँपकर उन्होंने कंधे पर हाथ रख दिए और तसल्ली देती हुई हँसकर बोलीं, "बस, छि: छि:, जी छोटा न करो।"

"तो लाओ, वापस करो।"

"तुम क्या करोगे?"

"क्यों, जहाँ से लाए थे वहीं रख देंगे।"

एक पल मुझे और फिर दूसरी ओर देखकर उन्होंने लापरवाही से कहा, "अभी रहने दो फिर कभी ले जाना।"

मेरे मन में फिर फूफी वाली आशंका तैर आई, सहमते हुए पूछा, "क्यों, तुम क्या करोगी।"

"कुछ नहीं।"

"फिर?"

"फिर भी कुछ नहीं।"

उस बात को और अधिक बढ़ाना व्यर्थ समझकर मैं चुप हो गया। सल्लो आपा आख़िर तक हँसती रहीं, पर मान के मारे मैंने दुबारा किताब की बात नहीं की। सोचा, मूर्खता की है तो उसकी सज़ा भी भुगत लेंगे, पर अपनी हैसियत इस तरह खोएँगे नहीं।

जब हम लोग वापस घर आए और सामने फूफी दिखाई दीं, तो एक बार फिर मन काँपकर रह गया था। अरे, लड़कियों में बुद्धि होती ही कितनी है? कौन जानता है, कहीं उसे ले जाकर फूफी के सामने रख दें, तो? मेरी आँख बराबर सल्लो आपा के चेहरे का पीछा करने में लगी थीं, पर उन्होंने फूफी से कुछ कहा नहीं, सीधे अपने कमरे की ओर चली गईं और कुछ देर बाद वहाँ से लौटकर चुपचाप सयानी बेटी की तरह, चूल्हे-चौके के अपने काम में जुट गईं।

"बब्बन!"

चौके से उठकर आँगन की ओर जाते हुए अचानक फूफी ने बड़ी गम्भीर आवाज़ से मुझे पुकारा। अभी तक मेरी शंका नहीं गई थी, जब उन्होंने पास आने को कहा तो मैं और सकपका कर रह गया। कई क्षण वहाँ से हिलने का साहस नहीं हुआ।

"ज़रा यहाँ आना तो...!" कहती हुई फूफी अपने कमरे में तेज़ी से घुस गईं और वहीं से मैंने सुना कि ट्रंक-पेटियों की तरह उठा-पटक और रखा-धरी की जा रही है।

"फूफी!" डरता-डरता जाकर मैं उस कमरे की चौखट पर खड़ा हो गया। देखा, इधर पीठ किए छोटी फूफी पेटियों के पास झुकी हुई हैं और कमर में खुँसे चाबी के गुच्छे में से एक-एक लेकर, वह कोई बहुत पुरानी पेटी खोलने की कोशिश कर रही हैं। मेरी आवाज़ से उन्होंने लौटकर ज़रूर देखा, लेकिन बोलीं नहीं, भीतर आने का इशारा करके अपनी पीठ मोड़ ली और काम में लग गईं।

'यही वह जगह है', मैंने उस बिना रोशनी के कमरे में घुसकर चारों ओर देखते हुए सोचा, 'चारों दीवारों का यही घेरा, जहाँ वर्षों से फूफा-फूफी के एकान्तिक क्षण स्वर पाते रहे हैं। वही दीवारें, ऊपर का वही छाजन, खपरैल और बाँस की काली क़तार, कोहरे की तरह झुका हुआ अँधेरा और कमरे में पुरानेपन की सीलियाई-सी

गन्ध वाला वातावरण—क्या ये सब, कहीं कुछ बोलते हैं? उनकी अदृश्य मुँदी आँखों ने क्या-क्या देखा है?'

"तुम लोग कहाँ गए थे?" सहसा मुड़कर फूफी ने मुझसे पूछा। पेटी का पल्ला मूँदकर उन्होंने उस पर ताला डाल दिया था और हाथ में कुछ लिए मेरे निकट आ गई थीं।

"कहीं नहीं, फूफी!" मैंने जल्दी में जवाब देना चाहा, लेकिन अटक गया, बोला, "पीछे यूँ ही बैठे थे।"

"अच्छा, मुझसे सच-सच कहना, कहेगा?" फूफी ने ज़रा दूसरी ज़बान से पूछा।

मेरा गला ख़ुश्क हो गया और लगा कि हलक़ में तमाम काँटे आ गए हैं। सोचा, बस हो गया काम तमाम! पहुँचा दिया मुझे सल्लो आपा ने। एक बार मैंने आशंकित आँखों से यह जानने की कोशिश की कि उनके हाथों में क्या है, पर कम रोशनी के कारण देख पाना सम्भव न था।

"बोल, बताएगा?"

"हाँ।"

एक क्षण ठहरकर फूफी ने मुझे गहरी आँखों से घूरा और फिर ज़ोर देकर आत्मीय स्वर में पूछा, "कल रात तुम्हारे यहाँ खाना नहीं बना, क्या यह सच है?"

मैं एकाएक चौंककर चुप हो गया। इस बात की क़तई आशा न थी कि हमारे घर के दिन-प्रतिदिन का राई-रत्ती हाल उन्हें मालूम है। फूफी से हमारे घराने का रक्त का सम्बन्ध है और हालाँकि इधर वर्षों से आपस में देखा-देखी तक नहीं, पर हमारे बारे में वह मुझसे अधिक जानती हैं। इतना होने पर भी उनके सामने वह सब स्वीकार करने में मैं क्यों झिझक रहा था? क्यों ऐसा लग रहा था कि वह प्रश्न आते ही मैं कहीं छोटा हुआ जा रहा हूँ? आख़िर स्वीकृति में धीरे-से सिर हिलाना पड़ा।

"भैया दो रोज़ से घर नहीं आते, क्या यह सच है?"

मैं फिर चुप हो गया।

फूफी ने टूटी डाल की तरह पास की दीवार का सहारा लिया, पूरी तरह उस पर टिककर उन्होंने एक लम्बी साँस खींची और लगभग अवरुद्ध कंठ से बोलीं, "ख़ुदा जाने, उस घर का क्या होगा? हर क़दम बरबादी और तबाही की ओर... जो भी काम करेंगे, घर-घराने का सत्यानाश करने के लिए। भैया को जाने अब कब समझ आएगी!"

कमरे की गले तक अँधेरे वाली रोशनी में फूफी का चेहरा मैं नहीं देख पाया, लेकिन उनकी आवाज़ के गीलेपन ने मेरे कंठ को भी जकड़ लिया था। चाहता था, कुछ बोलूँ, लेकिन क्या बोलता? मेरे पास कहने के लिए था क्या?

"यह रखो," सहसा एक और लम्बी साँस खींचकर फूफी ने दीवार का सहारा

छोड़ दिया और दस का एक नोट मेरी हथेली में थमाकर बोलीं, "इसे चुपचाप भाभी को दे देना। कहना, फूफी ने भेजा है। और सल्लो से इसकी चर्चा न करना, हाँ!" कहकर बिना मेरे उत्तर की प्रतीक्षा किए फूफी बाहर निकल गईं। दस के उस नोट को हाथ में पकड़े मैं थोड़ी देर वहीं खड़ा रह गया। हाँ या ना कहने का वक़्त निकल चुका था, अत: जैसे-तैसे उसे जेब में ठूँसकर, बिलकुल बौना होकर वहाँ से बाहर आया।

जब वापस घर लौटने को था तो दरवाज़ा लगाने के बहाने सल्लो आपा उठ आई थीं। सीढ़ियों के पास खड़ी होकर दोनों पल्ले पकड़े हुए वह धीरे-से बोलीं, "तुम्हारी किताब मेरे पास है, कल आओगे तो ले लेना, अच्छा!"

और दरवाज़ा लगा लिया।

ग्यारह

ठंडे चूल्हे वाला घर दिन को भी कितना भाँय-भाँय करता है। जैसे आग का सुलगना ही सारे घर की नसों में तपिश भरना हो। सम्भवत: आनन्द-मंगल की समस्त किरणें वहीं से फूटती हैं और घर में उजाला होता है, नहीं तो घर और बियाबान में फ़र्क़ ही क्या है?

वही साफ़-सुथरे कमरे-बरामदे हैं, हर कमरा पुराने-नये सामान से भरा है, और अभी भी एक नज़र में सारा घर भरी-पूरी गृहस्थी का अक्स मन पर छोड़ता है, लेकिन यहीं कहीं से जैसे अदृश्य बाँहों ने आनन्द-मंगल के समूचे वातावरण को अपने में समेट लिया है, और पीछे छूट गया है एक रीतापन, उदास, बोझिल और दमघोंट!

धीरे-से दरवाज़ा ढकेलकर मैं घर में घुसता हूँ; लेकिन अपना ही घरबार अपने को अपरिचित, नया और पराया-सा लगता है। बाहर से धूप और रोशनी पहले की तरह ही आकर लेटी है, फिर भी अँधेरा मानो वहीं कहीं अपने दिशाव्यापी डैने गिराए बैठा है। जैसे घर नहीं है, निष्प्रभ बेजान शरीर है, जिसे ठंडा होने के बाद, पलँग से उतार, मुँह ढाँक-तोपकर धरती पर डाल दिया गया है।

घर के सारे कमरे खुले हैं, आसपास किसी का पता नहीं और हवा सामने से होकर पिछवाड़े तक बेरोक-टोक निकल जाती है। जिसकी दीवारें टूट जाती हैं, खँडहर क्या वही कहलाता है? क्या उसे कहेंगे, जो ऊपर से भरपूर लगने पर भी, भीतर से खोखला है और जिसकी दहलीज़ पर पाँव रखते ही डर लगता है?

"खट्ट! खर्रररर..."

अचानक चौंककर देखा कि बग़ल के कमरे से कोई टीन का छोटा डिब्बा पत्थर के फ़र्श पर घिसटता तथा आवाज़ करता आकर एकबारगी मेरे सामने ठहर गया है। जिज्ञासावश, जैसे ही मैंने कमरे की ओर आँखें उठाईं, एक लम्हे के लिए ज़रूर काँपकर रह गया। देखा, दरवाज़े के फ्रेम के बीच, प्रेत की तरह सूफ़िया खड़ी है। शरीर का हुलिया ऐसा, जैसे बिना नहाये-धोये वह मैले कपड़ों में घंटों बिस्तर पर पड़ी सुबकती, रोती या दुख मनाती रही है।

"भैया!" यह आवाज़ मैंने धीरे-से सुनी, अत: थोड़ी देर उसकी ओर देखता रहा कि देखूँ, सूफ़िया क्या कहती है। बाहर वाले दरवाज़े पर पड़े पुराने परदे को धक्का मारती और धकेलती हुई हवा भीतर घुस आई और पूर्ववत्, एक क्षण ठहरे बिना, पिछवाड़े के आँगन की ओर निकल गई। पड़ोस की पन्द्रह चूज़ों वाली कुड़क मुर्ग़ी 'कोक कोक' करती बरामदे के पास चुग रही थी, रास्ता भूलकर वह भीतर आ गई, उसके कुछ चूजे भटककर चीं चीं करने तथा इधर-उधर दौड़ने लगे और श्मशान जैसे दिन में निस्तब्ध खड़े आँगन के आम पर सिर्फ़ एक बार बोलकर कोई काग चुप हो गया।

पर दरवाज़े के पास से किसी की आवाज़ नहीं आई। कठिनाई से एक क्षण ही बाद देखा कि फ्रेम ख़ाली हो गया और सूफ़िया की आकृति भी वहाँ से हट गई।

उसकी ठोकर से घिसट आए डिब्बे को देखता हुआ मैं पिछवाड़े के बरामदे में निकल गया, जहाँ अकसर अम्मी लेटा करती थीं। वहीं से एक बार बावर्चीख़ाने की ओर निगाह गई और लगा, जैसे वहाँ सब कहीं राख उड़-उड़कर फैली हुई है, और जैसे भीतर घुसते या वहाँ के फ़र्श पर क़दम रखते ही सर्दी के मारे पाँव सुन्न पड़ जाएँगे...

एक खुर्री और झिलंगी खाट पर अम्मी औंधे मुँह लेटी थीं और साड़ी का ही पल्ला लेकर उन्होंने अपने हाथ-मुँह ढँक लिये थे। मेरे बदले कोई दूसरा होता तो उसे निश्चय ही समझने में कठिनाई होती कि वह अम्मी ही हैं, जो लेटी हैं।

बिस्तर से कुछ याद नहीं, इतना स्मरण रह गया है कि बड़ी मुश्किलों के बाद मैंने उन्हें जगाया था। बेहद अनमनाया, सूजा और रूखा चेहरा खोलकर वह थोड़ी देर मेरी ओर घूरती रहीं, फिर लेटे-लेटे ही झल्लाकर बोलीं, "क्या चाहिए, खाना?"

उनके अप्रत्याशित व्यवहार पर ही मैं सोच रहा था, प्रश्न की ओर बिलकुल ध्यान नहीं दिया, पर आगे और कड़वे स्वर में व्यंग्य करती हुई बोलीं, "वह तो नहीं, अब मेरा गोश्त रह गया है खाने के लिए, तुम सब लोग बैठकर उसे भी चीथ डालो..."

उस समय मुझे अपने कानों पर विश्वास नहीं हुआ। बिलकुल हतबुद्धि, अपमानित और रुआँसा मैं उनकी ओर देखता रहा। लगा, क्रोध के मारे अपने ही बाल नोच डालूँगा या इतनी ज़ोर से चीख़ूँगा कि गले की तमाम नसें फट जाएँगी।

इस घर के सारे लोग मुझे इतना ओछा और नदीदा क्यों समझते हैं? मैं जो इतना सब पीकर घुटा-घुटा घूमता हूँ, उसका मूल्य, क्या किसी के निकट कुछ भी नहीं? मेरी इतनी सहनशीलता क्या सब व्यर्थ है?

कुछ बोला नहीं, कई क्षण बाद मैंने अपनी जेब से वह मुड़ा-मुड़ाया नोट निकालकर उनकी खाट की पाटी पर रख दिया और धीरे-से बोला, "यह फूफी ने दिए हैं!"

और उसके बाद वहाँ एक पल भी रुकने को तैयार न था। चाहता था कि क्रोध उफनने के पहले ही वहाँ से निकल भागूँ और किसी अँधेरे कोने में बैठकर ख़ूब रो लूँ। शायद इसीलिए तेज़ी से मुड़ भी गया था, पर तभी अम्मी हड़बड़ाकर उठ बैठीं, पाटी पर रखे नोट की ओर कोई लमहा-भर घूरती रहीं, फिर मेरी ओर सशंकित आँखों से घूरकर बोलीं, "कौन फूफी? छोटी?"

"हाँ..."

"तू वहाँ गया था?"

मैं चुप रहा तो मेरे मौन को स्वीकृति समझकर उन्होंने रुखाई से कहा, "क्या ख़ैरात लेने वहाँ गया था? अच्छा है, घर-घर जाकर ढिंढोरा पीटो कि हम लोग भूखों मर रहे हैं। अब चन्दा करवाओ। लेकिन तब भी तेरे अब्बा को शर्म नहीं आएगी। वह तो जीते जी मर गए हैं..."

कुछ भी हो, अब्बा के बारे में वे बातें बिलकुल नहीं सुनी गईं और न ही अपने बारे में यह कि मैं ख़ैरात लेकर आ रहा हूँ।

"मरने वालों के लिए भी दुख कुछ दिनों का होता है," अम्मी बोलीं, "वह सह भी लिया जाए, लेकिन..."

'या अल्लाह, मुझे इतनी ताक़त दे कि मैं अपना धैर्य बनाए रख सकूँ।' मैंने मन-ही-मन दुआ की और अपने को कठिनाई से ज़ब्त कर बोला, "लाओ, वापस कर देता हूँ।"

आगे बढ़कर मैंने पाटी से नोट उठा लिया होता, पर तत्काल मुझे रोककर अम्मी चिल्लाईं, "रहने दे, रहने दे। जानते हैं कि तू बड़ा 'बानी' वाला है, लेकिन एक बार ले आने के बाद लौटाने का मुँह कहाँ रह जाता है?"

"क्यों नहीं रह जाता? कोई ख़ैरात तो लिया नहीं है..."

"घबराओ मत," अम्मी बोलीं, "नहीं लिया है तो वे भी दिन आ जाएँगे, ज़्यादा दूर नहीं हैं!"

अच्छा हुआ, किसी तरह अपने से ज़बरदस्ती कर मैं वहाँ से निकल भागा। अन्ततः पैसे वहीं रह गए, और शायद बाद में काम भी आए, लेकिन अम्मी को वह बात मन में गड़े हुए काँच की तरह दुखती रही।

अकेले बैठकर घंटों असंयत मन से सोचता-विचारता रहा, बार-बार एक ही

चीज़ मस्तिष्क में आकर टकराती रही कि किस तरह घरवालों को अपने किसी आकस्मिक निर्णय से भौंचक्का करके ज़ार-ज़ार रुलाया और पश्चात्ताप कराया जा सकता है? मान लो, बिना कुछ लिए-दिए वैसे ही कहीं निकल पड़ूँ और कभी न लौटूँ? अगर उसी आवेश में माँ-बाप के नाम एक लम्बी चिट्ठी लिखी जाए और चुपचाप किसी कुएँ या बावली में...

अनायास एक कल्पित दृश्य मेरी आँखों के आगे तिर आया :

मेरा निर्जीव शरीर जल से बाहर निकालकर कुएँ की जगत के आसपास कहीं लिटा दिया गया है और चारों ओर एक बड़ी भीड़ इकट्ठी हो गई है। लोग देखने के लिए टूटे पड़ रहे हैं, पर पुलिस वालों के कारण कोई भी मुझ तक पहुँच नहीं पा रहा। आपस में धकापेल चल रही है और उत्सुक लोगों में पच्चीसों तरह के क़यास लगाए जा रहे हैं।

'किसका लड़का है? किसके घर का है, भाई?'

'अरे, पता नहीं, देखो तो इसकी उम्र ही क्या हुई है जो आत्महत्या करके चला गया!'

'हाय, किस क़दर मासूम और प्यारा लड़का है! च्च् च्च् च्च्!'

अचानक भीड़ को चीरकर हाँपते-काँपते हुए अब्बा आ खड़े होते हैं, बाल बिखरे, गिरेबान खुला, चेहरा बदहवास और साँस उखड़ती हुई। ठिठककर एक क्षण लाश की ओर देखते रहते हैं, फिर पछाड़ खाकर मेरे निर्जीव शरीर पर टूट पड़ते हैं, 'बब्बन बेटा...'

सभी हैं, मैं देखता हूँ कि सूफ़िया, सल्लो आपा, मोहसिन, फूफी, सभी हैं, सिर्फ़ अम्मी नहीं हैं। इतना सब होने के बावजूद वह घर से बाहर नहीं निकलतीं, कमरा बन्द किए, भीतर से सिटकनी चढ़ाए वह लेटी हुई हैं और उनके रोने तक की आवाज़ नहीं आती...

"भैया!" अचानक पीछे से सूफ़िया की आवाज़ सुनकर मैं चौंका। देखा, घर के उस उपेक्षित कोने तक मुझे ढूँढ़ती-ढूँढ़ती सूफ़िया आ गई है और बहुत सहमे हुए ढंग से मुझे पुकार रही है।

जैसे ही मैंने पलटकर देखा, उसने कहा, "अम्मी कह रही हैं, दिन का खाना थोड़ा रखा है, चलकर खा लो...".

मेरा ठंडा होता क्रोध फिर भभक उठा। शायद मनाने के कारण, मान तथा अकड़ की गाँठें मज़बूत होकर और कस गईं। दूसरी ओर मुँह फेरकर मैंने रुखाई से कहा, "हमें नहीं खाना है, तुम लोग अपना-अपना देख लो..."

"क्यों नहीं खाओगे?" सूफ़िया ने जैसे अपनत्व के नाते अधिकार-भरे स्वर में कहा, पर मैंने अपना हठ नहीं छोड़ा, उसी अन्दाज़ में बोला, "नहीं, कह दिया, बस। क्यों-क्या से मुझे क्या करना है?"

इस पर वह एक क्षण घूरती रही और फिर सिर झुकाकर धीरे-से हट गई। थोड़ी देर बाद भीतर से अम्मी की आवाज़ आई, "नहीं खाता तो ऐंठने दो, जब अँतड़ियाँ जलेंगी तो आप ही खा लेगा।"

मेरी आँखें फिर से डबडबा आईं। लगा, सचमुच मैं अकेला और असहाय हूँ और मेरा इस घर में कोई नहीं, नाता-रिश्ता सिर्फ़ देखने-दिखाने और बातें केवल कहने के लिए हैं। वे घर दूसरे होते हैं, जहाँ बच्चों के मन को समझने की कोशिश की जाती है और बाज़-औक़ात ग़लतियाँ करने पर भी जहाँ मान-मनुहार मिलता है। मैंने अपनी कल्पना में फिर से वही दृश्य लौटाया और देखने लगा कि अब्बा दहाड़ें मार-मार कर रो रहे हैं, सूफ़िया छाती पीट-पीटकर चिल्ला रही है, अम्मी बाल छितराए तथा धरती पर नज़रें गाड़े बैठी हैं और लोग हैं कि बोलियों, तानों के मारे अम्मी की छाती छलनी किए दे रहे हैं, 'छिः छिः, एक माँ ऐसी भी होती है—सफ़ेद कलेजे वाली, हत्यारिन!'

वहीं बैठे-बैठे कब दीवार से टिक गया, कब आँख लग गई और कब सो गया, इसका एहसास नहीं हुआ। जब नींद खुली तो देखा कि बिलकुल डसने वाला अँधेरा घर में घुस आया है और पास खड़ी सूफ़िया मुझे कंधा पकड़कर जगा रही है।

हड़बड़ाकर उठ गया तो सूफ़िया धीरे-से मेरे पास बैठ गई और बड़े दयनीय स्वर में बोली, "भैया चलो, मैं खाना निकाल देती हूँ, थोड़ा-बहुत खा लो।"

कुछ स्थितियाँ होती हैं, कुछ मूड या फिर कुछ खँगालने वाले स्वर, जिनके आगे क्रोध या मान नहीं चलता और आप चुपचाप आत्मसमर्पण कर देते हैं। सूफ़िया के सामने भी इस बार कोई वश नहीं चला और मैं क्रोध या मान का अभिनय करने की बात सोचता रह गया।

"अम्मी रो रही हैं," सूफ़िया ने किंचित् रुँधे हुए स्वर में कहा।

"क्यों?"

"पता नहीं, बार-बार तक़दीर को कोसती हैं और पूछने पर कुछ नहीं बतातीं। भैया, अब्बा को क्या हो गया?"

"कहाँ क्या हो गया?"

"वह दो दिन से घर नहीं आए," सूफ़िया का स्वर इस बार बुरी तरह भीग गया था, "दो दिन पहले उनके दफ़्तर का सरकारी चपरासी आया था, अब्बा खाना खा रहे थे, अचानक चपरासी के आने और बुलाए जाने की बात सुनकर घबरा गए। थोड़ी देर उसी जगह सिर झुकाए सोचते रहे, फिर यह कहकर दस्तरखान से उठ गए कि बस हो गया। अम्मी ने मना करने की कोशिश की तो झल्ला गए और ख़ूब ज़ोर से चिल्लाए, 'खाओ, अब दोनों हाथों से समेट-समेट कर खाओ, हो गई न छाती ठंडी? आख़िर पहुँचा दिया न मुझे?' माँ लाख पूछती रहीं लेकिन

उन्होंने कुछ नहीं बताया, सिर्फ़ इतना बोले कि बस हथकड़ी पड़ने और जेल जाने की नौबत आ गई?"

मेरा कलेजा धक् धक् होकर रह गया। अवश्य ही घबराहट के मारे चेहरा सफ़ेद हो गया होगा। तबीयत होने लगी कि फ़ौरन सूफ़िया को देखूँ। उसी क्षण उठकर मैंने उसकी बाँह पकड़ ली और प्रायः उसे घसीटता हुआ रोशनी की ओर ले चला, "आना भला, इधर आना..."

तीसरे कमरे में, जहाँ अक्सर घर के अगड़-खगड़ रखे होते थे और दोपहर में सूफ़िया सोती थी, एक छोटा-सा बेडलैम्प जल रहा था। उसके अलावा सारा घर गहरे अँधेरे में डूबा, जैसे दम साधे पड़ा हुआ था।

और सचमुच क्या मैं किसी पराये घर का हूँ? अपने ही घर की बातों का पता मुझे स्वयं क्यों नहीं है? मैं कहाँ रहता हूँ? अब्बा, अम्मी, सूफ़िया या घर के दूसरे लोग और किस जगत् के हैं? यह अपने ही घर की घटनाओं को परायों की तरह सुनना और...

"हाँ, फिर क्या हुआ?"

लगभग हाँफते हुए आकर मैंने उसे रोशनी के पास खड़ा किया और काँपती आवाज़ में पूछा। सूफ़िया के देखने से लगा कि मेरा हुलिया ज़रूर अचरज पैदा करने जैसा होगा, पर शायद उसके लिए समय नहीं था, मेरे प्रश्न के बाद भी वह दो क्षण चुप रही, फिर अपनी गरदन मोड़कर रोशनी की ओर देखती हुई वह बोली, "उसके बाद का ही तो कुछ पता नहीं है। तब के गए अब्बा अभी तक नहीं आए... तुमने देखा नहीं, दो दिन से अम्मी कहाँ-कहाँ दौड़ रही हैं?"

मैंने सचमुच नहीं देखा था और इन बातों की ओर बिलकुल ध्यान नहीं गया, पर ऐसे चुप रहा, जैसे सारी चीज़ों का पता रहा हो...

"त्रिवेदी काका और अब्बा के दूसरे एक-दो दोस्तों के यहाँ गईं। वे सब लोग दौड़-धूप करते रहे, बड़ी ढूँढ़-खोज हुई और जब पता चला कि सही-सलामत हैं, तब कहीं चैन आया। त्रिवेदी काका तो आज सुबह भी आए थे, तुम घर पर नहीं थे।"

मैं कहाँ था? इधर कहाँ भटका-भटका फिरता हूँ? अपने घर में हुए इतने बड़े हादसे का पता स्वयं मुझे नहीं है, इस पर कौन विश्वास करेगा? लगा, अपराध और लज्जा के भार से मैं सूफ़िया से भी छोटा हो गया हूँ।

"अब्बा कहाँ हैं, सूफ़िया?" अन्त में उस लज्जा से ऊबकर धीरे-से पूछा।

"यह तो मुझे नहीं मालूम," उसने ज़रा ठिठकते हुए जवाब दिया। एक पल मेरी ओर देखती रही, फिर गरदन झुकाकर सीधी खड़ी हो गई, पर थोड़ा हिचककर जैसे उसने सब कुछ बता दिया और कहने के लिए कुछ रह नहीं गया।

"अम्मी बताती हैं कि जिस दिन वह गए, उसके तीन-चार दिन पहले से रोज़ चिल्लाया करते थे।"

"क्या?"

"यही कि जितनी आमदनी नहीं, उससे ज़्यादा घर का ख़र्च है। रोज़ चार-पाँच रुपये मैं कहाँ से लाकर दूँगा? तुम्हारे इस चूल्हे-चौके के गड्ढे में तो सरकारी पैसे भी भरे जा रहे हैं। अम्मी बोलीं कि जो मुनासिब ज़रूरतें हैं उन्हीं पर ख़र्च किया जाता है, यहाँ कौन किसको लुटा रहा है? और फिर सरकारी पैसे लाकर मुसीबत बुलवाओ, यह मैंने कब कहा?"

"क्या?" मेरे मुँह से बेसाख़्ता निकला, "क्या सरकारी पैसों की कोई गड़बड़ी..."

और मुझे लगा कि सारा मकान, छत, दीवारें, सूफ़िया और सामने की खाट-कुर्सियाँ तेज़ी से घूम रही हैं—उतनी ही तेज़ी से जैसे कुछ पहले आम के कच्चे पत्ते को आलपिन में फँसाकर हम लोग हवा के विरुद्ध दौड़ा करते थे और पिन में अटका हुआ पत्ता चक्कर खाकर तेज़ी से वहीं घूमता था।

"भैया, अब क्या होगा?" मुझे चुप देखकर सूफ़िया ने ज़रा रुँधे हुए स्वर में पूछा, "मुझे तो बड़ा डर लग रहा है। अम्मी से पूछो तो कुछ बतातीं नहीं, सिर्फ़ रोये चली जाती हैं।"

उसी क्षण अपने बड़प्पन का एहसास हुआ और हालाँकि डर तथा आशंका से स्वयं मेरा मन काँप रहा था, आवाज़ को किंचित् गम्भीर करके मैंने उसके कंधे पर धीरे-से हाथ रख दिया और बोला, "कुछ नहीं होगा। भला इसमें होने का क्या है? ऐसे मामले तो अकसर होते ही रहते हैं, और सरकारी पैसे उठ गए तो क्या हुआ? भर देंगे..."

पर अकेले में आते ही उससे दुगुना भय मुझमें समा गया। हर आहट के साथ लगता कि हमारी दहलीज़ तक हथकड़ियाँ लिए पुलिस चली आई है, और पीछे-पीछे गरदन झुकाए तथा ज़ंजीरों से कसे अब्बा चले आ रहे हैं।

उसके बाद न भूख रही और न खाना खाया गया, एकाध बार आग्रह करके सूफ़िया भी चली गई, और जब तक आँखें लग नहीं गईं, अम्मी के कमरे से सुबकने की आवाज़ बराबर आती रही।

मैंने सपना देखा—कोई एक बहुत ऊँचा आकाश चूमता खँडहर खड़ा है, इतना ऊँचा कि सिर उठाने पर भी उसकी चोटी दिखाई नहीं देती। खँडहर जर्जर और एकदम कमज़ोर है। चोटी से कोई अदृश्य, पागल आदमी एक-एक ईंट खिसकाकर नीचे फेंक रहा है और ईंटों के साथ ढेर सारा मलबा टूट-टूटकर गिर रहा है।

आसपास के रहने वाले आतंकित होकर चिल्लाते हैं, मिल-जुलकर खँडहर के पास आते और उस अदृश्य व्यक्ति की ओर सिर उठा-उठाकर गालियाँ बकते हैं, पर उसका कोई प्रभाव उस पर नहीं पड़ता, उलटे मलबे और ईंटों का ढेर

अधिक परिमाण में, अधिक शक्ति के साथ नीचे गिरता जाता है और लोग ज़ख़्मी होते चले जाते हैं।

अचानक देखता हूँ कि अब तक जिस खँडहर को किसी अपरिचित और बड़े मैदान में अकेला खड़ा देख रहा था, वह तो वास्तव में ठीक मेरे घर के सामने है और हम ही वे सब लोग हैं, जो ज़ख़्मी हुए जा रहे हैं।

(बीच में सब कुछ धुँधला-धुँधला, अस्पष्ट और असम्बद्ध)।

मेरे साथ स्कूल में पढ़ने वाली लड़की हरदीप का घर है। सामने बरामदे तथा भीतर के कमरों में ठसाठस भीड़ इकट्ठी है और सब आपस में इतनी ज़ोर-ज़ोर से बातें कर रहे हैं कि किसी की आवाज़ कोई भी नहीं सुन पा रहा। हर आदमी कितनी ज़ोर-ज़ोर से दवाई से सम्बन्धित प्रस्ताव और सुझाव रख रहा है! शायद भीतर कोई बीमार है और चारों ओर मोटे-मोटे सरदार और बड़ी-बड़ी तोंद वाले पंजाबी भरे हुए हैं। हरदीप को क्या हो गया है? वहाँ मैं कहाँ पहुँच गया हूँ?

इस बात का एहसास होते ही कि मैं सम्भवत: किसी ग़लत जगह आ गया हूँ, वहाँ से तुरन्त बिलकुल भागना चाहता हूँ, पर जैसे ही बाहर की ओर पाँव पड़ते हैं, उस खँडहर का समूचा आधा हिस्सा भरभराकर मुझ पर ही गिरना चाहता है। हरदीप वाला घर अब सल्लो आपा के घर में बदल जाता है और मैं बड़ी ज़ोर-ज़ोर से पुकारता हूँ, "सल्लो आपा, बचो...बचो..."

अचानक ऊपर की अदृश्य चोटियों से मलबे के बड़े ढेर के साथ एक शरीर धड़ाम से औंधे मुँह गिरता है। कोई पन्द्रह-सोलह साल का लड़का, कमीज़ और निकर पहने हुए है। डरता-डरता जाकर धीरे-से उसके शरीर को पलटता हूँ—गोल और साँवला चेहरा, गालों पर कई दिनों की बढ़ी हुई दाढ़ी—(उतनी उम्र में ही?), और चेहरे के अनुपात में ख़ूब बड़ी-बड़ी तथा डरावनी आँखें...

सहसा मेरी ओर अपनी पुतलियाँ पलटकर वह जैसे भविष्यवाणी करता है, "तुम जल्द ही जेल चले जाओगे..."

मैं सल्लो आपा के बारे में कुछ पूछना चाहता हूँ, लेकिन ध्यान आता है कि वह तो भीतर बीमार हैं और अभी तक जिसे मैं हरदीप का घर समझ रहा था, वह दरअसल सल्लो आपा का घर है।

(असम्बद्ध और शृंखलाहीन कड़ियाँ)।

वर्षा से भीगी बाँस की घनी झाड़ियाँ, बड़ी लम्बी-लम्बी घास की मीनारें, कीचड़, दलदल और माड़िन नदी का कछार। हाय, माड़िन नदी का पानी कितना नीला और प्यारा है! उसकी सतह में कितनी मछलियाँ चाँदी जैसी चमककर 'छपाक्' करती हुई ग़ायब हो जाती हैं। देखता हूँ कि उस नीले पानी से जलभीगा शरीर लेकर सल्लो आपा निकलती हैं। पतला और इकहरा लिपटा कपड़ा भीगकर उनके शरीर के हर अवयव से ऐसे चिपक गया है कि वह बिलकुल विवस्त्र लगती

हैं। चौंककर मैं दूसरी ओर देखना चाहता हूँ, तभी सहसा याद आता है कि उनके हाथ में बड़ी-सी मछली है, पर जैसे ही दुबारा मेरी निगाह पड़ती है, देखता हूँ कि वह मछली नहीं, साँप है।

"आपा, उसे छोड़ दो, वह साँप है!"

मैं ज़ोर-ज़ोर से चिल्लाता हूँ, लेकिन सल्लो आपा मेरी बातें नहीं सुनतीं, धीरे-धीरे हँसे चली जाती हैं...

(दृश्य अचानक बदल जाता है।)

सल्लो आपा के घर का पिछवाड़ा। वहाँ कोई दड़बानुमा मकान है, जिसमें पता नहीं क्यों, मैं अकेले ही गया हूँ—सल्लो आपा भी मेरे साथ नहीं हैं। वहाँ मैं अकेले क्या कर रहा हूँ? कमरे की सीलन और नज़दीक नज़दीक सटी दीवारों के कारण साँस में घुटन महसूस होती है, और जैसे ही निकलना चाहता हूँ कि दीवारें सजीव होकर चारों ओर सरकती हुई आपस में मिलने के लिए बढ़ती हैं। कूद-फाँदकर मैं बाहर की ओर भाग रहा हूँ। किसी अपरिचित से मकान का पिछला बरामदा और ठंडे चूल्हे वाला बावर्चीख़ाना...वहीं कहीं सल्लो आपा के घर रहनेवाली बेवा औरत बैठी है। अजीब बात है कि जिस दरवाज़े से होकर मैं आया था, वहाँ ऊपर तक दीवारें उठ गई हैं और मेरे निकलने की कोई सूरत नहीं। घबराकर मैं उस पर चढ़ जाता हूँ, पर इससे पहले कि मैं कूदकर बाहर आ जाऊँ, पीछे से कोई एक भारी जाल मुझ पर फेंकता है। गले तक मैं फँस गया हूँ, साँस रुक रही है, बचाव के लिए चिल्लाता हूँ, पर आवाज़ नहीं निकलती, 'ऐऽऽऽऽ!...ऐऽऽऽऽअ!...'

"बब्बन, ओ बब्बन...!"

एक बहुत दूर की आवाज़ जैसे एकदम बारीक होकर मेरे कानों में बह आई है। अन्तश्चेतना में वह स्वर घुमड़कर गूँजता है, मैं पहचान भी लेता हूँ कि आवाज़ अम्मी की है, लेकिन आँखें नहीं खुलतीं।

"भैया! भैया...!"

एक और आवाज़ आती है और मैं चौंककर जागते ही देखता हूँ कि सिरहाने सूफ़िया खड़ी है, उसका हाथ मेरे कंधे पर है और धीरे-धीरे हिलाकर मुझे जगाने की कोशिश कर रही है।

पर आँखें खुलने, जाग जाने और सब कुछ देखने के बावजूद मैं बड़ी देर सुन्न-सा पड़ा रहा। जैसे शरीर का हर अवयव निर्जीव और मृत हो। हाथ जहाँ पड़े थे, वहीं पड़े रहे, टाँगें जैसी पड़ी थीं, वैसी ही पड़ी रहीं—मानो सिर्फ़ गरदन तक जीवित हूँ, बाक़ी धड़ मर गया है और मेरे चाहने न चाहने पर भी अवयव काम नहीं करेंगे।

"भैया, क्या बात है?" विनम्र स्वर में पूछती हुई सूफ़िया मेरी खाट की पाटी पर बैठ गई, "क्या कोई सपना देख रहे थे?"

"हाँ..."

"क्या?"

देखी हुई सारी तसवीरें दिमाग़ में कौंध गईं, पर उन्हें दुहराने का साहस नहीं हुआ, सिर्फ़ इतना ही बोला, "बेहद बुरा सपना था।"

"छाती पर हाथ पड़ गया होगा।" सूफ़िया ने बुढ़ियों की-सी आवाज़ में कहा, और भीतर से अम्मी की आवाज़ आई, "सूफ़िया, बब्बन से कह कि करवट लेकर सोये...जब देखो चित पड़े सो रहे हैं। अरे, उलटे-सीधे ख़्वाब न आएँगे तो क्या होगा!"

तब मेरे अवयवों में फुर्ती आई, हाथ-पाँव समेटकर मैंने धीरे-से पूछा, "सूफ़िया, क्या मैं चिल्ला रहा था?"

"हाँ?"

"क्या? मेरा मतलब है, किस तरह...क्या कुछ कह भी रहा था?"

"नहीं, सिर्फ़ चिल्ला रहे थे," सूफ़िया ने साँस भरकर कहा, "हाय अल्ला, कितनी बुरी आवाज़ थी! जैसे चिल्लाते वक़्त किसी ने हलक़ में हाथ डाल दिया हो या जैसे ज़िबह किए जाने के दौरान बकरे के गले से आवाज़ निकलती हो..."

मैं भी बच्चों की तरह डर गया। तबीयत हुई कि सूफ़िया या अम्मी से अपने कमरे में आकर सोने के लिए कहूँ, लेकिन फिर संकोच ने ज़बान पकड़ ली। सोचा, सूफ़िया मुझसे छोटी है, लड़की भी, भला उसका सहारा ढूँढ़ने के बाद मेरी मरदुमी कहाँ रह जाती है?

सुबह नींद खुली तो बाहर से कई लोगों की बातें करने की आवाज़ आ रही थी। इधर कई दिनों से घर-भर में एक मातम-सा छाया रहता था और दिन शुरू होते ही जैसे कमरे और बरामदे का वातावरण उनींदा, बोझल और थका-सा लगता।

यों लम्बी तारीकी और विश्राम के बाद सुबह की रोशनी एक उल्लास भर देती है और दिन चाहे उसी तरह दुहरे, हर सुबह कुछ ऐसा नयापन लगता है, जो पिछले दिनों नहीं था, या शायद ज़बरन ही उल्लास का भ्रम होता रहता है। लेकिन पिछले कुछ दिनों से ऐसी सुबहें आ रही थीं कि उनका न आना ही शायद अधिक अच्छा लगता। मन होता कि उसकी अपेक्षा अँधेरे में ही पड़े रहो और झूठी उम्मीद के कच्चे धागे में गिठानें डालते रहो कि अगली सुबह अच्छी आएगी, ज़रूर अच्छी आएगी...

उस दिन की तुलना में इसीलिए वह सुबह नई और अलग-अलग सी लगी। खुले दरवाज़े के बाहर चटककर फैली धूप के रंग से अनुमान हुआ कि दिन काफ़ी चढ़ चुका है और सचमुच मैं बड़ी देर तक सोता रहा। उठने के पहले रात का सपना एक बार याद आ गया, लेकिन उसे तब भूल जाना ही अच्छा था।

सूफ़िया कहीं सामने नहीं पड़ी। बाहर के कमरे में गूँजने वाली आवाज़ मैंने इस बार पहचान ली—शायद त्रिवेदी काका बोल रहे थे। बहुत शालीनता के साथ, आहिस्ता-आहिस्ता बोलना उन्हीं की आदत थी, और अब्बा के दोस्तों में एक वही थे जो सबसे पुराने होने के साथ-साथ घर की तरह आते-जाते थे : पर इधर महीनों हो गए, उनका आना-जाना भी कम हो गया था। न पहले जैसा मेल-जोल और न उस तरह उठना-बैठना रहा। शायद अब्बा भी जान-बूझकर कतराया करते थे। अपनी ओर से मिलने की बात तो दूर रही, कभी त्रिवेदी काका स्वयं आ जाते तो जैसे मन-ही-मन आशंकित रहा करते और ऐसे अवसर प्राय: टाल जाते जिनमें पुराने दोस्तों के मिलने की सम्भावना होती।

घर के बाहर वाली बैठक में आज भी वह तसवीर टँगी है, जिसमें अब्बा के साथ त्रिवेदी काका, ठाकुर साहब और श्रीवास्तव लगभग एक ही पोशाक में बैठे हुए हैं—काला कोट, सफ़ेद कमीज़, धोती, एक तरह के मोज़े-जूते और कुर्सी की दाहिनी ओर टिकी हुई उस ज़माने की चाँदी की मूठ वाली फ़ैन्सी छड़ी...

क़स्बे के उस ज़माने वाले आज भी इस मित्रमंडली की याद करते हैं, लेकिन सचमुच कभी ऐसी ज़िन्दगी थी, इसके प्रमाण में सिवाय उस एक तसवीर के जिसे '34 में उन्होंने खिंचवाया था, कुछ भी शेष नहीं रहा। कुछ वर्ष बिलकुल सबके साथ-साथ गुज़रे, लेकिन बीच में ठाकुर साहब का बाहर तबादला हो गया और श्रीवास्तव की मृत्यु हो गई, तो जैसे सब कुछ छिन्न-भिन्न हो गया। तब के मित्रों में से आज केवल त्रिवेदी काका रह गए हैं, लेकिन उनका रहना भी जैसे नहीं रहना है, क्योंकि जब तक कोई असाधारण परिस्थिति न आ जाए, महीनों एक-दूसरे से भेंट नहीं होती।

"मैं कब कहती हूँ कि तुम पाँवों में ज़ंजीरें डालकर मेरे ही पास बैठे रहो।" अम्मी परदे की आड़ में खड़ी होकर त्रिवेदी काका से बातें कर रही थीं। मेरी आहट सुनकर उन्होंने पलटकर देखा, बात रोक दी और मुझे आता हुआ देखती रहीं। लगा कि मेरा आना ठीक नहीं हुआ, लेकिन तब लौटना शायद अच्छा न होता, अत: जल्दी से बाहर के कमरे में निकल गया।

पर अभी चौखट तक ही पहुँचा था कि पाँव ठिठक गए। देखा, त्रिवेदी काका की बग़ल वाली कुर्सी पर सिर झुकाए और बाईं हथेली पर चेहरे का भार दिए, अब्बा बैठे हुए हैं। कपड़े तीन दिन पुराने थे, अत: मैले हो चुके थे और उनमें ढेर सलवटें पड़ गई थीं। दाढ़ी भी उसी अनुपात में बढ़ आई थी और उनके बुरी तरह गंजे होते सिर के बिरले-बिरले बाल कंघी न किए जाने के कारण ऊपर-ऊपर उड़ रहे थे। अब्बा को इस तरह पहले कभी नहीं देखा था। पहली बार जाना कि उनकी दाढ़ी के बेशुमार बाल पक गए हैं जो अमूमन हजामत से छिप जाते थे।

मेरे अचानक प्रवेश से दोनों ने चौंककर देखा, पर अब्बा ने आँखें नहीं मिलाईं।

सिर्फ़ त्रिवेदी काका ने मेरे सलाम का जवाब दिया और परदे की ओर अम्मी की अधूरी बात सुनने के लिए आँखें रोक दीं।

कहने की आवश्यकता नहीं थी। मैं स्थिति समझ गया था, उस कमरे में रुके बिना ऐसे बाहर निकल गया, जैसे मैं वहाँ रुकने के लिए नहीं आया था; फिर दरवाज़े के सामने से हटकर किनारे हो गया, ताकि अम्मी को दिखाई न दूँ और वह अपनी बातें बेझिझक कह सकें।

दीवार की आड़ में मैंने सुना कि एक क्षण ठहरकर अम्मी ने बात शुरू की, "मैं कब कहती हूँ कि तुम पाँवों में जंज़ीर डालकर मेरे पास ही बैठे रहो। जिसकी शुरू से जो आदत पड़ गई है, वह जाएगी कहाँ? लेकिन करने-करने के भी तरीक़े होते हैं। कम से कम घर के बाल-बच्चों को बिलकुल मरा हुआ न समझो, उधर चाहे जहन्नुम में जाओ, हमें कोई मतलब नहीं..."

त्रिवेदी काका के माध्यम से बात उन्हीं को कही जा रही थी, अत: अब्बा ने बीच में बाधा दी, "बाल-बच्चों का ख़याल किए बिना वे इतने बड़े कैसे हो गए? तुम क्या हवा पीकर जी रहे हो?"

"अरे, यह जीना भी कोई जीना है?" अम्मी थोड़ा दर्द और व्यंग्य से हँसीं, "तुम न होते तो भी वे इतने बड़े हो गए होते और मैं भी नहीं मरती। जब तक मौत न आ जाए, आदमी तो जीता ही रहता है।"

"उन बातों को जाने दो, भाभी!" त्रिवेदी काका बीच में बात काटकर बोले, "गई-गुज़री पर खाक़ डालो, अब उन सबको दुहराने से क्या फ़ायदा?"

फिर सम्भवत: अब्बा की ओर मुड़कर उन्हें समझाने के ढंग से बोले, "अब वह सब छोड़ो, भैया, बहुत हो गया। उम्र के लिहाज़ से भी अब यह अच्छा नहीं लगता। कुछ थोड़ा घर-बार की ओर ध्यान दो, बाल-बच्चे बराबर के हो रहे हैं, कुछ दिनों में उनकी शादी-ब्याह की चिन्ता हो जाएगी। ऐसे में कैसे काम चलेगा?"

अब्बा ने इस बार कुछ नहीं कहा, शायद सिर झुकाए सुनते रहे।

"इनसे पूछो," अम्मी रुँधे हुए कंठ से बोलीं, "पिछले दो बरसों में कितनी तनख़्वाह यह घर लाकर देते रहे हैं? कुछ बोलो तो झगड़े पर आमादा हो जाते हैं, डाँट-डपट या चिल्लाकर ज़बान बन्द करना चाहते हैं। जो बीच में आए समझाए, वही बुरा, उससे मिलने-जुलने से कतराते हैं, बातचीत तक बन्द। पिछली बार इनकी इसी आदत को लेकर रोशन भाईजान ने कहा तो मारपीट तक हो गई और आज वह सबसे बड़े दुश्मन हैं। बरसों हो गए, आना-जाना और देखा-देखी तक नहीं। एक बहन और एक बहनोई, लेकिन उस पर भी..."

"ऐसी बड़ी हमदर्द है तो वहीं क्यों नहीं चली जाती?" अब्बा ने दाँत पीसकर कहा, "मैं तो साले की जीते जी सूरत नहीं देखूँ..."

मैं दीवार से सटा हुआ बिलकुल सीधा खड़ा हो गया। क्या दोनों परिवारों के

बीच की खाई यहीं कहीं है? ऐसा किस बात पर झगड़ा हो गया? उस बात का पता किसे है? क्या सल्लो आपा...चर्चा का रुख़ एकदम दूसरी ओर जाते देखकर त्रिवेदी काका ने फिर से बात सँभाली, "छोड़ो भाई, छोड़ो उन बातों को। जो सामने है, उसे देखो..." फिर धीरे-से चिन्तित स्वर में पूछा, "कुछ रुपयों का इन्तज़ाम हुआ?"

"नहीं।"

"कितने का करना है?"

"साढ़े चार सौ।"

थोड़ी देर के लिए त्रिवेदी काका बिलकुल चुप हो गए, जैसे रुपयों के बारे में सोचते रहे हों, फिर ज़रा झुँझलाई आवाज़ में वेदना सहित बोले, "भैया, इतने रुपयों का आख़िर क्या किया? कुछ तो बताओ..."

"वह क्या बताएँगे?" दरवाज़े के पास से अम्मी की आवाज़ आई, "मैं बताती हूँ, उस राँड के लिए एक-से-एक फ़ैन्सी साड़ियाँ, ज़ेवर, साज़-सिंगार...इन सबके लिए सिर्फ़ तनख़्वाह कहाँ बस होती है?"

"देखते हो...देखते हो," अब्बा ने दाँत पीसकर कहा, "साली किस क़दर ज़बान चलाती है..."

सम्भव है, वहाँ बात पूरी तरह बिगड़ जाती और त्रिवेदी काका के भी सँभाले न सँभलती, अगर उन्होंने बीच में रोककर अब्बा को बाहर न निकाल लिया होता।

उन लोगों के उठने और बाहर आने की आहट सुनकर मैं पहले ही वहाँ से खिसक गया और मुनगे की ओट खड़े होकर देखने लगा। त्रिवेदी काका ने अब्बा के कंधे पर हाथ रख दिया था और ज़ोर दे-देकर कुछ कहते हुए धीरे-धीरे आगे बढ़ रहे थे।

तब के गए-गए अब्बा दोपहर को आए। वही सुबह का हुलिया, सलवटों वाली मैली पोशाक, बढ़ी हुई हज़ामत और गंजे सिर के ऊपर-ऊपर उड़ते बिरले तथा रूखे बाल, आँखें लाल-लाल तथा चेहरा बीमार।

सुबह त्रिवेदी काका के साथ आए और वैसे ही लौट गए थे—चाय-वाय भी नहीं पी। उन लोगों के जाने पर अम्मी थोड़ी देर वहीं खड़ी सोचती रहीं, फिर आँसू पोंछकर भीतर आ गईं। हाथ-मुँह धोने के लिए दन्तमंजन और पानी-साबुन ग़ुसलख़ाने में रख आईं और चाय बनाकर बड़ी देर तक राह देखती रहीं। सब सोच रहे थे कि अब्बा थोड़ी दूर तक त्रिवेदी काका के साथ गए हैं, आते ही होंगे; पर खौलता हुआ पानी ठंडा हो गया, चूल्हे की आग राख हो गई, चाय काली पड़ गई और रास्ता देखती-देखती चटाई पर बैठी अम्मी वहीं लुढ़ककर सो गईं।

आख़िर जब दोपहर में आए तो चोरों की तरह और ऐसे कि किसी को पता तक नहीं चल पाया। दरवाज़े के पल्ले सरकाकर बिना आहट या शोर किए, धीरे-से आए, न किसी को आवाज़ दी, न पुकारा। चुपचाप कुर्सी पर बैठ गए और अपना

सिर टेक तथा आँखें मूँदकर निश्चल जमे रहे। वह तो सूफ़िया किसी काम से उधर गई और देखा तो दहलीज़ से ही लौट आई। अम्मी को जगाकर बोली, "देखो, अब्बा पता नहीं कब से आकर बैठे हैं।"

अम्मी उठीं, लेकिन स्वयं नहीं गईं, सूफ़िया को भेज दिया और वह दबे पाँव जाकर डरते-डरते कह आई, "अब्बा, चलकर हाथ-मुँह धो लो, चाय रखी है।"

क़रीब एक घंटा और निकल गया। अब्बा उसी कुर्सी में धँसे और आँखें मूँदे बैठे रहे। सूफ़िया के दो-तीन बार आग्रह करने और अपनी हाँ-हूँ के बावजूद न हिले, न डुले, तो किसी तरह मैं गया।

दोपहर की धूप में बड़ी तपिश थी। बाहर वाले दरवाज़े से जितना हिस्सा आँखों में आता था, वह सोने के टुकड़े की तरह झिलमिल-झिलमिल काँप रहा था। उतने हिस्से में आसपास कहीं छाया न थी, लेकिन काफ़ी दूर पर टूटी कमर वाला एक पेड़ खड़ा था और उसके नीचे कोई मरझल्ला-सा टट्टू, निहायत सुस्ती के साथ चर रहा था। और कुछ नहीं, सिर्फ़ ऊँघती दोपहर और उसकी साँय-साँय धूप।

पैरों की चाप से अब्बा ने आँखें खोलीं और थोड़ी देर मेरी ओर देखते रहे। अपनी मुड़ी हुई गरदन हटाई नहीं। वह देखना कैसा था? उन आँखों को अपने ऊपर पड़ते ही यह मुझे क्या हो गया? क्यों लगा कि मैं भीतर-भीतर कनस्तर में गन्दे पानी की तरह खौल रहा हूँ और उफनने वाली भाप अपनी पूरी शक्ति से किसी भी क्षण मेरे सारे बन्द तोड़कर बाहर निकल आएगी...

"अब्बा!" मैंने पास जाकर कहा, तब भी वह नहीं बोले। वैसी ही दयनीय आँखों से कुछ देर लगातार ताकते रहे, जैसे मुझे सिर से पाँव तक जाँच रहे हों अथवा पहली बार देख रहे हों। फिर इशारे से निकट बुलाकर दाहिना हाथ मेरे सिर पर फेरते रहे और कसकर अपने शरीर से सटाते हुए बुदबुदाए, "क्या है, बेटू?"

वैसी विह्वलता का एहसास मुझे अपने जीवन में कभी नहीं हुआ था। अब्बा को जब बहुत लाड़ आता तभी हम लोगों को बेटे या बिटिया न कहकर 'बेटू' कहा करते और ऐसे अवसर पर मेरे शरीर में रोमांच हो जाता। मैंने अनुभव किया कि 'बेटू' कहते-कहते उनका कंठ इतना रुँध गया था कि अन्त में आधा स्वर भीतर ही रह गया।

मैं गरदन उठाकर उनके चेहरे की ओर देखना चाहता था, लेकिन मेरा मुँह उनके गले के पास ऐसा सटा हुआ था कि हिलकर बाधा देने का मन नहीं हुआ। बस, उस सारे समय अपनी पीठ पर उनकी बेहद ममता-भरी हथेली का गतिशील स्पर्श महसूस करता रहा...

उसी समय अम्मी ने भीतर से सूफ़िया को आवाज़ दी, और जब उसने भी न सुना तो स्वयं यह कहती हुई चली आईं कि पानी दूसरी मरतबा ठंडा हो रहा है, कब तक व्यर्थ में ही लकड़ियाँ फूँकी जाएँ?

इस बार अब्बा ने चौंककर मुझे अलग किया और ऐसे उठ खड़े हुए मानो अपनी ग़लती का अचानक ध्यान आया हो, फिर बिना किसी से कुछ कहे भीतर की ओर बढ़ने लगे।

उसी क्षण मुझे लगा कि मेरी गरदन के पिछले भाग में एक गर्म-गर्म बूँद टपकी है और उतना हिस्सा आग की तरह जल रहा है। जब अब्बा भीतर वाली चौखट लाँघ रहे थे तो अचानक उनके चेहरे की ओर निगाह गई। जल्दी-जल्दी में कुछ दिखा नहीं, लेकिन क्षण के शतमांश में देखा कि पहले बाईं हथेली उठाकर उन्होंने आँख की कोरें मलीं और फिर तेज़ी से अन्दर घुसे।

जैसे एकाएक बन्द डिब्बे का ढक्कन खुलकर झनझनाता हुआ दूर जा गिरा हो, मैं बेसाख़्ता रोने लगा, "ख़ुदाया, मेरे अब्बा को इतना न रुलाइयो...

हमसे उनका दुख देखा-सहा नहीं जाता..."

शाम को त्रिवेदी काका के साथ कोई नये आदमी आए। अब्बा घर पर थे। इस बीच वह नहा लिये थे और चाय भी पी ली थी, लेकिन खाने के नाम पर किसी भी चीज़ को हाथ नहीं लगाया और दाढ़ी सुबह जैसी ही बराबर बढ़ी हुई थी।

बाहर निकले, रस्मी तौर पर परिचय हुआ और बड़ी देर तक उनमें धीरे-धीरे बातें होती रहीं, जिसका अधिकांश मेरी समझ में नहीं आया। बार-बार मकान शब्द के उच्चारण से केवल इतना ही अनुमान लगाया कि हमारे मकान के सम्बन्ध में ही कोई गम्भीर चर्चा हो रही है। किसी बात पर त्रिवेदी काका, आने वाले नये सज्जन पर, ज़ोर डाल रहे थे लेकिन अब्बा थे जो प्रायः चुप रहे और कठिनाई से गिनी-चुनी बातें ही कीं।

सारे समय, परदे की आड़-पल्ले से अम्मी तमाम बातें सुनती रहीं और मुझे या सूफ़िया को उधर बिलकुल नहीं जाने दिया।

थोड़ी देर बाद त्रिवेदी काका ने आवाज़ दी, "सूफ़िया बेटी, अपनी माँ से कहो, हट जाएँ, हम लोग भीतर आ रहे हैं।"

सूफ़िया को लेकर अम्मी बावर्चीख़ाने में बन्द हो गईं। रह गया अकेला मैं, जो यूँ ही खड़ा सोचता रह गया कि मुझे क्या करना चाहिए। तीनों भीतर आए, आगे-आगे अब्बा, फिर त्रिवेदी काका और उनके पीछे वह नये तथा अपरिचित सज्जन।

"मकान काफ़ी पुराना मालूम पड़ता है," भीतर वाले पहले कमरे में घुसते ही उन्होंने ऊपर से नीचे तक देखकर कहा।

"वह तो है ही," त्रिवेदी काका बोले, "बाप-दादों के ज़माने का है और उस दौर का बना हुआ, जब ऐसे मकान ही आलीशान समझे जाते थे। वह तो वक़्त-वक़्त की बात है वरना...आइए, सीधे निकल आइए..."

आगे वाले कमरे से अब्बा ने पुकारा और सब लोग आँगन तक निकल गए।

सम्भवत: मकान के हर हिस्से की देखभाल और जाँच-परख हुई और इसके बाद सब लोग वापस लौटे।

जब मैं चाय लेकर गया तो प्राय: सब चुप बैठे हुए थे। जैसे हर आदमी अलग-अलग अपनी उधेड़बुन में लगा हो। चाय पी गई, पान लिया और अपरिचित सज्जन ने बीड़ी के कई कश लगा लिए तो त्रिवेदी काका ने पूछा, "फिर क्या सोचा?"

"सोचना क्या है?" उन्होंने एक क्षण रुककर जवाब दिया, "मैं आपसे कह चुका हूँ।"

त्रिवेदी काका और अब्बा ने एक-दूसरे की ओर देखा।

"मकान देख लेने के बाद भी?"

"हाँ...उससे क्या फ़र्क़ पड़ता है? देखिए, कमरों की संख्या से कुछ नहीं होता। जब मुझे नये सिरे से सब कुछ बनाना ही है तो इन सबकी कोई क़ीमत नहीं रह जाती।"

"प्लॉट की लम्बाई-चौड़ाई की भी तो क़ीमत होती है?"

"होती होगी," निहायत लापरवाही से उन सज्जन ने कहा, "लेकिन इससे ज़्यादा की हैसियत मेरी नहीं है, आपको न पटे तो रहने दीजिए..."

मैंने देखा कि इस पर अब्बा का चेहरा तमतमा आया था, लेकिन उन्होंने कुछ नहीं कहा। एक बार उड़ती-उड़ती नज़र उस ओर भी डालकर वे झुक गए और अन्त तक झुके रहे, यहाँ तक कि त्रिवेदी काका ने उनसे उनका निर्णय पूछा तो भी टाल गए और सारा भार काका पर डालकर अलग-अलग रहे।

घंटे-आधे घंटे बाद वे लोग चले गए और सारे घर की दीवारों में बारिश की सील की तरह सन्नाटा चढ़ आया। अब्बा उसी जगह अकेले बैठे थे, सहसा भीतर से आने वाले प्रश्न से चौंके और पलटकर देखा। चौखट पर दरवाज़े का पल्ला पकड़े हुए अम्मी खड़ी थीं और एकटक घूरती हुईं अपने सवाल के जवाब की प्रतीक्षा कर रही थीं।

कई क्षण निकल गए, पर मौन उसी तरह बना रहा। पड़ोस के घर में उतने समय, शायद कोई नहाकर, ग़ुसलख़ाने के पत्थर पर कपड़े पटक रहा था। वीरानगी और सन्नाटे के कारण 'फट् फट्' का वह स्वर जैसे और अधिक मुखरता के साथ दोनों के बीच आकर गूँजने लगा। कोई उत्तर न पाकर अम्मी ने अपना प्रश्न दुहराया, "क्या तय हुआ?"

अब्बा ने फिर भी जवाब नहीं दिया, बुत की तरह चुपचाप सामने देखते रहे।

"बब्बन कह रहा था कि पाँच सौ से एक पाई अधिक के लिए वह तैयार नहीं, क्या यह सच है?"

ज़ोर से खँखार कर गला साफ़ करते हुए अब्बा ने कहा, "हाँ।"

"क्या बिलकुल मिट्टी के मोल बहा दोगे?"

"क्या किया जाए? तुम कहो तो मकान को रहने दें और जेल चला जाऊँ..."

उस व्यंग्य से तिलमिलाकर अम्मी फिर बोलीं, "तुमसे मैंने तो नहीं कहा था कि वह सब करके ऐसा मौक़ा आने दो..."

इस पर अब्बा के मस्तिष्क का सारा सन्तुलन जाता रहा, एकदम बिगड़कर वह बुरी तरह गरजे, "हट जाओ, मैं कहता हूँ, मेरे सामने से हट जाओ, वरना सिर पर ख़ून सवार हो जाएगा।"

थोड़ी देर हतप्रभ-सी ताकती हुई अम्मी खड़ी रहीं, फिर बेसाख़्ता रो उठीं, "गया, बाप-दादों की निशानी बतौर एक सिर पर साया था, वह भी आज गया... परवरदिगार, अब तो पेड़ के नीचे रहने के दिन आ गए..."

बारह

"चल मेरे साथ..." कहकर अम्मी ने जल्दी से अपना दाहिनी ओर का पल्लू बाएँ कंधे पर फेंका और मेरी प्रतीक्षा किए बिना स्वयं आगे-आगे निकल गईं। अव्वल तो सोचने का समय ही नहीं था, दूसरे प्रश्न का साहस न हुआ। सो मन मारकर न चाहते हुए भी पीछे-पीछे चुपचाप निकल जाना पड़ा।

वैसे अम्मी का चादर ओढ़कर निकलना ही कहीं बाहर जाने की सूचना थी। कहीं आस-पड़ोस में बैठने-उठने जातीं तो अकसर साथ सूफ़िया रहा करती, लेकिन आज सूफ़िया को लेकर जाना शायद मुनासिब नहीं था, अतः चलते-चलते पड़ोस में कह आई थीं कि ज़रा घर की ओर ध्यान रखें, सूफ़िया अकेली है।

"कहाँ की तैयारी है?" पड़ोस वाले ठेकेदार की बीवी ने टोह लेने की ग़रज़ से अजीब अन्दाज़ में पूछा। उसके साथ गल्ला के नये सेठ की घरवाली भी बैठी थी और दोनों कुछ खुसुर-फुसुर बातें कर रही थीं।

"बस, अभी आते हैं।" अम्मी ने टालती-सी आवाज़ में कहा और तेज़ी से निकल आईं। दरअसल, वह उन दोनों को अच्छी तरह समझती थीं और बावजूद इसके कि उन लोगों से आपा का बहनापे का मुँहबोला नाता था, अम्मी दोनों से दूर का सलाम रखती थीं। अभी पिछले दिन यही ठेकेदार की बीवी घर आई थी। पहले तो अब्बा के बारे में पूछताछ करती रही, लेकिन अम्मी ने उस सिलसिले में रुख़ लगाकर बातें नहीं कीं, तो बोली, "अरे, यह गल्ला सेठ की बीवी क्या कह रही थी, जानती हो? कहती थी, बब्बन के अब्बा तीन-चार दिन से घर नहीं आते। मैंने कहा, भला यह भी कोई बात हुई, आदमी घर नहीं आएगा तो जाएगा कहाँ?"

अम्मी का चेहरा एकदम तमतमा गया था। एक बार उसकी ओर खोजती-सी

आँखों से देखकर, उन्होंने हाथ का सरौता और तेज़ी से चलाना शुरू कर दिया और बेहद कड़वे स्वर में कहा, "उसे कैसे मालूम कि मेरे घर कौन है, कौन नहीं? क्या बब्बन के अब्बा तीन-चार रात उसी के घर सोते रहे?"

ठेकेदार की बीवी को शायद ऐसे जवाब की उम्मीद नहीं थी, वह एकदम फ़क पड़ गई और फिर हाथ चमकाकर बोली, "हाय, अब मैं यह सब क्या जानूँ, आपा? मुझे बुरा लगा तो मैंने कह दिया। तुमसे हाथ जोड़ती हूँ, उससे न कहियो। जानती तो हो, वह कितनी लड़ाका है। इसी बात पर वह मेरे सात पुरखों को पानी पिला देगी। नंगों से ख़ुदा भी पनाह माँगता है।"

"मैं क्यों उसके मुँह लगूँ?" अम्मी ने उसी स्वर में कहा, "वह तो तुम्हारी बात पर बात है। जाने कुछ लोगों को दूसरों की चर्चा-निन्दा से क्या मिलता है? हम तो किसी के तीन-पाँच में नहीं रहते—अपना घर भला, आप भला,...अल्ला, अल्ला, ख़ैर सल्ला।"

"अरे, हाँ, आपा!" अम्मी की बात पूरी होने के पहले ही उसने समर्थन करते हुए कहा, "अब बात यह है कि हराम के पैसे काफ़ी इकट्ठे हो गए हैं और किसी बात की चिन्ता नहीं रही। कुछ बरस पहले बीस रुपल्ली की नौकरी करते थे, वे दिन ही भूल गए...हराम के पैसों से सेठ बने बैठे हैं। उस दिन अपना हार दिखाने आई थी। होगा दो-तीन तोले का, लेकिन बताने लगी कि पाँच का है और बनने-बनाने में सात सौ लग गए। मैं बोली, होगा भाई, हम लोग इतने भारी ज़ेवर का मर्म क्या जानें! मन में कहा कि कल हड्डियाँ टूटते तक मार खाई हो, आज हार पहनकर शान बताने चली आई। मैं तो सच कहती हूँ, आपा, ऐसी मार के बाद मिला हार मैं तो कभी न पहनूँ। और वह आदमी भी कैसा है, जो उसे बैलों की तरह मारता है।"

अम्मी ने कुछ भी नहीं कहा, ऊबकर इतना ही बोलीं, "छोड़ो, हमसे क्या मतलब..."

सारा दिन बुरी तरह तपता रहा। शाम को ढेर की ढेर काली बदलियाँ आई थीं, हवा अपनी तेज़ी के साथ बहुत कुछ उड़ा ले गई। बारिश के आसार न होने पर भी अम्मी बार-बार आकाश की ओर देख-देखकर चल रही थीं।

घर के सामने वाली लम्बी गली रात में अँधेरी पड़ती थी और काफ़ी दूर जाकर सड़क में मिलती थी। रोशनी के अभाव में लोगों की आवाजाही कम थी, फिर भी चलने में सतर्कता आवश्यक थी।

"अम्मी, क्या त्रिवेदी काका के घर चल रहे हैं?" सड़क पार करने के बाद जब उन्होंने नई गली पकड़ी तो साहस करके मैंने पूछा, पर सन्तोषप्रद उत्तर नहीं मिला। केवल 'नहीं' कहकर वह चुपचाप टाल गईं और अधिक-से-अधिक तेज़ी से फ़ासला तय करने लगीं।

दिन के प्रकाश में जिन गलियों और सड़कों से सैकड़ों बार गुज़रो, वही रात

में कितनी अपरिचित और नई-नई लगती हैं! मैंने उस अँधेरे से मुहल्ले में घुसते ही सोचा। बिजली के खम्भे कई थे, लेकिन उनमें न बल्ब, न रोशनी, सारा मुहल्ला अँधेरे में डूबा रहस्यमय और किसी दूसरे ही नगर का लगता था। छोटे-छोटे कच्चे और झुके हुए से मकान, दूर से धब्बे और निकट आने पर सूने से लगते थे। कहीं-कहीं ढिबरी-चिराग की मरियल रोशनी और कहीं वह भी नहीं। इधर मैं कितनी बार आया हूँ! मैं आसपास देखता हुआ पहचानने की कोशिश करने लगा।

एक बड़े पक्के, लेकिन निहायत गन्दे लगने वाले मकान के सामने वाले चबूतरे पर दो-चार आवारा बकरियाँ अपने बच्चों सहित बैठी जुगाली कर रही थीं। उसके अग़ल-बग़ल वाले मिट्टी के घरों में थोड़ी चहल-पहल थी, लेकिन वैसी, जैसी बीमार और थके परिवारों के बीच की उकताई आहट होती है।

उन्हीं में से एक मकान के पास खड़ी होकर अम्मी ने आवाज़ दी। थोड़ी देर बाद बिना काँच वाले छोटे लैम्प की लौ को हथेली की आड़ दिए हुए एक अधेड़ उम्र की नाटी औरत निकली। हम लोगों की ओर देखती हुई थोड़ी देर पहचानने की कोशिश करती रही, पर इससे पहले कि वह कुछ कहे, अम्मी ने अपना नाम बताकर उसका संशय दूर कर दिया।

"भीतर आओ!" हथेली की आड़ छोड़कर उसने रोशनी हम लोगों के चेहरों पर गिर जाने दी और मुझे आश्चर्य हुआ कि उसके हाव-भाव से न तो प्रसन्नता झलकी और न ही कोई उत्सुकता।

"कौन है?" भीतर के कमरे में एक वृद्ध और मोटी आवाज़ गूँजी।

जवाब अम्मी ने नहीं दिया। उसी अधेड़ औरत ने लौटते हुए अब्बा का नाम लेकर बताया कि उनके घर के लोग आए हैं।

अगर अकेला आया होता या अम्मी के बदले किसी और के साथ होता, तो अवश्य वहीं से उलटे पाँव भाग गया होता। भुतहे मकानों में प्रेतों के रहने की बात सुनी थी। सम्भवत: ज़हन में कुछ ऐसा ही नक़्शा दबा बैठा होगा, क्योंकि दहलीज़ पर क़दम रखते ही अचानक वे सारी बातें याद आ गईं और भय के मारे शरीर में एक सिहरन-सी दौड़ गई।

ऐसी ही अन्धी गली में एक झुका हुआ मकान होता है। उसमें एक पके-अधपके बालों वाली बुढ़िया हाथ में छोटी-सी चिमनी लिये निकलती है और आने वालों को देखकर तटस्थ और असम्पृक्त भाव से भीतर बुलाती है...जैसे आदमी न आदमज़ाद, सारा घर ढंढार-सा वीरान और उदास खड़ा है, बच्चे-बाले, किसी की आहट नहीं...

मिट्टी के कुरूप और भद्दी दीवार के कालिखपुते ताक में चिमनी रखकर हम लोगों के लिए एक चटाई डाल दी गई और बैठने को कहे बिना वह औरत स्वयं पास में पसर गई।

"मुझे रहमत चाचा के पास ले चलो," चटाई के पास रुककर अम्मी ने अनुनय भरे स्वर में कहा, "बैठने का वक़्त नहीं है।"

तभी बग़ल वाले कमरे का बन्द दरवाज़ा चरमराता हुआ खुला, और बहुत हल्की रोशनी के साथ एक बूढ़ा चौखट पर आकर खड़ा हो गया। जर्जर होता शरीर, मँझोला क़द, सिर पर छोटे-छोटे खसखसी बाल और सफ़ेद अधूरी दाढ़ी... पीछे-से आ रही रोशनी के कारण आँखें दिखाई नहीं दीं, लेकिन अम्मी ने अदब से उन्हें सलाम किया।

"कैसे आई, बेटी! अच्छी हो?" चौखट पर प्रश्न हुआ और मुझे लगा कि बूढ़े का स्वर अपेक्षाकृत अधिक स्नेहसिक्त और अपना-सा है। प्रेत ऐसे नहीं होते—मन-ही-मन कहकर मैंने अपनी हँसी उड़ाई। और इस तरह ढेर-सी हिम्मत लौट आई।

"क्या अच्छी हूँ, रहमत चाचा!" विद्रूप के स्वर में अम्मी ने कहा, "अच्छी तरह रहना मेरे नसीब में कहाँ है? वही आठों काल, बारहों मास का रोना..."

"आओ, भीतर आ जाओ..."

एक क्षण ठहरकर सोचने के बाद बूढ़े ने चौखट छोड़ दी और हम लोगों को भीतर आने की राह दी। अम्मी ने चप्पल उतारकर कोने में सरकाईं, चादर-आँचल से अपने को और ढँक-ढँका लिया और अदब से झुकती हुई भीतर हो गईं।

उसी जगह खड़े-खड़े मैंने देखा कि वह कमरा और भी छोटा, कुन्द तथा घुटता-सा है। भीतर से लोबान और अगरबत्ती जलने की गन्ध आ रही थी। कुछ उससे, और कुछ कहीं दूर से आने वाली ताशे बजने की आवाज़ से अचानक याद आया कि मुहर्रम का महीना आ गया है। अब घर-घर मिन्नतें मानी जाएँगी, ताज़िये बनेंगे और सवारियाँ उठेंगी...

थोड़ा आगे बढ़कर मैंने देखा कि हरे कपड़ों, फूलों तथा चाँदी के बेशुमार 'नालों' से सजी हुई दो सवारियाँ दीवार से टिका दी गई हैं, अग़ल-बग़ल मोरछल रखे हैं, सामने ऊददानी में लोबान जल रहा है, चावल भरे छोटे-से काँच के गिलास में अगरबत्ती खुँसी हुई है और सामने दोनों हाथ फैलाकर दुआएँ माँगते और झुके हुए रहमत चाचा खड़े हैं। उन्हीं से थोड़ी दूर अपने सारे हाथ-पाँव ढँककर अदब से अम्मी बैठी हैं और उनकी नज़रें सवारियों पर जड़े और चमकते 'नालों' पर जमी हैं।

अधिक नहीं, शायद दो-तीन मिनट बाद ही मुँह पर हाथ फेरकर वह बैठ गए और मानो आश्वस्त करती नज़रों से अम्मी की ओर देखा, पर अम्मी जैसे सवारियों को देखने के बहाने कहीं और डूब गई थीं।

रहमत चाचा ने उधर से ध्यान हटाकर वह बरतन खींचा जिसमें कुछ चढ़ावा लेकर अम्मी आई थीं। उसमें से कुछ निकालने-धरने के बाद ठीक से ढँककर सरका दिया और अगरबत्ती से गिर-गिरकर जमा हुई थोड़ी राख समेटकर पुड़िया बाँधते हुए बोले, "लो, हो गया..."

किंचित् चौंकती हुई अम्मी ने वह पुड़िया सँभाली और प्रश्नवाचक दृष्टि से रहमत चाचा की ओर ताका।

"अल्लाह ने चाहा तो सब ठीक हो जाएगा।" इस बार पूरी सहानुभूति के साथ अम्मी की ओर देखते हुए उन्होंने कहा, "इनमें से एक तुम खाओ और एक पुड़िया किसी तरह बब्बन के अब्बा को खिलाओ...दुआ मैंने कर दी है।"

अन्तिम वाक्य सुनते-सुनते अम्मी की गरदन झुक गई थी। शायद उन्होंने आख़िर के कुछ शब्द ठीक से सुने भी न हों, या सुने भी हों तो उन पर ध्यान न दे सकी हों। कुछ देर उनकी गरदन घुटनों पर वैसी ही झुकी रही, फिर साँस लेकर उन्होंने कहा, "रहमत चाचा, पिछले साल भी तो आपने यही कहा था न?"

"कहा था, ज़रूर कहा था।" एक खोखली-सी हँसी हँसकर रहमत चाचा ने कहा, "अब भी कहता हूँ, अगली बार आओगी, तब भी कहूँगा। बेटी, ज़रा सब्र, यक़ीन और हिम्मत से काम लो, अल्लाह की आँखें बन्द नहीं हैं। और फिर हम दुआ के सिवाय कर ही क्या सकते हैं?"

लगा, रहमत चाचा की उन बातों से भी अम्मी को सन्तोष नहीं हुआ। थोड़ी देर वह झिलमिलाई आँखों से सवारियों के नालों की ओर ताकती रहीं, फिर टप्-टप् आँसू डालती हुई बोलीं, "सब्र और हिम्मत न होती तो आज तक मर गई होती और यक़ीन की बात ऐसी है कि..."

"कौन है?"

सहसा बीच ही में रहमत चाचा चिल्लाए। दरअसल, उनका ध्यान बाहर की ओर बँट गया था और अम्मी की बहुत-सी बातें उन्होंने नहीं सुनीं। चिल्लाने के बाद भी वह थोड़ी देर उधर ही कान दिए निश्चल बैठे रहे कि शायद कोई जवाब आएगा, पर न जवाब आया, न आहट और उनकी अधेड़ पत्नी ने दो क्षण बाद आकर झल्लाए स्वर में कहा, "कहाँ कौन है? पड़ोस की बकरियाँ हैं, बरामदे तक घुस आई थीं।"

"मैंने सुना, जैसे किसी ने पुकारा हो।" वह लज्जित-सी हँसी हँसने के प्रयास में जैसे दयनीय हो गए। अम्मी ने उनकी ओर देखा और तभी उन्हें एकाएक खाँसी आ गई और खाँसते-खाँसते उनकी साँस फूल गई।

"इनका यही हाल है।" पत्नी ने तेज़ी से आकर रहमत चाचा के कंधे पकड़े और पीठ सहलाती हुई बोली, "मुहर्रम आया कि इनका यही हाल हो जाता है। बाहर की सड़क से गुज़रने वाले हर आदमी की आहट इन्हें अपने घर की तरफ़ आती सुनाई देती है। थोड़ी-थोड़ी देर में पुकारते रहते हैं, 'कौन है! आओ भाई, भीतर आओ...दिल से दुआ कर देंगे।' वैसे सचमुच वहाँ कोई नहीं होता। कई बार ख़ुद सड़क पर निकल जाएँगे और मुझसे बहस किए जाएँगे कि ज़रूर कोई था और तुमने उसे भगा दिया...मैं कहती हूँ कि या अल्लाह, यह अच्छा तमाशा है...

अरे मुहर्रम के अलावा और दूसरे महीनों में क्या हम लोग ज़िन्दा नहीं रहते? फिर यूँ भी आजकल चढ़ावे के नाम पर क्या रह गया है? वह ज़माना गया कि मुहर्रम के बाद महीनों कमाने की चिन्ता नहीं रहती थी।"

सब कुछ को अजीब करुण आँखों से अम्मी देख रही थीं।

कुछ बरस पहले इसी घर में क़स्बे का सबसे बड़ा ताज़िया बनता था और पिचहत्तर फ़ीसदी मनौतियाँ इस घर में मानी जाती थीं। तब रहमत चाचा की यह उम्र न थी, यह ज़माना भी नहीं था। मुहर्रम की पाँच तारीख़ से लेकर दस तारीख़ तक उन्हें दम मारने को भी फ़ुर्सत नहीं मिलती थी। लोगों का रेला लग जाता। औरतें आतीं तो चढ़ावे में क्या आया है क्या नहीं, यह देखे बिना वह बरतन रख देते और दुआ के लिए उनके हाथ पूरी तरह एक मिनट भी नहीं ठहर पाते। तब सुविधा के लिए 'ऊदी' की ढेरों छोटी-छोटी पुड़ियाँ बाँधकर पहले से रखी होती थीं और शीरीनी के साथ उसका भी बँटवारा काफ़ी किफ़ायत से होता था। दसवीं तारीख़ तक नारियल, मिठाई और पैसों का ढेर लग जाता...

पर वक़्त के साथ कितना कुछ बदल गया! ताज़िये, सवारी और मनौतियों की वह धूमधाम बिलकुल अनजाने ही खिसककर किसी दूसरे घर चली गई, भूले से भी लोग अब वहाँ नहीं आते और इधर जैसे सारा घर अज़ाब भोग रहा है...

"मैं तो पहले भी कहती थी," उस वृद्धा ने पीठ छोड़कर कहा, "यह पीर-औलियों का सारा काम निभाना आसान नहीं है। कहीं कभी बेक़दरी हो जाए तो सारा गुनाह मुजाविर के सिर आता है और जीना दूभर हो जाता है। आख़िर यही हुआ न? लेकिन इनकी ज़िद के आगे कौन टिक सकता है? किसी की सुनें तब न? इसी मारे तो बेटा भी नहीं पूछता..."

"अरे, उसके न पूछने से क्या होता है?" रहमत चाचा ने बड़ी वेदना से हँसकर कहा, "हम लोग आख़िर जी तो रहे ही हैं और कल अगर मर भी गए तो बस्ती में लाश सड़ेगी नहीं, कोई भी उठाकर किनारे कर देगा।"

उनकी उस बात पर बिलकुल ध्यान न देकर वृद्धा ने अम्मी से कहा, "देखती तो हो, इनका शरीर बिलकुल नहीं चलता। खाँसी आती है तो घंटों दम लेने नहीं देती। बैठते हैं तो ठीक से उठा नहीं जाता, इसीलिए इस बार भी मैंने मना किया था, लेकिन मानते कहाँ हैं? कहने लगे, ज़िन्दगी-भर कमाता रहा हूँ, अब आख़िरी वक़्त छोड़कर...?"

तभी सहसा कहीं पास से आने वाली बिगुल की आवाज़ ने बात तोड़कर रख दी। सबका ध्यान अचानक उधर आकर्षित हो गया और मुझे लगा कि हम लोग पुलिस लाइन के बहुत निकट वाले किसी मकान में बैठे हैं।

चौंककर अम्मी ने कहा, "साढ़े आठ बज गए।"

पर वहाँ शायद कुछ भी बजने-बजाने का महत्त्व नहीं था। उस घर के लिए

जैसे आठ, वैसे दस। केवल अम्मी ही उस बिगुल की आवाज़ से अच्छी तरह अभ्यस्त थीं, अतः कहने के फ़ौरन बाद ही वह हड़बड़ाकर उठ खड़ी हुईं और शीरीनी वाली रक़ाबी सँभालने लगीं।

उसी चिमनी की रोशनी के सहारे हम लोग बाहर आए, पर इस बार सड़क तक छोड़ने ख़ुद रहमत चाचा निकले थे। जब सलाम करके अम्मी चलने लगीं तो आर्द्र स्वर में बोले, "उसकी बातों का ख़याल न करना, बेटी! बुढ़ापे और ग़रीबी ने, दरअसल, ऐसे सदमे दिए हैं कि कुछ भी सह नहीं पाती, वाही-तबाही बकने लगती है।"

"नहीं, रहमत चाचा, नहीं..."

"आजकल पीर-औलियाओं पर से लोगों का एतक़ाद उठता जा रहा है। तुम भी न मानना चाहो तो मत मानो, लेकिन मेरी एक बात का ज़रूर यक़ीन करना..."

कहते-कहते अचानक उन्हें फिर खाँसी आ गई। जैसे-तैसे चिमनी ज़मीन पर रखकर वह पूरी तरह से खाँसने लगे। फिर सँभलकर बोले, "देखो, मैं सारी ज़िन्दगी गुज़ारकर अब किनारे आ लगा हूँ। अपने जाने में ऐसा गुनाह भी नहीं किया कि ख़ुदा के सामने मेरा मुँह काला हो। चाहे यह मुजाविरी झूठ ही हो, लेकिन ख़ुदा बेहतर जानता है, और मैं झूठा नहीं हूँ, इसलिए यक़ीन की बात बार-बार कहता हूँ। और कुछ नहीं तो मुझ बूढ़े आदमी की दुआ ख़ाली नहीं जाएगी..."

अम्मी ने फँसे गले से कहना चाहा, "रहमत चाचा..."

"मैं जानता हूँ, जानता हूँ..." हाथ के इशारे से अम्मी को रोककर खाँसते हुए वह बोले—पता नहीं वह आगे क्या कहते कि असावधानी और खाँसी की वजह से बिना काँच की चिमनी फ़क से बुझ गई और हम सब अँधेरे में घुल-मिल कर रह गए।

पड़ोस वाले घर के चबूतरे पर बैठी बकरियाँ मिमियाईं और झींगुर-झिल्लियों और कई अनाम कीड़ों की मिली-जुली आवाज़ स्पष्ट तथा आत्मीय हो गई।

"ठहरो, मैं चिमनी जला लाता हूँ," कहकर रहमत चाचा भीतर जाना चाहते थे, पर अम्मी ने आग्रहपूर्वक मना करके उन्हें लौटा दिया।

उस अँधेरे में, घर के लिए राह टटोलते हुए लगा, जैसे एक गुफ़ा से निकलकर हम लोग दूसरी गुफ़ा की ओर जा रहे हैं...

मोमिनपुरा की बस्ती पहले यहाँ न थी। कुछ साल पहले यू.पी. की ओर से जुलाहों के दो-चार परिवार बस्तर आए थे। नगर के अनबसे और उपेक्षित से इलाक़े में उन्हीं के दो-चार घर पहले बने, पर धीरे-धीरे करके उनकी संख्या सैकड़ों तक पहुँच गई और एक दिन वह समूची मोमिनों की बस्ती मोमिनपुरा कहलाने लगी।

पहले उस इलाक़े में आवारा कुत्ते, गाय और घोड़ों का अड्डा था, पर आज हैसियत के मुताबिक़ कई छोटे-बड़े, कच्चे-पक्के मकान बन गए हैं और उधर पाँव रखते ही प्राय: हर घर के सामने लगे हुए रंग-बिरंगे तानों की रंगीन धारियाँ सबसे पहले ध्यान खींचती हैं। दिन-भर औरतों-बच्चों की चिल्लाहट के साथ खटर खट्ट, खटर खट्ट की आवाज़ गूँजती रहती है और ताने-बाने के साथ बहुत से कच्चे-अधकच्चे तागे टूटते-बनते रहते हैं।

किसी भी सड़क के किनारे की नजूल ज़मीन पर एकाध टीन पट्टियों का सायबान बनाकर सपरिवार जम जाने वाले भड़भूजों की तरह एक और क़ौम रहती है। उसकी जात-पाँत का कोई ठिकाना नहीं, कामकाज भी एक नहीं। किसी भी झाड़ अथवा अधबनी टूटी टपरिया के नीचे सारा परिवार पड़ा है और महीनों से रह रहा है। पत्नी, बच्चे, भाई-बहन सभी वहीं खाते-पीते, नहाते-धोते और सोते-बैठते हैं। जायदाद के नाम पर रस्सी में झूलती चन्द फटी चिन्दियाँ, एक छोटी लालटेन, दो-चार काले पड़ गए एल्यूमीनियम के बरतन और हाँडी की काली ठीकरियाँ...ऐसे ही लोगों की संख्या पहले मोमिनपुरा में बहुत थी, लेकिन उनमें से अब अधिकांश का पता नहीं चलता और बस्ती बिलकुल नई हो गई है।

इसी उपेक्षित मोमिनपुरा का महत्त्व साल में एक बार, सबसे अधिक बढ़ जाता है। क़स्बे से हज़ारों लोग टूटकर मुहल्ले में पट जाते हैं। केवल एक रात के लिए क़तार से पान-बीड़ी, गुब्बारे, खिलौनों की और दीगर छोटी-छोटी दुकानें खुल जाती हैं और बिना फ़र्नीचर वाला घटिया होटल, जिसमें और दिनों मज़दूर-पेशा लोगों के अलावा कोई क़दम भी नहीं रखता, सारी रात चलता है।

पाँचवीं तारीख़ थी और मोमिनपुरा में हम लोग 'दुलदुल' निकलने की बेसब्री से प्रतीक्षा कर रहे थे। यद्यपि रात आधी से अधिक जा चुकी थी, लेकिन हज़ारों आदमी, औरतें, लड़के-बच्चे और बड़े-बूढ़ों की भीड़ ठठ की ठठ जमी हुई थी। प्राय: हर घर के चबूतरे पर, दूर-दूर के मुहल्लों से आई औरतों का जमघट था। लोग अपने-अपने छज्जे-छतों पर निकल आए थे और कोई भी ऐसी खिड़की नहीं थी जिसकी सलाख़ों पर कई-कई चेहरे एक साथ न टिके हों। सड़क की बायीं ओर हटकर एक छोटा-सा मैदान पड़ता था, जिसके किनारे-किनारे मकान थे और बीच में आम का एक बड़ा पेड़...रोशनी वहाँ तेज़ थी। बिजली के कई-कई बल्बों के अलावा पाँच-सात पेट्रोमेक्स अलग रख दिए गए थे, जिससे कि लोगों को देखने-दिखाने में सुविधा हो...मोमिनपुरा में ऐसे ख़ुदा के बन्दे कई हैं जो नाम-जस की परवाह किए बिना चुपचाप ही ऐसे इन्तज़ाम कर देते हैं...

मोहसिन, जो अभी तक चुपचाप खड़ा भीड़-भाड़ की ओर देख रहा था, मेरी ओर थोड़ा झुक गया और बोला, "सिगरेट पियेगा?"

मैंने आश्चर्य और भयमिश्रित आँखें उठाकर उसकी ओर देखा। यह सच है कि

इससे पहले मैंने सिगरेट नहीं पी थी, और यह भी झूठ नहीं था कि ऐसे मेले-ठेले की जगह भीड़-भड़क्के के सहारे, सिगरेट पीकर देखने की तबीयत होती थी, लेकिन मोहसिन इसे भाँप जाए, क्या यह आश्चर्य की बात नहीं थी?

छिपाना व्यर्थ समझकर धीरे-से कहा, "अभी नहीं...मेरे साथ अम्मी भी आई हैं।"

"कहाँ?"

"उधर.." मैंने आम के पेड़ की ओर इशारा करके कहा, "औरतों के बीच बैठी हैं..."

"मुझे तो कहीं दिखाई नहीं देतीं।"

मोहसिन भी जब ढूँढ़कर थक गया तो बोला, "चल, ऐसा करें...इधर चलकर पीते हैं।"

"नहीं, भैया," मैंने विनीत स्वर में कहा, "मुझसे कह गई हैं कि यहीं रहूँ। थोड़ी देर में बुलवा भेजने की भी बात थी। मैं यहाँ से हटूँ और वह..."

"अच्छा, अच्छा," बीच ही में टोककर मोहसिन ने लापरवाही से कहा, "तू यहीं बना रह, हम लोग आते हैं।" कहकर बायीं बाँह झुलाते हुए उसने अपने साथी के गले में हाथ डाल दिया और उसे एक ओर खींचकर बोला, "चल यार..."

मोहसिन का दोस्त उससे कितना बड़ा होगा? कुछ नहीं तो दोनों की उम्र में कम-से-कम पाँच साल का अन्तर है, लेकिन दोनों एक-दूसरे के यार हैं और शायद आपस में राज़ भी बँट गए हैं। कई बार ऐसे अवसर आए थे जब मैं भी रहा हूँ, पर दोनों के बीच की इशारेबाज़ी तथा एक-दूसरे की ओर देखकर मुस्कुराने का अर्थ मेरी समझ में कभी नहीं आया, उलटे बुरी तरह कोफ़्त होती और जी जल जाता। तब उत्सुकता में भरकर मैं पूछता, "क्या है? क्या है?"

उतने ही ठंडे ढंग से जवाब मिलता, "कुछ नहीं?"

और फिर वही एक-दूसरे की ओर देखकर मुस्कुराना या हँसना।

वैसे मोहसिन ही मुझसे दो साल बड़ा था, पर उससे भी बड़े-बड़े थे उसके दोस्त। यह अजीब बात थी कि इधर मोहसिन ने अपने से बहुत बड़े-बड़े लड़कों से दोस्ती शुरू कर दी थी और अधिकांश समय उन्हीं के साथ बना रहता था। इसके अलावा कई बार ऐसे अवसर आए थे जब मुझको लेकर वह उन लोगों के साथ निकल गया। न उन लोगों की सोहबत समझ में आती थी और न इशारों वाली बातें। मैं क्या सचमुच बहुत छोटा हूँ? कितना?

एकाएक उस गली में, जिसमें से दुलदुल के आने की राह देखी जा रही थी, कुछ शोर-शराबा सुनाई दिया और 'माइक' में बहुत-सी आवाज़ें सिमटकर यहाँ तक आने लगीं। धीरे-धीरे कई मिले-जुले कंठों से पढ़े जाने वाली मर्सिया की अस्पष्ट

ध्वनि आई और उधर से रोशनी का सैलाब आहिस्ता-आहिस्ता इधर बह आने लगा।

गली के दोनों ओर क़तार से बीस-तीस पेट्रोमेक्स उठाए औरतें चल रही हैं और उनके बीच घिरी हुई सारी भीड़ चली आ रही है—अव्वल में दो-तीन मर्सिया पढ़ने वाले लोग हैं, उनमें से एक के हाथ में माइक और सबके बीच मर्सिया की कोई किताब। उसके बाद मातम करने वाले लगभग तीस-पैंतीस लोगों का एक समूह है जो अमूमन घेरा बनाकर चलता है। पीछे रिक्शा है, जिसमें एम्प्लीफ़ायर और यूनिट लगा हुआ है और रिक्शे से लेकर मर्सिया पढ़ने वाले लोगों तक बीच में एक तार खिंचा हुआ है और इन सबके पीछे है—दुलदुल...

लगभग तेरह सौ साल पहले मानव जीवन के इतिहास में एक अमानवीय, अभूतपूर्व और अत्यन्त करुण घटना घटी थी। रेगिस्तान के देश की 'करबला' नामक जगह में हुसैन अपने मुट्ठी-भर साथियों और सारे ख़ानदान सहित सच्चाई के लिए शहीद हो गए थे। उस जंग में भाई, भतीजे, बेटे, हमदम, दोस्त और अभी जन्मे बच्चे, सब भूखे-प्यासे उनकी आँखों के सामने क़त्ल कर दिए गए और आख़िर उनकी बारी आई।

फुरात नदी के किनारे बेगुनाहों का जितना लहू उस दिन बहा, उसे लेकर फुरात को हमेशा के लिए सुर्ख़ हो जाना था। मगर उसने तो मासूम बच्चों तक को अंजुली-भर जल नहीं दिया। रेगिस्तानी मुल्क का खुला रेतीला मैदान, कई-कई दिनों की प्यास और दरिया के पानी पर दुश्मनों का पहरा...

जहाँ मासूम बच्चे और लोग पानी की एक-एक बूंद के लिए तरस गए, वहाँ घोड़ों या ऊँटों की बात कहाँ रह जाती है? पर ऐसे अवसर पर भी हुसैन के बहादुर तथा वफ़ादार घोड़े 'जुल-जिनाह' ने अन्त तक साथ दिया। सैकड़ों तीरों, नेज़ों तथा तलवारों से छलनी होकर भी उसने साँस नहीं छोड़ी...पानी पीने का अवसर आया, लेकिन दरिया से अपने होंठ ऊपर उठा लिए। जब हुसैन शहीद होकर उसकी पीठ से नीचे गिर गए और जब सिर काटकर उनकी लाश को रौंद दिया गया तो अपना लहूलुहान शरीर लेकर भी वह आख़िरी फ़र्ज़ पूरा करने उन खेतों तक पहुँचा, जहाँ हुसैन का परिवार प्रतीक्षा कर रहा था।

सभी घोड़े ऐसे नहीं होते, उनमें से एक 'जुल-जिनाह' था, जो हुसैन के मातम के साथ पिछले सौ वर्षों से लगातार हर मुहर्रम में याद किया जाता है और उसी का प्रतिरूप है दुलदुल...

जुलूस के गली में आते ही तमाशबीनों की भीड़ में हल्की-सी खलबली मची। होटल की बेंचों पर बैठकर गप्प लगाते, सस्ती चाय पीते और निरन्तर आम के पेड़ की ओर ताकते युवक बाहर निकल आए। मकानों के चबूतरों पर बैठी औरतें अपने-अपने बच्चों को जगाकर खड़ी हो गईं, दरवाज़े के पल्लों की आड़ में कई-कई साड़ियों की पटलियाँ उभरीं और दुपट्टे के छोर लहराए; खिड़की के सीखचों

के पीछे वाले धुँधलाए चेहरे स्पष्ट हो गए और छज्जे की दीवार पर बहुत-सी कोहनियाँ टिक गईं।

'हुसैन सारी ज़िन्दगी में दर्द बन के छा गया,
ज़माना महबे-ख़ाब था, ज़माने को जगा गया।
हुसैन सारी... '

इस मर्सिये के साथ जुलूस जैसे-जैसे आगे बढ़ रहा था, रोशनी सरकती आ रही थी और उसके साथ आ रही थी अनगिनत पैरों, कंठों और बोलियों के साथ 'धप्प धप्प' की आवाज़। जैसे दूर से सुनने पर या अपरिचितों के लिए वह शोकगीत कम और उत्साह तथा जोश का गीत अधिक था जिसकी धुन पर लोग मातम कर रहे थे।

देखा, मर्सिया पढ़ने वालों के पीछे-पीछे मातम करने और छातियाँ पीटने वाले पच्चीस-तीस लोगों का एक समूह घेरा बनाकर चल रहा है। सबके शरीर पर काली कमीज़ें हैं, बाल बेतरतीब, आँखें डबडबाईं और होंठों पर 'हाय हुसैन' की आह। क़दम-क़दम पर जुलूस रुकता है, मर्सिया वाले कोई दर्दीला टुकड़ा उठाते हैं, और मातम वाले एक घेरा बनाकर शे'र के हर शब्द और लय-तान के साथ समवेत रूप से अपनी-अपनी छातियाँ दोनों हाथों से कूटते हैं...धीरे-धीरे करके यह मातमपुर्सी अपने अन्तिम बिन्दु तक पहुँच जाती है और तब तक नहीं रुकती जब तक कि मर्सिया वाले अपने स्वर को धीमा कर आगे बढ़ न जाएँ...

"भैया, तुम्हें बुला रहे हैं।"

स्पर्श और आवाज़ से सहसा चौंककर देखा कि एक बच्चा मेरी बग़ल से लगा खड़ा है और हाथ पकड़कर एक ओर खींचना चाहता है। मेरे पलटते ही उसने अपनी बात दुहराई।

"कौन?"

"वो..."

कहकर उसने आम के पेड़ की ओर संकेत किया और पेशतर इसके कि उसकी उँगली की दिशा का अनुकरण कर कोई जवाब दूँ, वह उसी ओर भागता हुआ चला गया। मैं जैसे-तैसे बढ़कर पास गया तो आश्चर्य के मारे मुँह ही खुलकर रह गया। देखता हूँ कि सल्लो आपा हैं, सारे जिस्म पर काला रेशमी बुरका पड़ा है और चेहरे के सामने वाली जाली उलटकर पीछे फेंक दी गई है।

"बब्बन, मुझे पहचानता नहीं?" सल्लो आपा ने हल्के से हँसकर कहा।

दो क्षण उनकी ओर देखकर जब मुझे पूरा विश्वास हो गया कि वह सल्लो आपा ही हैं तो मैं बोला, "कहाँ से पहचानूँ? यह क्या तुम भी मातम कर रही हो?"

अपने पास वाली लड़की की ओर एक बार देखकर सल्लो आपा हँस दीं,

"नक़ाब देखकर कहते होगे, क्यों? अरे, यह ऐसे ही डाल लिया। मेरा नहीं, इसका है। कब से खड़े हो?"

"बड़ी देर से। तुम कब आईं?"

"बस, अभी थोड़ी देर पहले। अचानक तुम्हें देखा तो बुलवा लिया। क्या अकेले आए हो?"

"नहीं, अम्मी भी आई हैं। और तुम...?"

"ज़ैबून के साथ," आपा ने पास वाली लड़की को दिखाकर कहा। फिर उसे मेरा परिचय देती हुई बोलीं, "मेरा छोटा भाई है—मामूज़ाद।"

चेहरे-मोहरे और पोशाक से लगा कि ज़ैबून बोहरा सम्प्रदाय की लड़की है। बेहद गोरा रंग, ख़ूबसूरत नक़्श, चेहरे पर क्षण-क्षण में इकट्ठा होने वाली लाज, बहुत मामूली क़द, शरीर पर कत्थई रंग का ढीला रेशमी लहंगा, ब्लाउज़ और कंधों पर ऊपर से ओढ़नी...

परिचय के ऐसे अवसर पर मुझे क्या करना चाहिए, समझ में नहीं आया। अपनी हमउम्र-सी लड़की को पहले से आदाब करना कुछ अच्छा नहीं लगा और यूँ ही टुकुर-टुकुर ताकना मुझे अशिष्टता या मूर्खता लग रही थी।

तभी मेरी मुश्किल स्वयं उसी ने आसान कर दी। अभी एक क्षण ही गुज़रा होगा कि पता नहीं कैसे और किधर उसकी निगाह पड़ी और 'अम्मी आ रही हैं' कहकर वह तेज़ी से हम लोगों के पास से दूसरी ओर खिसक गई।

सल्लो आपा ने इधर-उधर देखा, लौटकर उसे भीड़ में छिपती हुई देखती रहीं, फिर हँसकर बोलीं, "बहुत डरती है।"

"किससे?"

"अपनी अम्मी से। बात यह है कि इन लोगों के यहाँ बहुत सख़्त परदा है।"

अब तक जुलूस गली से बीच चौराहे पर आ गया था और मातम अपने शबाब पर था। छातियाँ कूटने वालों के गिर्द बहुत बड़ी भीड़ इकट्ठी हो गई थी और धप्प-धप्प की आवाज़ में पहले की अपेक्षा कई गुना अधिक जोश था। अजीब दृश्य था कि दोनों टाँगें खुली कैंची की तरह आगे-पीछे फेंककर शरीर ढीला छोड़ दिया गया है, गर्दन ऊपर उठ गई है, आँखें आसमान के किसी एक टुकड़े पर अटकी हैं और दोनों हाथ पूरी शक्ति के साथ छाती को कूट-कूटकर लौट आते हैं। जब मर्सिये के साथ मातम थमता तो लोग उन पर गुलाबजल का छिड़काव करते और तब जुलूस थोड़ा आगे बढ़ता।

अचानक 'ज़माना महबे ख़ाब था...ज़माना महबे ख़ाब था' पुकारता हुआ माइक ख़राब हो गया और आवाज़ वहीं गूँजकर रह गई। अब केवल छातियाँ पीटने का ही स्वर आ रहा था, लेकिन वह भी अपेक्षाकृत बहुत धीरे।

"बब्बन!" राह में उन्होंने धीरे-से कहा, "इस नक़ाब में तुमने मुझे बिलकुल

नहीं पहचाना न? क्या मैं इससे ख़राब लगती हूँ?"

मैंने अबकी बार सल्लो आपा की ओर ग़ौर से देखा। रात की रोशनी में लड़कियाँ यों भी अच्छी लगती हैं। रंग उनका साँवला था, लेकिन अकेली आँखों की कशिश सारे चेहरे को ढाँप लेती थी। बायीं ओर को ज़रा-सा मुड़े उनके चेहरे पर हालाँकि कोई सजावट नहीं थी, लेकिन शायद वह सादापन ही था जिसकी वजह से उनका मुख, काले नक़ाब में खिलकर निखर आया था।

"कौन कहता है?" मैं सामने देखकर बोला, "तुम्हारी जगह मैं होता तो इसके सिवाय कुछ ओढ़ता ही नहीं।" फिर बात को टालते हुए मैंने पूछा, "और तुम्हारी सहेली ज़ैबून तुम्हें नहीं ढूँढ़ेगी?"

"वह?" कहकर आपा एक क्षण के लिए ठिठकीं, उनके होंठों पर एक बड़ी अदृश्य-सी मुस्कान आई और लौट गई। पूरी तरह हँसकर वह बोलीं, "ढूँढ़ेगी तो ज़रूर, लेकिन ख़ैर, भटकेगी नहीं, खोज लेंगे। देखा नहीं, अम्मी के डर से भाग गई?"

"क्यों, क्या बिना बताए आई है?"

"नहीं तो, हम लोगों के यहाँ लड़कियाँ बिना बताए निकलेंगी? और वह भी रात में? हाय अल्लाह, काटकर न फेंक दें..."

"फिर? उसमें छिपने की क्या बात थी?"

"अरे," आपा हँसने लगीं, "तुम तो निहायत बुद्धू हो। मेरे पास खड़े थे, मेरे अपने सही, ज़ैबून के लिए तो पराये लड़के हो। कहीं उसकी अम्मी सचमुच देख लेतीं तो गज़ब नहीं हो जाता?"

यद्यपि आपा वह सब एक साँस में कह गईं, लेकिन मुझे विश्वास नहीं हुआ। लगा, वह कोई-न-कोई बात मुझसे छिपा रही हैं या शायद बताना नहीं चाहतीं। लेकिन आग्रह करने का कोई आधार न देखकर मैं चुप लगा गया।

सामने से नवयुवकों का एक-एक जत्था आता और हम दोनों को घूरता हुआ निकल जाता। किसी पर आपा ध्यान देतीं और किसी की ओर निगाह तक नहीं जाती, लेकिन शिकायताना ढंग से वह ज़रूर कहतीं, "देखते हो माटीमिलों को? किस क़दर घूर-घूरकर देखते हैं!"

और ऐसे हर अवसर पर मुझे याद आता है कि आपा ने शुरू से आख़िर तक अपने चेहरे का नक़ाब नहीं उलटा, वैसे ही खुला मुँह लिये वह बराबर इधर-उधर ताकती चलती रहीं, चाहे कैसे भी लोग पास से क्यों न गुज़र गए हों।

पहले भीड़-भाड़ और लोगों के मारे एक बात पर ध्यान नहीं गया था, लेकिन बाद में देखा कि एक चॉकलेटी रंग की पतलून वाला युवक हमसे कुछ दूरी पर बराबर चल रहा है और उसका हमारे सिवाय और किसी ओर ध्यान नहीं है। पहले आपा की दृष्टि भी मैंने नहीं पकड़ी थी, लेकिन उनका रह-रहकर सशंकित आँखों से

अग़ल-बग़ल देखना, चाहे उपेक्षा से सही, उस पतलून वाले की ओर नज़र फेंकना और एक-से अधिक बार मोहसिन को पूछना अच्छा नहीं लगा।

जब एक जगह जाकर हम लोग ठहर गए तो घूमकर देखा। हमसे थोड़ी दूर पर रुककर सिगरेट जलाता हुआ हालाँकि वह पतलून वाला जुलूस की ओर ही देख रहा था, लेकिन उसकी एक नज़र बराबर हम लोगों की ओर ही जमी रही।

थोड़ी देर बाद जुलूस की भीड़भाड़ और निकट बढ़ आई और मेरी आँखें दुलदुल पर केन्द्रित हो गईं :

एक बहुत उम्दा नस्ल का ऊँचा, पूरा और तन्दुरुस्त घोड़ा है, जिसे चाँदी के ज़ेवर, रेशमी मखमली कपड़ों और मोरपंखों की सजावट से लाद दिया गया है। पैरों में चाँदी के मोटे-मोटे पायलनुमा ज़ेवर, ज़ीन के नीचे से घुटनों तक लटकता झूल, कमर के ऊपर चाँदी के छोटे-बड़े गुम्बदों की क़तार, पीठ में सजाकर उभारा गया पंजा और उस पर साया करता हुआ चाँदी का छत्तर...झूल में खुँसे नक़ली तीर और नेज़ों तथा कसावट से ऐसा रूप दिया गया था जैसे अभी-अभी युद्ध के मैदान से लहूलुहान और ज़ख़्मी होकर वह चला आ रहा हो।

"तुम्हें पता है?" सल्लो आपा बोलीं, "यह घोड़ा अगले साल के मुहर्रम आते तक मर जाएगा।"

"तुम कैसे जानती हो?" मैंने हँसकर पूछा।

"क्यों? सभी कहते हैं कि एक बार दुलदुल बने, वह फिर जी नहीं सकता... सूख-सूख कर दम तोड़ देता है।"

हालाँकि उस बात पर यक़ीन नहीं हुआ, लेकिन मैंने कुछ नहीं कहा, सीधे उस अभागे, पर नसीब वाले घोड़े की ओर देखने लगा। यही घोड़ा ताँगे में भी जुतता है, लेकिन दोनों में कितना अन्तर है? एक बोझ ढोकर पीठ पर चाबुकों की मार झेलता है और दूसरे को फूलों-अलंकारों से लादकर बोझ की तरह ख़ुद आदमी ढोता है। 'वही है जीव और शरीर वही है', मैंने सोचा, 'केवल समय और परिस्थितियों का भेद हो गया है।'

क्षण-क्षण दूर होते जुलूस में सहसा मर्सिया वालों ने अन्तरा उठाया, "नफ़स नफ़स, क़दम क़दम!"

साथ के लोगों ने उसी अन्दाज़ में उसे दुहराया :

"नफ़स-नफ़स, क़दम-क़दम।
गुलों गयाह सर बख़म
कली का घुट रहा है दम!
मचा है हर तरफ़ उधम
हयात का खुला भरम।

ज़मी को ग़म, फ़लक़ को ग़म,
यह किसका सिर हुआ क़लम।
गज़ब गज़ब, सितम सितम!
(धप्प, धप्प, धप्प, धप्प।)
हुसैन सारी ज़िन्दगी में दर्द बन के छा गया..."

सचमुच, वैसा मातम मेरे देखने में नहीं आया था। कमीज़ें उतार दी गई हैं और सबके बदन नंगे हैं। हाथ-डेढ़ हाथ लम्बी ज़ंजीर, जिसमें चार-चार अंगुल के फ़ासले पर छोटी-छोटी छुरियाँ हैं, दोनों हाथों से उठाकर लोग अन्धाधुन्ध पीठ और सीने पर पटकते हैं और लहूलुहान बदन से पसीना है कि गेरुआ रंग लिये नितरता चला जाता है...

मातम थमने के बाद थकी, टूटी और रुआँसी-सी आवाज़ अलग-अलग कंठों से निकलती है।

"हुसैन।"

"हु सै ऐ ऐ ऐ न..."

कुछेक नवयुवक सपाटे से आगे बढ़कर पसीने और लहू से सने शरीरों पर गुलाबजल छिड़कते हैं...और मातम करने वाले खड़खड़ाते क़दमों से सरकते हैं।

क्या सचमुच इन्हें चोट नहीं लगती होगी? अचानक मेरे मन में एक मूर्खतापूर्ण जिज्ञासा आई, लेकिन उसे होंठों तक लाने या किसी के सामने कहने का साहस नहीं हुआ। कोई भी सुनता तो ज़रूर हँस देता कि मुझमें सामान्य बुद्धि तक नहीं है...

अपने को झटककर मैंने इस बार सहमती आँखों से उधर देखा। सक्रिय मातम करने वाले अब सुस्ता रहे थे, लेकिन तमाशबीनों के अलावा उनके साथ-साथ चलनेवाली भीड़ में ऐसा विलाप चल रहा था जैसे सचमुच ही सामने हुसैन की लाश रखी हो। एक मोटे शरीर और घुँघराले बालों वाले सज्जन (जो चेहरे से पढ़े-लिखे लग रहे थे, और जो मातम के दौरान, सहम-सहमकर छाती पर यूँ हाथ मारते थे, जैसे ताल दे रहे हों) ने अपनी आँखों पर रूमाल रख लिया था। खिचड़ी दाढ़ी वाले जो अपने संकेतों से मातम शुरू करवाते और तसल्लियाँ देकर रुकवाते थे, बायीं हथेली से पेशानी पकड़े और आँखों पर साया किए, बिलकुल बच्चों की तरह बिलख रहे थे। क्षण-क्षण में रुककर वह आँखें मूँदे तथा चेहरा बिगाड़े हुए इधर-उधर मुँह करते और नाक साफ़ कर पेशानी पर हथेली रखकर फिर से सुबकते हुए पुकारते, 'हाय हुसैन, हम न हुए!'

मुझे अचानक मोहसिन की याद आ गई। वह होता तो चाहे उनसे कुछ कहने की उसकी हिम्मत न होती, लेकिन मुझे सुनाते हुए वह ज़रूर कहता, 'अरे, तुम ही होते तो क्या कर लेते?'

दायें किनारे की क़तार में विलाप सबसे अधिक तीव्र था और रह-रहकर वहाँ से सदाएँ उठतीं। उन्हीं में एक काली सदरी वाले ने बिलखते-बिलखते बायीं बग़ल के नीचे से अपनी गरदन झुकाई और पास वाले की ओर मुँह किया और फँसी आवाज़ से कहा, "रमज़ान भाई, एक बीड़ी तो देना!"

रमजान भाई उसी वेग से सिसक रहे थे, माँग सुनकर वह एक पल के लिए ठिठके, हं हं हं हं करते हुए उन्होंने कुरते की जेब में हाथ डाला, बीड़ियाँ निकालीं, धीरे-से माचिस रगड़कर, सामने वालों की आड़ ले अपने-अपने सिर झुकाए, मुँह छिपाए, सम्मिलित रूप से सुलगाईं, एक-एक कश लिया और फिर से हं हं हं हं करते हुए फँसे गले से पुकारा :

"हुसैन!"

तभी सक्रिय मातम पुनः शुरू हो गया, ज़ंजीरें खनकने लगीं, और मैं वहाँ से लौट आया।

तिगड्डे पर आकर जुलूस दो भागों में बँट गया था—मातम करने वालों का झुंड भीड़ सहित मस्जिद की ओर बढ़ गया और दुलदुल को मोड़कर लोगों के घरों का रुख़ कर दिया गया। एक आदमी उसे लगाम के सहारे खींचता हुआ प्रायः हर मनौती वाले के घर पहुँचा रहा था।

जैसे ही दुलदुल घर के सामने पहुँचता, औरतों का झुंड उसे घेर लेता, मनौतीवालियाँ एक छोटी रक़ाबी में मलीदा, ज़र्दा और खीर लिये हुए निकलतीं, दुलदुल के पाँव धुलाकर उसके सामने रक़ाबी रख दी जाती और बारी-बारी से उसके शरीर को अदब से छूकर लोग हट जाते।

देखा कि घर के सामने मनौती वाली औरतों की बड़ी भीड़ है, बारी-बारी से लोगों का नम्बर लग रहा है और उन्हीं उम्मीदवारों के बीच, घुटनों पर कोहनियाँ टिकाए, ढँकी हुई एक रक़ाबी सामने रखे और उदास आँखों से ताकती हुई अम्मी बैठी हैं।

मैंने सल्लो आपा के लिए इधर-उधर आँखें दौड़ाईं। भीड़ अब अपेक्षाकृत बहुत छँट गई थी और अधिकांश लोग जुलूस के साथ निकल गए थे। दूसरी सड़क से मर्सिया और 'धप्प धप्प' की आवाज़ बराबर आ रही थी, लेकिन लग रहा था जैसे अचानक ही मेला उखड़ गया हो। पान की एक छोटी दुकान के सामने चॉकलेटी रंग की पतलून वाले वही सज्जन अब पान खाते हुए खड़े थे। उससे थोड़ी ही दूर पर हमउम्र लड़कियों के छोटे-से समूह के बीच अनायास ही सल्लो आपा नज़र आईं, उनका ध्यान इधर नहीं था, लेकिन अब भी काला नक़ाब ओढ़े वह बराबर हँसे जा रही थीं। मैं जब उन्हें छोड़कर गया था तब तो वह यहाँ नहीं थीं। किस जगह पर थीं? किस जगह...

"ज़रा रुकना भाई, एक और रह गई हैं।" औरतों की उस भीड़ में से कई

आवाज़ें एक साथ गूँजीं। लगाम वाला आदमी दुलदुल का मुँह मोड़ चुका था, अनिच्छापूर्वक उसने धीरे-से लौटाया और रूखे स्वर में वहीं से बोला, "जिसे आना है, यहीं आ जाए; अब हम बार-बार नहीं लौटाएँगे। कोई एक-दो घर तो नहीं हैं..."

अन्तिम बारी वाली अभागिन मेरी ही अम्मी थीं। जैसे उन्हें स्वयं आशा न हो, ऐसी दयनीय आँखों से वह चुपचाप प्रतीक्षा कर रही थीं। आदेश सुनकर तत्काल हड़बड़ाकर उठीं और रक़ाबी लेकर झपटती हुई वहीं तक बढ़ गईं।

मैं स्तब्ध और करुण होकर उन्हें देखने लगा। और कितनी-कितनी मुरादें अम्मी के मन में हैं। उन्हें लेकर वह कहाँ-कहाँ भटकेंगी? रहमत चाचा का आश्वासन क्या इतना शीघ्र खंडित हो गया? और यहीं कहीं आज अब्बा भी होते तो?

अम्मी, सचमुच तुम्हें क्या हो गया है?

नवीं तारीख़ की रात को अचानक मोहसिन घर पहुँच गया। मेरे जाने वह पहली बार हमारे घर आया था, शायद इसीलिए जान साँसत में पड़ गई। बुलाकर भीतर बैठाना चाहता था, लेकिन अम्मी के स्वभाव को याद करके हिम्मत नहीं पड़ी, अत: खुद ही बाहर निकल आया।

"सवारी देखने नहीं चलेगा?" उसने पूछा।

"कहाँ?"

"कहीं भी, चलता है कि नहीं?"

अकसर मुझे रात को कहीं आने-जाने की ही मनाही थी और उससे पहले ऐसे अवसर कभी नहीं आए थे, लेकिन तब एक सुविधा थी। अम्मी बड़ी देर पहले से मुझे एक काम लेकर रहमत चाचा के यहाँ जाने के लिए कह रही थीं, अत: उसके आधार पर मैंने कहा, "ठहरो, चलते हैं।"

मोहसिन को बाहर ही खड़ा करके मैं भीतर आया, कपड़े बदले और जल्दी-से-जल्दी आकर साथ हो लिया। भीतर बुलाकर उसे न बिठाने के लिए दुख न हो, इस आशंका के मारे मैं अधिक-से-अधिक विनम्र होकर बातें कर रहा था। एक क्षण के लिए भी वह चुप हो जाता या दूसरी ओर देखने लगता, तो आशंका होती कि कहीं मोहसिन वही बात न सोच रहा हो।

"कल शाम को मैं घर गया था, पर तुम मिले नहीं।" सड़क पर आते ही अचानक मैंने मोहसिन का मूड देखकर बात शुरू की।

"कहाँ, मेरे यहाँ?"

"हाँ, आपा ने बताया कि कुछ लोगों के साथ तुम बाहर निकल गए। जानते हो, फूफी क्या कह रही थीं?"

"जानता हूँ," वह लापरवाही से बोला, "कह रही होंगी कि अपनी उम्र से बड़े और उचक्के लोगों के साथ घूमता रहता हूँ...है न?"

मैं उसे एक बार देखकर चुप हो गया। मन में कई प्रश्न एक साथ घिरे आ

रहे थे। मोहसिन इन लोगों के साथ क्या करता है? रोज़ शाम को दो-चार घंटों के लिए वह कहाँ ग़ायब हो जाता है? वह कौन-सी बात है जिसे मोहसिन लगातार मुझसे छिपाये चल रहा था?

"मैं एक बात पूछूँ, मोहसिन?" मैंने धीरे-से कहा, "यह नायडू भैया कौन हैं?"

पहले एक क्षण के लिए मोहसिन चौंका, फिर सँभलकर बोला, "क्यों, तुमने यह नाम कहाँ से सुन लिया?"

"कहीं से भी सुना हो। तुम्हें उनसे क्या मतलब है? उन बड़े-बड़े लड़कों के साथ अकसर कहाँ जाते हो? सच-सच कहना, क्या कोई ऐसी बात नहीं है जिसे तुम हम सबसे छिपाए हुए हो?"

सामने अँधेरे की ओर देखकर मोहसिन हँसने लगा और मेरे उन सारे प्रश्नों का एक ही जवाब आया, "घबराओ नहीं, मैं कोई ऐसा ख़राब काम नहीं कर रहा हूँ..."

कुछ देर में हम लोग चौराहे तक आ गए। सारा दिन वैसे बूँदाबाँदी होती रही, पर शाम तक वह भी थम गई थी। बदली अभी भी थी, मौसम गीला था, इसी कारण हवा में ठंडक आ गई थी। मुझे बार-बार लग रहा था कि कहीं बारिश हो गई तो देखने का सारा उत्साह जाता रहेगा। पिछले प्रश्नों को भूल-भुलाकर मन-ही-मन प्रार्थना करते हुए मैंने अपने दोनों हाथ क़सकर बाँध लिये। सर्दी दूर करने या कम करने की वह स्वाभाविक कोशिश मुझसे बिलकुल अनजाने में हो गई थी। मोहसिन ने देखा तो कहा, "सर्दी तो कुछ देर बाद पड़ेगी। तुम्हें शायद पता नहीं कि रात में बाहर कितनी ठंड पड़ती है, क्यों?"

मोहसिन ने वह शायद इसलिए कहा कि मैं सिर्फ़ कमीज़ और पाज़ामा में चल रहा था। न भीतर बनियान थी, न बाहर स्वेटर; जबकि वह पूरे-पूरे गर्म कपड़ों में आया था—स्वेटर, ऊनी कोट, पतलून और गले में मफलर...

थोड़ी देर मुझसे जवाब देते नहीं बना। ऊनी कोट मैंने स्वयं अब्बा के पास कभी नहीं देखा। उनका सर्दी और बारिश का मौसम अकसर एक पुलोवर में गुज़र जाता था। रात में ओढ़ने के लिए सिवाय एक रज़ाई के घर में दूसरी नहीं थी। योजना हर साल बनती। सर्दी के पहले अम्मी पूरे विश्वास के साथ कहतीं कि चाहे दूसरी चीज़ों में कितनी ही कटौती क्यों न करनी पड़े, इस साल वह दो रज़ाइयाँ बनवा लेंगी...कोई आ जाए तो जल्दी-जल्दी में फटे-पुराने कपड़े छिपाए नहीं जाते और न ही भीतर बिठाया-उठाया जा सकता है। भला जिनके यहाँ ओढ़ने-बिछाने को ही ठीक से न हो, वे लोग क्या होंगे?

पर वही सब मोहसिन के सामने स्वीकार करने का साहस नहीं हुआ, जैसे गर्म कपड़े मेरे पास नहीं हैं, यह स्वयं मेरा अपराध हो। धीरे-से बोला, "तुम्हें बताया न, रात को मैं कहीं आता-जाता नहीं।"

मुहल्ले के किसी इमामबाड़े से ताशे बजने की आवाज़ आ रही थी। वैसी ही आवाज़ एक और थी, लेकिन इतनी दूर कि वहाँ से बाजे के बोल ठीक-ठीक निकाल सकना कठिन था।

"अभी तो सवारी उठने में बहुत देर है," मोहसिन ने कहा, "सबसे देर में धरमपुरा की सवारी उठती है, लेकिन सारा क़स्बा वहीं खिंचकर पहुँच जाता है। औरतें, बच्चे या मुराद वाले शाम को ही पहुँचकर अपनी-अपनी जगह बना लेते हैं। सवारी उठते-उठते कई लोगों की एक-एक नींद तक हो जाती है; लेकिन लोग हैं कि हटते नहीं। बब्बन, तुमने वैसी उत्तेजित भीड़ नहीं देखी होगी। ऐसी धकापेल, भागदौड़ और अफ़रा-तफ़री कि कम उम्र के लड़कों या कमज़ोरों की गुज़र ही नहीं। ऐसा वहशियाना हुलिया और हरकतें कि एक-दूसरे को कुचल रहे हैं, ढकेल रहे हैं या गिर-पड़ रहे हैं, लेकिन किसी की परवाह किसी को नहीं...उस चपेट में अगर कोई बच्चा-अच्चा आ जाए तो उसकी हड्डी तक का पता न चले..."

"भला वहाँ ऐसी क्या बात है? क्या कुछ ख़ास..."

"ख़ास-वास क्या? अपना-अपना विश्वास है, चाहे जिस पर जम जाए," उसने कहा, "आकर्षण के लिए तो इतना ही काफ़ी है कि एक बारह-तेरह साल का हिन्दू लड़का सवारी उठाता है, उसके आगे जो हो। जिससे दरूद-फ़ातिहा या क़ुरान से दूर का भी सम्बन्ध न हो, वही लड़का 'हाल' आने पर अरबी की आयतें साफ़-साफ़ पढ़े, क्या यह ताज्जुब की बात नहीं है?"

मेरे होंठों से कोई आवाज़ नहीं निकली। लगा, कुछ कहना या आश्चर्य प्रकट करना उसे बाधा देना होगा।

"ऐसी ही एक सवारी लाल बाग़ में उठती है—नाम है ख़ूनी सवारी। काम भी उसी तरह का होता है। कहते हैं, 'हाल' आते ही सब लोगों के सामने उसे ख़ून की बेहिसाब उल्टियाँ होती हैं और सँभालने वाले लोगों के कपड़े रँग जाते हैं...मैंने तो कभी नहीं देखा, लेकिन बड़े-बूढ़े और बुज़ुर्ग लोग कहते हैं, तो सच ही होगा।"

मैंने विरोध नहीं किया। मोहसिन की तमाम बातों का विश्वास चाहे एकाएक नहीं हुआ, देखने की उत्सुकता ज़रूर बढ़ गई। अब तक मेरे देखने में जो कुछ आया था, वह ताज़ियों के साथ की छोटी-मोटी सवारियाँ थीं, जिन्होंने इस तरह का कोई प्रभाव कभी नहीं छोड़ा। शायद वह सब ताज़िये के साथ चलने वाली रस्मी तौर की उछल-कूद लगती थी। फिर कुछ वर्ष पहले के वे तजुर्बे...

मैं अपेक्षाकृत छोटा था। मोहसिन से दोस्ती भी नहीं हुई थी। मुहल्ले के चन्द छोटे-बड़े लड़कों के साथ कूदने, चिल्लाने या शोर मचाने का उत्साह अधिक था, चमत्कार देखने-सुनने का कम...

क़स्बा भी इतना बड़ा नहीं था, गिने-चुने ताज़िये और छोटी-मोटी दो-चार

सवारियाँ। नवीं तारीख़ की रात को ताज़िये उठने में बहुत देर हो जाती थी, अत: सवारियाँ आधी राह में ही छोड़ देती थीं। तब लगता था कि बिना शोर-शराबे या चीख़-पुकार के चुपचाप ताज़ियों का जुलूस ले चलने में कोई तुक नहीं...भला जब तक हो-हल्ला न हो, नारेबाज़ियाँ न हों, बस्ती की सड़क-गलियाँ न गूँजें, बात ही क्या हुई!

उसी नवीं तारीख़ की रात को भी ऐसा ही हुआ था। डेढ़ बजे रात तक ताज़िये बाज़ार वाले चौराहे तक ही पहुँचे थे कि सारी सवारियाँ ठंडी हो गईं। उसके बाद ताज़ियों के सामने एक ही तरन्नुम से मर्सिया पढ़ने वाले दो-चार लोगों और आगे-आगे बजने वाले ताशे की आवाज़ के अतिरिक्त कुछ नहीं रहा। थोड़ी देर पहले सवारियों के आगे-पीछे दौड़ने तथा उत्साह में भरकर ज़ोर-ज़ोर से नारे लगाने वाले तरुण युवक तथा किशोर अपने-अपने हाथ बाँधकर ढीले-ढाले ढंग से चलने लगे तो कई लोगों को अखरने लगा। बस्ती के पुराने एक मालगुज़ार साहब ने कुछ अगुवा क़िस्म के दो-एक नवयुवकों को बुलाकर धीरे-से कहा, "क्यों, भाई, यह इस क़दर चुप्पी क्यों पड़ गई?"

"क्या करें, जी?" एक युवक ने निराश स्वर में कहा, "अब तो एक सवारी भी नहीं बची।"

"बची कैसे नहीं!" उन्होंने कहा, "गोरे मामा कहाँ हैं?"

"वह तो तैयार नहीं होते, जी," दूसरे ने किसी शिकायताना ढंग से कहा, "कहते हैं, हमें नहीं करना है यह सब, अज़ाब पड़ता है। हम लोगों ने तो बहुत मनाया, मानते ही नहीं, बोलते हैं कि ज़्यादा परेशान करोगे तो घर चल देंगे।"

मालगुज़ार साहब धीरे-से मुस्कुराए, गोरे मामा के लिए इधर-उधर आँखें दौड़ाईं और आश्वस्त करते हुए भीड़ में एक ओर घुस गए, "तुम लोग यहीं ठहरो, हम आते हैं।"

गोरे मामा, सारी बस्ती के छोटे-बड़े सबके मामा थे। वैसे उर्दू स्कूल में नौकरी थी। स्कूल की साफ़-सफ़ाई, मौलाना साहब के लिए सौदा-सुलुफ और मक़तब के बच्चों को रोज़ सुबह घर-घर से बुलाने का ज़िम्मा लिये बैठे थे, लेकिन वह तो पार्ट टाइम का काम था। स्कूल का काम सुबह के दस बजे तक ख़त्म हो जाता और बाक़ी दिन-भर कोई दूसरा काम करते। यह दूसरा काम कोई निश्चित नहीं था, अत: कोई क़ैद भी नहीं थी। रंगत इतनी गोरी थी कि बाल, आँखें तथा शरीर के रोयें भूरे-भूरे लगते और बावजूद रिश्ते के छोटा-बड़ा हर कोई उनसे मज़ाक़ करता। साधारण दिनों में भले कोई उनकी याद न करे, मुहर्रम की नवीं-दसवीं तारीख़ों को उनकी पूछताछ बढ़ जाती और अकसर यह होता कि जब जुलूस का रंग फीका पड़ रहा हो, तो वही सँभाल ले जाते।

आख़िर किसी तरह कोने-अँतरे से पकड़कर गोरे मामा लाए गए। आगे-आगे

चलते बाजे वालों को बुलाया गया। ढोल और ताशे के भद्भद् करते चमड़े को आग की आँच देकर कसावट दी गई। लड़कों और युवकों ने एक काफ़ी बड़ा दायरा बनाकर उन्हें घेर लिया और बाजे की ताल के साथ ज़ोरदार मातम शुरू हुआ। एक-दूसरे के गले में हाथ डालकर 'सेन सेन', 'याली याली' की पुकार के साथ झूमने वाले लोगों के वृत्त के बीच बुरी तरह घिरकर, गोरे मामा ने पहले असहाय आँखों से सबको देखा, थोड़ी देर वैसे ही खड़े रहे, फिर विवश होकर दुआ के लिए हाथ उठाए और मुँह फेर लिया।

थोड़ी देर बाद उनके पाँव डगमगाने लगे, शरीर थरथराया, गर्दन ऊपर टँग गई, आँखें आसमान के किसी सितारे पर टिक गईं और अचानक बड़ी ज़ोर से 'या अली' पुकारते हुए वह भागने लगे। घेरा अपने आप टूट गया और लड़कों का झुंड उसी तरह नारे लगाता हुआ उनके पीछे-पीछे दौड़ने लगा।

जब काफ़ी भागदौड़ हो गई तो अचानक गोरे मामा ज़मीन पर गिर गए और गोल की हुई चटाई की तरह धूल-भरी सड़क पर लुढ़कने लगे। इससे पहले उन्हें किसी ने हाथ नहीं लगाया था, पर उनके ज़मीन पर लोटते ही दो नवयुवकों ने आगे बढ़कर सँभाला, उठाया, कमरबन्द की जगह उनके पाज़ामे के नेफे को पकड़ा और नारों के साथ गोरे मामा का शरीर गेंद की तरह हवा में उछाला जाने लगा।

सचमुच जुलूस में नये सिरे से जान पड़ गई और लौटती हुई रंगत वापस आ गई। भीड़ और लोगों के सायों के कारण उनका चेहरा दूर से दिखाई नहीं देता था, लेकिन जब उनका शरीर ऊपर उछाला जाता तो लोग देखते कि 'हाल' उन पर पूरी तरह तारी है और आँखें बिलकुल मुँदी हुई हैं।

कुछ देर ऐसा ही चलता रहा, फिर जाने एकाएक क्या हुआ कि नारे ज़रूर लगे, बाजे भी ख़ूब ज़ोर-ज़ोर से बजे, लेकिन गोरे मामा का शरीर ज़मीन पर पाँव रखे-रखे ही हिलता रहा, ऊपर बिलकुल नहीं उठा।

उसी समय कहीं पास से मालगुज़ार साहब निकल आए, भीड़ को चीरकर पास तक पहुँचे, धीरे-धीरे कुछ बातें हुईं और उन्होंने कहा, "भाई, कमरबन्द बाँध लो, ऐसे में तो इनके पाज़ामे का इजारबन्द टूट जाएगा।"

उनकी बातों पर वास्तव में अमल किया गया या नहीं, यह तो अन्त तक हम लोगों ने नहीं जाना, लगभग घंटे-भर के बाद जब उनका 'हाल' उतर गया तो मैंने देखा कि गोरे मामा एक अँधेरी पुलिया पर सुस्ताने बैठे हुए बीड़ी के गहरे और लम्बे-लम्बे कश खींच रहे हैं। जब रोशनी निकट आई तो उठकर खड़े हो गए, कमीज़ का पृष्ठ भाग वाला पल्ला सामने खींचा और पीछे लौटकर उस पर कुछ देखने की कोशिश करने लगे। किसी टॉर्च वाले सज्जन ने उन्हें रोशनी दिखाई और यह देखकर उनकी आँखें भर आईं कि कपड़े में दो-चार धब्बे लगे हुए हैं।

भीड़ में से किसी नामुराद ने आलपिन चुभोकर उनका इम्तिहान लेने की कोशिश की थी...

अचानक ताशे की आवाज़ से मैं चौंका। दायीं ओर से आती एक सड़क पर बाजे के साथ एक जलती हुई मशाल उधर ही सरकती हुई दिखाई दे रही थी। हम दोनों उसी को देखने लगे, हालाँकि अँधेरे और दूरी के कारण मशाल की रोशनी के अलावा कुछ भी देख पाना सम्भव न था। मोहसिन बोला, "लगता है, सवारियाँ उठने लगी हैं। धरमपुरा चलोगे?"

"वहाँ तो बड़ी रात हो जाएगी न?"

"हाँ, दो-तीन बज जाएँगे..."

"तब मैं कैसे जा सकता हूँ?" मैंने कहा, "फिर अम्मी ने एक काम सौंप दिया है, उसे भी करना है।"

सच्ची बात तो यह है कि उस काम का बहाना नहीं होता तो निकल पाना भी मुश्किल था।

"अभी क्या काम है?"

"तुमने बढ़ई लोगों का मुहल्ला देखा है? वहाँ रहमत चाचा रहते हैं और उनके यहाँ भी सवारी..."

"जानता हूँ, जानता हूँ..." मोहसिन बोला, "अरे, वही झक्की जैसा बुड्ढा न? सांला बहुत ही..."

कहता-कहता कुछ सोचकर बीच ही में मोहसिन रुक गया। फिर उसके बार-बार पूछने पर भी कि किस काम से मैं वहाँ जा रहा हूँ, मुझे बताने का मन नहीं हुआ। लगा, हमारी बात चाहे जितनी गम्भीर हो मोहसिन ज़रूर हँसकर उड़ा देगा।

"धरमपुरा जाना है तो जाओ," मैं बोला, "मुझे तो रहमत चाचा के यहाँ पहुँचना है।"

थोड़ी देर के लिए मोहसिन चुप हो गया। कुछ पहले की सड़क पर सरकती हुई मशाल इधर आए बिना वहीं किसी गली में खो गई थी। दूरी पर अलग-अलग बजने वाले ढोल-ताशे की आवाज़ों के अतिरिक्त अब वातावरण में कुछ था तो गली-नुक्कड़ों में भौंकने वाले कुत्तों का समवेत स्वर।

कुछ सोचकर वह बोला, "अभी तो धरमपुरा में भी बहुत देर होगी...चलो, तुम्हारे साथ चलते हैं।"

शायद पहले कभी आया होऊँगा, मुझे याद नहीं। पहली बार अम्मी के साथ और दूसरी बार अब उस मुहल्ले में जा रहा था। उस रात जब अम्मी के साथ आया था तो कई बार निश्चय किया था कि रहमत चाचा के मकान को दिन के प्रकाश में कभी देखूँगा। एकाध बार गया था, लेकिन वह गली नहीं मिली, जिसे पकड़कर उनके घर के सामने पहुँचा जाता है, अतः निराशा ही रही। रहमत चाचा

क्या करते हैं? उनका बेटा क्या सचमुच उन्हें नहीं पूछता? बुढ़ापे में बेसहारा और अकेले होकर उन्हें कैसा लगता होगा? मेरी आँखों के सामने अपने ही अब्बा का चेहरा घूम गया। ले-देकर उनकी उम्र चालीस-बयालीस की होगी, लेकिन दस-बीस बरस गुज़रते कितनी देर लगती है? देखते-देखते उनका शरीर भी ऐसा ही जर्जर हो जाएगा, चेहरे का माँस झुर्रियों के कारण लटक जाएगा और...और...

उसके आगे कुछ दिमाग़ में आए, इससे पहले ही मैंने अपने आपको झटक दिया और मोहसिन की ओर देखकर दूसरी बात का सिरा ढूँढ़ने लगा।

जब रहमत चाचा के घर के पास पहुँचे तो रात के दस बज रहे थे। नवीं की रात को भी उस मुहल्ले में इतना अँधेरा और सन्नाटा होगा, यह मैंने नहीं सोचा था।

कुछ दूर चलने पर, कीचड़ और गड्ढों वाली एक गली से होकर हम लोग बाड़े के फाटक के पास पहुँचे, अन्दर कई मशालें जल रही थीं, लेकिन न बाजे की आवाज़ थी और न किसी भीड़भाड़ की आहट, जैसे आहिस्ता-आहिस्ता सरगोशियाँ की जा रही हों।

भीतर आकर देखा तो सचमुच गिने-चुने लोग किसी एक क्षण की प्रतीक्षा करते गुमसुम से बैठे हुए हैं, बाहर दो-तीन मशालें जल रही हैं, और एक झुकी हुई-सी छपरी में लोबान-अगरबत्ती की गन्ध आ रही है।

बिलकुल ऐसा लगा, जैसे हम लोग अनाहूत ही पहुँच गए हों। बैठे हुए लोगों ने लौटकर हमें एकटक घूरना शुरू कर दिया, आपस में बातें कीं और कोई तो धीरे-से हँसा भी। बड़ी असुविधा-सी महसूस करते हुए मैंने धीरे-से अटकते हुए कहा, "रहमत चाचा हैं?"

किसी ने जवाब दिया हो, ऐसा नहीं हुआ। आपस में देखादेखी और कानाफूसी हुई और थोड़ी देर में दीवारों का सहारा लेते हुए रहमत चाचा निकले तथा वहीं से पूछा, "कौन है, भैया?"

इतनी दूर से अपना परिचय देने में झिझक हो रही थी। क्षण-भर खड़ा मैं सोचता रहा, फिर पास जाकर बोला, "मैं हूँ, जी।"

अपनी आँखों के ऊपर हथेली की छाँव देकर, उन्होंने मुझे पहचानने की कोशिश की, लेकिन याद नहीं कर पाए, अतः मैंने ही कहा, "आपको याद है, पाँच तारीख़ को मैं अम्मी के साथ आया था?"

लमहे-भर रुकने के बाद वह नीचे उतर आए और ग़ौर से देखते हुए अब्बा का नाम लेकर उन्होंने पूछा कि क्या मैं उनका बेटा हूँ? मेरी स्वीकृति पर एक क़दम और सरककर स्नेह से बोले, "तुम्हारी अम्मी नहीं आईं?"

"जी नहीं, वही तो कहने आया हूँ। उनकी तबीयत ठीक नहीं। कहलवाया है कि..."

"ठीक है...ठीक है," बीच में ही बात काटकर उन्होंने ज़ोर से कहा, जैसे मुझे आगे बताने देना नहीं चाहते हों! फिर तुरन्त पलट गए और जाने के पहले कुछ याद करते हुए बोले, "कहना...ठीक है, आँ!"

अव्वल तो वहाँ का माहौल ही कुछ ऐसा था कि रुकने की तबीयत नहीं हो रही थी, दूसरे मोहसिन ने जल्दी मचा दी। बाहर आकर वह बोला, "तुम क्या यही कहने इतनी दूर आए थे?"

"हाँ..."

"क्या घर बुलवाया है?"

"पता नहीं," मैंने कहा, "अम्मी ने कहा था कि जाकर बता दो, तबीयत ठीक नहीं, इसलिए नहीं आएँगी..."

थोड़ा रुककर मोहसिन ने कहा, "चलो, हम भी वापस चलते हैं। अब कौन इतनी दूर धरमपुरा अकेले जाए! और फिर नई बात क्या है? वही साल-दर-साल का रोना..."

घर आकर सो गया था; लेकिन बड़ी रात गए अपने आँगन में बाजे और शोरशराबे से नींद टूटी तो देखा कि सूफ़िया अपने बिस्तर पर नहीं है और बाहर के बरामदे से कई लोगों की आवाज़ें आ रही हैं।

बड़ी उम्र के कोई आठ-दस लोग और थोड़े बच्चों का एक झुंड होगा। बाजे-गाजे की आवाज़ से पड़ोस की दो-एक औरतें भी आ गई थीं और कोने-अँधेरे में दबी चुपचाप देख रही थीं। अम्मी बहुत व्यस्त थीं—कभी शरबत का लोटा लेकर पहुँच रही हैं, कभी चौड़ी शीन, पानी या लोबान...

सँभालने वालों के गले में हाथ डाले, एक हाथ में मोरछल लिये और सवारी उठाए मुजाविर, आँखें मूँदे हुए, धीरे-धीरे झूल रहे थे। कमरबन्द के सहारे दो लोगों ने उन्हें सँभाल रखा था। पीछे एक लड़के ने नेज़ा थाम रखा था और उन्हीं के पास ऊददानी लिये हुए रहमत चाचा खड़े थे। बाक़ी साथ वाले लोगों ने सवारी को चारों ओर से घेर लिया था।

जल्दी-जल्दी सारा इन्तज़ाम करके अम्मी आगे बढ़ीं, शीन लेकर उनके पाँव धुलाए, शरबत का गिलास उनके होंठों में देकर, ऊददानी में लोबान छोड़ा और ज़रा अलग हटते हुए, सिर झुकाकर खड़ी हो गईं। मुजाविर के होंठों से बचने वाला प्याला बारी-बारी से सबके होंठों में एक-एक घूँट जा रहा था। बाजे वालों ने अपने हाथ रोक दिए थे और ऊददानी से उठकर दूसरी ओर जाते हुए धुएँ को हथेली से रोककर सवारी की तरफ़ फेंकते हुए रहमत चाचा लड़खड़ाते से खड़े थे।

थोड़ी देर सब कुछ वैसा ही मौन और निश्चल रहा—भीड़ का हर आदमी चुप,

संजीदा और ताकता हुआ। अपनी गरदन ऊपर टाँगे, हुँह हुँह करती सवारी और उनके सामने कुछ प्रतीक्षा में झुकी हुई अम्मी...मेरे आश्चर्य की सीमा नहीं रही जब देखा कि उनके बाल गीले हैं, उनमें से पानी चू रहा है और साड़ी कई जगह ऐसी भीगी है जैसे अभी-अभी नहाकर वह ग़ुसलख़ाने से चली आ रही हों।

"अरे, इधर मशाल लाओ।" सवारी का कमरबन्द पकड़े हुए सज्जन ने ज़ोर से पुकारकर कहा। भीड़ में से कई बार लोगों ने दुहराकर चिल्लाया, "मशाल मशाल!" और एक क्षण बाद तेल चुआता हुआ मशाल वाला पास आकर खड़ा हो गया।

ऊददानी किसी दूसरे को थमाकर, रहमत चाचा ने मर्सिया की पुरानी कॉपी निकाली और भर्राई आवाज़ से पढ़ने लगे :

"बोलीं ज़ैनब ये लाश पै रोकर
किस पै छोड़ा मुझे, मेरे बीरन?
कोई वारिस नहीं मेरे सिर पर
किस पै छोड़ा मुझे, मेरे बीरन...
ख़ून में चश्मे नूरानी तर है
धड़ कहीं है, कहीं और सर है
रुख़ किधर है, कहाँ का सफ़र है
किस पै छोड़ा मुझे, मेरे बीरन..."

रहमत चाचा मर्सिया ख़ूब पढ़ते थे। उनकी मोटी-मोटी और भर्राई-सी आवाज़ में जाने इतना दर्द कैसे भर आता था कि सुनने वालों पर एक माहौल तारी हो जाता था। उनकी सोज़-भरी आवाज़ ने उस बार भी मेरे शरीर के रोंगटे खड़े कर दिए और अपने को कठिनाई से रोककर मैं जमा रह गया। उसी दौरान जबकि वह पढ़ ही रहे थे, अचानक सवारी का मोरछल वाला हाथ उठा और पूरी शक्ति के साथ अम्मी पर गिरा। उनके माथे का आँचल हट गया, सिर नंगा हो गया और खुले गीले बाल लौटकर चेहरे को ढँक गए। मोरछल इसी तरह तीन बार उनके शरीर पर उठा-गिरा और पीछे से किसी ने आदेश के स्वर में आवाज़ लगाई, "बोलो मातम..."

"दूला, दूला..." कई-कई कंठों से एक साथ गूँजा, ताशे बजने लगे और पाँव फेरते ही सवारी एक क्षण में दूर निकल गई।

जब आँगन ख़ाली हो गया, सारे लोग निकल गए, बाजे-गाजे की आवाज़ दूर हो गई और मशाल की बिन्दी भी अँधेरे में खो गई, तो मैं वहाँ से हटा। देखा, सब चले गए हैं, सारे मुहल्ले में पहले की तरह सन्नाटा खिंच आया है, लेकिन पाँव धुले शीन के सामने बाल खोले और आँखें मूँदे हुए अम्मी पत्थर-सी चुपचाप खड़ी हैं।

अजीब बात है, अब्बा तो उस रात भी घर पर नहीं थे।

करबला के मैदान में तो सचमुच किसी बड़े मेले की सी तैयारी थी।

इन्द्रावती के रेतीले तट, खुले मैदान और आसपास की अमराई में बाढ़ के दिनों को छोड़कर ऐसे कौन पहुँचता है?

दिन-भर अमराई जमुहाई लेती-सी खड़ी होती है। बीच घाट का व्यस्त और धूल-भरा पुल सुबह से लेकर रात देर तक अकेले में कुचला जाता है, निर्जन और सुनसान हवा में ट्रक, बस या कारों की आवाज़ें गूँजती हैं, पुल के टूटे-अधटूटे रेलिंग सन्नाटे में लड़खड़ाते हैं, इस पार से उस पार तक खिंचे टेलीग्राफ़ के तार पर बैठी लम्बी पूँछ वाली चिड़िया थोड़ा-सा उड़कर फिर से उसी जगह पर बैठ जाती है, और फिर वही लम्बी एकरसता...वही पुल के सतूनों से टकराकर बँटने वाली धार की अनवरत घरघराहट, जिसे अमराई पार का मसान घाट सुनता है अथवा सड़क के दायें किनारे पर खड़े चुँगी नाके का मुंशी...

शाम शायद थोड़ी-सी बदल जाती है। पश्चिमी आकाश का एक टुकड़ा कई-कई रंगों में झलकता है, रंगीन बदलियाँ इन्द्रा के दर्पण में मुँह देखती हैं, लम्बी पूँछ वाले अकेले परिन्दों के बदले टेलीग्राफ़ के तार पर कई छोटी-छोटी चिड़ियाँ क़तार से बैठ जाती हैं, घाट से दूर वाले तट पर मछुओं का छायानुमा शरीर छप्-छप् करता सुनाई देता है और उस पार की कगार पर घने पेड़ों से बेशुमार चमगादड़ों की लम्बी-सी चादर उड़कर इन्द्रा के एक टुकड़े को ढाँप लेती है।

चुंगी नाके की बग़ल में एक बाँस फूस की कुटिया में किसी समय के मारे ने चाय-भुजिया की छोटी-सी दुकान खोल ली थी, लेकिन आज उसी की प्रतियोगिता में क़स्बे की कई-कई दुकानें उठ आई थीं। खुले मैदान में छोटे-मोटे तम्बू गड़ गए थे, बाँस और टट्टे के घेरे लग गए थे, पेट्रोमेक्स की क़तार जम गई थी और फेरी वालों की ख़ासी बड़ी तादाद झूम आई थी।

कुछ बरस पहले इसी दिन की कितनी प्रतीक्षा की जाती थी। अकसर नवीं तारीख़ की रात से ही दूसरे दिन का कार्यक्रम बनना शुरू हो जाता और सैलानियों की पार्टियाँ तय हो जातीं। लड़कियाँ अपनी-अपनी सहेलियों का ग्रुप बनातीं और लड़के अपने छोटे-छोटे गुट लिये दूसरे दिन की तैयारी में जुट जाते। कई काम थे, मसलन—बड़े-बूढ़े द्वारा दिए गए लंगर-वंगर की झंझट से छूटना, अपने साथ अपने पार्टनरों को ऐसी किसी भी ज़िम्मेवारी से मुक्त कराना और ज़्यादा-से-ज़्यादा इस बात की कोशिश कि घर से 'करबला' तक किसी सहूलियत, आराम और एकछत्र साम्राज्य वाली गाड़ी में जाने का इन्तज़ाम हो सके।

कुछ अरसे तक, जबकि हमारी ज़मीन और खेतीबाड़ी थी, बैलगाड़ी के साथ-साथ गाँव से इसी काम के लिए नौकर आते थे। अब्बा को छोड़, हम सब उसी में बैठकर 'करबला' तक पहुँचते थे, पर इधर जब से ज़मीन-जायदाद गई, हम लोगों का जाना भी बन्द हो गया था। चाहे मैंने या सूफ़िया ने 'करबला' जाने

के लिए कितनी ही ज़िद क्यों न मचाई हो, अम्मी न कभी स्वयं गईं और न ही सूफ़िया को अकेले जाने दिया और धीरे-धीरे हम लोगों के लिए वह दिन आता, लेकिन जैसे नहीं आता...

पर आज सुबह सबसे पहले सल्लो आपा ने बुलवा भेजा था। तब का पहुँचने वाला मैं गया दोपहर के बाद। सल्लो आपा तैयार हो रही थीं, मुझे देखा तो बालों में कंघी चलाते-चलाते मुस्कुराकर बोलीं, "बब्बन भैया, तुम्हारी सुबह क्या अभी हो रही है?"

मैंने झेंप को हँसी में उड़ाते हुए कहा, "नहीं आपा, सचमुच देर हो गई। रास्ते में दोस्तों ने पकड़ लिया था। फिर कुछ बुज़ुर्गों ने घेरा, कहने लगे, मुहल्ले से 'लंगर' निकल रहा है। सबाब का काम है, हाथ बँटाओ।"

"अरे," अपना हाथ रोककर आपा हँसी, "तुम्हारी लड़कों से भी दोस्ती है?"

"क्यों? क्यों नहीं हो सकती?" मैंने उतरे हुए चेहरे से कहा। दरअसल, उनकी यह बात मुझे बिलकुल अच्छी नहीं लगी और यह जानकर चोट-सी लगी कि आपा भी मुझे मोहसिन की तरह दूसरी नज़र से देखती हैं।

"हो सकती है भाई, ज़रूर हो सकती है।" आपा ने आईने की ओर देखकर हँसते हुए कहा, "मैं तो समझती थी कि तुम बेहद झेंपू हो। ख़ैर, तो बुज़ुर्ग लोगों ने कैसे घेर लिया? क्या पुलाव की देगों में कफ़गीर चलाना पड़ा?"

"नहीं, नहीं, वहाँ तक तो नौबत नहीं आई, लेकिन आ भी जाती तो क्या बुराई थी?"

"बुराई तो कुछ नहीं, लेकिन क्या इतनी बड़ी-बड़ी देगों में तुम कफ़गीर चला लेते? तुमसे भारी तो वे कफ़गीरें होंगी, नहीं?" कहकर सल्लो आपा ने अपने सुलझे हुए बाल कंधों के पीछे फेंक दिए, कंघा एक ओर रख दिया और चोटी गूँथती हुई हँसने लगीं।

मैंने साश्चर्य उनकी ओर देखा। अरे, यह सल्लो आपा को आज क्या हो गया है? यह बात-बात में व्यंग्य और अपमान के छींटे! क्या सचमुच मैं इतना कमज़ोर और अशक्त लगता हूँ कि लड़की होकर सल्लो आपा तक हँसी उड़ा लें? एक पल कुछ कहते नहीं बना, लेकिन मुँह का स्वाद कड़वा हो आया। आँखें नहीं डबडबा गईं, यही गनीमत समझो। रूखे स्वर में बोला, "आपा, तुम भी मेरी कमज़ोरी का मज़ाक़ उड़ाना चाहती हो?"

आपा को शायद मेरे इस जुमले की उम्मीद नहीं थी, सहसा पलटकर मेरी ओर देखने लगीं, एक क्षण देखती रहीं, फिर उठकर पास आ गईं और मेरे कंधे को छूकर बोलीं, "मैंने क्या मज़ाक़ उड़ाया रे?"

मुझसे जवाब देते नहीं बना। लाख अपने को रोकता रहा, लेकिन आँखें भर आईं और क्रोध के मारे मैंने अपना मुँह दूसरी ओर फेर लिया।

"तू तो पागल है!" आपा ने स्नेह से झिड़की दी और शायद भरी हुई आँखें देखकर इस बार संजीदगी से बोलीं, "मेरा मतलब वह नहीं था, भैया! बुरा लगा हो तो माफ़ करो..."

मैंने कुछ नहीं कहा। सच बात कहूँ तो बोला ही नहीं गया। किसी तरह खँखारकर गला साफ़ किया और लौटने लगा तो एकाएक हाथ पकड़कर बोलीं, "कहाँ जा रहा है?"

"क्यों बुलवाया था, बताओ?" मैंने उसी तरह सूजे हुए मुँह से कहा। वास्तव में इतनी हिम्मत नहीं थी कि आँखें मिलाकर देख सकूँ।

"अब ऐसे में क्या बोलूँगी?" उन्होंने हैरान-सी आवाज़ में कहा, "बुलवाया था कि साथ लेकर करबला चलेंगे, और क्या? लेकिन यहाँ तुम्हारा तो दिमाग़ ही नहीं मिलता? क्यों, आज क्या किसी से लड़कर आए हो?"

सचमुच, मुझसे बड़ा मूर्ख दुनिया में ढूँढ़े नहीं मिलेगा। किसी भी बात या ऊँच-नीच की समझ नहीं, ज़रा-सी ख़ुशी की बात हुई तो खिल गए, दूसरा झटका लगा तो आँखें छलक आईं। उससे भी आगे यह कि दो मीठे या अपने से बोल कानों में पड़े और सारा ग़ुस्सा काफ़ूर...अब यही देखो कि इतना होने पर भी आपा से ग़ुस्सा करके जाते नहीं बना। उलटे अपना मनौवल छोड़कर उनकी ख़ुशामद करने लगा, "जाने दो, मेरी तो आदत ही ऐसी है, बताओ, क्यों बुलवाया था? करबला चलें? किस पर जाने की तैयारी है? और कौन-कौन जा रहा है...?"

अचानक ख़ूब ढेर-सी रोशनी लेकर सूँ सूँऽऽऽ करती हुई एक कार रुकी और उसमें से कई ग़रारे-कुरते वाली लड़कियाँ उतर आईं। उनके बाद उतरीं एक नक़ाब वाली महिला और पीछे-पीछे निकले कोई रोब-दाब वाले अफ़सर।

आसपास की भीड़ में थोड़ी हलचल हुई, लोगों ने गरदन फेर-फेरकर देखा, कानाफूसी-सी हुई, अपने बीच में फ़िक़रे भी कसे और सुने गए, लेकिन उसके बाद सभी अपने आप में मशग़ूल हो गए। ड्राइवर ने कार लौटाकर उस जगह बन्द कर दी जहाँ दो-तीन जीप और ट्रक पहले से खड़े थे।

सामने से धीरे-धीरे करके पैदल चलने वाले लोगों और बैलगाड़ियों का ताँता लगा हुआ था। क्षण-क्षण में भीड़ बढ़ती जा रही थी। लोग आते, अपने साथ चटाई, दरी या शतरंजी उठा लाते और किसी साफ़ तथा अलग-थलग जगह पर बिछाकर, अपने समूचे ग्रुप के साथ जम जाते।

अमराई, पेड़ के नीचे रोड पर सड़क के किनारे या जहाँ कहीं जिसे जगह मिली, अनेकानेक ग्रुप इसी तरह जमे हुए थे। पाँच-सात या दो-दो, चार-चार के अलग-अलग समूह, सुविधानुसार गोल घेरे में बैठे थे, बीच में घर से लाया गया टिफ़िन कैरियर, डिब्बा या नाश्ता रखने का ऐसा कोई बरतन रखा था। अलग-अलग प्लेटों में या एक ही बरतन में निकाल-निकालकर खाया जा रहा

था, सिगरेटें पी जा रही थीं, गपशप हो रही थी अथवा एक-दूसरे को बनाया जा रहा था।

उतनी ही भीड़ चायघरों में डटी थी, वैसे ही आमदरफ़्त के बीच, कमोबेश, उतनी ही ताज़ियों-सवारियों के पास जमी थी और इनसे कई गुना अधिक 'लंगर' के ट्रकों के पास...

क़स्बे के विभिन्न हिस्सों में तीन 'लंगर' निकले थे। तीनों के लिए ट्रकों का इन्तज़ाम था। उसमें देगें भर दी गई थीं। हरेक में पच्चीस-पच्चीस, तीस-तीस सँभालने वाले आदमी थे, खुले हाथों बँटवारा हो रहा था और राजा से लेकर रंक तक, सभी कंधे-से-कंधा मिलाकर 'लंगर' लूट रहे थे।

यह लूटपाट मुहल्ले से लेकर 'करबला' तक अनवरत रूप से चलती रही। रास्ते-भर यही हुआ था। ट्रक धीरे-धीरे चल रहा था, उसके पीछे सैकड़ों लोग एक-दूसरे को ढकेलकर आगे बढ़ने की कोशिश करते हुए धीरे-धीरे दौड़ते जा रहे थे। हर किसी की बाँह ऊपर उठी और हाथ फैले हुए हैं, पुकार एक ही है, "इधर देना, भैया...यहाँ, भाई साहब...जनाब...ओ, टोपी वाले जनाब, हम कब से चिल्ला रहे हैं, सुनते ही नहीं।"

एक-एक देग के पास बँटवारे के लिए तीन-तीन थे, लेकिन शुरू से लेकर अन्त तक किसी को भी क्षण-भर तक के लिए कमर सीधी करने का अवसर नहीं मिला। सैकड़ों आवाज़ें एक साथ आती हैं, अनेकानेक बाँहें मिली-जुली सी उठी हैं, न स्वर अलगाया जाता है, न हाथ। ऐसे में झुककर, सबसे निकट तक फैले हाथ पर, जल्दी-जल्दी रखते जाने के सिवाय और चारा नहीं था। किसी के हक़ में मुट्ठी-भर पुलाव, किसी के हाथों पर अँजुली-भर ज़र्दा या फ़ीरनी और किसी को कुछ भी नहीं..."

"अरे, ज़ैबून कहाँ गई? ज़ैबून, ओ ज़ैबून...!" सहसा सल्लो आपा की आवाज़ आम के पास से आई तो मैंने पलटकर देखा। आम के नीचे सल्लो आपा और उनकी दूसरी चार-छह सहेलियों का ग्रुप था और ये सारे लोग मुझसे अधिक दूर नहीं थे।

नीले कुरते वाली लड़की ने कहा, "अभी-अभी तो यहीं थी।" फिर याद करते हुए, "नहीं, नहीं, पानी लेने गई है।"

सल्लो आपा ने आस-पास निगाह दौड़ाई और चिन्तित स्वर में कहा, "उसे अकेली मत भेजो, भाई!"

"क्यों, क्या हो जाएगा!" एक दुबली-पतली और पिचके गालों वाली लड़की ने कहा, "हम भी तो जाती हैं। अभी पकौड़ियाँ लेने उस होटल तक कौन गया था?"

"अरे, तेरी बात और है," उनमें से किसी ने कहा, "ज़ैबून कहीं चली जाए तो दस लोग आँखें उठाकर देखते हैं। अब उनमें पता नहीं किसकी नीयत कैसी हो।

और वह भी यहाँ करबला में। हाय अल्लाह, मैं तो एक क़दम भी अकेली हटने के नाम पर थर-थर काँपती हूँ।"

दुबली-पतली लड़की को वे बातें शायद क़तई अच्छी नहीं लगीं। मान लिया, ज़ैबून बेहद ख़ूबसूरत है, बिना नक़ाब के चली जाए तो लोग भूल-भालकर उसी की ओर टकटकी बाँध देखते हैं, लेकिन यह दूसरी जो उसके साथ अपने को जोड़ती है, कहाँ तक सचमुच सुन्दरी है? शरीर पर भैंस की तरह तो माँस बढ़ा हुआ है और उस पर इतने नखरे! जलकर बोली, "भाई, ख़ूबसूरती-बदसूरती अपने-अपने लिए होगी, लेकिन इज़्ज़त तो सबकी बराबर है।"

"बब्बन भैया, ज़रा सुनना..." तभी सल्लो आपा ने मुझे आवाज़ दी और इशारे से निकट बुलाया। पहुँचने पर आजिज़ी के स्वर में बोलीं, "देखो तो, इन लोगों ने ज़ैबून को अकेले भेज दिया। मेरा जी बड़ा डर रहा है...भैया, तुम तकलीफ़ करके थोड़ा उसे आसपास देख आओ..."

"कहाँ?"

"यहीं आसपास के किसी चायघर तक गई होगी या शायद नीचे घाट में उतर गई हो।"

हाँ या ना कुछ भी किए बिना चुपचाप बढ़ जाना पड़ा। मैं यहाँ आने को ही कहाँ था? दोपहर में आपा का यही आग्रह मुझे खींच लाया। उनकी किसी बात को टाल सकूँ, ऐसी शक्ति मुझमें क्यों नहीं होती? कई बार मन से नहीं चाहता, इनकार भी कर देना चाहता हूँ, वाक्यों को मन-ही-मन चाहे जितनी बार दुहराऊँ, लेकिन शब्द होंठों तक ही नहीं आते। अब यही लो कि अपने रुख़ से बिलकुल न आने की बात स्पष्ट कर दी थी, पर उनका रुख़ देखकर सारा निश्चय डगमगा गया। तौबा, ढेर सारी लड़कियों के बीच ट्रक में बैठकर परदानशीनों की तरह आना...

"हटो, हटो..रास्ता दो।" पीछे दो-तीन आवाज़ें साथ-साथ उठीं। मैं बाजे-वाजे की आवाज़ से स्वयं किनारे हट रहा था। जब तक लौटूँ, देखा कि चार-छह मशालों और ख़ासी बड़ी भीड़ से घिरी कोई सवारी पास से निकलकर पुल के पास रखे ताज़ियों की ओर बढ़ गई। थोड़ी देर बाद उनके बाजे की आवाज़ तक भीड़ के शोर में घुल-मिलकर लोप हो गई थी।

'यहाँ कितने लोग वास्तव में मातम करने आए हैं।' अपने चारों ओर देखकर मैंने सोचा, 'और क्या सचमुच मातम के लिए आए हैं? ताज़िये के पास इतनी भीड़ क्यों नहीं है? लोग अलग-अलग ग्रुपों में महफ़िल लगाए कैसे बैठे हैं?' लगता था, जैसे हर ग्रुप करबला से बिलकुल निर्लिप्त, अपने या अपने दोस्तों के मनोरंजन के लिए ही आया हो। कहीं कुछ लगाव है तो भीड़भाड़ और चमक-दमक से।'

लंगर वाले ट्रक के पास से गुज़रते समय मैं एक क्षण के लिए ठिठक गया था। लूट तीसरे पहर से चल रही थी, लेकिन उसका अन्त अभी तक नहीं आया

था। उत्साह में थोड़ी-बहुत कमी के अलावा भीड़ बराबर टूट पड़ रही थी। अन्तर इतना ज़रूर पड़ गया था कि पहले सड़क पर ट्रक के पीछे-पीछे दौड़ने वालों में पुरुषों की संख्या अधिक थी, स्त्रियाँ थीं भी तो दूसरे वर्ग और स्तर की, लेकिन यहाँ तो बड़े भले घरों की परदानशीन लड़कियों से लेकर पुरानी तर्ज़ का इज़ार-कुरता पहनने और चादर ओढ़ने वाली जुम्मन की माँ तक—सभी बराबर...

कोई आधा घंटे बाद ज़ैबून के न मिलने की सूचना लेकर लौटा तो देखा, औरतों की भीड़भाड़ के पास नवयुवकों का जत्था मँडरा रहा है। ज़ैबून अपने ग्रुप में सही-सलामत लौट आई थी, लेकिन सल्लो आपा के चेहरे पर हवाइयाँ उड़ रही थीं। मुझे एक ओर ले जाकर धीरे-से बोलीं, "तुमने देखा, मोहसिन भी आया है?"

"कहाँ?"

"यहीं करबला में। हाय, उसे देखकर तो मेरी जान ही सूख गई। भैया, मिले, तो कह देना कि मैं भी आई हूँ..."

"पर तुमने देखा कहाँ, आपा? किसके साथ था?"

"मैं क्या उन सबको पहचानती हूँ? जानते तो हो, उसके साथ कैसे-कैसे लोग रहते हैं। वह तो ख़ुदा का शुक्र है कि कोई पर्ची बाँटने में वे लोग लगे हुए थे और मुझे नहीं देखा..."

कैसी पर्ची? कौन बाँट रहा था? किसके पास हैं? आदि सारे प्रश्नों को व्यर्थ होना था, वही हुआ। मैं ऊबकर थका हुआ-सा एक पेड़ के नीचे बैठ गया।

अब खाने-पीने का उत्साह अपेक्षाकृत धीरे-धीरे थमता या कम होता जा रहा था। अधिकांश लोग दरियाँ समेट-समेटकर उठ गए थे। पुल के पास क़तार में खड़े ताज़ियों की ओर भीड़ अधिक बढ़ती जा रही थी। घूमघाम कर जितनी सवारियों को आना था, आकर चारों ओर फैल गई थीं। इतनी भीड़ के बावजूद, मशालों के अलग-अलग झुंडों से साफ़ लगता कि अपने-अपने आरज़ूमन्दों को लेकर सवारियाँ अलग-अलग व्यस्त हैं। वैसे उनके लौट जाने का समय हो गया है, लेकिन जहाँ चींटियों के रेले की तरह मिन्नतकशों का रेला लग जाए तो कोई क्या करे? न चाहने पर भी मुद्दत बढ़ती जा रही होगी...

अचानक मुझे रहमत चाचा की याद आ गई। ऐसी भीड़ में आज रहमत चाचा कहाँ होंगे?

"लुटे करबला में गरीबुल वतन,
कोई बेरिद है, कोई बेकफ़न।"

ताज़ियों की क़तार के सामने, कई-कई सधे हुए कंठों से आँसू रुँधे स्वर में पढ़ा जाने वाला मर्सिया सचमुच ऐसा था कि मेरे शरीर के रोंगटे खड़े हो गए। लगा कि थोड़ा डूबकर सुनते ही मेरी आँखें झिलमिला जाएँगी। सदियाँ गुज़र गईं। साल-दर-

साल, मुहर्रम थोड़े-बहुत परिवर्तन के साथ ऐसे ही आता-जाता है। पीढ़ी-दर-पीढ़ी से मर्सिया के कई आँसू डूबे शे'र ज़बान-दर-ज़बान चले आ रहे हैं—सदियों से मातम भी हो रहा है। पता नहीं, मेरे जैसे कमज़ोर मन के कितने लड़के कब और कहाँ-कहाँ ऐसे ही भावावेग में काँपते खड़े रहे हों।

अपने को ज़बरन वहाँ से खींच मैं हटकर खड़ा हो गया और ताज़िया ठंडा करने से पहले पढ़ी जाने वाली फ़ातिहा उतनी दूर से ही पढ़कर, मुँह पर हाथ फेर लिया।

अब तक अधिकांश लोग वहीं खिंच आए थे। सल्लो आपा का ग्रुप आम के पेड़ से कब हट गया, पता नहीं चला। दरी-चटाई तक समेट ली गई थीं, और आसपास केले, मूँगफली के छिलके तथा पान की सूखी पीकें फैली हुई थीं। लंगर वाली देगें बहुत देर पहले से बजने लगी थीं। उनमें से अब बचा-खुचा समेटकर लोग अलग हट गए थे।

कुछ देर पहले की न वह भीड़भाड़ रही, न उत्साह, न गहमागहमी। लगा, प्राय: सभी लोग थक चुके हैं और समूचे माहौल में सचमुच मातमी गिलाफ़ चढ़ गया है :

"यह कह कह के भाई को रोई बहन,
मेरा बेकफ़न, बेकफ़न, बेकफ़न..."

चाँदी-सोने के सारे अलंकार, चढ़ाव, नाल-पंजे उतार लिये गए। फ़ातिहा के बाद शीरीनी बँटी। छुआरे, बादाम, चिरौंजी दाने...

दो उत्साही लोगों ने आगे बढ़कर एक ताज़िये का ढड्ढा सँभाला और उठाकर कंधों पर रखते हुए आवाज़ लगाई, "एक नारा हैदरी..."

"या हुसैन!" सैकड़ों कंठों से पुकारा।

बस, वहीं अन्त था। जैसे ही ताज़िये घाट की ओर उतरने लगे, अब तक थोड़ी-बहुत नियंत्रित-सी भीड़ एकदम बिखर गई और स्त्री-पुरुष सब एक सफ में मिलकर बराबर हो गए। इस अफ़रातफ़री में जिस बात का डर था, वही हुई। मैं जहाँ खड़ा था, पहले वहाँ से आपा का सारा ग्रुप दिखाई देता था। मुझसे थोड़ी दूर पर उस दिन के चॉकलेटी पतलून वाले सज्जन भी खड़े थे और देर से खड़ा मैं उनकी हरकत को ग़ौर से देख रहा था। पर एकाएक उमड़ी भीड़ ने शान्त जल में पड़े कंकड़ की तरह सारी सतह को हिला दिया और परिणामत: दोनों आँखों से ओझल हो गए।

कुछ देर बाद, क्षण के लघुतम अंश के लिए भीड़ की ओट में सल्लो-आपा, ज़ैबून और उनकी सहेलियाँ दिखाई दीं। उनसे थोड़ी दूर पर धीरे-धीरे चलते वह सज्जन भी दिखे, लेकिन फिर जैसे सारा दृश्य थरथरा गया और दूसरी बार देखा तो ज़ैबून थी, उसकी सहेलियाँ थीं, लेकिन सल्लो आपा नहीं थीं।

घर लौटने के लिए तैयार रिक्शों में टिफ़िन-कैरियर, दरी-चटाइयाँ और दूसरे लवाज़िमात के साथ लदते-लदाते लोगों को देखकर जाने क्यों मन उदास हो आया।

लगा, इन्द्रावती के किनारे हम सब लोग पिकनिक करने आए थे!

तेरह

सचमुच, द्वीपों के जीवन से तब बस्तर का जीवन किस तरह भिन्न और अलग था!

द्वीप के चारों ओर अपार और अथाह जलराशि होती है। उसे शेष जगत् से जोड़ने वाली होती है एक नाव और चन्द नाविक, जो समय-समय पर गहरे झकोलों के बीच द्वीप की धरती पर पाँव रखते हैं और उतनी देर के लिए वहाँ का जीवन बदल जाता है। कमरों में बन्द लोग किवाड़ खोल-खोलकर द्वीप के लहर भीगे तटों तक दौड़ जाते हैं और उनकी उत्सुक आँखें देखती हैं, हिलती हुई सफ़ेद पाल, यहाँ-से-वहाँ तक लहराती हुई नीली धाराओं का अनन्त फैलाव और ऊपर-ऊपर उड़ने-मँडराने वाले बगुलों की इकहरी, दोहरी या तिहरी क़तार....

हम लोगों की स्थिति इससे अधिक और क्या थी? चारों ओर फैले सागौन-शाल के घने जंगलों, दुर्गम पहाड़ियों, गहरी घाटियों, बाढ़ से बिफरते असंख्य नदी-नालों और लाख-लाख आदिवासियों वाला बस्तर तथा उसमें तिल के अम्बार में चावल के एक दाने की तरह छोटा-सा क़स्बा—जगदलपुर। अंग्रेज़ी शासन और रियासती दौर में भी वह द्वीप से अधिक कुछ नहीं रहा। शासक आए और गए, लेकिन बस्तर में कहीं कोई परिवर्तन नहीं हुआ। जगदलपुर से बाहरी दुनिया की भौगोलिक दूरी सौ-डेढ़ सौ मील से कभी नहीं घटी। एक ज़माने तक यह फ़ासला बैलगाड़ी से तय किया जाता रहा, लेकिन फिर रोते-धोते एक बस सर्विस शुरू हुई, जो सुबह सात बजे चलती तो रात को दस के पहले बाहरी जगत् में पाँव नहीं रखने देती।

ऐसे में देशव्यापी स्वराज्य आन्दोलन की चिनगारी उड़ती-उड़ती कब और किस तरह आ गिरी, इसका पता कम-से-कम मुझे नहीं है। विशेषकर अब, जबकि सब कुछ अतीत के गर्त में समा गया है, और पिछले जीवन के अधिकांश में विस्मृति की मोटी परत पड़ गई और सब धुँधला गए हैं। रह गया है तो ज़ेहन में केवल एक नाम—पी.सी. नायडू, जिसके व्यक्तित्व के साथ पहली बार मैंने खादी देखी और जाना कि अपने स्वार्थ, अपने हित के अलावा भी एक और हित की चिन्ता होती है—ऐसी चिन्ता कि आदमी अपने अस्तित्व को भूलकर सिर से पाँव तक उसी में डूब जाए या अपना सारा जीवन चुपचाप होम कर दे।

यही गर्मियों के दिन थे, लेकिन तब शामें ठंडी और हुलस भरी होती थीं। न आसपास के जंगल कटे थे, न कोलतार की सड़कें थीं, न मिलों से धुआँ उठता था और न सड़कों पर दम-पे-दम मोटरकारें या ट्रक दौड़ते थे। आसमान साफ़ रहता था। गोल बाज़ार वाले इमली के पेड़ों पर सफ़ेद कपसीले बादल और दूधिया बगुले, दोनों साथ-साथ झुके होते। दक्षिण में गंगामुंडा की टेकरी वाले जंगल से शाल पत्तों और सागौन फूलों की गन्ध उठती तो उत्तर की इन्द्रावती से जलभीगी बयार बह आती। सारा क़स्बा दम साधकर पड़े तृप्त, अलस और नींदे आदमी की तरह खोया रहता।

मेरी शामें क्या थीं! किसी तरह स्कूल से लौटकर कोर्स की किताबों को एक ओर, अपने को दूसरे कोने में फेंककर उलटे-सीधे उपन्यास पढ़ना या किसी तरह घर बैठकर मन-ही-मन इस बात की दुआ करना कि अम्मी को मेरी ज़रूरत न पड़ जाए। घर में इकट्ठा महीने-भर का राशन या खाने का सामान कभी नहीं आया। फुटकर पैसों में रोज़ की ज़रूरत की चीज़ें ख़रीदी जातीं और उसके लिए सुबह या शाम की मेरी उपस्थिति ज़रूरी थी। पता नहीं, कब कौन-सी चीज़ ख़त्म हो जाए और उसे लाने के लिए मेरी आवश्यकता महसूस हो! इसलिए भी जब स्कूल के मेरे एक साथी ने अम्मी से शिकायत की कि मुझे शाम को खेलना चाहिए तो वह टाल गईं। पहले तो यह कहकर कि मुझे ख़ुद खेलकूद से दिलचस्पी नहीं और फिर यह कि पढ़ाई-लिखाई छोड़कर उलटी-सीधी और फ़िजूल की किताबें पढ़ने से मुझे फ़ुरसत मिले तब न!

एक बहाना था और दूसरा इलज़ाम, लेकिन अम्मी के सामने या ग़ैरहाज़िरी में विरोध करने का साहस नहीं हुआ। बाद में सोचने लगा कि यह जो मैं शरीर और मन से दुर्बल हो गया हूँ, उसका कारण अकेले-अकेले बीमारों की तरह रहना-सहना नहीं तो और क्या है? अपने हमउम्र लड़कों की तरह मेरे मन में कभी उल्लास क्यों नहीं आया? क्या सचमुच मैं घर की सुविधा के लिए ही शामों को ठहरता था, अथवा वह भी खेलकूद से बचने का बहाना था? नहीं तो अम्मी की ओर से छूट मिल जाने और मोहसिन के आग्रह के बाद भी मैं क्यों नहीं गया? उसने कहा था, 'अरे, यह मच्छरों की तरह शरीर लेकर जीवन में कहाँ क्या करोगे? स्वस्थ मस्तिष्क के लिए भी अच्छे शरीर की ज़रूरत होती है और वह तुम्हारे पास नहीं है।'

ईमानदारी से कई दिनों तक सोचता रहा कि मोहसिन सचमुच ठीक कहता है। अब तक अपने हाथ, कलाई या कोहनी की हड्डी स्वयं मुझे चुभने लगी थी, अत: कमज़ोर मन से डगमग करता निश्चय शुरू हुआ। मोहसिन के आग्रह को आधार बनाकर उसी के सहारे खेल के मैदान तक गया, पर वह सब कठिनाई से केवल तीन दिन तक चला होगा। उसके बाद स्टिक-विस्टिक फेंकफाँक कर मैंने फिर से वही कोना पकड़ लिया, जहाँ से चला था।

लगा, मेरे भीतर कोई हीनभाव से ग्रस्त निहायत छोटा, संकीर्ण, भीरु तथा परिणामत: संकोची आदमी बैठा है, जो हर जगह से खींचकर वापस ले आता है। खेल का मैदान हो या स्कूल, आम सड़क की आमदरफ़्त हो या घर का ख़ास घेरा, दो से अधिक लोग हों तो शक्ति मेरा साथ छोड़ देती और वहाँ जाने या पास से गुज़रने के लिए मैं साहस करता रह जाता हूँ। जिस गली में दो-चार युवक या युवतियाँ खड़ी हों, मैं वह राह ही बदल देता। यदि कहीं विवशता होती तो जैसे बहुत बड़ी विपत्ति आ जाती। पास से गुज़रते हुए जी धड़कने लगता, चेहरे का रंग बदल जाता, चाल गड़बड़ा जाती। लगता, जैसे हर किसी की निगाह मेरे ही शरीर पर गड़ी हुई है और किसी भी पल अपने ही पाजामे के पाँयचे में फँसकर मैं गिर पड़ूँगा।

उस शाम मोहसिन के साथ गोल बाज़ार के भीतर आते-आते ऐसा ही कुछ लग रहा था, लेकिन कह देने में अपनी ही जाँघ खुलती, अत: अपने आपको दबाए ज़बरदस्ती चल रहा था। कुछ मुलाक़ातों में रुचियाँ नहीं होतीं, साथ वाले का लिहाज़ होता है। शायद मोहसिन के लिए वही मुरौवत मुझे बरबस घसीटे लिये चल रही थी।

गोल बाज़ार की वही मनहूस और ऊँघती-सी चुप्पी, खुली हुई बिना ग्राहक की दुकानें, भिनभिनाती मक्खियाँ, सामने के खुले हिस्से में इमली के स्थिर से खड़े पेड़, मुँह मारने की टोह में घूमती आवारा बकरियाँ अथवा गायें और दुकानदारों की लम्बी-लम्बी जमुहाइयाँ...

"नायडू की दुकान वह है।" अनायास एक साफ़-सुथरे शेड की ओर उँगली का संकेत करके मोहसिन ने कहा तो मेरी घबराहट अपेक्षाकृत और बढ़ गई। जैसी-तैसी आँखों से उधर देखकर मैंने कहा, "मोहसिन, तुम बात कर आओ और मैं यहीं खड़ा रहूँ तो...?"

"क्यों?" आश्चर्यसहित मेरी ओर देखकर उसने कहा, "अजीब आदमी हो! यह कभी-कभी तुम्हें क्या हो जाता है? घर से तो बड़ी उमंग के साथ निकले थे कि नायडू से मिलेंगे। यही करना था तो मेरे पीछे क्यों पड़े थे? अब क्या शरम आने लगी?"

मुझे देने के लिए कोई जवाब ही नहीं सूझा। पिछले कई दिनों में मोहसिन से आग्रह करके पी.सी. नायडू की इतनी और ऐसी चर्चा सुनी थी कि ख़ामख़्वाह मिलने की उत्सुकता बन गई। उनसे मिलाने के लिए मैंने ही एक बार मोहसिन से कहा था। और आज जब उसने चलने का प्रस्ताव किया तो तैयार भी हो गया था, लेकिन अब सचमुच ऐन मौक़े पर पहुँचकर भागने-भागने की तबीयत क्यों होने लगी? क्यों लग रहा था कि हटाओ, क्या करना है नायडू-वायडू से मिलकर...

"ठीक है।" मोहसिन ने थोड़ा चिढ़कर गम्भीर स्वर में चेतावनी दी, "अब आइन्दा कभी चलने के लिए कहना..."

उसके उस वाक्य का निकलना और चलना साथ-साथ हुआ। दूसरे क्षण देखा कि मुझे वहीं अकेला छोड़कर वह शेड की ओर बढ़ गया है। न मेरी राह देखी और न पलटा। दो क्षण उसी जगह खड़ा मैं कुछ सोचता रहा, फिर उसी के पीछे चला गया।

नायडू के उस घर में वैसे कुल मिलाकर दो कमरे थे, लेकिन आगे वाले कमरे के सहारे, सामने टीन का एक शेड डाल दिया गया था। दुकान अव्वल के कमरे में ही थी, लेकिन शेड सम्भवत: ग्राहकों के रुकने, पानी की बौछार से बचाव तथा गर्मियों की बैठक के लिए था। सारा कुछ निहायत उजला, साफ़-सुथरा और पाक-पाक, यहाँ तक कि शेड के नीचे वाली लाल बजरी में भी पानी का ताज़ा छिड़काव...

दुकान क्या थी, सामने छोटा-सा लटकता हुआ साइनबोर्ड 'नायडू सोडा फैक्टरी', भीतर सोडा तैयार करने की दो मशीनें, एक टेबलनुमा लकड़ी के खोखे में क़तार से जमी सोडे की बोतलें, दूसरी ओर पड़ी बेंच तथा दो-एक आराम-कुर्सियाँ...एक नज़र में कमरा दुकान से अधिक बैठकख़ाना लगता था।

जब अन्दर पहुँचा तो गनीमत हुई कि मोहसिन की पीठ मेरी ओर नहीं थी और लौटकर उसने आग्रह-भरी आँखों से देख लिया, नहीं तो शायद मैं वहाँ से भी भाग आता।

"मेरा छोटा भाई।" भीतर पाँव रखते ही मोहसिन ने हँसकर मेरा परिचय दिया और बेंच की ओर बैठने का इशारा किया। धीरे-से जाकर मैं बेंच पर बैठ गया और राहत की साँस ली।

यही पी.सी. नायडू हैं, जिनके आसपास पिछली कई शामें मोहसिन ने बिताई थीं। दुबली-पतली, इकहरी और काली देह, ज़रा लम्बा क़द, स्याह पिचके गाल, हिटलरकट मूँछें, काले फ्रेम का चश्मा और सिर से पाँव तक ख़ादी। उसी का पाँयचा उधड़ा पाजामा और जगह-जगह से दरका हुआ कुरता। कपड़े चाहे फटे हों, लेकिन साफ़ धुले और बाक़ायदा क्रीज़ किए हुए।

"सगा भाई?" नायडू ने एक बार मुझे ग़ौर से देखकर मोहसिन से पूछा।

"नहीं, मामूज़ाद।"

"तुम्हारे साथ पढ़ता है?"

"हाँ..एक क्लास आगे..."

अबकी बार उनका घूरना मैं नहीं सह पाया। चुपचाप नज़रें बहकाकर, दीवार पर लगी तसवीरों को देखने लगा। उनके यहाँ की दीवार पर मेरे घर की तरह जॉर्ज पंचम, जॉर्ज अष्टम, बस्तर महारानी प्रफुल्लकुमारी देवी या महाराजाओं की

अलंकार-आभूषणों से लदी एक भी तसवीर नहीं थी, दो-चार निहायत मामूली और सादे चित्र थे। एक आईने में पारे को खुरचकर भारतमाता का बंदिनी रूप उभारा गया है। ऊपर 'वन्दे मातरम्' लिखा है और बीच में चरखे वाला तिरंगा है। अग़ल-बग़ल गांधी, सुभाष और पटेल के चित्र टँगे हैं और सभी के फ्रेम पर ज़री के तार वाले गजरे झूल रहे हैं। यह सब पहले कहाँ देखा था? न भारतमाता का चित्र, न गांधी और न सुभाष बाबू...केवल नाम जानता था। गांधीजी के सम्बन्ध में चामत्कारिक कहानियाँ सुनी थीं कि अंग्रेज़ सरकार उन्हें बीसियों बार गिरफ़्तार करती हैं, लेकिन जेल वाले लोहे के सींखचे अपने आप टूट जाते हैं और वे बाहर निकल आते हैं।

ऐसी ही तसवीर औलिया बाबा ताजुद्दीन की हमारे यहाँ थी। उनके बारे में भी ऐसी चामत्कारिक कहानियाँ सुनी जाती थीं। घर में जुमा-जुमेरात को उनके आगे लोबान ऊद जलाया जाता था, पर गांधी की तसवीर हमारे या दूसरे लोगों के यहाँ नहीं थी। उनके चित्र के सामने लोबान जलाने वाला, पी.सी. नायडू के सिवाय क्या और कोई था?

"मेरी तबीयत दो-एक दिन से ठीक नहीं।" उन्होंने आरामकुर्सी में अधलेटे से होकर कहा, "फिर भी मैं चलने को तैयार हूँ। सवाल सिर्फ़ बैलगाड़ी के इन्तज़ार का है। देखो, हो जाए तो मंगल के दिन चलेंगे।"

"मंगल को क्यों? इतवार को चलिए न...?" मोहसिन बोला।

"इतवार को बाज़ार लगता है। उस दिन गाँवों में कोई नहीं मिलता। क्यों, तुम भी चलोगे?"

एक पल ठहरकर मोहसिन बोला, "इतवार को हो तो शायद चला चलता। आप तो जानते हैं, कहीं अब्बा को मालूम हुआ तो मुझे ज़िन्दा नहीं छोड़ेंगे।"

हँसते हुए, लेकिन गम्भीर स्वर में वह बोले, "ऐसी ही छोटी-छोटी बातों में घर से डरने लगे तो आगे मौक़ा आने पर लड़ाइयाँ कैसे लड़ोगे?"

मोहसिन सिर झुकाकर चुप हो गया। ज़ाहिर था कि जवाब कोई मिला नहीं। थोड़ी देर सोचकर उसने कहा, "उस दूसरे काम की सारी तैयारी मैंने कर ली। स्कूल के कुछ दोस्त साथ देने को भी तैयार हैं।"

"यह भी है?" उन्होंने मुझे दिखाकर पूछा।

मोहसिन ने मेरी ओर देखा और हँसकर बोला, "पता नहीं, इससे अभी कहा नहीं। बात यह है कि इसे इन सब चीज़ों का एक तो पता नहीं है, दूसरे यह डरता बहुत है।"

फिर वही आरोप! मैंने कुछ न समझते हुए, जलती आँखों से मोहसिन की ओर देखा और थोड़ी देर लगातार घूरता रहा। ये सभी लोग जैसे मुझे अपमानित करने को तुल गए हैं। गाहे-बगाहे, परिचित-अपरिचित, हर किसी

के सामने मेरी ही दुर्बलता की चर्चा, मेरी ही साहसहीनता का उल्लेख और सकारण हँसी।

"किस बात पर डरता हूँ?" मैंने चेहरे के उखड़े जाते रंग पर खोखली हँसी लादकर कड़वे ढंग से पूछा, लेकिन उस पर दोनों में से किसी ने ध्यान नहीं दिया। हँसकर उन लोगों ने अपनी पिछली बात आगे बढ़ाई।

मोहसिन किसी श्रीवास्तव के विषय में बताने लगा कि उसकी लाख-लाख कोशिशों के बावजूद कैसे क़स्बे में गिने-चुने लोग ही सदस्य बने हैं और वह भी डरते-डरते। कभी दिन को मीटिंग हो तो शायद अधिकांश लोग बैठने भी न आएँ और सारी बात काग़ज़ी होकर न रह जाए...

"मैं जानता हूँ," नायडू धीरे-से हँसे, "इस बस्ती को मैं बीस बरस से जानता हूँ। अवसरवादी और स्वार्थी हर जगह होते हैं, लेकिन यहाँ तो मुर्दे और बेपानी के लोग बसते हैं। हर आदमी अपने ही घुटनों में मुँह छिपाए बैठा है, दूसरे किसी से कोई मतलब नहीं। अब यही देख लो, देश-भर में त्राहि-त्राहि मची है, हर छोटे-बड़े क़स्बे या नगर में आन्दोलन पूरे जोश में चल रहा है। लड़का हो, जवान हो या बूढ़ा, सब शपथ लेकर सिर कटाने के लिए जुट गए हैं। सुना है कि बंगाल में औरतें अपनी चूड़ियाँ उतारकर निकल पड़ी हैं और देश-भर में हज़ारों गिरफ़्तारियाँ रोज़ हो रही हैं, लेकिन हमारे यहाँ क्या हो रहा है, जानते हो? औरतों की तो बात ही जाने दो, घर में हल्दी-मिर्च पीस रही हैं अथवा पड़ोस में बैठी सास की चर्चा कर रही हैं, पर सारा का सारा पुरुष वर्ग या तो अगले मौसम के लिए इमली-अनाज ख़रीद रहा है अथवा दफ़्तरों में सिर औंधाये बैठा है। चर्चा होती है तो रियासत के इस या उस अंग्रेज़ दीवान के स्वभाव, उसकी आदतों, क्रोध या दयालुता की, नहीं तो खेतीबाड़ी और घर-द्वार की। कभी-कभी तो मुझे शक होता है। लगता है, जैसे कुछ सच और अधिकांश झूठ के बीच हम सारे बस्तर के लोग रह रहे हैं। या तो देशव्यापी आन्दोलन की बात झूठ है अथवा यह झूठ है कि बस्तर भारत का ही एक हिस्सा है..."

तभी कोई ग्राहक आकर शेड के नीचे खड़ा हो गया। बात अधूरी छोड़कर नायडू उठे, एक-दो मिनट में उसे निबटाया और कुर्सी की ओर लौटते हुए बोले, "दो-चार रोज़ हुए, एक सज्जन रात को आए थे। तुम जानते हो, मेरे पास बहुत से लोग दिन को नहीं आते। किसी को अपनी नौकरी का डर होता है तो किसी को रोज़गार नष्ट हो जाने का भय। कहने लगे कि उनमें काम करने की साध कूट-कूटकर भरी है, देश की पराधीनता के लिए जी में दर्द भी होता है, लेकिन सरकारी नौकरी के कारण मजबूर हैं। मैंने कहा, सीधी-सी बात है, नौकरी छोड़ दो। आदमी पढ़ा-लिखा और समझदार मालूम पड़ता था, सहमकर बोला कि परिवार वालों को कैसे पालूँगा...? देखो भाई, मैं तो ज़्यादा पढ़ा-लिखा आदमी नहीं हूँ, लेकिन यह

सब सुनकर बहुत ताज्जुब होता है। अपनी, घर की या परिवार की चिन्ता तो हर किसी के साथ है न? भला वे दूसरे लोग, जो प्राणों की आहुति तक दे डालते हैं, क्या घर के प्रति कर्तव्यनिष्ठ या ममत्वपूर्ण नहीं होते? लेकिन फिर वह कौन-सी चीज़ है जो इन सबसे काटकर आदमी को मौत के मुँह में भी ढकेल देती है? एक की प्राप्ति के लिए दूसरे का त्याग ही न? मैंने वही बातें रखीं। महाशय चुप हो गए तो मैंने कहा कि आपको अपने बाल-बच्चों की ही चिन्ता है तो चलिए, उसका भार मैं लेता हूँ—मेरी यह सारी दुकान आपकी, नौकरी को लात मारकर इसकी आमदनी से घर चलाइए। इस क्षेत्र को आप जैसे पढ़े-लिखे आदमी की ज़रूरत है। उन्होंने क्या कहा जानते हो?..."

कहकर नायडू ने हम लोगों की ओर देखा। हमारी उत्सुक आँखें बराबर उनके चेहरे पर टिकी हुई थीं। एक पल वह रुके रहे, फिर हँसकर बोले, "कुछ नहीं कहा, एक लफ़्ज़ नहीं, आँखें तक नहीं मिलाईं और किसी बहाने से वहाँ से खिसक गए। मैंने कहा, भाई साहब, अभी रिस्क लेने से क्या फ़ायदा? कल यदि अंग्रेज़ चले जाएँ, पराधीनता कट जाए और भारत स्वतंत्र हो जाए, तो ख़ादी पहनकर यह क्षेत्र सँभाल लेना, ज़िन्दगी सँवर जाएगी। भाई, मरे बाघ की मूँछ उखाड़ने वाला भी क्या कम बहादुर होता है?"

मोहसिन हँसने लगा, लेकिन मैंने देखा कि उनका चेहरा एकदम गम्भीर है और उस पर ढेर-सी कड़वाहट तैर आई है। वैसी ही ग़ुस्से और नफ़रत से तपती आँखें लिए वह बड़ी देर तक सामने की सड़क पर आने-जाने वाले लोगों को घूरते रहे, अपने से कोई बात फिर नहीं की।

कुछ देर बाद मोहसिन ने धीरे-से कहा, "भैया, हम लोग चलते हैं। वह दूसरा काम मैं कल से शुरू कर रहा हूँ, यही बताने मैं आया था। आपको फिर आकर सूचना दूँगा।"

हाँ-ना, उन्होंने कुछ नहीं की। वैसे ही अधलेटे होकर सारी बातें सुनते रहे। अपनी ख़ामोशी से ही जैसे स्वीकृति दी हो।

जब हम लोग नाली तक आ गए थे तो सहसा कुछ याद करके वह उठे, स्वयं पत्थर तक निकल आए और मोहसिन से बोले, "एक बात छूटी जा रही थी। गीता प्रवचन के लिए बाहर से मैं एक विद्वान वाणीविलास जी को बुलवा रहा हूँ। उनकी स्वीकृति भी मिल गई है। न होगा, मैं अपनी दुकान से भर दूँगा, पर उनका आना ज़रूरी है। तुमने यदि इसे केवल धार्मिक काम समझा तो भूल करोगे, यह मैं पहले ही बताए देता हूँ। यह आयोजन तो एक बहाना है, ख़ास मक़सद तो यह है कि ऐसा कोई विद्वान आकर यहाँ के मुर्दों को जगाए..."

"ठीक है," मोहसिन ने कहा, "मैं कल आऊँ तो बता दीजिएगा फिर मुझे क्या करना है।"

"करना क्या है," वह बोले, "बस यही कि..." और फिर एकाएक रुककर कुछ सोचते हुए उन्होंने कहा, "अच्छा ठीक है, फिर बताएँगे।"

बाहर आकर सड़क पर कुछ देर चलने के बाद मैंने मोहसिन की ओर देखा। वह बराबर कुछ सोचता हुआ चल रहा था, जैसे किसी गहरी उधेड़बुन में चुपचाप लगा हो। सच कहूँ तो यह मोहसिन मुझे नया-सा लगा। अब तक जिसे केवल शरारती, दुस्साहसी और प्राय: हृदयहीन समझता था; उसे इस रूप में देखने की मैंने कल्पना भी नहीं की थी। इन सबका बीज उसके मन में कब से पड़ा है? अब तक अपने से बड़ी उम्र के लड़कों के साथ घूमने-फिरने के मूल में क्या यही सब क्रियाएँ थीं? और यह सब वह क्या कर रहा है? कहीं फूफा को सचमुच पता चल गया तो?

"नायडू भैया का आरम्भिक जीवन जानते हो?" सहसा मोहसिन ने मुझे देखकर पूछा और उत्तर के लिए रुके बिना स्वयं बोला, "पहले वह ट्रक चलाते थे और किसी की नौकरी में बस्तर आ गए। कई बरस नौकरी की, लेकिन ड्राइवरी की बू-बास तब भी फटकने नहीं पाई थी। बिलकुल तनहा, आगे-पीछे भाई-बन्धु कोई नहीं। नौकरी से अलग हुए तो भी यहाँ से लौटकर कभी नहीं गए और यह दुकान खोल ली। तुमने देखा न, दुकान तो नाम की है। जो कुछ थोड़ी-बहुत कमाई होती है, वह सब इसी में झोंक देते हैं।"

तब मुझे ऐसे लोगों को देखकर आश्चर्य होता था। इतनी उम्र तक किसी के अकेले रहने की बात सुनता तो कभी विश्वास नहीं होता। पता नहीं, लोग बिना साथ-संग के कैसे रह लेते हैं? उन्हें रोज़ खाना बनाकर कौन देता होगा? अपने ही हाथ से इतना सारा काम क्या अकेले ही किया जा सकता है? और कहीं बीमार पड़ जाएँ तो कौन देखभाल करेगा?

"इतनी बड़ी बस्ती में एक ही शेर रहता है," मोहसिन ने कहा, "बाक़ी साले सब गीदड़ हैं, रात को चिल्लाते हैं। यहाँ किस माई के लाल में दम है कि कांग्रेसी नेताओं की तसवीरें अपनी दुकान या घर में टाँगें? लोग तो दूर ही से कतराते हैं। एक बार अंग्रेज़ दीवान ने इन्हें बुलवाया, डाँट पिलाई कि उन तसवीरों को निकाल दें, पर यह अड़ गए। बड़ी निडरता से जवाब दिया कि हमें जिस पर श्रद्धा होगी, उसी की तसवीर रखेंगे। चाहे हम अपने घर में नंगा नाच करें, सरकार को इसमें चिन्तित होने की क्या ज़रूरत है? साला चुप हो गया। सिवाय दाँत पीसकर रह जाने के और क्या करता? बाद में ख़ुफिया पुलिस भी लगा दी, लेकिन कुछ नहीं हुआ। किसी ने भीतर पाँव तक नहीं रखा। सब जानते थे कि आदमी ख़तरनाक है, ऐसे ही अवसरों के लिए दस-बारह सोडे की बोतल हमेशा तैयार रखता है और उसमें बिक्री के लिए हाथ भी नहीं लगाता।"

सब नई, आश्चर्यचकित और विमुग्ध करने वाली बातें, जिनसे मेरा परिचय पहले कभी नहीं था। जहाँ घर में राजा-महाराजाओं के चित्र टाँगें, अंग्रेज़ दीवान की

कार्यकुशलता की बातें, दफ़्तर की चर्चा चले अथवा हर क्षण उनकी तरक़्क़ी की चिन्ता हो, वहाँ इन सबके लिए गुंजाइश कहाँ थी?

मैंने मोहसिन की ओर देखा। कमोबेश इन्हीं सबके बीच और ऐसे ही माहौल से वह भी आया है, लेकिन मुझमें और उसमें इतना अन्तर क्यों है? केवल स्वभाव और शारीरिक गठन की नहीं, मन और उसके साथ-साथ समझ की बात है। लगा, स्कूली किताबों और पाठों के अलावा बाक़ी सारी चीज़ों में मोहसिन की समझ कहीं गहरी या दूसरी है। अब, यही नायडू को देख-सुनकर राष्ट्रीयता की भावना जगने की बात लूँ तो अपने आपसे झुँझलाहट होती है। जब तक नायडू की बातें मैं सुनता रहा, विमुग्ध भी हुआ और सोचा भी, लेकिन वहाँ से निकलने के बाद सारा प्रभाव जैसे धुँधला हो गया है और यह स्वीकार करते हुए संकोच होता है कि राष्ट्रीयता के प्रति कोई भी आस्था मेरे मन में जम सकी। लगा, व्यक्तिगत स्वार्थहित या आत्मचिन्ता की अपेक्षा, नायडू की क्रियाओं की कोई सार्थकता नहीं है। क्या आदमी ईमानदारी से अपने आपको सचमुच इतने परे रख सकता है? ज़िन्दगी में दुख का एहसास कैसे भरता होगा? और स्वयं राष्ट्रीयता क्या हिप्नोटाइज़-सी करने वाली भावना नहीं है?

"मोहसिन," मैंने धीरे-से कहा, "मैं एक बात पूछूँ, हँसोगे तो नहीं?"

"हँसने की बात होगी तो ज़रूर हँसूँगा। क्यों, क्या है?"

थोड़ी देर उसे तौलती-सी आँखों से देखने के बाद मैंने कहा, "यह सब क्या अपने मन से करते हो?"

"क्या?"

"यही...पता नहीं, इसे तुम कब से करते आ रहे हो...कांग्रेस पार्टी और नायडू-वायडू का काम...मेरा मतलब है, क्या तुम्हें ईमानदारी से सोचने पर कभी नहीं लगता कि मन से तुम कुछ और करना चाहते हो या नहीं करना चाहते, लेकिन केवल जोश में किए जा रहे हो?"

मोहसिन ने अबकी बार मुझे ख़ूब गहरी आँखों से देखा और हँसने लगा, बोला, "तुम्हारी बात का क्या जवाब होना चाहिए, मैं जानता हूँ, लेकिन कहने से तुम्हें बुरा लग सकता है।"

"क्या? भला कहकर देखो..."

"पहले यह बताना कि क्या तुम मुझे बेईमान समझते हो?"

"नहीं, यह मैंने कब कहा?"

"तो फिर यह बात ज़रूर तुम्हारे मन की होगी। जैसा शरीर होगा, उसी के अनुपात में दुर्बल या शक्तिशाली मन होता है और मन के अनुसार ही साहस बनता है। तुम तन-मन दोनों से कमज़ोर हो, इसलिए ऐसी बातें सोचते हो।"

बुरा लगा सचमुच, बहुत बुरा लगा। यदि मोहसिन ठीक कहता है तो यह भी

क्या मेरा ही दोष है कि मैं कमज़ोर हूँ? भीतर से आहत होकर भी झूठे मान के कारण बोला, "तुम समझते हो कि साहस के लिए भी मोटे-ताज़े शरीर की ज़रूरत होती है? वह कौन-सा काम है, जिसे तुम कर सकते हो और अगर दृढ़ निश्चय कर लूँ तो मैं नहीं कर सकता?"

"कर सकते हो तो ज़रूर करो," मोहसिन ने हँसकर कहा, "अब पहले यही करके बता दो।" इस बार उसने अपनी आवाज़ धीमी कर दी और आसपास देखने लगा। जब देखा कि अग़ल-बग़ल कोई सुनने वाला नहीं है, तो बोला, "रोज़ स्कूल लगने के पहले यूनियन जैक को सलामी देते हो कि नहीं? कल हैडमास्टर से साफ़-साफ़ कह सकते हो कि तुम उस झंडे को सलामी नहीं दोगे?"

मैं चुप। सीधे उसके मुँह की ओर देखने लगा।

"नहीं कर सकते, मैं जानता हूँ," उसने दृढ़ स्वर में कहा, "पर मैं करने जा रहा हूँ। कुछ लड़के भी मेरा साथ दे रहे हैं। तुम्हें शामिल होना है तो हो सकते हो।"

इस बार भी जवाब देते मुझसे नहीं बना। मोहसिन यह सब क्या करता-धरता रहता है? चुपचाप पढ़ाई-लिखाई या अपने काम के बदले शरारत, विद्रोह या तोड़फोड़ की हरकतों में सबसे अव्वल।

मैंने धीरे-से विरोध करना चाहा, "उससे क्या होगा?"

"कुछ हो, न हो। तुम्हें साथ देना है तो दो, नहीं तो कोई ज़बरदस्ती नहीं है।"

उस बात को आगे बढ़ाकर बहस करना व्यर्थ था, अतः मैं चुप हो गया। अपने साथ खींच लेने का सबसे अकाट्य और सीधा ढंग मोहसिन का यही था।

दूसरे दिन समय से बहुत पहले मोहसिन स्कूल आ गया, लेकिन क्लास में किताबें-कॉपियाँ रखने के बाद फिर दाख़िल नहीं हुआ, बराबर इस क्लास से उस क्लास और लड़कों के इस झुंड से उस झुंड में घुस-घुसकर बातें कर घूमता रहा। जब दूसरी घंटी लगी और लड़के सलामी के लिए झंडे के नीचे जमा होने लगे तो सचमुच मोहसिन के साथ हाई स्कूल के कुछ बड़े-बड़े लड़के अहाते के बाहर निकल गए और सलामी के पहले उनमें से कोई लौटकर नहीं आया।

यह सिलसिला, एक-दो नहीं, बराबर कई दिनों तक चलता रहा और उस दिन के बाद से झंडे के नीचे उपस्थिति क्रमशः कम होती गई। आश्चर्य की बात नहीं थी कि इस बीच मोहसिन से एक बार भी मेरी भेंट नहीं हुई। चाहे उस दिन की नाराज़गी हो या मेरी उपेक्षा, स्कूल या बाहर, उसने मुझसे कुछ नहीं कहा। देखता ज़रूर, लेकिन व्यस्तता के कारण कटकर तेज़ी से निकल जाता।

एक दिन अजीब दृश्य देखने में आया—हम लोग झंडे के नीचे खड़े हो गए थे। प्लेटफ़ार्म पर हैडमास्टर के अलावा सारे शिक्षक आ चुके थे और 'सैल्यूट'

करने वाले शिक्षक ने सारी कक्षाओं की सफ़ें सीधी करके 'स्टैंड एट ईज़' का कॉशन दे रखा था। जिस काम में कठिनाई से दो मिनट भी नहीं लगते थे, उस दिन पाँच-सात मिनट लग गए। सब लड़के चुपचाप खड़े दूसरे कॉशन की प्रतीक्षा कर रहे थे, पर शिक्षकों का ध्यान बार-बार मेन गेट की ओर बँटा जा रहा था, जैसे किसी की राह देखी जा रही हो। थोड़ी देर बाद सभी लड़कों में थोड़ी हलचल मच गई और कानाफूसी शुरू हो गई। देखा कि मेन गेट से हाईस्कूल वाले दस-बारह लड़कों का झुंड सिर झुकाए धीरे-धीरे आ रहा है, मोहसिन भी है और उन सबके पीछे कड़ी मुद्रा लिये हैडमास्टर साहब चले आ रहे हैं।

वैसे वहाँ कोई बात नहीं हुई। वे सभी लड़के अपनी-अपनी कक्षा की सफ़ में खड़े हो गए, रोज़ की तरह सलामी हुई और सब लोग अपनी-अपनी क्लासों की ओर भी बढ़ गए, लेकिन मोहसिन के साथ वे सारे लड़के हैडमास्टर के ऑफ़िस में भेज दिए गए।

हम लोगों की सारी उत्सुकता उस समय फिज़ूल हुई, क्योंकि कोशिशों के बावजूद कुछ पता नहीं चला कि उन लोगों का क्या हुआ। खिड़कियों से बार-बार झाँकने पर बड़ी देर बाद इतना ही देखा कि हैडमास्टर के ऑफ़िस से अपना-अपना उतरा हुआ चेहरा लिये वे सब निकले, किसी ने किसी से बात नहीं की, अपने-अपने क्लासरूम में घुसे और किताबें-कॉपियाँ लेकर सब मेन गेट से बाहर हो गए।

उसके थोड़ी देर बाद ही 'सर्कुलर' निकला था कि जो भी लड़का 'सैल्यूट' के लिए उपस्थित नहीं होगा, उसे कड़ी-से-कड़ी सज़ा दी जाएगी। बाद में मालूम हुआ कि मोहसिन और उसके साथियों को न केवल बेंत की सज़ा दी गई, बल्कि वे सब एक माह के लिए स्कूल से 'डिबार' कर दिए गए।

सब लोग हतप्रभ होकर कुछ सोचें-समझें कि स्कूल के इतिहास में एक अभूतपूर्व और प्रत्याशित घटना हो गई कि ठीक तीसरे दिन की सुबह, स्कूल के सैकड़ों लड़कों ने देखा कि गई रात किसी ने 'यूनियन जैक' को फ्लैग पोस्ट सहित जलाकर राख कर दिया है।

'नायडू सोडा फैक्ट्री' के सामने सात दिन तक जैसी भीड़ जुटी, वह भी क़स्बे की ज़िन्दगी में अभूतपूर्व घटना थी। अजीब आलम था कि सन्ध्या होते ही लोगों का जत्था उमड़ना शुरू हो जाता—क्या औरतें, क्या बच्चे और क्या बूढ़े-जवान। सबको एक ही बात की हड़बड़ी होती कि जल्दी-से-जल्दी पहुँचकर सामने की जगह सुरक्षित कर ली जाए।

दुकान वाले टीन के शेड के नीचे एक बड़ा तख़्त बिछाकर पंडित के बैठने के लिए मंच तैयार कर दिया गया था। सामने तथा अग़ल-बग़ल के फ़र्श और

सड़क पर बड़ी-बड़ी दरियाँ डाल दी गई थीं, लेकिन इसके अलावा पास-पड़ोस की दुकानों, नालियों के ऊपर तथा गलियों में अटूट भीड़ इकट्ठी हो जाती थी। दूर वाले अधिकांश लोगों को मंच ठीक से दिखाई नहीं देता था, कार्यक्रम प्रारम्भ होने के पहले थोड़ा शोर-शराबा ज़रूर मचता, लेकिन 'प्रवचन' शुरू होते ही एक कोने से दूसरे कोने तक सन्नाटा खिंच जाता। कुछ सुनाई देता तो केवल यह कि मंच पर कोई सज्जन, एक सेकेंड रुके बिना धाराप्रवाह बोलते चले जा रहे हैं और उन्हें घेरकर बैठी या खड़ी हज़ारों की भीड़ चित्रलिखित-सी सुन रही है। जब तक प्रवचन चलता रहता, जवानों का समूह हो या बूढ़े-बच्चों का, यहाँ तक कि औरतों के बीच से भी, बीच-बीच में खाँसने-खँखारने के अलावा किसी खुसफुस की आहट तक नहीं मिलती, लोग आकर जैसे जड़ हो जाते!

पं. वाणीविलास जी की ख्याति क्षेत्र में दूर-दूर तक थी। मशहूर था कि उनकी जिह्वा पर सरस्वती निवास करती हैं और जब प्रवचन के लिए बैठते हैं तो तन-बदन की सुधि नहीं रहती। केवल इतना याद रहता है कि मंच पर आकर, पालथी मारकर बैठ गए हैं, बस। मंत्रोच्चार और श्लोक पढ़ने के बाद ही स्थिति, समय और श्रोता सब गौण हो जाते हैं। ऐसे विद्वान् का संसर्ग बस्तर वालों के भाग्य में कहाँ था? लोगों ने कल्पना भी नहीं की थी कि इतनी दूर, जंगल में कोई स्थितप्रज्ञ पुरुष, केवल उनके हित के लिए आ सकता है। ठीक है, आप पैसे ही तो देते हैं और क्या? लेकिन पैसों का इतना मूल्य तो मोहाच्छन संसारी को ही होता है।

स्वयं पी.सी. नायडू को अन्तिम क्षण तक विश्वास नहीं था। इसी दुविधा के कारण कई लोगों ने चन्दा भी नहीं दिया था। केवल दो-एक मित्रों के सहयोग, अपनी शक्ति तथा साहस के बल पर वे कूद पड़े थे और आख़िर तक डटे रहे। विद्वान्—मुनियों के दस ठौर—रमता जोगी, बहता पानी। कितनी कठिनाई से बाँध-बूँधकर उन्हें बस्तर ले आए, यह सुनना मामूली आदमी के धैर्य की बात नहीं थी। हफ़्तों की लिखा-पढ़ी और चिट्ठी-पत्री के बावजूद नायडू को पन्द्रह दिन लग गए। जगदलपुर से निकले, उनके नगर पहुँचे, वाणीविलास जी सौ मील दूर जा चुके थे। वहाँ पहुँचे तो दूसरी जगह का कार्यक्रम पहले से निश्चित हो चुका था। इस तरह कई दिन उनके साथ-साथ पी.सी. नायडू को भटकना पड़ा। उसी दौड़धूप का परिणाम था कि कार्यक्रम के सातों दिन अधिक हिले-डुले नहीं, शाल-मफ़लर ओढ़कर एक कोने में बैठे रहे।

मोहसिन को इतना अधिक सक्रिय इससे पहले मैंने कहाँ देखा था? अपने समाज के धार्मिक या सामाजिक उत्सवों में भी वह दूर-दूर से शामिल होता—उतने जी-जान से कभी नहीं जुटा। शायद उसका एक कारण यह था कि वह आयोजन यद्यपि श्रीमद्भगवद्गीता प्रवचन के नाम से था, लेकिन किसी एक धर्म या जाति विशेष के लिए न होकर क्षेत्र की समूची जनता के लिए था।

पहले दिन जब करतल ध्वनि हो रही थी, लोग एक-दूसरे को देख-देखकर भाषण के समर्थन में सिर हिला और प्रसन्नता से आँखें नचा रहे थे। कोई नायडू को देखता। दाढ़ी उनकी दो-तीन दिन की बढ़ी हुई थी। उढ़ा-मुँदा शरीर किंचित् अधलेटा-सा होकर कुर्सी पर पड़ा था, सिर निढाल-सा पीछे टिका हुआ था, लेकिन गरदन उठा-उठाकर सहलाते हुए वे कई बार कुर्सी पर बैठते, मुँह खोलकर हर्ष छलकाती आँखों से अनगिनत चेहरों को ताकते, फिर जैसे पीड़ा के मारे मुँह बिगाड़ते हुए पूर्व स्थिति में आ जाते।

मोहसिन, जिसका ध्यान वाणीविलास जी या भीड़ की अपेक्षा पी.सी. नायडू की ओर अधिक था, एकाएक झपटता हुआ बढ़ा और उनकी कुर्सी के पास झुककर धीरे-से बोला, "भैया, आपकी तबीयत बिलकुल ठीक नहीं है, आप भीतर जाकर आराम करें।"

पर उन्होंने पहले की तरह बायाँ हाथ उठाकर मना कर दिया और कुर्सी पर टिके सिर को, उस ओर ढुलकाकर, वाणीविलास जी का 'प्रवचन' सुनने लगे।

सचमुच भाषण के दौरान हज़ारों लोगों के दिमाग़ को मुट्ठी में लेकर घंटों खींच ले जाने की उनमें अद्भुत क्षमता थी। लोग या तो चुप बैठे एकाग्रचित सुनते अथवा समय-समय पर तालियाँ पीटते, लेकिन मैंने देखा कि नायडू शुरू से आख़िर तक अपने को शाल से ढाँक-मूँदकर शान्त भाव से चुपचाप धँसे रहते या अधिक होता तो वहीं अपनी गरदन उठाकर ज़रा सँभालते हुए बैठने की कोशिश करते।

लेकिन तेरहवें अध्याय के आरम्भ में अचानक उनमें अपूर्व बल और उत्साह आ गया। बीमार वे तब भी थे, चेहरा तब भी रक्तहीन था, लेकिन पता नहीं कैसे उनमें नया रंग भर आया।

वही मंच था, वही वाणीविलास जी, कई दिनों से समय पर आकर जुटती वही भीड़ और वही खिंचा हुआ सन्नाटा। सँभलकर ठीक से बैठने के प्रयास में उनके सिर-कानों को ढँका हुआ शाल पहले कंधे, फिर कंधों से पीठ के पीछे उतर गया। कानों में भर्र-भर्र हवा आने लगी और उनकी एक पसली वाली दुर्बल देह खादी के कुरते में नुमायाँ हो गई; लेकिन उन्होंने शाल को छुआ तक नहीं। सब ओर से लापरवाह हर्ष और आशा से चमकती उनकी आँखें वक्ता के चेहरे पर टिक गईं। ऐसी उत्सुकता से ताकने लगे जैसे वह आशंकित विद्यार्थी हों, और सामने परीक्षाफल सुनाया जा रहा हो।

कर्म करें और उसके फल की आसक्ति छोड़ दें, इसका पृथक्करण करते हुए वाणीविलास जी ने देह और आत्मा का विश्लेषण आरम्भ कर दिया था। बताया कि हर चीज़ के दो रूप होते हैं—एक ऊपरी और दूसरा अन्तरीय। केवल ऊपरी रूप को सत्य और अन्तिम समझ लेना भूल है। नारियल या कटहल के फल बाहर चाहे

जैसे हों, भीतर से वैसे नहीं हैं। यही बात देह और आत्मा के साथ भी है। उन्होंने दुख प्रकट किया कि हम लोग ख़ुद शुरू से ही बच्चों के मन में शरीर के लिए मोह पैदा करते हैं। नतीजा यह होता है कि ज़िन्दगी-भर वह उसी से चिपका रहता है और इससे हटकर कुछ भी नहीं सोच पाता...

"भैया, शाल ओढ़ लो। देखो कितनी ठंडी हवा चल रही है..." कहकर मोहसिन ने नायडू की पीठ के पीछे कुर्सी पर ढेर हुए शाल को उठाना चाहा, पर नायडू ने फिर रोककर उसे हटा दिया। मंच के दूसरे कोने पर रखे पेट्रोमेक्स की रोशनी हवा के अभाव के कारण काफ़ी कम हो गई थी।

उस रात और दिनों की अपेक्षा आसमान अधिक गहरा नीला और साफ़ था। सीवन उधड़ी सफ़ेद बदलियाँ थोड़ी-थोड़ी देर में कुछ देर के छँटे हुए चाँद को ढाँप लेती थीं। गोल बाज़ार में खड़े इमली के तीन पेड़ों वाले अँधेरे समूह में से बगुलों के फड़फड़ाने-चिल्लाने की आवाज़ साफ़-साफ़ तैर आती थी, और पीछे वाले शेडों के आसपास बैठी आवारा गायें डकरा रही थीं।

वाणीविलास जी ने कहा, "जब तक हम यह न समझ लेंगे कि देह से हम अलग हैं, तब तक अत्याचारी लोग हम पर ज़ुल्म ढाते रहेंगे, हमें ग़ुलाम बनाए रखेंगे और न जाने क्या-क्या दुख देते रहेंगे। आवश्यकता इस बात की है कि हम भय से मुक्त हो जाएँ, क्योंकि ज़ुल्म भय के कारण ही सहा जाता है। एक राक्षस ने आदमी को पकड़ लिया था। वह उससे बराबर काम लेता रहता था। जब कभी वह काम न करता तो राक्षस उसे खा जाने की धमकी देता। शुरू में तो वह आदमी डरता रहा, परन्तु जब धमकी नहीं सही गई तो उसने कहा, 'ले, खा डाल, खाना हो तो खा जा।' पर राक्षस खाने वाला तो था नहीं। उसे तो एक ग़ुलाम चाहिए था, अत: उसका ज़ुल्म बन्द हो गया। अत्याचारी यह जानते हैं कि ये लोग देह से चिपके रहने वाले हैं, शरीर को कष्ट पहुँचा नहीं कि ये लोग ग़ुलाम बने और इसीलिए ज़रूरत है अनासक्ति की। अनासक्ति छोड़ दी कि हम तुरन्त सम्राट बन जाएँगे, स्वतंत्र हो जाएँगे और सारी सामर्थ्य हमारे हाथ आ जाएगी..."

पी.सी. नायडू की मुद्रा तब देखने ही नहीं, समझने योग्य थी। कुर्सी के दोनों हाथों पर उनकी हथेलियाँ रखी हुई थीं, शरीर सामने की ओर झुका हुआ था, गरदन थोड़ी आगे निकली हुई थी और अंग्रेज़ी अक्षर 'एल' की आकृतियाँ बनाकर उठी हुई कोहनियों से लगता था, जैसे वह उसी क्षण कुर्सी छोड़कर उठने वाले हों।

जैसे ही वाणीविलास जी ने अपना ऊपर वाला वाक्य समाप्त किया, नायडू कुर्सी से उछले-भर नहीं। अचानक उनके चेहरे और सारे शरीर में उल्लासमय प्रतिक्रिया हुई, कुर्सी के हत्थे उन्होंने छोड़ दिए, होंठ दोनों खुल गए, शरीर केले के पात की तरह काँपा और आँखें मूँदकर वह बेअख़्तियार तालियाँ पीटने लगे।

उतनी बड़ी भीड़ में दो पल तक केवल उन्हीं की तालियाँ गूँजती रहीं, फिर उनकी देखादेखी मोहसिन, उसके साथ मैंने और मेरे पीछे दो-चार लोगों ने साथ देने की कोशिश की, लेकिन सामने बिछी भीड़ के बच्चों तक से समर्थन नहीं मिला, पट पट पट करती चार-छह तालियाँ ही बजीं और परिचित-अपरिचित सभी लोगों ने उस पर आश्चर्य करते हुए हम लोगों की ओर घूरना शुरू कर दिया।

मेरी आँखों के सामने वाला परदा जैसे एक बार खुलकर ढँक गया। जैसे कुछ-कुछ समझ में आ गया था कि प्रवचन के बहाने नायडू किस ओर संकेत करना चाहते हैं।

लेकिन सचमुच उस संकेत को कितने लोग पकड़ रहे थे?

अन्तिम दिन अपेक्षाकृत दुगुने लोग आए, दुर्भाग्यवश पी.सी. नायडू से पाँच-दस मिनट के लिए भी बाहर की कुर्सी पर बैठा नहीं गया। उन्हें भीतर के कमरे में ले जाकर मोहसिन ने लिटा दिया और वह अन्त तक बाहर नहीं निकले।

प्रवचन की समाप्ति पर, काफ़ी रात गए, वाणीविलास जी के सामने नये कपड़ों, धोतियों, मिठाइयों और नारियल का ढेर-सा लग गया। चढ़ोतरी के रूप में आशा से अधिक रुपये भी इकट्ठे हो गए थे, लेकिन नायडू ने लोगों की वह श्रद्धाभक्ति अपनी आँखों से नहीं देखी। उस समय वह अपने कमरे में आँखें मूँदे चुपचाप पड़े थे। पता नहीं, बाहर का वह शोरशराबा उनके कानों तक पहुँच भी रहा था अथवा नहीं।

जब सब कुछ निबट गया और लोगों की भीड़ उनके हाथ-पाँव छूकर निकल गई, तो दो-एक लोगों के साथ वाणीविलास जी भीतर आए।

जहाँ दुकान थी, उसी की बग़ल में एक और कमरा था। ताक में जलते लैम्प की मरियल-सी रोशनी, एक तरफ़ पड़ी खाट पर बिछौना, उस पर नायडू, कोने में टीन के दो-तीन ट्रंक, उसके ऊपर वाली दीवार की खूँटियों में लटकते हुए कुछ मैले कपड़े और इधर-उधर कुछ ख़ाली-भरे कनस्तर...

"भैया!" मोहसिन ने उनके सिरहाने के पास झुककर धीरे-से कहा, "देखो, पंडित जी आए हैं।"

"नायडू भाई, नायडू भाई!" वाणीविलास जी ने धीरे-से पुकारा।

आँखें खुल जाने पर भी थोड़ी देर वैसे ही पड़े-पड़े वह अपने चेहरे पर झुके मुखों को देखते रहे। सम्भवतः कुछ पल अनचीन्हे निकल गए। शायद दृश्य दो-एक क्षणों के लिए धुँधला गया था। जब परिचय की रेखाएँ सजीव हुईं तो हड़बड़ाकर उन्होंने उठना चाहा, पर आधी राह में ही उनके कंधों को पकड़कर 'लेटे रहो, लेटे रहो' कहते हुए वाणीविलास जी ने उन्हें लिटा दिया।

बाहर रात भारी हो गई थी। गश्त पर निकले सिपाहियों के बूट सड़क की गिट्टियों पर चरमरा रहे थे और रह-रहकर उनकी सीटियाँ निस्तब्ध वातावरण की अँधेरी हवा में गूँज रही थीं।

दूसरी सुबह वाणीविलास जी चले गए। उन्हें बस स्टैंड तक छोड़ने के लिए नायडू के बदले मोहसिन गया था। कुछ भक्तों की भीड़ वहाँ भी थी और जब तक गाड़ी स्टार्ट नहीं हुई, लोगों ने उन्हें वहाँ भी घेर रखा था। अगली बार फिर आने के लिए अपनी-अपनी ओर से कई लोगों ने उन्हें आमंत्रित किया, पर किसी ने नायडू की याद नहीं की।

'भेंट-चढ़ोतरी' के दौरान भी किसी ने इस बात पर ध्यान नहीं दिया था कि जिस आयोजन की व्यवस्था सात-सात दिन तक उन्होंने अपने यहाँ कराई, वाणीविलास जी के लिए कहाँ-से-कहाँ तक भटकते फिरे, उस सबके लिए आख़िर पैसे कहाँ से आए होंगे। पहले तो कोई चन्दा ही नहीं हुआ था, केवल दो-एक मित्रों के ज़बानी उत्साह-दिलासे पर वह चले गए थे कि बाद में सब ठीक-ठाक हो जाएगा। संयोगवश उत्साह दिलाने वाले मित्रों में से कोई भी उस दिन नहीं था।

तमाम घटना आई-गई हो गई। प्रवचन और नायडू की चर्चा, जो कई दिनों से बाज़ार की दुकान-दुकान पर चल रही थी, आख़िर रुक गई, उस पर धीरे-से एक मज़ेदार और सनसनीखेज़ वाक़या हावी हो गया और लोग भूल-भाल भी गए।

मोहसिन की बात नहीं जानता, पर मैं उसके बाद कई बार गया, उनके दोनों कमरों में बैठा, लेकिन मेरा ध्यान कोने में सोडा की मशीनों की ओर बिलकुल नहीं गया था। वह तो उस दिन जाना जब कुछ-कुछ तबीयत ठीक हो जाने पर वह दुकान में बैठने लगे थे और अचानक मोहसिन ने पूछ लिया था, "भैया, सोडा तैयार करने की दूसरी मशीन कहाँ है?"

जहाँ पहले मशीन रखी रहती थी, अब उतनी जगह ख़ाली-ख़ाली और उजाड़ थी। परिचय के बावजूद कमरा यूँ लग रहा था, जैसे मैंने सल्लो आपा के हाथों को बिना चूड़ियों के देखा हो, या जैसे अपने स्कूल के ऐनक वाले शिक्षक मुकर्जी नंगी आँखें लिये मेरे सामने आ गए हों और मैं उन्हें पहचानने की कोशिश कर रहा हूँ।

उसी कोने की ओर देखते हुए उन्होंने जवाब दिया, "गई, बिक गई।"

"क्यों?"

"क्यों क्या? बेचना-बाचना तो तभी होता है न, जब पैसों की ज़रूरत होती है। दुकान किस तरह चल रही थी, तुम जानते हो। उस पर वाणीविलास जी के पीछे दौड़-धूप, आना-जाना, कथा-प्रवचन, इन सबके लिए पैसे कहाँ से आए थे?"

बड़ी देर तक हम लोगों की ज़बान से एक भी शब्द नहीं निकला, मोहसिन ने पूछा, "भैया, वह क्या घर फूँक तमाशा था?"

कुर्सी के नीचे पड़े अपने पाँवों को उठाकर नायडू ने ऊपर कर लिया, दोनों

बाँहों से टाँगें बाँध लीं और सामने सूनी सड़क की ओर देखते हुए वेदना-भरे स्वर में बोले, "घर है कहाँ जो फुँकेगा? हाँ, मेरा मन इस बार ज़रूर फुँक गया है। पता नहीं, अब कैसे क्या करूँगा! मोहसिन, यहाँ के लोगों ने मुझे बड़ा धोखा दिया है। चन्दे का वायदा करने वाले बहुत-से लोग मुकर गए हैं..."

नहीं, इससे पहले मैंने इतना टूटा हुआ नायडू भैया को कहाँ देखा था? आश्चर्य हुआ कि उनके शरीर की दुर्बलता की ओर मेरा ध्यान पहले क्यों नहीं गया था। कुरता उतार देने पर वह तो हड्डी का ढाँचा-भर रह जाते हैं और बनियान के नीचे से उनकी पतली-पसली उभरकर झाँकती है।

और इस हताशा का संकेत क्या उसी रात नहीं मिल गया था जब वाणीविलास जी विदा लेने पहुँचे थे?

"नायडू भाई, और मेरे योग्य कोई सेवा हो तो कहिए।"

सुनकर नायडू भैया ने वाणीविलास जी की ओर उदास आँखों से देखा और पलकें मूँद ली थीं। कई क्षण बाद बोले, "मैं शर्मिन्दा हूँ कि आपकी कोई सेवा नहीं कर सका...भगवान जानता है, मैंने क्या-क्या सोच रखा था...लेकिन नहीं, उन सबको कहने से अब कोई फ़ायदा नहीं...पंडितजी, मुझे क्षमा करते जाइए..."

"छिः छिः, यह आप क्या कह रहे हैं?"

"ठीक कह रहा हूँ। आपने यहाँ के लोग देख ही लिये। अब मैं और क्या कहूँ?"

"नायडू भाई," वाणीविलास जी ने कहा, "सभी जगह के लोग एक जैसे ही होते हैं। उन्हें ठीक राह पर लाने के लिए ही तो आप जैसे लोगों की ज़रूरत पड़ती है।"

"नहीं, यहाँ के लोग और हैं। और ऐसे होंगे, यह मैंने सोचा भी नहीं था। देखिए, मैं बस्तर में बरसों से रह रहा हूँ, सोचता था, मैं सभी को जानता हूँ, पर नहीं, वह मेरी भूल थी। लगता है, यहाँ लोग बस सुनते ही हैं, समझते कुछ नहीं; और देश-भर में चाहे जो हो, यहाँ कभी कुछ नहीं होगा...कभी नहीं।"

याद है, वाणीविलास जी ने कुछ इस तरह समझाने की कोशिश की थी कि हर चीज़ का समय होता है। चाहे जितना सींचो, ऋतु आने पर ही पेड़ फल देता है।

और उसके बाद नायडू ने क्या कहा था? शायद वह चुप हो गए थे, या शायद उन्होंने आँखें मूँद ली थीं।

बहुत पहले फूफी के सामने वाले गन्दे तालाब के जल में एक लड़का सिंघाड़े निकालने के लिए अचानक कूद पड़ा था। तैरना वह जानता नहीं था, लेकिन घुसकर निकलने के लिए जैसे करुणापूर्ण यत्न उसने किए थे, उस दृश्य को भूल सकना आज भी मेरे लिए कठिन हो गया है...

चौदह

सारी मान-मनौतियाँ रखी रह गईं और एक सुबह हम लोगों को अपना पुश्तैनी मकान छोड़ देना पड़ा। जिस पर से अधिकार उठ गया हो, वहाँ इधर-उधर के बहानों से भला कितने दिन रहा जा सकता था? आजकल-आजकल करते वह क्षण भी आ ही गया, जिसे अम्मी आँसुओं वाली धुँधलाई आँखों से अनदेखा कर रही थीं।

उस क्षण तक मिट्टी के लिए अपने मोह का पता मुझे नहीं था। मकान बिक गया, हम लोग बेघरबार हो गए, यह दुख घर-भर के साथ मुझे भी कई दिनों से साल रहा था, लेकिन वैसी अनुभूति पहली-पहली और अनभोगी थी। कुछ दुख होते हैं, जो निश्चित क्षण के बहुत पहले से मन पर डैनों का गहरा साया किए धीरे-धीरे मँडराया करते हैं। उनकी वेदना की आशंका बार-बार इस क़दर घेरती है कि वास्तविक क्षणों से गुज़रने का एहसास उतनी शिद्दत से नहीं होता। बरअक्स इसकी कुछ पीड़ाएँ इतनी परिचित, देखी-जानी और आत्मीय-सी लगती हैं कि हम उन्हें झेलने के लिए भूले से बैठे होते हैं, लेकिन जिस क्षण अचानक वह आकर खड़ी हो जाती हैं, लगता है उनकी अवहेलना करके अच्छा नहीं किया। पहले से मन-ही-मन अगर उसकी तैयारी कर ली होती तो भी क्या वह ऐसा ही दुख देता?

देखता हूँ कि बहुत पुरानी और बड़ी-सी गृहस्थी मकान के बाहर आ रही है। चार-छह चारपाइयाँ, एक शीशम का बड़ा और काला पलंग, लपेटकर गोल की हुई निवारें, नये-पुराने बरतन, राशन रखने के बड़े-छोटे कनस्तर, काली पड़ गईं हँडियाँ (कुछ खुली, कुछ कपड़ों से ढँकी, मुँहबन्द), उलटे-सीधे बिस्तर, चक्की, सिल-बट्टे, मूसल, बाँस की पुरानी झाँपियाँ और ज़रूरी-ग़ैरज़रूरी तथा अंगड़-खंगड़ बहुत-सा सामान।

उन सबके बीच में खड़ी अम्मी को न देखा होता तो अच्छा था। सिर नंगा, कपड़ों में जगह-बेजगह दाग़, दोनों हाथ सामान की धूल-गर्द से अँटे हुए और आँखों में फूल-जामनी रंग। सामान की ओर देखती हैं और देखती रह जाती हैं। मकान की ओर ध्यान जाता है और वहीं अटककर रह जाता है। मैं या सूफ़िया कुछ पूछ रहे हैं, वह सुन रही हैं, लेकिन बिलकुल नहीं सुन रहीं। प्रश्नवाचक 'आँ', 'क्या' या 'क्यों' कहती खड़ी हैं, अथवा कुछ भी नहीं कह रहीं।

एक-एक करके जब बैलगाड़ी ने सामान ढोना शुरू किया, तब एकाएक लगा कि अपना मकान तो सचमुच छूटा चला जा रहा है। सिर पर बरसों पुरानी छत अब नहीं रहेगी। न वे चिर-परिचित दीवारें और न उनके घेरों वाला आत्मीय वातावरण। इतने बड़े मैदान की तरह बाड़े वाला मकान हमें कहाँ नसीब होगा? वह दीवार के आख़िरी कोनों में फैला हुआ ज़मीकन्द का वन जैसा बिखराव, बग़ल वाले मीठे

अमरूद के पेड़ और बीच में आँगन वाला कलमी आम का दरख़्त। जब दादी ज़िन्दा थीं तो इसी आम का उन्होंने बड़ी धूमधाम से ब्याह करवाया था।

"यह क्या है?" सहसा अब्बा ने लगभग गरजकर सूफ़िया से पूछा। वह बैलगाड़ी के पास खड़े सामान लदवा रहे थे और सूफ़िया भीतर से एक टोकनी में कुछ समेटकर चली आ रही थी। डाँट सुनकर पहले-पहले तो वह सहम गई, फिर उसने अपने हाथ की टोकनी बिना कुछ कहे, धीरे-से आगे बढ़ा दी। टोकनी में केवल छोटी-बड़ी शीशियाँ और सिगरेट या तम्बाकू के डिब्बे भरे हुए थे।

"क्या इसे भी ले जाना है?" उन्होंने झल्लाकर पूछा।

सूफ़िया ने दबे स्वर में कहना चाहा, "अम्मी कहती हैं..."

"ऐसी की तैसी अम्मी की!" अब्बा ज़ोर से चिल्लाए। झटके से उन्होंने टोकनी अपने हाथ में ले ली, एक क्षण उन शीशियों की ओर देखते रहे, फिर उसे उठाकर दूर फेंक दिया। 'खन्न्न्...खनाक' करती हुई समूची टोकनी दूर जा गिरी और टूटे हुए काँच के अनगिनत टुकड़े आसपास फैल गए।

ज़रा दूर पर खड़ी अम्मी बिलकुल निर्विकार भाव से यह सब देख रही थीं, जैसे ही टोकनी फिंकी और उसके शीशे छिटककर टूटे, वह झपटकर बढ़ आईं और कड़वाई आवाज़ में अब्बा से बोलीं, "फेंक क्यों दी? उससे तुम्हारा क्या नुक़सान था?"

"और फ़ायदा क्या है?" अब्बा ने क्रोधित स्वर में कहा, "यह अला-बला भरकर हमें सामान का वज़न नहीं बढ़ाना है।"

"वह मुफ़्त का वज़न है? घर-गिरहस्थी की चीज़ें बेकार होती हैं?"

"घर-गिरहस्थी की चीज़ें हैं? टूटी शीशियाँ और डिब्बे ले जाकर क्या धनवान बन जाओगी या अपनी क़ब्र में डालोगी?" वह बड़बड़ाए, "जिन चीज़ों को जोड़-सहेजकर रखना था, वे तो गईं, अब काँच-टीन से नसीब बनाने बैठे हैं। लाख ग़रीब सही, उतने गए-बीते तो नहीं हो गए हैं कि यह भिखमंगों जैसा सामान कलेजे से लगाकर चलें..."

"वही दिन तो आ गए हैं," अम्मी ने टूटे काँच के बिखराव की ओर देखकर कहा, "और सुनते हो, अपनी क़ब्र में काँच-टीन क्या डालूँगी...सिरहाने मिट्टी के ढेले पड़ जाएँ, यही ग़नीमत समझो।"

धीरे-धीरे करके घर का बचा-खुचा सामान निकालती सूफ़िया एक ओर सहमकर खड़ी हो गई और भयभीत आँखों से दोनों की ओर देखने लगी। स्वयं मेरी समझ में नहीं आया था कि उतनी ज़रा-सी बात में जो लड़ाई-झगड़ा खड़ा हो गया, उसके क्या अर्थ हो सकते हैं? अपने आपसे कहा—अम्मी, अब्बाजान, तुम लोग क्या कहीं भी समझौता करके नहीं चल सकते? लेकिन प्रकट में बोला नहीं, चुपचाप ताकता रहा।

अच्छा हुआ कि हमेशा की तरह इस बार भी अब्बा ने अपने दाँत पीसकर क्रोध को पी लिया, वरना चलते-चलते भी उस बरसों पुराने घर में गालियाँ और सिसकियाँ छोड़ आते।

जब सामान की बारी ख़त्म हो गई और हम लोग बैलगाड़ी में बैठ चलने लगे, तो पीछे का परदा उठा-उठाकर बड़ी दूर तक अम्मी उस छूटे जाते घर को देखती रहीं। परदा उठने के परिणामस्वरूप बड़ी देर तक वह सारा दृश्य मेरी आँखों में भी भरता रहा—घर जहाँ का तहाँ है, दीवारें ज्यों-की-त्यों खड़ी हैं, और अपनी छोटी खिड़कियों वाली आँखों से, पलक झपकाए बिना, मकान हमें घूरे जा रहा है। पहले दहलीज़ की सीढ़ियाँ धुँधली हुईं, दरवाज़े हटे, अमरूद की पंक्तियाँ एकमेक होकर हरा टुकड़ा बन गईं, फिर उधर के खपरैल के सिवाय कुछ भी दिखाई नहीं दिया।

हो गया! सब कुछ हो गया! घर तो छूटा ही, गली-मुहल्ला भी पराया हो गया!

नये मकान में आए हफ़्ता-भर भी नहीं गुज़रा होगा। बहुत सारा सामान तब भी एक कमरे में अधखुला और जैसे-तैसे पड़ा हुआ था, और अभी तो किसी तरह बैठने के लिए भी अपने को अभ्यस्त करना पड़ रहा था।

जो बड़े और खुले मकान के कई-कई कमरों में रहने के आदी हो चुके हों, उनको किराए के दो-तीन कमरों में ठूँस दिया जाए तो जैसी घुटन-घबराहट होती है, वही स्थिति हम लोगों की थी।

कुल मिलाकर कठिनाई से तीन कमरे होते थे। सामने छोटी-सी परछी, बीच का कमरा, उसके बग़ल वाली अँधेरी-सी कोठरी, पीछे की परछी का आधा हिस्सा बाँटकर ज़बरन बनाया हुआ बावर्चीख़ाना और छोटा-सा आँगन, बस। तब के समूचे जगदलपुर में हमारे लिए एक वही मकान मिलना था और वह भी उस मुहल्ले में जहाँ अमूमन अच्छे-भले लोग कम आते-जाते थे।

घर के बायीं ओर से एक छोटी गली निकलकर पीछे अफ़ीमचियों के मुहल्ले में जाती थी। सुबह से लेकर रात देर तक उस गली में आमदरफ़्त होती। अजीब-अजीब हुलिया और शक्ल-सूरत के लोग उधर से आते-जाते और कई दिनों तक अम्मी इसी बात पर रोती रहीं कि कहाँ चांडालों के बीच आकर पड़ गए हैं। किसी दिन यह होगा कि रात-बिरात दो-चार नशेबाज़ घुस आएँगे और घर में बरतन-भाँडे तक नहीं बचेंगे।

अकसर दो-चार दिनों में पुलिस का कोई-न-कोई सिपाही उस गली में घुसता या निकलता दिखाई देता। पता नहीं किस सिलसिले में किस-किसकी धर-पकड़ होती, और हम लोग देखते कि कभी एक, कभी दो अथवा कभी चार-छह के गिरोह को हथकड़ियों में बाँधकर 'खाऽऽट, खाऽऽट' करता हुआ कोई सिपाही गली से

निकल रहा था। गिरफ़्तार होने वाले लोगों में अमूमन फटे-पुराने कपड़ों वाले बूढ़े, अधबूढ़े होते, जिनके चेहरों से लगता कि कहीं ऊँघते पड़े थे, धरपकड़ कर ले जाए जा रहे हैं। उनके साथ क्या होता, क्या नहीं, यह तो पता नहीं चलता, लेकिन उन्हीं लोगों को चार-छह दिनों के बाद फिर से गली में घूमते देखकर विश्वास हो जाता कि पुलिस चौकी उन लोगों की मस्ज़िद है जहाँ जुमे के जुमे वे सिज़दे कर आते हैं।

पड़ोस का हाल उससे अच्छा न था। तीन-चार घरों को छोड़कर बाक़ी सारी आबादी निम्न वर्ग के रिक्शे वाले, बढ़ई, कारीगर क़िस्म के लोगों की थी जो स्वयं तो दिन-भर ग़ायब रहते, लेकिन अपने नंगे-गन्दे बच्चों को सड़कों पर लापरवाही से धूल में खेलने के लिए छोड़ जाते। रात को उन घरों से शराब के नशे में या तो पुरुषों के ऊँचे-ऊँचे कहकहे उठते या मोटी-भद्दी गालियाँ अथवा पिटती हुई औरतों के विलाप का ऊँचा स्वर गूँजता, "भड़वे ने मार डाला रे, कोई बचाओ! हाऽ ऽत् मरदूद, तेरे मुँह में आग लगे! तेरे हाथों में कोढ़ रोग फूटे! ऐसे ही होते हैं मरद? इसी को मरदुमी कहते हैं? आक...थू!"

उस मुहल्ले में आकर पहले दिन से ही जैसे दम घुटने लगा। एक मकान वह था जिसमें वातावरण की घुटन के मारे किसी को अपने यहाँ बुलाने की तबीयत नहीं होती थी, दूसरा अल्लाह का पूरा मकान यह मिला जिसमें किसी को बुलाकर बैठाने की बात तो दूर, अपना कहने में भी लज्जा लगती थी।

उस बीच में ऐसे अवसर कई बार आए थे जब मैं बाहर खड़ा हूँ और अचानक सामने से कोई स्कूल का साथी या परिचित गुज़र गया है। अगर छिपने की सूरत न होती तो मैं उसे अनदेखा कर जाता, अथवा जल्दी से भीतर घुसकर शुतुरमुर्ग़ की तरह रेत में मुँह धँसा लेता।

आज उन बातों पर चाहे हँसी आए, भले ही लगे कि वह मूर्खता थी, लेकिन तब किसी के सामने अपनी असम्पन्नता और दरिद्रता को खुलते देख अपमान और हीनभाव का एहसास होता था। सचमुच, अपने को दरिद्र और साधनहीन बताने में मुझे क्यों हिचक होती थी? क्या सुविधा और साधन-सम्पन्नता की चकाचौंध ने मेरी आँखों को अन्धा कर दिया था?

उस दिन अँधेरा हुए काफ़ी देर हो गई थी, लेकिन किरासिन तेल के अभाव के कारण कई कमरों में रोशनी नहीं थी। ले-दे और इस-उसकी ख़ुशामद के बाद तेल आया तो सूफ़िया ने कन्दील जलाई और बीच वाला कमरा रोशन हुआ, पर अभी काँच की भाप भी नहीं उड़ पाई थी कि बाहर किसी के पुकारने की आवाज़ आई थी। संवाद अम्मी से सूफ़िया और सूफ़िया से मुझ तक पहुँचा कि कोई लड़का आया है, मुझसे मिलना चाहता है।

शरमा-शरमी बाहर आकर देखा, लम्बा छरहरा शरीर, इकहरी देह, पोशाक में कोट-पतलून और सिर पर टोपी। उस धुँधलके में आगन्तुक का केवल इतना

ही खाक़ा उभरा। लाख कोशिश करने पर भी चेहरे की रेखाएँ अदृश्य, अपरिचित रहीं, पर एक क्षण की चुप्पी के बाद जब धीमा-सा स्वर आया, 'बब्बन!' तो मैं मानो काँपकर रह गया। अगर अचानक धरती डोलकर थम जाती तो भी मुझे इतना आश्चर्य नहीं होता। या अल्लाह, यह तो सल्लो आपा की आवाज़ है! बिलकुल वही परिचित स्वर और जाना-पहचाना अन्दाज़। मैंने घबराकर घूरना शुरू कर दिया... एक, दो, कई पल निकल गए। एक मन कहता कि उनका नाम लेकर अन्दाज़ से पुकार दूँ, लेकिन फिर पोशाक देखकर रुक जाता। आख़िर बड़े साहस के बाद बोला, "कौन, सल्लो आ..."

लेकिन शब्द आपा का 'प' बाहर ही नहीं निकल सका। तपाक से एक हथेली ने बढ़कर मेरा मुँह मूँद लिया, शरीर थोड़ा निकट खिसक आया और कानों में बहुत आहिस्ता फुसफुसाकर कहा गया, "हाँ, मैं सल्लो आपा हूँ..."

उतनी ही निकटता से अपने मुँह पर का हाथ हटाए बिना, मैंने सल्लो आपा की ओर देखा। उस आत्मस्वीकृति के बाद भी जैसे पूरी तरह विश्वास नहीं हो पा रहा था। शायद इसी डर के मारे कि मैं और कुछ न कह दूँ, उन्होंने दूसरे हाथ से मेरी बाँह पकड़ी और लगभग घसीटती हुई गली के पास वाले पुल तक ले गईं। वहाँ पहुँचकर मुझे छोड़ा और हँसती हुई बोलीं, "हाँ, अब कहो..."

तब भी मुझसे कुछ देर ठीक से बोला नहीं गया। अपनी बाँह पर उनकी पकड़ का बाद वाला प्रभाव महसूस करते हुए, उनकी मरदानी पोशाक पर एक निगाह डाली और मैंने आश्चर्य से कहा, "सल्लो आपा, यह क्या है?"

"क्यों? क्या बुरी लगती हूँ?" उन्होंने कौतुक करते हुए हँसकर जवाब दिया, "तुम लोग रोज़ पहनते हो, मैंने सोचा कि लाओ, आज हम भी पहनकर देखते हैं।"

"किसके कपड़े हैं?"

"भला किसके हो सकते हैं? घबराओ नहीं, चोरी करके नहीं लाई हूँ। मोहसिन के हैं..."

"लेकिन तुम्हें यह क्या सूझी? कोई पहचान ले तो क्या कहेगा?"

"रात में कौन पहचानता है? इसीलिए तो अँधेरे-अँधेरे आई हूँ? फिर एक चीज़ और है, जिससे किसी को शक नहीं हो सकता।" कहकर उन्होंने कोट की जेब से सिगरेट का पैकेट और माचिस निकाल ली, एक सिगरेट लेकर होंठों से लगाई, सुलगाई और एक कश लगाकर खाँसती हुई बोलीं, "अब बताओ, किसे शक हो सकता है?"

सच कहूँ, मुझे भीतर धक्का लगा। अंग्रेज़ या विदेशी औरतों के विषय में सुन रखा था कि वे मरदों की तरह सिगरेट पीती हैं, लेकिन हिन्दुस्तानी और वह भी अपने परिवार की लड़की को इस तरह सिगरेट पीते देखूँ, यह सपने से दूर की बात थी।

उपेक्षा-भरी आँखों से देखकर मैंने उनके होंठों से सिगरेट ली और दूर फेंकता

हुआ बोला, "छि: आपा, यह सब तुम्हें क्या हो गया है?" पर आपा कुछ बोली नहीं, लेकिन हँसती रहीं जैसे मेरी नाराज़गी बनावटी हो या जैसे मैं कोई बचपना कर रहा हूँ।

"क्यों, क्या मुझे सिगरेट पीना नहीं आता?" उन्होंने कहा, "बोलो तो, आँखों से धुआँ निकाल दूँ।"

आँख से धुआँ निकालने वाली बात एक मज़ाक़ थी, जिसे करने की सल्लो आपा मुझसे कह रही थीं, लेकिन मुझे हँसी नहीं आई। उसी तरह उपेक्षापूर्वक मैं उन्हें घूरता रहा।

"अच्छा, मज़ाक़ छोड़ो..." एकाएक अपने को संयत करके उन्होंने कहा, "मैं जिस काम से आई थी, वह तो कहना ही भूल गई। तुम्हारे यहाँ मोहसिन तो नहीं है?"

"नहीं तो। होता तो क्या बाहर न आता?"

"यह बात नहीं," वह किंचित् गम्भीर स्वर में बोलीं, "क्या आज दिन-भर तुमसे मिला भी नहीं?"

"नहीं," मैंने कहा, "क्यों, क्या बात है? ख़ैरियत तो है?"

इस पर आपा ने कोई जवाब नहीं दिया। दूसरी ओर देखती हुईं वह थोड़ी देर सोचने लगीं, फिर जैसे अपने आपसे बोलीं, 'तो फिर कहाँ गया होगा?'

तत्काल मैंने कई प्रश्न एक साथ पूछ डाले, "क्या हो गया? मोहसिन कब से नहीं है? क्या कोई लड़ाई-झगड़ा करके निकल गया?" पर उनमें से एक का भी जवाब दिए बिना आपा मुझसे बोलीं, "आओ, मुझे घर तक छोड़ दो, बताती हूँ।"

"ठहरो, ज़रा मैं घर में कह आऊँ," मैंने लौटते हुए कहा। दरअसल, वह सुनते ही मुझमें बड़ी हड़बड़ी समा गई थी।

"तुम लोग यहीं रहते हो?"

"हाँ...तुम्हें कैसे पता लगा?"

"पूछकर आ गई हूँ।"

लेकिन आगे प्रश्न करने का समय नहीं था। जल्दी-जल्दी भीतर पहुँचकर मैंने एक ज़रूरी काम का बहाना किया और किसी तरह अम्मी से 'हाँ' कहलवाकर बाहर निकल आया।

रास्ते में बड़ी देर तक हम दोनों चुपचाप चलते रहे, जैसे दोनों में से किसी को भी उस अप्रिय चर्चा के छेड़ने का साहस न हो। शायद आपा मेरे प्रश्न की प्रतीक्षा कर रही थीं और मैं यह देख रहा था कि बात वही शुरू करें।

आख़िर जब चुप्पी नहीं सही गई तो उन्होंने पूछा, "घर में मामी को तो तुमने नहीं बताया कि मैं आई थी?"

"कैसे बताता?"

"ठीक है। तुम सोचते होगे, पता नहीं मुझे क्या हो गया है कि मैं इस तरह लड़कों के लिबास में निकलती हूँ? अपने को आईने में देखा तो ख़ुद मुझे हँसी आई। बाक़ी सारा शरीर तो पुरुषों की तरह हो गया था, बाल और चोटियों को कैसे छिपाऊँ, बड़ी देर तक यही समझ में नहीं आया। आख़िर अब्बा की टोपी दिखी तो चोटियाँ छिपाने के लिए कोट भी पहनना पड़ा। हाय बब्बन भैया, पहले तो मेरी हिम्मत ही न हो। दहलीज़ तक आऊँ, और लौट जाऊँ। पाँव बाहर करूँ और लौटा लूँ। जी इतनी ज़ोर-ज़ोर से धड़के कि लगता था, मर जाऊँगी। मान लो, अब्बा ही मिल गए, किसी ने पहचान लिया तो? लेकिन जैसे-जैसे बाहर आई तो हिम्मत बँध गई..."

"पर इसकी ज़रूरत कैसे पड़ गई? यह सब पहनकर आख़िर कहाँ जाना था?"

"जाती कहाँ?" एक क्षण के लिए ठिठककर आपा ने कहा, "मोहसिन को देखने के लिए तुम्हारे पास आना था। वह कल रात से ग़ायब है, दिन-भर ढुँढ़वाया, राह देखी, लेकिन सब बेकार। कोई पास-पड़ोस में होता तो तुम्हें भेजकर बुलवा लेती, लेकिन मुहल्ले का हाल तो तुम जानते हो, कटी उँगली में चूना लगाने वाला भी कोई नहीं। उधर अम्माँ की रुलाई देखी नहीं जाती थी, सो अँधेरा होते ही मैं ख़ुद निकल आई..."

"वैसे भी तो आ सकती थीं?"

"हाय! अकेली डाँय डाँय कैसे चली आती?"

"अभी जैसे आईं?"

"अब इस पोशाक में आने की बात दूसरी है। देखो, रात में कोई भी जवान-जहान लड़की साड़ी-धोती या सलवार में निकले और अकेली हो, तो उसके बारे में लोग क्या ख़याल करेंगे? ज़ाहिर है, न देखने वाला भी देखेगा। बरअक्स इसके मरदाना कपड़ों में सबके सामने से रोशनी में निकल जाओ..."

जाने क्यों, आपा के मुँह से गुर-भेद और चालाकी की वे सारी बातें बिलकुल अच्छी नहीं लगीं। क्या उनसे हर बात में हर बार मैं केवल मासूमियत और भोलापन ही चाहता था? घुमाव-फिराव, चालाकी और एकदम दुनियावी बातें क्या लड़की को नहीं करनी चाहिए? और आपा के इस साहस के पीछे क्या सस्ती फ़िल्मों का प्रभाव नहीं है?

मैंने उनकी ओर देखा, सम्भवत: मेरे संग के कारण उनमें थोड़ी-सी निर्भीकता आ गई थी। टोपी उन्होंने उतार दी थी, नंगे सिर चल रही थीं, लेकिन चोटियाँ बराबर कोट के नीचे पड़ी हुई थीं। अजीब आकर्षक-सा एक हुलिया है, उस कसे-कसाये मरदाने लिबास में लापरवाही से चलती हुईं, वह अच्छी भी लगती हैं, और नहीं भी लगतीं। यह मेरे मन से कुछ उठकर बार-बार किस ओर संकेत करता है? भला

आपा का यह रंग-ढंग मुझे क्यों उदास कर गया? उनकी आज की हर बात की ओट क्या कोई अविश्वास और शंका है जो बिना ज़िल्द की पतली किताब की तरह मन पर पड़ी है और हवा के झोंके से रह-रहकर फट-फट खुल जाती है? न हो, ख़ुदा करे, बिलकुल न हो...

"यह भी जानती थी कि राह में किसी परिचित-अपरिचित के मिलने पर डर लगेगा," आपा ने कहा, "कई बार तो हाथ-पाँव थरथरा गए। लगा, घबराहट के मारे गिर पड़ूँगी, लेकिन धीरे-धीरे हिम्मत करके चली ही आई...देखते हो, मोहसिन ने सारे घर-भर को कितना हैरान कर रखा है!"

"क्या हुआ, तुम तो बता ही नहीं रहीं?" मैंने उतावलेपन के साथ शिकायताना स्वर में कहा।

"तुम लोगों ने स्कूल में क्या किया है?" थोड़ा रुककर आपा ने पूछा।

"कहाँ?"

"अख़्खाह, कैसे अनजान बनते हो। अरे, वह सब क्या ऊधम मचाया था? झुंड तैयार करके सरकारी झंडे जलाना..."

सँभलते हुए मैंने अपने कानों को फिर से विश्वास दिलाया कि मैं ग़लत नहीं सुन रहा हूँ। झुंड बनाने की बात ठीक है। मैं जानता था कि यूनियन जैक की सलामी का विरोध करने के लिए सबका नेतृत्व मोहसिन ने ही किया था और सज़ा भी पाई थी, लेकिन झंडा तो रात में चुपके से जलाया गया था। कई दिन तक जाँच-पड़ताल होती रही, लेकिन किसी के विरुद्ध प्रमाण नहीं मिले थे। अब इधर क्या कोई नई ख़बर है?

"हाँ हाँ," मैंने आगे की बात जानने के लिए सिलसिला जोड़ दिया, "स्कूल का झंडा कुछ रोज़ हुए, किसी ने जला दिया।"

"किसी ने नहीं, मोहसिन ने।" आपा ने ज़ोर देकर बात पूरी की, "वरना स्कूल या उसका झंडा जहन्नुम में जाए, हमसे क्या मतलब था? ऐसी ही किसी शरारत पर कुछ दिनों के लिए उसकी हाज़िरी रोक दी गई थी, लेकिन उसने घर में किसी को मालूम होने नहीं दिया। इस बार भी नहीं होता और शायद बहुत दिनों तक हम सब धोखे में रहते, अगर हैडमास्टर की चिट्ठी न आ गई होती।"

"कैसी चिट्ठी?"

"मोहसिन स्कूल में से निकाल दिया गया, तुम्हें नहीं मालूम?"

बराबर बढ़ते हुए मेरे क़दम ठिठकते से लगे और मैं चुप हो गया। क्या यही वह आशंका थी जो पिछले दिनों मुझे बार-बार घेर जाती थी? यूनियन जैक वाली घटना के बाद स्कूल का हर लड़का मोहसिन को आतंक छाई आँखों से देखने लगा। हालाँकि उसके सामने कहने का साहस किसी को कभी नहीं हुआ, लेकिन उसके गुज़र जाने के बाद लड़के आपस में कंधे जोड़कर ज़रूर कानाफूसी करते।

उसमें कितना सच था कितना झूठ, यह तो ख़ुदा ही जाने, मुझे इसका पता कभी नहीं चला। दो-एक बार मेरे चाहने पर भी मोहसिन ने मुझे कभी नहीं बताया, बल्कि टालकर मुझसे छुट्टी पा ली थी।

"तुमने अब्बा का गुस्सा नहीं देखा," आपा मेरी ओर मुड़कर बोलीं, "बिलकुल अन्धे हो जाते हैं। परसों भी उनके सिर पर ख़ून सवार हो गया था। चिट्ठी देखते ही भड़क गए। पहले तो अम्मी को गालियाँ बकते रहे कि उन्हीं की शह से मोहसिन बिगड़ गया और मनमानी करता फिरता है, फिर मोहसिन को आड़े हाथों लिया। हाय अल्लाह, वह बैल की तरह पिटा है उस दिन! बोलते जाते थे, मारते जाते थे। रुक जाएँ और सुस्ताएँ, फिर मारें, 'साला पढ़ने के बदले गुंडई करता है! इसीलिए तुझे स्कूल भेजकर पैसे बरबाद करते हैं! कांग्रेसी बनेंगे, जिसका नमक खाते हैं, उसी के साथ नमकहरामी करेंगे। कुछ नहीं, यह लड़का उस सोडे वाले के चक्कर में है। देखना, किसी दिन आफ़त लाएगा। ख़ुद तो साले पान की दुकान खोलकर बैठेंगे, अगर इसकी वजह से नौकरी गई तो मुसीबत हम पर टूटेगी। अरे, हमसे तो यह कबाड़ियों का धन्धा भी नहीं होगा...' और सुनो, इतना पिटा, लेकिन मोहसिन ने एक बात नहीं कही। उलटे मैं या अम्मी बचाने के लिए जाएँ तो डाँटकर भगा दें, यहाँ तक कि उसके हाथ-पाँव रस्सियों से बाँधकर उसे धूप में डाल दिया गया और अब्बा ने सबको सुनाते हुए चिल्लाकर कहा, 'पड़ा रहने दो साले को भूखे-प्यासे। याद रखना, किसी ने अगर खाना-पीना दिया या उसे खोला, तो मुझसे बुरा दूसरा नहीं होगा!' अम्मी सारा वक़्त रोती-गिड़गिड़ाती रहीं, 'जाने दो। बच्चा ही है, ग़लती हो गई। समझ होती तो ऐसा क्यों करता?' लेकिन अब्बा माने नहीं, बोले, 'तुम समझती तो हो नहीं कि इसने जो किया है या करता रहता है, उसका क्या मतलब होता है। अरे, यह लड़का सरकार के ख़िलाफ़ बाग़ी लोगों के साथ है! यह तुम्हें-हमें चकमा देकर स्कूल नहीं, उस सोडे वाले के साथ गाँव-गाँव जाता था। देखो तो, इस बित्ते-भर के लड़के की हिम्मत देखो। कुछ भी नहीं, माँ-बाप के लिए तो इसे दर्द होता। कल अगर इसकी कारगुज़ारियों की वजह से मुझे नौकरी से निकाल दिया गया तो तुम लोगों का क्या होगा? ठोकरें खाने की नौबत आ जाएगी...' बब्बन भैया, वह सब देखा नहीं जाता था। अब्बा का गुस्सा, अम्मी के विलाप और मोहसिन की ज़िद! दो-तीन घंटे धूप में बँधा पड़ा रहा, अम्मी ज़ार-ज़ार रोती-मनाती रहीं, लेकिन उसने खुलना पसन्द नहीं किया। जब शाम हुई और रस्सियाँ खोली गईं तो वह आँगन से उठकर बाहर निकल गया। अम्मी उसकी कमीज़ पकड़-पकड़कर झूल गईं, लेकिन वह क्या रुकता? दया तो उसे छू भी नहीं गई है..."

देर से रुकी हुई अपनी साँस छोड़कर मैंने सल्लो आपा की ओर देखा, क्या यह वही आपा हैं जिनके चेहरे पर थोड़ी देर पहले इन बातों की छाया तक नहीं थी? घर में ऐसी बड़ी घटना हो जाने के बाद भी आदमी क्या इतना निर्विकार रह सकता है?

"अम्मी कल से रो-रोकर हैरान हैं," आपा ने देखते हुए चिन्तित स्वर में कहा, "तुम्हारी राह देखती थीं कि शायद तुम्हें कुछ पता हो। अब्बा तो ढूँढ़-खोज से भी नाराज़ होते हैं। कहते हैं, 'मरने दो साले को! देखें, किसको अपना बाप कहता है...!' बब्बन भैया, तुम्हारे यहाँ वह है नहीं, तुम कहते हो, कई दिनों से मिला भी नहीं है। क्या सचमुच तुम कुछ नहीं जानते कि वह कहाँ गया होगा?"

विवश, असहाय और बेचारा मैं! भला इन लोगों को कैसे विश्वास दिलाऊँ कि मैं वास्तव में कुछ नहीं जानता? कौन यक़ीन करेगा कि कभी-कभार मिलने-जुलने या साथ-साथ घूमने-फिरने के बावजूद मोहसिन से मेरी दोस्ती दोस्तों की तरह की नहीं है! बड़ी दूर तक मोहसिन को तो मैं जानता भी नहीं। कई बार कोशिश ज़रूर की थी, लेकिन मुझसे वह खुला नहीं, शायद छोटा और कमज़ोर समझकर मुझसे अपनी अधिकांश गतिविधियों को छिपाए रखता है...मुझे नायडू के यहाँ का पहला दिन याद आया। उस दिन और उसके बाद की बातें भी नहीं भूलीं, लेकिन मैं चुप रहा। क्या कहीं इसकी सम्भावना है कि मोहसिन नायडू के यहाँ हो? शायद...शायद...

"देखो, सामने गड्ढा है।" मुझे अचानक चेतावनी देती हुई सल्लो आपा बोलीं।

सतर्क होकर मैंने देखा कि मुहल्ला कब का आ चुका है और घर अधिक दूर नहीं। कठिनाई से रात के आठ बजे होंगे, लेकिन सारी आबादी अपने-अपने घरों के भीतर बन्द हो चुकी थी। अपवाद थे केवल दो मकान, जिनमें से एक के चबूतरे पर दो-एक लोग बैठे थे, और दूसरे में से ढोलक बजने के साथ औरतों के घरेलू गीत की आवाज़ आ रही थी।

जब घर आ गया तो मैंने कहा, "आपा, अब मैं चलूँ?"

उतना सब सुन लेने के बाद, दरअसल, फूफी से मिलने का साहस नहीं बचा था। फिर मोहसिन के बारे में पूछने पर क्या बताता? मैंने टालने की हर मुमकिन कोशिश की, लेकिन आपा मानी नहीं, बोलीं, चाहे बैठना मत, लेकिन कम-से-कम उनके सामने तो पड़ जाओ, नहीं तो शायद यह सोचें कि मैं अकेली आई हूँ।

घर की रोशनी, सन्नाटा और आपा की हिम्मत से लगा कि फूफा अभी लौटकर नहीं आए होंगे, पूछा, "उनसे कहकर नहीं गई थीं कि तुम अकेली जा रही हो?"

"हाय! वह मुझे जाने देतीं? मैंने तो बहाना कर दिया था कि सामने के एक बच्चे के साथ जा रही हूँ। उस पर भी कितनी मुश्किल से जाने दिया है। आख़िर तक रोती रहीं...और भैया, एक बात और है..." कहकर आपा ने मेरी बाँह पकड़कर रोक लिया, एक क्षण मेरी ओर देखती या सोचती रहीं, फिर बड़ी ख़ुशामदाना आवाज़ में बोलीं, "अम्मी से मत कहना कि मैं ऐसी पोशाक में गई थी, वरना हमेशा के लिए मेरा निकलना बन्द। अब क्या करती? साथ देने वाला कोई था नहीं, और अम्मी की हालत देखते हुए जाना ज़रूरी था...सोचा, यही तरीक़ा ठीक रहेगा...

और देरी के लिए पूछें तो कहना कि हमारे यहाँ थी, अच्छा!"

अँधेरा था। अन्दाज़ से ढूँढ़कर उन्होंने मेरा हाथ पकड़ लिया और पीछे-पीछे खींचती हुई, भीतर, वहाँ तक ले गईं जहाँ रोशनी नहीं थी। उसके बाद मुझे सामने कर दिया, कुछ दूर वैसे ही चले, फिर एक जगह रुककर धीरे-से फुसफुसाईं, "आओ, पहले कमरे में चलें..."

"कहाँ?"

"मेरे कमरे में। भाई, मैं कपड़े बदल लूँ, तब न अम्मी के सामने चलेंगे।"

मुझे उस दिन की याद आ गई जब अचानक फूफा के आ जाने पर इसी कमरे में छिपाने के लिए वह ले आई थीं। उसी दिन की तरह आज भी लगा कि हम लोग चोरी करने जा रहे हैं। घबराहट और असमंजस में थोड़ी देर ठिठका-सा खड़ा रहा। मैं आपत्ति करता या कुछ कहता कि उन्होंने धीरे-से ढकेलकर मुझे कमरे के भीतर कर दिया, तेज़ी से मेरे पीछे-पीछे स्वयं आईं, दरवाज़े के पल्लों को पकड़े हुए, एक पल भीतर से फूफी की आहट लेती रहीं, फिर बहुत सँभलकर कि आवाज़ न हो, पल्लों को आहिस्ता से उढ़का दिया।

मेरी स्थिति सचमुच दयनीय हो गई थी। प्रकट रूप से मैं किसी भी दोष-अपराध में नहीं था, लेकिन जाने क्यों, उस वक़्त आपा के कमरे में उस तरह चोरी से प्रवेश करना बिलकुल अच्छा नहीं लगा। एहसास हुआ जैसे आपा ने जबरन किसी गुनाह के घेरे में मुझे भी खींच लिया है, और मैं 'उगलते बने न निगलते' की स्थिति में खड़ा अपने पर तरस खा रहा हूँ।

थोड़े-बहुत परिवर्तनों के साथ वही उस दिन वाला कमरा, फ़र्क़ सिर्फ़ इतना था कि उस बार दिन का उजाला था और आज एक बिना काँच वाला छोटा बैड-लैम्प निहायत मद्धिम लौ से जल रहा था।

उस रोशनी में मैंने ठीक से सल्लो आपा को देखा। यों मोहसिन का शरीर अच्छा-ख़ासा था, लेकिन आपा उससे एकाध इंच ऊँची ही पड़ती थीं। जिस्म भी उनका अपेक्षाकृत मांसल और भरा हुआ। कोट तो जैसे-तैसे ठीक था, पतलून उनके बदन पर इतनी सख़्त थी कि ऊपर रानों में चिपकी-चिपकी सी लगती और उसके छोटे पाँयचे टखनों से चार-छह अँगुल ऊपर उठकर पड़ते थे।

टोपी रखने के बाद उन्होंने कोट टाँग दिया और लैम्प की ओर दबे पाँव बढ़ीं, जो एक ट्रंक के ऊपर कम से कमतर हुई जाती लौ से जल रहा था। ट्रंक अपेक्षाकृत नीची जगह पर रखा हुआ था। परिणामस्वरूप लैम्प की बत्ती बढ़ाने या उसे उठाने के लिए काफ़ी झुकने की आवश्यकता थी। मैं सल्लो आपा के हर क़दम को ग़ौर से देख रहा था। कोट उतार देने के बाद केवल कमीज़ और पतलून पहने जब वह लैम्प की ओर बढ़ीं तो उनका पृष्ठभाग मेरी ही ओर था। अगर चोटियाँ न होतीं तो पीछे से कौन कह सकता था कि वह किसी लड़की का शरीर है? लेकिन सल्लो

आपा का न होकर अगर वह किसी लड़के का शरीर होता, तो भी क्या मैं वही सब महसूस करता जो उस क्षण कर रहा था? उनके सुपुष्ट कंधे, उभरे माँस वाली जवान पीठ और...और तभी वह झटके से नीचे झुककर लैम्प की बत्ती उठाने लगीं।

क्षण के शतमांश के लिए मेरी आँखें ठहरी होंगी, फिर अपनी शिराओं में अचानक तपते लहू से अचकचाकर मैं दूसरी ओर देखने लगा, तौबा! क्या बेहूदा लिबास है!

बिछौने के इर्द-गिर्द वाली दीवारों पर दो-तीन फ़िल्मी तसवीरें, एकाध भड़कीले कैलेंडर और कुछेक सूराखों में अगरबत्ती खोंसे जाने के जले हुए निशान थे। खाट का बिस्तरा उलट दिया गया था और उसकी खुर्री रस्सियों पर उतरी हुई साड़ी और पेटीकोट एक-दूसरे पर उलटे-सीधे पड़े हुए थे।

कुछ पल बाद दृश्य के उसी घेरे में सल्लो आपा आ गईं, मेरी ओर एक बार पलटकर देखा, खाट पर पड़ी साड़ी हटाकर पेटीकोट उठाया और फिर से मेरी ओर देखती या कुछ सोचती हुई खड़ी हो गईं।

छिः छिः, कहाँ फँस गया हूँ! मैंने अकबकाहट-सी महसूस करते हुए दरवाज़े की ओर देखा, पल्ले बन्द थे। एक क्षण बाहर की आहट लेने की कोशिश की, निष्फल। आपा को कपड़े बदलने हैं, उसी ज़रा से कमरे में मैं भी हूँ और वह संकोचवश पेटीकोट लिये खड़ी हैं। मैंने इशारे से पूछा, "आपा, मैं बाहर जाऊँ?"

पर अपने दाहिने हाथ का पंजा सामने फैलाकर मुझे रोकती हुई वह तेज़ी से चली आईं, मेरे कंधे को थपथपा कर ठहरने का संकेत किया। उढ़के हुए पल्लों को आहिस्ता से खोलकर, थोड़ी देर अग़ल-बग़ल झाँकती रहीं, फिर न जाने क्या सोचकर उन्हें बन्द कर दिया और धीरे-से सिर हिलाया, "नहीं।"

नहीं, क्यों?...या अल्लाह, अब क्या होगा?

तभी वह फुसफुसाईं, "शायद अब्बा आते होंगे, तुम्हारा बाहर जाकर खड़े रहना ठीक नहीं। तुम यहीं ठहरो, मैं एक मिनट में कपड़े बदल लेती हूँ।"

"क्या यहीं बदलोगी?" मैंने कठिनाई से पूछा।

"हाँ...क्यों?"

"नहीं, कुछ नहीं।" कहकर मैं चुप हो गया। अपनी ज़ुबान से कैसे कहता कि मैं, एक पुरुष, कमरे में उनके सामने खड़ा हूँ। क्या आपा को पता नहीं है कि मुझे याद दिलाने की ज़रूरत पड़े?

शायद वह समझ गईं, तत्काल हँसकर बोलीं, "अच्छा...अच्छा, लेकिन मैं तुझसे क्या डरती हूँ? अरे, तू तो मेरे सामने बच्चा ही है! अभी कल तक नंगा घूमता था?"

उसमें कितनी सच्चाई थी, मैं नहीं जानता, लेकिन आपा का वह वाक्य मुझे बिलकुल अच्छा नहीं लगा। मैं किस मानी में छोटा हूँ और पुरुष नहीं हूँ? काफ़ी

दिनों से मुझे पता है कि अपने शरीर के सुनहरे रोओं के रंग में देखते-देखते अचानक परिवर्तन हो गया। कंठ पहले से अपेक्षाकृत मोटा तथा भारी हो गया है और मूँछ की जगह के नरम-नरम बाल स्याह होते जा रहे हैं। उस दिन ग़ुसलख़ाने में अपनी कलाई या रान पर बार-बार पानी उलीचकर हथेली से बालों को ब्रुश करना और उसे देखना कितना अच्छा लगा था!

बाद में जब उन परिवर्तनों का अर्थ समझ में आया, तो बेहद प्रसन्नता हुई थी कि अब मेरे उपेक्षित बचपन का अन्त हो जाएगा। अकेले और ख़ाली क्षणों में वही सब सोचता रहता और ढेर सारे ख़याल मुझे परेशान करते। अब इतना सब हो गया है, इतनी बड़ी-बड़ी तब्दीलियों से गुज़र आया हूँ, पर आपा हैं कि मुझे कुछ नहीं समझतीं या समझती भी हों तो उसे अहमियत नहीं देतीं...

"भागना मत।" आठ-दस क़दम आगे चलने के बाद, सहसा ठिठककर, उन्होंने अपनी गरदन दाहिनी ओर से मोड़ी, मुझे देखा, जैसे हल्के होंठों से चेतावनी दी; और अपने पेट के भीतर खुँसे कमीज़ के पल्लों को खींचकर बाहर कर लिया। फिर पेटीकोट को गजरे की तरह गले में डालकर, कंधों से नीचे फिसलाया; उसके इज़ारबन्द वाले हिस्से को दाँतों से पकड़कर छातियों से ऊपर तक सँभाले रहीं और दीवार की ओर मुँह तथा मेरी तरफ़ पीठ करके, उन्होंने अपनी गरदन झुका ली।

मैं वहाँ से चुपचाप निकल भागना चाहता था। उससे बड़ी लज्जा और अपमान की बात मेरे लिए और क्या हो सकती थी? लगा, वह नहीं, मैं कपड़े बदल रहा हूँ और बिलकुल अचानक धड़धड़ाती हुई सल्लो आपा मेरे कमरे में घुस आई हैं। देखकर, घबराहट की धड़कनों के मारे हालत बुरी हो गई है, हाथ-पाँव फूल से गए हैं, पसीने के मारे हथेलियाँ गीली हो रही हैं, काँटों वाले सूखे हलक़ में थूक अटक गया है; लेकिन गला साफ़ करने के लिए न तो मैं खँखार सकता हूँ और न ही हलक़ के गिर्द उगे काँटों के मारे कुछ निगला जाता है।

"यह इतनी देर कहाँ मर गई थी, सल्लो?" हम लोगों को दूर से देखते ही छोटी फूफी ने सकत-भर डाँटते हुए पूछा।

लमहे-भर के लिए सल्लो आपा सहमीं ज़रूर, लेकिन फिर सँभलकर बेझिझक बोलीं, "बब्बन के यहाँ देर हो गई, अम्मी! मैं तो जल्दी आना चाहती थी, लेकिन मामी ने रोक लिया। थोड़ा-थोड़ा करते इतनी देर कर दी...क्यों बब्बन?"

कहकर सल्लो आपा ने मेरी ओर देखा, पर उनकी बात मेरे द्वारा प्रमाणित हो, इसकी प्रतीक्षा फूफी ने नहीं की। उसी रूखेपन से कहा, "क्या दो घंटों से मामी के पास ही बैठी थी? तू तो सरेशाम निकली थी न?"

इस बार आपा चुप हो गईं, और फिर मेरी ओर देखकर गरदन झुका ली।

दो घंटे! मेरे यहाँ पहुँचे तो उन्हें मुश्किल से आधा घंटा हुआ होगा। यह सरेशाम से निकली हुई आपा बाक़ी डेढ़ घंटे तक कहाँ थीं? मेरे घर में बैठ गईं, इस झूठ के सहारे यह और कौन-सा झूठ छिपा रही हैं?

"और तू सामने वाले उस बच्चे के साथ गई थी न? वह तो तेरे जाने के पन्द्रह मिनट बाद यहाँ तरकारी माँगने आया था?"

"उसे मैंने वापस भेज दिया था, अम्मी!"

"क्यों?"

"मैंने सोचा, लौटते में बब्बन पहुँचा जाएगा।"

"उसे बुलवाऊँ?" फूफी इस बार ज़रा ज़ोर से बोलीं, "मेरे सामने पुछवाएगी? अभी तेरी मामी के पास चलूँ, बोल?...चुप क्यों है? हरामख़ोर, बदज़ात, कमीनी..."

कहती-कहती छोटी फूफी बिखरी हुई-सी उठीं, झपटकर उन्होंने आपा का झोंटा पकड़ लिया और भरपूर ताक़त से उन्हें हिलाती हुई चिल्लाईं, "बोल, कहाँ मरने गई थी? किसके साथ गई थी? कहाँ?..."

झोंटा पकड़कर खींचे जाने के कारण आपा का मुँह ऊपर उठ गया था। एक पल भौचक-सी देखने के बाद दर्द के मारे आपा का चेहरा-मोहरा बिगड़ गया, होंठ-भौंह चढ़ाती हुई कराहती आवाज़ से चिल्लाकर उन्होंने भी जवाब दिया, "कह तो रही हूँ कि बब्बन के यहाँ थी..."

"नहीं," फूफी ने चीख़कर कहा, "इतनी देर बब्बन के यहाँ तू नहीं रह सकती...मामी को ख़ुद अपने ग़म से फ़ुरसत नहीं मिलती, वह तुझसे दो घंटे तक क्या बात करेगी?...देख सल्लो, तू मुझको सच-सच बता, नहीं तो फिर आने दे तेरे अब्बा को, उनसे कहकर मैं तेरी खाल खिंचवाती हूँ..."

हमेशा शान्त, सहनशील और धीरे-धीरे बातें करने वाली छोटी फूफी को इतना क्रोध करते मैंने कभी नहीं देखा था। थोड़ी देर के लिए अपनी आँखों पर विश्वास नहीं हुआ। अजीब हुलिया था; सिर-सीने से पल्लू ढलक गया है, बाल उड़े-उड़े हैं, चेहरा ग़ुस्से और आँसुओं से तमतमा गया है, आँखें लाल भभूका हो रही हैं और कंठ है कि अवरुद्ध हो हो जाता है।

बड़ी देर बाद आपा ने हारकर कहा, "ज़ैबून के यहाँ गई थी।"

"क्यों? उसके यहाँ अभी जाना कौन-सा ज़रूरी था? क्यों रे बब्बन, यह ज़ैबून के घर गई थी?"

मैं क्या जवाब देता। आपा के लिए पिछले झूठ में मैंने मन-ही-मन साथ दिया था, लेकिन इस बार साफ़ न जानने की बात कह देने के सिवाय और उपाय ही क्या था!

"अच्छा!" बाल छोड़कर छोटी फूफी थकी हुई-सी बैठ गईं, दोनों हथेलियों से अपना चेहरा थाम लिया और रुँधे कंठ से बड़बड़ाईं, "सब पूरे हैं इस घर में...सब

बराबर! एक दुश्मनी मोहसिन ने भँजाई है और एक यह अदा कर रही है। अल्लाह, मुझे उठा ले तो इस रोज़-रोज़ की दाँता-किटकिट से राहत मिले...या ऐसा करो, यह हर बार नोचने के बदले, तुम सब मुझे ज़हर दे दो..."

छोटी फूफी रोने लगीं। सल्लो आपा अलग सुबक रही थीं। उस आँसू-रुदन भरे वातावरण में मूर्खों की तरह मुँह ताकता मैं बैठा रह गया, मन-ही-मन यह प्रार्थना करते हुए कि रोशन फूफा, ख़ुदा करें, अभी थोड़ी देर और न आएँ...

आँसू-रुदन थमने के बाद कितनी देर तक हम लोगों के बीच मौन टँगा रहा, इसका एहसास मुझे नहीं है। यही लगा कि घंटों हो गए हैं और हम सब मिल-जुल कर रो रहे हैं।

जब छोटी फूफी कुछ संयत हुईं, और वर्तमान को टालकर मुझसे मोहसिन के बारे में बताने लगीं तो जैसे जान में जान आई। अजीब बात है कि ये ही क्षण थे जिन्हें सहने के लिए मैं मन-ही-मन डर रहा था। उनके सचमुच आ जाने से लगा कि अवसाद और दुख का विषय वस्तुत: यह नहीं था, कोई और है, जिसे भूलने के लिए हम लोग हलकी बात कर रहे हैं।

सारे समय रह-रहकर एक ही प्रश्न कौंधता रहा कि सल्लो आपा ने ज़ैबून के घर जाने वाली बात मुझको क्यों नहीं बताई थी! और उनकी जेब में वह सिगरेट कहाँ से आ गई? फूफा या घर में कोई छूता भी नहीं। बाहर निकलते समय मन पर दुहरा अवसाद था। एक बिलकुल साफ़ और स्पष्ट तथा दूसरा कुछ वैसे, जैसे खुली हवा में बिना जिल्द वाली पतली किताब रखी हो, पन्ने फट-फट खुलते जाएँ और जैसे कोई भी इबारत ठीक से पढ़ी या समझी न जाए...

बाज़ार में निरुद्देश्य घूम सकूँ, ऐसी सुविधा मुझे कभी नहीं थी, लेकिन उन तीन-चार दिनों में, ख़ाली समय निकालकर वही करना पड़ा।

पहले दिन पी.सी. नायडू के यहाँ गया था। वाणीविलास जी के जाने के बाद, वहाँ जाना भी पहली बार हुआ था। दुकान सूनी और ऊँघती हुई। बोतलें रखने का खोखा ख़ाली, किसी तरह बच रही सोडे की एक पुरानी मशीन धूल-गर्द से अटी हुई है। ग्राहकों के आकर रुकने की जगह पाँव का एक भी निशान नहीं और आरामकुर्सी उठकर दीवार से टिकी हुई।

विश्वास नहीं हो रहा था कि साफ़-सफ़ाई और सलीक़ामन्दी के बेहद क़ायल नायडू की दुकान वैसी नज़र आएगी और वह भी उनके रहते हुए।

कुछ देर दहलीज़ पर खड़ा सब देखता रहा, फिर बीच वाले दरवाज़े पर पड़े खादी के परदे पर आँखें जमाकर आवाज़ दी, "नायडू भैया, नायडू भैया!"

वहाँ कहाँ की ज़िन्दगी या उसकी गरम भाप भरी साँस की आहट? बिलकुल

मुर्दा और बेजान-सा माहौल, जिसमें दूर तक कोई हरारत नहीं। कई मिनट निकल गए और कई आवाज़ें लौट आईं, लेकिन एक मन पर जमा विश्वास था जो कहता कि वह भीतर ही होंगे और मैं उल्टे पाँव लौट नहीं आया।

अन्त में झिझकते हुए परदे तक गया और उसे धीरे-से हटाकर, भीतर झाँककर देखा तो सहसा डर से जी धड़कने लगा। खाट दीवार से टिकी थी। उसमें उलटे-सीधे ढंग से लटकते या झूलते हुए बिस्तर पर, अधलेटे से होकर नायडू प्रेत की तरह बैठे हुए थे और दरवाज़े की ओर एकटक देख रहे थे। केवल होंठों में स्वर न था।

दृश्य के और ठीक से साफ़ होने तक भी हिम्मत बँधी हुई थी, लेकिन फिर छूट गई, जब उन्हें अपनी ओर बिना कुछ कहे अपलक घूरते देखा। किसी के घर जाकर उसे पुकारो, जवाब न मिले, उम्मीद पर भीतर चले आओ, ग़लत-सही भूलकर परदा हटाकर झाँक लो, लेकिन देखकर भी उपस्थित व्यक्ति चुप रहे या कहूँ, एकटक घूरे जाए, तो क्या करना चाहिए, यह मेरी समझ में तब भी नहीं आया था। इससे पहले वैसी अशिष्टता कहीं नहीं बरती थी, ले-देकर पहली बार बेतकल्लुफ़ी चलानी चाही और परिणाम...

"नायडू भैया, मोहसिन यहाँ आया था?" मैंने धीरे-से प्रश्न किया और चौखट लाँघते हुए ज़रा निकट तक चला गया।

"कौन?" बड़ी देर तक मुझे घूरते रहने के बाद अन्त में उन्होंने कहा, "मोहसिन!...कौन मोहसिन?"

अगर देखते-देखते तत्काल नायडू का व्यक्तित्व जादुई गति से बदल जाता, काले के बदले वह उजले हो जाते, दुबले और बीमार के बदले ख़ूब स्वस्थ और निरोग होकर उठ खड़े होते, तब भी मुझे इतनी हैरत नहीं होती। साश्चर्य कहा, "मोहसिन...मोहसिन को नहीं जानते?...और मुझे पहचानते हैं?"

जवाब में मैं केवल घूरा गया। ऐसी दृष्टि से, जैसे वह मुझसे एकदम अपरिचित हों या जैसे पहली बार देख रहे हों। अरे, यह अच्छे-भले, नायडू को अचानक क्या हो गया? बीमारी में आदमी चाहे कितना कमज़ोर हो जाए, उसकी याददाश्त जाती रहती है, यह मैं नहीं जानता था। मैंने अपना प्रश्न फिर दुहराया तो थोड़ी देर घूरने के बाद उन्होंने पूछा, "मोहसिन अभी ज़िन्दा है?"

"ऐंऽऽऽ? क्या कहा?" मैंने लगभग चिल्लाकर पूछा। पहले तो धक् से जी रह गया था, फिर लगा, धड़-धड़ करते सीने में तारा टूटने की गति से कोई चीज़ गले से पेट में उतर गई है, फिर उसी तेज़ी से एक गोला उमड़कर गोल-गोल घूमता हुआ उठता है और हलक़ में आकर फँस जाता है। कठिनाई से थूक निगलता हुआ मैं बोला, "क्या हुआ मोहसिन को, बताइए?"

"मैं क्या जानूँ, उसे क्या हो गया?"

"तो फिर...फिर आपने...?"

"तुम्हें क्या हो गया, बताओ? तुम क्यों मर गए? तुम्हें पैदा हुए अभी दिन ही कितने हुए हैं? मुझे देखो, मैं कितने बरस तक अकेले जीता रहा, हालाँकि अब मैं मर रहा हूँ, कुछ दिनों बाद जिस्म बेहिस और बेहरारत भी हो जाएगा, लेकिन मैं जानता हूँ कि मेरी लाश भी तुम सब लोगों से बड़ी होगी..."

इतना-भर बाक़ी रह गया कि मैं सिर थामकर वहाँ बैठा नहीं, सीधे वहाँ से निकलकर भागा। उसके बाद अपनी हालत का पता स्वयं मुझे नहीं है। अग़ल-बग़ल भौचक्का-सा देखता, मैं पता नहीं, कहाँ तक निकल गया। जब ख़ुद पर निगाह गई तो देखा कि गिरेबान खुला है, साँस ज़ोर-ज़ोर से चल रही है और कनपटियों से पसीना बह रहा है...

क्या सचमुच मोहसिन ने...? नहीं, नहीं। अगर ऐसा होता तो क्या क़स्बे-भर में धूम नहीं मच जाती? लेकिन फिर इस नायडू को क्या हो गया? क्या उस पर विक्षिप्तता का ऐसा दौरा चढ़ा है कि हर किसी को मरा हुआ समझता है? कहीं... कहीं ऐसा तो नहीं है कि मोहसिन सम्बन्धी संवाद ने उसके मस्तिष्क पर गहरा आघात पहुँचाया हो और...

'न हो, ख़ुदा करे, सब झूठ हो।' मैंने मन-ही-मन दुआ की और अपने दिमाग़ को कई बार झटका दिया, ताकि उसमें बार-बार बनती तसवीरें एकदम मिट जाएँ और मैं कुछ हलकापन महसूस करूँ।

लेकिन पूरी तरह विश्वास तब तक नहीं हुआ जब तक कि मोहसिन को मैंने देख नहीं लिया।

वायदे के अनुसार मोहसिन के मिलने की सूचना देने के लिए यों भले छोटी फूफी के यहाँ चला गया होता, लेकिन नायडू से मिलने के बाद न तो पूरी तरह विश्वास होता था और न ही फूफी के यहाँ जाने का साहस। इसी उधेड़बुन में, उस दिन बाज़ार के आसपास भटक रहा था कि मोहसिन से भेंट हो गई। एक बनिये की दुकान के सामने हाथ में कपड़े की थैली लटकाए, घर-गिरस्ती वालों की तरह ख़रीद-फ़रोख़्त करता हुआ वह खड़ा था।

"मोहसिन!" सड़क पार से ही मैं बड़ी ज़ोर से चिल्लाया। कहूँ, वस्तुस्थिति का ज्ञान नहीं रहा और बेसाख़्ता चीख़ निकल गई। फिर राह चलने वाले या दूसरे लोगों का ख़याल किए बिना, लगभग भागता हुआ मैं जा पहुँचा और कई क्षण तक आश्चर्य-भरी आँखों से ताकता रहा।

"मोहसिन, तुम कहाँ थे?" मैंने फूलती हुई साँस को सँभालकर पूछा। तेज़-तेज़ आने या अप्रत्याशित देख लेने के कारण मेरी छाती उठ-बैठ रही थी और मैं कठिनाई से उसे रोकने की कोशिश कर रहा था। पर मोहसिन ने उस आवेग पर बिलकुल ध्यान नहीं दिया, एक बार मेरी ओर देखकर दुकान वाले के साथ ऐसे व्यस्त हो गया जैसे मैं कई दिनों से उसकी ढूँढ़-खोज में परेशान नहीं था, पहले की

तरह रोज़ मिलना-जुलना था और अभी भी साथ-साथ आया हूँ।

थैली में दाल, मिर्च, साबुन के लम्बे-लम्बे बार, घी के लिए अलग रखा बरतन, चाय-शक्कर और गिरस्ती की बहुत-सी ज़रूरी-ग़ैरज़रूरी चीज़ें। यह मोहसिन तो आज सचमुच सयाना बेटा हो गया है!

अपना काम निबटाकर ही उसने मुझसे बात की, मेरा प्रश्न भूलकर बोला, "क्या लेने आए हो?"

"कुछ नहीं, तुम्हें देखकर चला आया। कई दिनों से हम लोग तुम्हें ढूँढ़ रहे हैं, कहाँ चले गए थे?"

"कहाँ जाऊँगा? यहीं था..."

"यहीं यानी?...और यह सामान किसके लिए है?"

"जानते हो कि अपने घर का काम ही मुझसे नहीं होता, फिर दूसरों की बात कहाँ रह जाती है!"

उसकी टेढ़े ढंग से कही बात के संकेत से सन्तोष हुआ कि मोहसिन घर लौट गया है। कब लौट गया और उस बीच कहाँ रहा, यह जानने की जिज्ञासा ज़रूर उठी, लेकिन उन सब बातों को छेड़ना सूखते हुए दर्द को हरा करना था। फिर अलग से चाहे कुछ भी मालूम कर लूँ। जानता था कि अपनी ज़बान से वे सारी बातें मोहसिन मुझे नहीं बताएगा।

"मैं कोंडागाँव जा रहा हूँ," उसने धीरे-से कहा।

"क्यों?"

"वहीं के स्कूल में पढ़ूँगा। तुमने सुना नहीं? यहाँ वालों ने तो मुझे निकाल दिया है। अब्बा कहते हैं, अच्छा है, जाने दो साले को। वहाँ स्कूल बोर्डिंग में रहेगा तो मास्टरों की डाँट-फटकार में शायद आदमी बन जाए," कहकर मोहसिन व्यंग्य से हँसा और बोला, "जगदलपुर ने मुझे जानवर बना दिया था, अब आदमी बनने कोंडागाँव जाऊँगा।"

भला मैं भी कैसा पागल हूँ। उस दिन के बाद कभी एक बार झाँकने के लिए भी फूफी के यहाँ नहीं गया। कुछ नहीं तो कम-से-कम दुबारा जाकर यह तो देख लेना चाहिए था कि मोहसिन लौटा या नहीं। यह तो वही मसल हुई कि कान को देखे बिना कौवे के पीछे भाग निकले। मोहसिन ठीक ही कहता है, साधारण अथवा शीघ्र बुद्धि का मुझमें सिरे से अभाव है। शायद उसी लज्जा को ढँकने के लिए मैंने पूछा, "तुम नायडू भैया से नहीं मिले क्या?"

"क्यों? मिला था।"

"मैं भी इस बीच एक बार गया था," मैंने कहा, "सच्ची बात कहूँ तो तुम्हीं को देखने-पूछने के लिए; लेकिन उनके व्यवहार से डरकर भाग आया। अच्छा, मोहसिन, यह उन्हें क्या हो गया है? वे तो पागलों की तरह बातें करने लगे हैं..."

मोहसिन ने सामान वाली अपनी थैली उठाई और दुकान से बाहर आते हुए कहा, "हाँ, दिखते तो वह अब पागल ही हैं। हम उन्हें पागल कहते हैं और वह हमें; लेकिन सचमुच दोनों में से कौन पागल है, यह कहना बड़ा मुश्किल है। वैसे उनसे बड़ा पागल और कौन होगा, जिन्होंने मरुस्थल में हरियाली की साध की हो?"

"उनका और एक रूप तुमने नहीं देखा," मोहसिन ने कहा, "चाहे उसका कारण बीमारी हो, असफलता हो या धोखे की प्रतिक्रिया, वह अब किसी को नहीं पहचानते। कभी-कभी चादर-शाल ओढ़े बाहर निकल आते हैं और पास-पड़ोस के किसी भी दुकानदार का नाम ले-लेकर गालियाँ बकते या चिल्लाते हैं, 'सब साले झूठे, बेईमान और मक्कार हैं। देखना, एक दिन कुत्ते की मौत मरेंगे, कुत्ते की मौत...' "

अजीब-सी घबराहट के साथ मेरी आँखों के आगे उनकी समूची तसवीर उतर आई। 'यह तो सचमुच बुरा हुआ', कहकर मैं अफ़सोस भी प्रकट करना चाहता था, लेकिन उस वाक्य के बेतुकेपन का फ़ौरन एहसास हो गया और मैं चुप ही रहा।

क्या यह वही पी.सी. नायडू हैं, जिनसे एक दिन मैं डरते-डरते मिलने गया था, जिनके इर्द-गिर्द हमेशा पुलिस और सी.आई.डी. के आदमी लगे रहते थे और जिन्होंने अकेले दम पर बस्तर की साफ़-सफ़ेद धरती पर स्वराज्य आन्दोलन का झंडा उठाया था? जिस आग को समूचे बस्तर में फूँक देने के लिए एक दिन वह अकेले उठ खड़े हुए थे, आज उसी की ठंडी राख में सना उनका व्यक्तित्व पहचान में क्यों नहीं आता?

...सब साले बेईमान, मक्कार और झूठे हैं; एक दिन कुत्ते की मौत मर जाएँगे
...कुत्ते की मौत...

दूसरे दिन मोहसिन कोंडागाँव चला गया। बस स्टैंड तक छोड़ने के लिए मैं भी गया था, लेकिन कोई विशेष बात नहीं हुई। सब रस्मी और बेमन की बातें...

"मोहसिन, कोंडागाँव में तुम्हारा जी लग जाएगा?"

"अब यहीं से क्या कहूँ?"

"तुम स्कूल-हॉस्टल में रहोगे? खाने-पीने की तकलीफ़ तो नहीं होनी चाहिए?"

"देखो..."

"मुझे वहाँ से ख़त लिखोगे? शायद इसी बहाने तुम्हारे हाल-चाल का पता लगता रहेगा..."

स्वीकृति अथवा अस्वीकृति में मोहसिन ने कोई बात नहीं की। केवल मुस्कुराया और बस के चलते-चलते विनम्र होकर एक ही प्रार्थना की कि किसी भी तरह जाकर उसके कोंडागाँव चले जाने की सूचना मैं नायडू भैया को ज़रूर दे दूँ...

सच तो यह है कि गए दिन के अनुभव के बाद दुबारा नायडू के यहाँ पहुँचने का मन ही नहीं था। रहा-सहा साहस और छूट गया जब मोहसिन से उनके बारे में और भी बातें सुनीं। वायदे और आश्वासन के बावजूद मैं नहीं गया। लौटते में उस सड़क से गुज़रा, लेकिन दुकान तो ख़ैर थी ही नहीं, सामने के दरवाज़े के पल्ले लगे हुए थे, और बाहर से बिलकुल नहीं लगता था कि उसमें रहने वाला अब कोई रह गया है।

धीरे-धीरे गुज़रते हुए सहसा मैं बुरी तरह चौंका। उनकी दुकान के ऊपर लटकने वाले बोर्ड में एक आश्चर्यजनक परिवर्तन हो गया था। बोर्ड एकदम नया लिखा हुआ था और उसकी इबारत इस तरह बदल गई थी :

"नायडू सोडा फ़ैक्टरी,
प्रो. पी.सी. नायडू,
जगदलपुर उर्फ़ मुरदों की बस्ती!"

तीसरा खंड

ठहराव

पन्द्रह

छोटी फूफी ने गहरी साँस लेकर एक ओर मुँह फेर लिया, और दाएँ घुटने पर अपनी कनपटी टेककर दूसरी ओर देखने लगीं।

यह विडम्बना नहीं तो और क्या है कि जिस काम को फूफी के लिए एक दिन सल्लो आपा को करना था, आज उसे ख़ुद कमनसीब फूफी कर रही हैं और सल्लो आपा कहीं नहीं, कहीं भी नहीं।

स्पष्ट देखा था कि आपा का नाम आते ही फूफी का चेहरा जैसे पत्थर का हो गया हो। दो क्षण वह मेरी ओर देखती रहीं, मानो कुछ कहना चाहती हों, फिर गरदन झुकाकर, थोड़ी देर सोचते रहने के बाद (जैसे कि अपने को किसी चीज़ के लिए तैयार कर रही हों), चुपचाप हाथ बढ़ाया और मेरे सामने वाली प्लेट पर धीरे-से आपा के नाम की रोटियाँ रख दीं।

बीच में कई वर्षों का अन्तराल आ गया है। सल्लो आपा की वेदना अब कई गुना कम हो गई है, और ईमानदारी से अपनी बात कहूँ तो ठीक-ठीक उनकी स्मृति भी नहीं रही। लेकिन इतने अरसे बाद वह दर्द यूँ नया हो जाएगा, यह मैंने कब सोचा था? या अल्लाह, यह पीड़ा भी मुझे ही झेलनी थी कि उनके नाम से शबेबरात की फ़ातिहा एक दिन मैं ही दूँ, और वह भी उसी घर में आकर जहाँ की दीवारों में उनकी पाज़ेब की आवाज़ मुँहबन्द सोई है।

फ़ातिहा की तैयारी के पहले मन तो भीग ही गया था, हाथ उठाने के बाद भी, देर तक कुछ पढ़ा नहीं गया। ख़ाली हथेलियाँ फैलाए मैं केवल लकीरों को ही देखता रहा, जिनके बीच बार-बार सल्लो आपा की धुँधली और अस्पष्ट आकृति तैर जाती थी।

कितनी अजीब बात है कि कई बार जिनकी स्मृतियों को हम सुरक्षित साफ़-साफ़ सहेजी हुई समझते हैं, वे सचमुच याद करने पर नहीं लौटतीं या लौटती भी हैं तो इतनी अस्पष्ट और धुँधली होकर कि अपरिचित और पराई-सी लगती हैं। मन उन्हें उस तरह स्वीकार करने को तैयार नहीं होता। जैसे चुल्लू में समेटा हुआ जल हो कि लाख सहेजो, उँगलियों की पोरों से निकलकर छूट जाता है, एक क्षण के लिए भी ठहर नहीं पाता। सिवाय इसके कुछ नहीं कि हथेली गीली हो जाए।

एक बार लगा जैसे मुझे झूठ-सच के बीच में रखा गया हो और किसी भी क्षण सल्लो आपा, अपना लम्बा और ख़ूब घेरदार गरारा पहने, सरफ़र-सरफ़र करती निकल आएँगी और मेरी ओर देखकर मुस्कुराती हुई पास बैठ जाएँगी, 'बब्बन भैया, कहो, कैसे हो?'

और मेरे पास जवाब में एक बेज़ान मुसकुराहट के सिवाय भला क्या होगा?

"ठहरो, अफ़शां भूल गई हूँ..." एकाएक याद करती हुई फूफी वहाँ से उठीं और भीतर से अफ़शां की एक पुड़िया उठा लाईं। मुझे हैरत ज़रूर हुई, बोला, "फूफी, अफ़शां तो ब्याहता लड़कियाँ लगाती हैं न?"

"हाँ, जानती हूँ," वेदनासिक्त स्वर में फूफी ने कहा, "सल्लो कुँवारी ही मरी है, लेकिन फ़ातिहा तो उसकी रूह की हो रही है न? तुम्हें याद नहीं, मेरे लाख मना करने, गालियाँ बकने और कई बार मारने-पीटने पर भी उसने माँग में अफ़शां भरना कभी नहीं छोड़ा था। हर बार कह दिया करती कि आइन्दा नहीं करूँगी, लेकिन आख़िर तक उसका मोह छूटा नहीं। मैं कमनसीब तब कहाँ जानती थी कि एक दिन..."

आगे फूफी का गला फँस गया और उन्होंने मुँह में आँचल रख लिया। मेरे लिए उन क्षणों को झेल पाना कठिन हो गया। एक बार फिर मन हुआ कि मुद्दत से बार-बार घुमड़ते हुए सवाल को आज बाहर ही चला आने दूँ, लेकिन मौक़ा-महल को देखते हुए फिर पी जाना पड़ा। उस जगह एक ही उपाय था कि गहरी साँस लेकर मैं भी संवेदना प्रकट करूँ, या फिर गरदन झुका लूँ।

'मोहसिन नहीं है, तो क्या आओगे नहीं?' सल्लो आपा ने मुझे गहरी आँखों से घूरते हुए कहा था। एक तो वह बिलकुल अपनों से कहा जाने वाला अधिकारपूर्ण वाक्य, और दूसरे आपा का वैसी अर्थ-भरी दृष्टि से घूरना। मैं भीतर-भीतर फैलने वाली सिहरन को सँभालते-सँभालते ही डगमगा कर रह गया। मन में कई अर्थ बने और बिगड़े। उस दिन वहाँ से लौट आने के बाद भी देर तक लगता रहा, मानो उस प्रश्न को अपने पीछे-पीछे लेता आया हूँ, और जहाँ-जहाँ जाता हूँ आसपास मँडराकर मुझे उस सड़क की ओर ढकेल देता है जहाँ जाने का जी तो होता था, लेकिन किसी बहाने या आधार के बिना संकोच करके रह जाता था।

"नहीं आऊँगा, यह मैंने कब कहा था, आपा?" एक दिन मैंने अच्छा मूड देखकर पूछ लिया।

"कभी नहीं।"

"फिर?"

"फिर क्या? यूँ ही कहती हूँ। अरे भाई, तुम्हारा दोस्त तो है नहीं न। सोचा, शायद अब आना ज़रूरी न समझो..."

"तुम जो हो।" मेरे मुँह से थोड़ी देर बाद निकल गया।

"हाय!" आपा ने अपने ही अन्दाज़ में मुस्कुराकर कहा, "मैं क्या तुम्हारी दोस्त हूँ? किसी और के सामने मत कह देना, वरना गज़ब हो जाएगा।"

"क्यों?" मुझे आश्चर्य हुआ, कहूँ, ख़ुशी के मारे व्यर्थ का आश्चर्य करने लगा था, "तुम दोस्त नहीं तो क्या दुश्मन हो?"

"दुश्मन न सही, लेकिन दोस्त कहो, ऐसी तो नहीं हूँ।" वह हँसती हुई बोलीं, "अरे भैया, कल से मेरा नाम लेकर न पुकारने लगना..."

आपा की यह बात शायद चुभ गई। मेरा चेहरा उतरा हुआ न दिखे, इसलिए मैं बनावटी हँसी हँसने की कोशिश करने लगा। फिर ज़बरन शरारत-भरे स्वर में बोला, "पुकारूँगा, ज़रूर पुकारूँगा, सालिहा, सल्लो...एक बार नहीं, हज़ार बार, सल्लो! हो गया?"

आपा हँसने लगीं। फिर उनकी मुद्रा में बनावटी क्रोध आया। लपककर मेरे कान पकड़ने का अभिनय करती रहीं, और जब नहीं पा सकीं तो अन्त में हारकर बोलीं, "जाओ, माफ़ किया..."

मैंने तालियाँ पीटते हुए, चिढ़ाती हुई आवाज़ में कहा, "अंगूर खट्टे हैं! अंगूर खट्टे हैं!"

एक क्षण बाद मुस्कुराती हुई सल्लो आपा ने अपनी ठोड़ी सीने की ओर ऐसे झुकाई कि उनके निचले जबड़े में माँस उभर आया और गरदन छोटी तथा मोटी दिखाई देने लगी। ठोड़ी को वैसे ही झुकाए-झुकाए उन्होंने दोनों आँखें मेरी ओर उठाईं और उन्हें मेरे चेहरे पर गाड़कर ऐसे घूरने लगीं कि मैं एक के बाद दूसरी बार आँखें नहीं मिला सका।

तत्काल पलक झुकाकर मैं दूसरी ओर देखने लगा, लेकिन घबराहट और बेचैनी थी कि मेरी हरकत में राह ढूँढ़ती थी। ख़ुदा गवाह है, आँखों का वैसा प्रभाव मैंने पहले कभी नहीं जाना था, और न ही वैसी कैफ़ियत, जो उस घड़ी हुई थी।

कैसी? कैसी?

छुटपन में सड़कों के किनारे-किनारे चला करते थे। कभी बिजली के खम्भों को छूते-छुआते चल रहे हैं, कभी सिगरेट के ख़ाली पैकेट-पन्नियाँ बटोरे जा रहे हैं, तो कभी राह में आई फटी टोकनी, लकड़ी का टुकड़ा अथवा किसी भी बेकार-सी चीज़ को पैरों से 'किक' करते हुए दूर ले जाकर छोड़ रहे हैं। उसी दौर में टेलीग्राफ़ के खम्भे बेहद आकर्षण के केन्द्र थे। अपने क़द के लिहाज़ से कान खम्भे की जिस ऊँचाई तक पहुँचते, वहाँ सटाकर देर तक खड़े रहना और रूं रूं सूं उंउंउंउं...की आवाज़ सुनना बड़ा ही प्रिय था। पर जब यह भरम टूट गया कि वह तार भेजे जाने

की आवाज़ है, तब भी नहीं। और ऐसे ही एक अवसर पर जब मैं खम्भे से कान सटाए खड़ा था, मोहसिन ने अचानक डंडे की एक भरपूर चोट उस खम्भे पर की थी और परिणामस्वरूप मैं अकबका कर रह गया था।

झनझनाहट की वैसी दूसरी अनुभूति सल्लो आपा के सामने उस बार हुई, लेकिन उसको कोई भी नाम दिए बिना मैं चुपचाप बैठा रहा।

"अब बोलो!"

मुझे उस तरह लापरवाह देखकर आपा ने झपटकर कान पकड़ लिये और मुस्कुराती हुई बोलीं, "कान उखाड़ दूँ?"

पकड़ उनकी इतनी हलकी थी कि दर्द की बात तो दूर, लगता था सिर्फ़ छुए हुए हैं, फिर भी तकलीफ़ का अभिनय करते हुए मैंने उनका हाथ छुड़ाने की कोशिश की। आपा की ओर से थोड़ी जद्दोजहद हुई और खींचतान में पता नहीं, किस तरह से मेरे एक हाथ ने बग़ल के नीचे से उनकी बाँह पकड़ ली...और उस स्पर्श के बाद मुझे अपना ध्यान नहीं है।

बचपन में होली का त्यौहार कितने उत्साहपूर्वक आता! जानते हुए भी कभी इस बात का एहसास नहीं हुआ कि वह त्यौहार हमारे लिए नहीं है। उतनी ही उमंग से बाल्टियाँ भर-भर रंग तैयार होता और एक-दूसरे को रँगने से अधिक रंग तैयार करने में रस आता। बाल्टी-भर पानी में रंग डालकर उसके घुलने के लिए हाथ चलाना और छोड़ देना। छोटे-से दायरे में रंगीन जल गति पाकर चरखी की तरह गोल-गोल घूमता, पहले बीच में छोटा-सा गड्ढा पड़ जाता और फिर उसकी जगह एक बुलबुला उभरकर तेज़ी से चक्कर खाने लगता।

लगा, सल्लो आपा ने मेरे भीतर की ऐसी ही किसी रँगी मृतधारा को गति दे दी है और उसका वृत्त बेतरह चक्कर काट रहा है।

मैंने बड़ी कठिनाई से उनकी ओर देखा। उनका दायाँ हाथ मेरे कान की ओर बढ़ा हुआ था, बायीं बाँह मैंने पकड़ी थी, अत: परिणामस्वरूप उनका बायाँ कंधा लगभग मेरे कंधे को छू रहा था। बीच का फ़ासला नहीं के बराबर, और जो था उसमें भी आपा के शरीर की चिरपरिचित गन्ध तैर रही थी। अपनी बढ़ती हुई साँस को किसी तरह क़ाबू में करते हुए मैंने बाँह की पकड़ मज़बूत कर दी और बोला, "उखाड़ दूँ।"

आपा ने एक क्षण के लिए पराजित-सी होकर मेरी ओर देखा, कान से हाथ हटा लिया और उसी से अपनी बाँह की पकड़ छुड़ाने का यत्न करती हुई बोलीं, "छोड़ो..."

"क्यों?" मैंने बहकती-सी आवाज़ में कहा, "तुम्हारी बाँह अब मैं उखाड़ दूँ?"

छुड़ाने का बराबर प्रयत्न करती आपा ने इस बार और अधिक तेज़ी से मुझे

घूरा, जैसे मुझे पहचान रही हों, फिर हाथ छुड़ाकर मुस्कुराईं, "हाय अल्लाह, मर जाऊँगी!"

मैंने जैसे न सुना हो, इस तरह अपना प्रश्न दुहराया, "बोलो, उखाड़ दूँ?" और पहले की अपेक्षा और मज़बूती से बाँह दबाई—इतनी ज़ोर से कि आपा के होंठ, दर्द के मारे थोड़े-थोड़े खिंच गए और बनावटी क्रोध से डाँटती हुई वह बोलीं, "छोड़ो..."

"नहीं छोड़ते," ज़िद में आकर मैंने कहा।

"नहीं?"

"नहीं।"

"देखो बब्बन," ज़ोर-ज़ोर से साँस लेती हुई आपा ने अपनी तर्जनी उँगली उठाकर मुझे धमकाते हुए कहा, "कहे देती हूँ, हाँ...!"

"अच्छा! अच्छा!" मैंने चिढ़ाते हुए हँसकर कहा, "डराती हो? धमकाकर छुड़ाना चाहती हो?" कहते हुए इस बार मैंने अपनी पकड़ में पूरी ताक़त भर दी। शायद उतनी ज़ोर से दबाने के कारण भी उनका बायाँ कंधा ढीला पड़कर झुक आया हो। होंठ बिगाड़ते-बिगाड़ते उन्होंने आँखें मूँद लीं, मुँह ऊपर उठा लिया और अस्फुट स्वर में कुछ बुदबुदायीं। वहाँ न सुनने का ध्यान था और न कहने की सुध, इसलिए उनका स्वर मेरे कानों में नहीं पहुँचा।

देखा कि उनके चेहरे का रंग फूल जासनी हो गया है, आँखें नहीं खुलतीं और मेरी पकड़ का विरोध करता हुआ उनका हाथ निश्चल पड़ गया है। उसके क्षण-भर बाद उन्होंने दोनों हाथों से अपना चेहरा मूँद लिया और सामने झुक गईं। कुछ क्षण वैसे ही निकल गए, फिर धीरे-धीरे झुकता हुआ उनका धनुषाकार शरीर मेरे घुटनों के इतने निकट आया कि पहले मैंने हरारत महसूस की और फिर एक अपरिचित, नरम-नरम तथा माँसल स्पर्श ने रोशनी की सी तेज़ी से एकबारगी झकझोर कर, मुझे बिलकुल अवश कर दिया।

तब तक उनकी बग़ल में दबा मेरा हाथ तपिश के मारे झुलसने लगा था, अत: उसे धीरे-से खींचकर मैं अगले क्षण के बारे में सोचने लगा। जब कुछ समझ में नहीं आया तो अपनी गोद में मुँह छिपाए आपा की पिछली गरदन पर हाथ रख दिया और धीरे-से आवाज़ दी, "सल्लो आपा!"

आपा नहीं बोलीं। उस बार ही नहीं, अनेक बार आवाज़ देने पर न तो उन्होंने सिर उठाया और न ही जवाब दिया और मैं मूर्खों की तरह अपने हलक में काँटे निगलता हुआ बैठा रह गया।

बड़ी देर बाद जब आपा ने अपना चेहरा उठाया और सँभली, तो मेरी ओर नहीं देखा। उनसे अपनी ओर से कुछ कह सकूँ, ऐसा साहस मुझे भी नहीं हुआ और थोड़ी देर बाद बिना कुछ कहे-सुने मैं चुपचाप निकल आया।

उस रात बड़ी देर तक मैं बेचैनी के मारे करवट बदलता रहा। आपा की तसवीर इससे पहले भी सैकड़ों बार ज़ेहन पर आई थी, लेकिन वैसे नये कोणों से मैंने कभी नहीं देखा था। जैसे ही वह आँखों के सामने आकर खड़ी हो जातीं, टकटकी मिलाकर देखते मुझसे नहीं बनता। एक बार देखा तो सौ बार दूसरों के द्वारा देखे जाने की आशंका के मारे नज़रें बचाता और इधर-उधर पलटकर ऐसे सतर्क हो जाता, जैसे बहुत कम कपड़ों में आपा ग़ुसलख़ाने में बैठी हैं और चोरी-छिपे उन्हें देख रहा हूँ।

सच कहूँ तो पहली बार अपनी नज़र से आप ही गिर गया था। लेकिन यह ग्लानि दूसरे दिन कम हो गई और दो-एक दिन में कपूर की तरह ग़ायब भी हो गई। फिर वैसी कोई भावना आती भी तो कच्चे मटके पर पड़ी बूँद की तरह फिसलकर निकल जाती और उठते-बैठते, सोते-जागते या खाते-पीते चौबीसों घंटे, सल्लो आपा की तसवीर आँखों के आगे तैरा करती। कहीं मैं बैठा रहूँ या कुछ भी करता रहूँ, ऐसा कभी नहीं हुआ कि एक क्षण के लिए उनका ध्यान हटा हो। यहाँ तक कि बाद में बड़ी उलझन होने लगी और अपने स्वभाव पर ख़ुद भी झल्लाहट आई।

यह तमाशा नहीं तो और क्या था कि कोई घड़ी ख़ाली नहीं जाती जब उनकी निकटता की चाह न होती हो। कोई ख़ुशी का संवाद हो, तब तक चैन न आता जब तक कि उन तक न पहुँचा दूँ। कोई अच्छा कपड़ा पहना, मन होता कि उनके सामने पहुँचकर उन्हें दिखा दूँ या सुन लूँ कि वह मुझे कैसा क्या लगता है। जैसे उनके बिना मेरी कोई सार्थकता ही न हो। शायद उन दिनों मेरी सुबह इसीलिए होती थी कि मैं सल्लो आपा के पास जा सकूँ और शाम इसीलिए आती थी कि दोस्त-अहबाब, घर-द्वार, पढ़ना-लिखना या खेल-कूद, सब छोड़छाड़ कर उनके निकट जा बैठूँ, वह बोलती जाएँ, मैं सुनता रहूँ, वह हँसी के मारे दोहरी हो जाएँ और मैं बिना बाधा दिए चुपचाप देखता रहूँ।

जब मोहसिन था तो उनके यहाँ जाने में अकसर दो-एक दिन का नागा भी हो जाता था, लेकिन उसके बाद एक दिन भी ऐसा नहीं गया जब सुबह-शाम मिलाकर कम-से-कम दो बार न पहुँचा होऊँ।

"आपा," मैंने एक दिन कहा, "तुमने क्या कभी एक बात पर ध्यान दिया?"

"क्या?"

"यह कि तुम्हारे यहाँ ज़रूरत से ज़्यादा आने-जाने लगा हूँ!"

कौतुक से हँसती हुई वह मुझे देखती रहीं, फिर लापरवाही से बोलीं, "उसमें ध्यान देने जैसी क्या बात है?"

"क्यों, है क्यों नहीं!" मुझे साफ़ लगा कि मैं उन्हें टटोल रहा हूँ, क्योंकि कहते-कहते मेरी ज़बान थोड़ी-सी काँपी थी, "जब मोहसिन था तो इतना कहाँ आता था!"

"हो सकता है, भाई, लेकिन मैंने तो कभी हिसाब नहीं किया। यह एकाएक तुम कैसे हिसाब-किताब करने बैठ गए!"

"अचानक नहीं, आपा!" मैं बोलकर थोड़ा चुप हो गया। शायद उचित शब्दावली ढूँढ़ रहा था, या कहने के पहले अथवा बाद की बातें सोचने लगा था।

दरअसल, कई दिनों से आपा के यहाँ पहुँचने का उत्साह तो वही था, लेकिन दहलीज़ पर पाँव रखते ही एक अपराध की भावना मुझे जकड़ लेती। लगता, जैसे मेरे पहुँचने को कुछ लोग सशंकित आँखों से देख रहे हैं। पहले जो लोग प्रतीक्षा करते थे, वे ही उत्साह या प्रसन्नता नहीं दिखाते। मेरे आने का नाम सुनकर भी खिल उठने वाली फूफी अब निरपेक्ष भाव से देखती हैं और 'आओ या बैठो' कहे बिना चुपचाप अपना काम करने लगती हैं।

"क्या हो रहा है, फूफी?"

सब कुछ अपनी आँखों से देखते हुए भी मैं मुस्कुराकर पूछता। मेरा वह सवाल अपनी लज्जा ढँकने के लिए है और एक के सिवाय उसका दूसरा जवाब नहीं, यह जानते हुए भी पूछना पड़ता, जैसे किसी के ललक-भरे स्वागत के अभाव में वह ज़रूरी हो।

"क्या होगा," ऊबी हुई-सी साँस भरकर फूफी कठिनाई से जवाब देतीं, "यही दोज़ख़ भरने के धन्धे में लगे हैं।"

कभी आसपास आपा होतीं तो उनकी ओर देखकर मुस्कुरा देता, अन्यथा अकारण ही मुस्कुराता हुआ बैठ जाता और इधर-उधर की बातें निकाल लेता, चाहे उनमें फूफी की रुचि हो या न हो। वास्तव में वहाँ बैठकर बेमानी बातें करना, एक तरह से आपा की चुपचाप प्रतीक्षा करना था—भीतर से आकुल और बेचैन, लेकिन ऊपर से, निर्विकार भाव से व्यस्त। हर खटके के साथ मैं चौंक-चौंककर देखता और बार-बार आँखें आपा के कमरे की ओर चली जातीं।

पहले सीधे आपा के कमरे में ही घुस जाता था, लेकिन छोटी फूफी की आँखों या बातों से लगा कि उन्हें पसन्द नहीं था, हालाँकि वह बोलीं कभी नहीं। फिर वैसा करना स्पष्टतः यह बताना था कि घर में मेरी विशेष रुचि सल्लो आपा के लिए है और मैं केवल उन्हीं के लिए आता हूँ। सो उस रवैये को मैंने बदल दिया।

"आपा कहाँ है, फूफी?" आख़िर बड़ी देर बाद मैं साहस करके पूछता या बात बदल देता।

"कहाँ जाएगी, वहीं उसके कमरे में देखो," फूफी कहतीं, "चौबीसों घंटे वहाँ घुसी-घुसी क्या करती रहती है, ख़ुदा जाने। मैं तो इस लड़की से हार गई हूँ।"

जी ज़रूर होता, लेकिन 'क्यों, क्या हो गया', यह पूछते हुए डर लगता। आपा की शिकायत अपनी जैसी लगती और आशंका होती कि वैसा करके कहीं अपने को ही बेपरदा न कर लूँ। अनसुना करके मैं चुपचाप सल्लो आपा के कमरे की ओर

बढ़ जाता, लेकिन एक मन बराबर कोंचता रहता कि मुझे निकल चलना चाहिए। भला जहाँ अपेक्षा-आवश्यकता न हो, वहाँ ज़बरन लदकर आदर लेना कहाँ की समझदारी है? मेरे जैसे लोग ही तो लांछित-अपमानित होते हैं।

पर जैसे ही बाहर निकलने की बात सोचता, कभी सल्लो आपा या कभी उनकी ज़ेहनी तसवीर सामने आकर मेरे पाँव रोक देती, और मैं इस दलील के साथ उनकी दहलीज़ तक चला जाता कि अब तक जो हो गया, सो हो गया, बस कल से नहीं आएँगे, मोह आदमी के मन से बड़ा नहीं होता।

पर वह कल महीनों के बाद भी कभी नहीं आया।

"अचानक नहीं तो फिर क्या?" आपा बोलीं, "कितने दिनों से हिसाब-किताब कर रहे हो?"

उनके प्रश्न पर मैंने गहरी आँखों से देखा, बात टाली और बोला, "अच्छा, सच बताना, फूफी कभी कुछ कहती हैं?"

"किस बात पर?"

"यही मेरे आने-जाने को लेकर..."

"क्या कहेंगी? तुम बताओ, उन्हें क्या कहना चाहिए?"

"तुम समझ नहीं रहीं, आपा," मैंने झल्लाकर कहा, "मेरा मतलब है, उन्हें बुरा तो नहीं लगता कि मैं तुम्हारे पास रोज़ आकर घंटों बैठा रहता हूँ।"

तब भी आपा आश्चर्य से देखती रहीं और उसी स्वर में बोलीं, "यह तुम क्या उलटी-सीधी बातें कर रहे हो, बब्बन? भला अम्मी को क्यों बुरा लगेगा? वे तो उलटे तुम्हें देखकर ख़ुश होती हैं, और तुम्हारे ही कारण कई बार मोहसिन तक को याद नहीं करतीं। तुम्हें याद नहीं कि जब तुम आते नहीं थे, तो मोहसिन से कह-कहकर तुम्हें आग्रहपूर्वक बुलवाया था?"

मैं चुप हो गया। चाहकर भी कहा नहीं गया कि तब की बात दूसरी थी। अव्वल तो मैं कुछ छोटा ही था, फिर आज की सी स्थिति तब कहाँ थी! अगर आपा पूछ बैठतीं कि स्थिति कैसे बदल गई है तो मैं क्या जवाब देता? जान-बूझकर यदि कोई अनजान बन जाए, तो उसे सँभाल लेना आसान नहीं।

"तुम आजकल बड़ी दूर-दूर की सोचने लगे हो," सहसा मुस्कुराकर आपा बोलीं और तुरन्त खड़ी हो गईं। मैं उनके स्वर के मूल को ही पकड़ने का प्रयत्न कर रहा था। एकाएक समझ नहीं पाया कि वह क्या कहना चाहती हैं। पूछा, "कैसे?"

पर आपा सीधे उस कमरे की ओर बढ़ीं, जहाँ की दीवार में कपड़े टाँगने की खूँटियाँ लगी हुई थीं, और ऊपर से आपा के गरारा-कुरता-दुपट्टे और साड़ी-ब्लाउज़ झूल रहे थे। उनमें से शायद उन्हें मैले कपड़े छाँटकर अलग निकालने थे, धीरे-धीरे हटाने के प्रयास में हुआ यह कि उनमें के कई कपड़े एक साथ नीचे आ गिरे और इस तरह एक काम और बढ़ गया।

'उंह' करके ऊबी हुई-सी आपा फ़र्श पर उकड़ूँ बैठ गईं, और मेरी ओर देखकर बोलीं, "बुरा न मानो तो एक बात कहूँ?"

"क्या?"

वैसे ही उकड़ूँ बैठे-बैठे दायीं ओर से अपनी गरदन मोड़कर, आपा बातें कर रही थीं। मेरी स्वीकृति के बाद कई क्षण आँखों से तौलती रहीं, फिर अपनी बात स्वयं टालती हुई बोलीं, "अच्छा, जाने दो..."

"क्यों? क्या हो गया?"

"कुछ नहीं," उन्होंने हँसकर कहा, "सोचती हूँ फ़िज़ूल बात है, क्या कहना?"

बात को साफ़-साफ़ छिपाने के ढंग पर आपा ने कहा तो मेरी उत्सुकता और बढ़ गई।

"क्या फिज़ूल बात है, बताओ...?"

मैंने ज़िद पकड़ ली, एक छोड़ कई बार आग्रह किया, पीछे पड़ा, लेकिन वह 'फिर कभी बताऊँगी' कहकर साफ़ इनकार कर गईं। ज़ब मेरे हाव-भाव से उन्हें लगा कि कहीं सचमुच बुरा न मानने लगूँ तो मेरा ध्यान दूसरी ओर खींचने और शायद प्रसन्न करने के लिए बोलीं, "बेमतलब की बातें सुनकर क्या करोगे? एक ख़ुशख़बरी सुनाती हूँ, कल ज़ैबून आई थी, बड़ी देर तक बैठी रही और मालूम है, तुम्हें याद कर रही थी?"

मुझे हँसी आ गई, बोला, "तुम तो आपा, मुझे छोटे बच्चों की तरह बहलाती हो। यह कहाँ की ख़ुशख़बरी हुई कि ज़ैबून आई थी और मुझे याद कर रही थी?"

"भला क्यों नहीं हुई?" आपा ने और गहराई से अपनी आँखें गड़ाकर कहा, "सब कुछ समझने पर है। यह कितनी सीधी और साफ़-सी बात है कि कोई अकारण किसी को याद नहीं करता। फिर एकाध बार हो तो हो, बार-बार दिलचस्पी लेकर पूछने का क्या मतलब निकलता है?"

वैसे शायद समझ न पाता, लेकिन आपा की बार-बार झपकती पलकों और होंठों पर काँपती शरारत की उस हलकी लकीर ने सब कुछ खोलकर रख दिया और उसके साथ ही जैसे किसी ने मुझे नंगा कर दिया हो। लज्जा की अनुभूति के मारे बिलकुल गड़ गया और अपने तमतमाए चेहरे की तपिश को कम करने के लिए इधर-उधर देखने लगा। उस समय आपा की बहुत ही मधुर हँसी ज़रूर सुनाई दी, लेकिन मैंने उन्हें नहीं देखा। तौबा, अच्छी-ख़ासी बातें करते-करते अचानक यह आपा को कभी-कभी क्या हो जाता है!

झेंप मिटाने के लिए किसी तरह मैंने हँसकर कहा, "भाई, तुम लोगों की बातें तुम्हीं बेहतर समझ सकती हो, मैं क्या कहूँ?"

घुटनों की हड्डियों को चट-चट बजाती हुई आपा सहसा झटके से उठ गईं

और एक बार घूरकर बोलीं, "चलो, नहीं समझते तो जाने दो...अच्छा, मोहसिन ने क्या तुम्हें एक भी ख़त नहीं लिखा?"

"नहीं।"

"घर में एक चिट्ठी आई है," आपा बोलीं, "लिखा है कि और तो सब आराम है, खाने-पीने की भी कोई तकलीफ़ नहीं, सिर्फ़ तबीयत ठीक नहीं रहती और जी घबराता है। जिस दिन ख़त आया, कोने-अँतरे में बैठ-बैठकर अम्मी रोईं, फिर मुझसे जवाब लिखवा दिया कि जी घबराता हो तो फ़ौरन चले आओ। जान है तो जहान है..."

"वह आ रहा है क्या?"

"अरे कहाँ!" आपा बोलीं, "इनके लिखने से क्या होता है! अब्बा तो कहते हैं कि साले की हड्डी-पसली एक हो जाए, तब भी नहीं बुलवाएँगे। मैं तो कहती हूँ, सब कुछ मोहसिन ने अपने हा थों से ही बिगाड़ा है कि नहीं?"

पहले इसके कि आपा वहाँ से लौटकर अपनी जगह पर वापस आएँ या मैं कोई जवाब दूँ, खूँटियों पर से, ऊपर के दो-तीन कपड़े और गिर पड़े और जो पतलून शायद दूसरे कपड़ों से ढँकी सबसे नीचे टँगी हुई थी, वही सबसे ऊपर आ गई।

आपा ने पलटकर देखा, फिर मुझे; और तेज़ी से बढ़कर उन्हें खूँटी पर टाँगने लगीं।

मेरे दिमाग़ में अचानक कुछ कौंधकर रह गया।

इस पतलून को मैं किस तरह पहचानता हूँ? क्या मैंने इसे कभी मोहसिन को पहनते हुए देखा है? फूफा के शरीर के लिहाज़ से तो वह छोटी पड़ती है और ज़ाहिर है, मोहसिन अपने सारे कपड़े साथ ले गया होगा, फिर? फिर भी वह परिचित और जानी-पहचानी क्यों लगती है? किस तरह?

एकाएक चिनगारी फूटने जैसी एक पिछली स्मृति सहसा आ छिटकी और वैसी ही जलन के मारे मैं तिलमिला गया। सब याद आ गया, सारी पिछली स्थितियाँ लौट आईं, गत मुहर्रम की पाँच और दस तारीख़ों को जिस युवक को सिगरेट पीते हुए बारहा आपा के इर्द-गिर्द देखा था, उसके शरीर पर भी ऐसी ही पतलून थी। यही चॉकलेटी रंग और सम्भवत: यही कपड़ा और दिमाग़ पर बारहा ज़ोर डालकर मैं याद करने की कोशिश करने लगा कि गए दिनों जिस मरदाना लिबास में सल्लो आपा मेरे घर आई थीं, वह कैसा था?

"तुम मज़ाक़ तो नहीं कर रहे हो?" कहकर सल्लो आपा हँस दीं और अपने हाथ-पाँव समेटकर कम्बल को उस पार फैला दिया। आपा खाट पर उठकर बैठी थीं और मैं उसी पाटी पर। जैसे ही कम्बल के दबे-दबाए छोर खींचकर ठीक से

फैलाने के लिए उन्होंने हाथ-पाँव चलाए, कम्बल के भीतर का एक शरीर छुआ गरम झोंका मेरे घुटनों को छूकर कमरे-भर में फैल गया।

अपने को सिहरन से बचाते हुए मैंने कहा, "छि: मैं तुमसे मज़ाक़ करूँगा?"

"तुम्हारा क्या है?" वह बोलीं, "शायद मुझे तंग करने के लिए ही कह रहे हो। अम्मी को बताया?"

"नहीं, सीधे तुम्हारे कमरे में चला आ रहा हूँ। आपा, मेरी बात का यक़ीन करो और न हो तो घर जाकर पूछ लो। सचमुच, एकाध हफ़्ते में हम लोग चले जाएँगे।"

इस बार भी वह मेरी ओर अविश्वास-भरी आँखों से देखती रहीं, और खिड़की के बाहर लापरवाही से ताकती हुई बोलीं, "अच्छा है, तुम लोग चलो, पीछे-पीछे मैं भी आती हूँ।"

"कहाँ आओगी?"

"तुम लोग कहाँ जा रहे हो?"

"हम लोग तो...सरकारी तबादले में दन्तेवाड़ा जा रहे हैं।"

"मैं भी दन्तेवाड़ा पहुँचूँगी," आपा मुस्कुराकर बोलीं, "तुम लोग रहो तो क्या मैं नहीं आ सकती?"

हालाँकि "ज़रूर, क्यों नहीं" कहकर उनकी बात का समर्थन किया, लेकिन मन बुरी तरह उदास हो चुका था। दरअसल, उस ख़बर को सुनाकर जिस प्रतिक्रिया की आशा मैंने की थी, ठीक उसके विपरीत ही आपा दिखाई दीं। उस संवाद को सुनने के बाद भी निर्विकार और निरपेक्ष-सी, जैसे कि मैंने अपनी नहीं, आपा के किसी अल्प परिचित या अपरिचित व्यक्ति के शहर छोड़ जाने की बात बताई हो।

पिछली रात घर में सचमुच मातम हुआ था। दफ़्तर से लौटते ही अब्बा ने वह समाचार सुनाया और निढाल तथा चुपचाप खाट पर पड़ गए। उनका न केवल तबादला हो गया था, बल्कि वेतन में दस रुपये प्रतिमास की तनज़्ज़ुली भी हो गई थी। सारा घर अपना-अपना मुँह सिये एक-एक कोने में बैठ गया और अम्मी बड़ी देर तक आँसू डालती रहीं कि घर-द्वार, ज़मीन-जायदाद, इज़्ज़त-आबरू सभी गए, अब पता नहीं और कौन-कौन से दिन देखने को रह गए हैं!

यही समाचार कुछ माह पहले मिलता तो मुझे बिलकुल दुख न होता। सरकारी तबादले में नई-नई जगह आकर रहने की बड़ी साध थी। अपने ऐसे साथियों से, जिनके यहाँ जल्दी-जल्दी तबादले होते थे, बड़ी ईर्ष्या होती थी। लेकिन जब वास्तव में वह अवसर आया तो जी धक् से रह गया। जगदलपुर छोड़ने की याद आते ही सबसे पहले सल्लो आपा की तसवीर आँखों के सामने तैर आई थी, और तब से बराबर यही सोच रहा था कि अपने जाने की बात किस तरह आपा से कहूँगा? स्पष्ट है, वह उदास हो जाएँगी, शायद बेहद दुख करें कि बब्बन भैया, तुम सचमुच चले जाओगे, तो फिर...?

रात को जब तक नींद नहीं आई, दिमाग़ में वही सब घूमता रहा। सुबह होते ही सबसे पहला काम यही किया कि सल्लो आपा के यहाँ दौड़ा-दौड़ा चला गया। सो रही थीं, तो जगाया और बिना किसी भूमिका के यह ख़बर बता दी...

वही सल्लो आपा, उस समाचार को इतने तटस्थ भाव से परायों की तरह ले रही हैं, देखकर मन बैठ गया। आख़िर बोला, "आपा, तुम्हें बिलकुल दुख नहीं होता कि हम लोग जा रहे हैं?"

"क्यों?" वह बोलीं, "तुम लोग हमेशा के लिए तो जा नहीं रहे, फिर आओगे कि नहीं?"

"हाँ।"

"फिर भला इसमें अफ़सोस की क्या बात हुई? हाँ, यह ज़रूर है कि सोचने पर दो-एक दिन बुरा लगेगा।" फिर एक क्षण रुककर अपने शरीर से कम्बल हटाते हुए बोलीं, "तुम थोड़ी देर बैठो बब्बन, मैं अभी आई, अच्छा!"

खिड़की के बाहर जाड़े की धूप भटकटैया के फूल-सी प्यारी और पीली होकर पसरी हुई थी। पड़ोस के लोग अपने-अपने घरों के सामने मुँह-हाथ धोने या धूप तापते हुए बैठे थे। वही सुबह का हंगामा, जो छोटे-से लेकर बड़ों तक, हर घर में मचा होता।

किसी को पता नहीं है कि अचानक कितनी बड़ी टूटन मेरे भीतर आकर बैठ गई है, आपा के जाने के बाद बाहर देखते हुए मैंने सोचा, "सभी मुझसे निर्लिप्त हैं, अपने आपमें मस्त और व्यस्त, किसी का दुख किसी को नहीं। कल तक या अभी इन्हीं क्षणों के पहले तक तो और स्वयं मुझे पता नहीं था कि इसी घर से एक ऐसी वितृष्णा..."

अचानक मुझे याद आया कि आपा के कमरे में बिलकुल अकेला बैठा हूँ और आसपास किसी की आहट नहीं है। मैंने उनके ढेर सलवटों वाले बिस्तर पर एक आशंकित-सी निगाह डाली और फिर चौंककर इधर-उधर देखा कि कोई मुझे देख तो नहीं रहा। उसके बाद अपनी मूर्खता और बचपने की जिज्ञासा पर हँसी आई। मन हुआ कि आपा के बिस्तरे में लेट जाऊँ, पर जैसे-तैसे अपने को रोककर, मैंने उनका तकिया उठाया, धीरे-से उस पर अपने नासापुट रख दिए, एक साँस लेकर आपा के बालों की गन्ध की याद की और फिर अपनी गोद में डाल लिया।

कितने क्षण निकल गए, इसका ठीक-ठीक अनुमान नहीं है। जब कमरे के बाहर किसी के गुज़रने की आवाज़ सुनाई दी तो जल्दी से तकिया उठाकर मैंने यथास्थान रखना चाहा। वह मैंने तत्काल कर भी दिया, पर इस कोशिश में तकिये के गिलाफ़ में से एक पुर्ज़ा नीचे गिर पड़ा। उसे उठाऊँ, इस दुविधा में पड़ा मैं सोचता ही रह गया और बाहर थोड़ी देर पहले जिन पैरों की चाप सुनाई दे रही थी, वह दरवाज़े के पास होकर आगे भी निकल गई।

जब इस बात का ध्यान आया कि वह आपा नहीं थीं तो अपनी हरकतों पर स्वयं लज्जा आई। भला तकिये को छूने या अपनी गोद में रखने में चोरी की ऐसी कौन-सी बात थी, जिसे मैं आपा या दूसरे लोगों से छिपाना चाहता था! क्या उसके पीछे कहीं...?

सहसा एक बार सतर्क आँखों से सामने देखकर मैंने वह पुर्ज़ा उठाया, खोलकर अगली दो-तीन लाइनों पर निगाह डाली और उसे जेब के हवाले कर फ़क पड़े तथा उतरे हुए चेहरे से आपा की प्रतीक्षा करने लगा।

अच्छा हुआ। यह बहुत ही अच्छा हुआ कि मेरी आँखों के सामने से पट्टी हट गई और उस एक ज़रा से पुर्ज़े में आपा को मैंने बिलकुल साफ़-साफ़ और सही-सही देख लिया, वरना शायद जगदलपुर इतनी आसानी से नहीं छूटता।

दन्तेवाड़ा के लिए निकलने की तैयारी हो गई तो यही सोचकर हँसी आई थी कि अपनी भावुकता में मैं कभी-कभी बच्चों की तरह बहक जाता हूँ। अब यही आपा से छूटने की बात को लो, जिसकी याद कर-करके मेरा कलेजा निकल जाता था। जब तक वह समय नहीं आया था, पहाड़ की तरह लगता था, वह घड़ी सचमुच आई तो एहसास भी नहीं रहा, और समय निकल जाने के बाद अपनी कमज़ोरी की बात सोचकर हँसी आई।

नया-नया माहौल जल्दी रास नहीं आता, शायद इसलिए दन्तेवाड़ा पहुँचने के बाद कुछ दिन बड़ी कठिनाई से गुज़रे। रह-रहकर ही सही, सल्लो आपा का ध्यान दिन में सैकड़ों बार आता और सुबह-शाम का समय मुश्किल से कटता। वैसे उस अचानक आए नयेपन ने पिछली एकरसता ज़रूर तोड़ दी थी।

पथरीली चट्टानों वाली गहरी और हर मौसम में उदार शंखिनी नदी घर से उत्तर की ओर अधिक दूर नहीं थी। यही कोई सौ-पचास गज़ का फ़ासला होगा। रात को बिस्तर पर पड़ते ही शायद सन्नाटे के कारण वह मुखर हो जाती और सारी रात उसके पत्थरों से सिर धुनने की घर्र-धर्र ऐसे गूँजती जैसे हम लोगों का घर बिलकुल कगार पर ही बसा हो। उसके तट तथा कगारों से ऊपर आने पर मुश्किल से दस-बीस गज़ की समतल भूमि पड़ती थी और फिर सीधे हमारा घर आ जाता था।

पिछले आँगन का दरवाज़ा खोलते ही, जैसे पच्चीस-तीस सीढ़ियाँ नीचे उतरकर, एक बड़ा और सासर की आकृति का मैदान था—उसे मेंढकों का डबरा कहते थे। उसी पर से होकर कुछ आगे निकल जाने पर शंखिनी नदी आती थी, सूखी, रेतीली और उजाड़। किनारे-किनारे बाँस की छोटी-छोटी झाड़ियों की क़तार, रेत, केवल रेत, कहीं-कहीं घुटने-भर पानी के छोटे-छोटे डबरे और ऊपर दन्तेवाड़ा को शेष बस्तर से जोड़ने वाला लम्बा पुल। कुल मिलाकर एक सड़क

और चन्द गलियों वाली तहसील का बाहरी घेरा यही था। अतिरिक्त विशेषता थी, अन्य छोटी-छोटी पहाड़ियों के साथ बैलाडीला की कोहरा-ढँकी चोटी का किसी भी कोण से दिखाई देना और शाल के ऊँचे-ऊँचे पेड़ों वाले जंगल के अलावा अलग मैदानों में, अकेले-अकेले खड़े ताड़ के लम्बे तथा बियाबानी पेड़ों का दिन-रात झूमना।

ख़ाली समय में चुपचाप बैठकर अपने घर के सामने वाले ताड़ को देखते रहना, जैसे क्रम बन गया था। दोपहर को जब सारा क़स्बा ख़ाली-ख़ाली और वीरान हो जाता, तब शंखिनी के अकेले-अकेले घाट-पत्थर पर कपड़े पटकने का भूला-भटका स्वर बहक आता। तट वाले केवड़े की झाड़ियों से झींगुर-झिल्लियों की तीख़ी, तेज़ और सुई जैसी नुकीली आवाज़ उभरकर छाने लगती, दूर कोई मछुवा 'छप्प छपाक' करता हुआ अपना जाल शंखिनी के सीने पर पटकता और हवा ठिठक-ठिठककर बहती, जैसे आगे बढ़ते हुए कोई बार-बार पीछे लौट-लौटकर देखे।

ताड़ का समूचा पेड़ सीधा और स्थिर खड़ा रहता, केवल उसके पत्ते थरथराते। कभी उनमें से कोई सूखा हुआ पत्ता टूटकर आवाज़ करता हुआ जा गिरता और हवा सुस्ताकर फिर बहती, फिर बहती।

कुछ ऐसी ही तसवीर उस दोपहरी की भी थी, जब अब्बा बदहवास-सा हुलिया लेकर दफ़्तर से भागे-भागे चले आए थे।

जैसा कि नियम था; बाहर के बरामदे में आरामकुर्सी डाले मैं ताड़ को देख रहा था। हवा अपेक्षाकृत तेज़ थी, अतः पिछले दिनों की तरह ताड़ के फलों के टूटकर गिरने की सम्भावना बनी हुई थी। कुछ बरसों में ताड़-फलों के गिरने से, जो दो-एक मौतें हो गई थीं, उसके कारण भी लोग बीसियों गज़ दूर चलते थे, और हर आदमी उसे आशंकित आँखों से देखता था।

अचानक बाहर के दरवाज़े पर नंगे पाँव, उदास चेहरा और एक हाथ में खुला लिफ़ाफ़ा लिये अब्बा घुसते दिखाई दिए। जल्दी-जल्दी में उन्होंने दरवाज़े के पल्ले भी नहीं लगाए और बिना मुझसे कोई बात किए तेज़ी से भीतर घुस गए।

उनकी हड़बड़ाहट देखकर जी एकदम धक्क् से रह गया। इधर हम लोग सब डरे हुए थे। ऐसी किसी भी स्थिति के आते ही मन काँपने लगता था, अतः धड़कते दिल से मैं दबे पाँव उठा और उनके पीछे हो लिया।

अम्मी बीच वाले कमरे में ही मिल गईं। दहलीज़ से ही अब्बा बोले, "यह देखो, क्या हो गया?"

"क्या?" अम्मी के मुँह से एक क्षण बाद निकला। मैंने देखा कि अब्बा का बदहवास हुलिया देखकर अम्मी के चेहरे का रंग उड़ गया है और उस बीच में ही घबराहट के मारे वह सफ़ेद हो रही हैं।

अब्बा ने आगे बढ़कर उनके सामने चिट्ठी फैला दी और बिना हिचके रुके, दो टूक कह दिया, "सल्लो मर गई!"

"क्या?"

"सल्लो मर गई!" अब्बा ने उसी गम्भीरता और शान्त भाव से दुहराया और चिट्ठी की ओर देखते रहे। कई क्षण काठ बने हम लोग खड़े रहे—उधर अम्मी और इधर मैं। जब ध्यान आया तो वह पूछ रही थीं, "क्या हो गया था?"

"क्या जाने! इसमें तो कुछ नहीं लिखा है।" अब्बा बोले, "क्यों, अभी आने के वक़्त तो वह अच्छी-ख़ासी थी न?"

सिर्फ़ इतना याद है कि उसके बाद कुछ याद नहीं। दन्तेवाड़ा की स्मृतियों में से अकेला यही टुकड़ा है, जो आज भी बिलकुल कल जैसा नक़्शा लिये हुए है।

लाख हाथ-पाँव मारे होंगे, कोशिशें की होंगी, लेकिन उसके अतिरिक्त और अधिक जानना न तब सम्भव हुआ था और न आज बरसों बाद, जबकि आपा की खाक भी नहीं है। उन दिनों के बब्बन को मैं स्वयं वर्षों पीछे छोड़ आया हूँ, और आज नये-नये या पराए आदमी की तरह फ़ातिहा देने बैठा हूँ...

"फूफी," मुँह पर हाथ फेरने के बाद मैंने किंचित् मोटे स्वर में कहा, "देखो तो, समय कितनी जल्दी बीत जाता है! बिलकुल नहीं लगता कि आपा को गुज़रे दस साल हो गए हैं।"

फूफी ने उस बात का जवाब नहीं दिया, प्लेट हटाई और रोटियाँ बदलते हुए केवल एक लम्बी साँस ली और आँखें भर लाईं।

कुछ नहीं, सल्लो आपा का अचानक उठ जाना आज तक रहस्य बना हुआ है। न कमज़ोरी, न बीमारी, एकाएक कैसे क्या हो गया। कभी चर्चा चले तो घर-परिवार के लोग सिर झुका लेते हैं। फूफी मुँह फेर लेतीं या दूसरी ओर देखने लगती हैं और उस दन्तेवाड़ा वाले दिन से लेकर अब तक बराबर मुझे लगता है कि अवश्य कुछ अघटनीय या अप्रत्याशित आपा को लेकर हुआ है, जिसे हम लोगों से छिपाया गया है!

जिस दिन चिट्ठी पहुँची थी, उसके दूसरे या तीसरे दिन की बात है। रात में अब्बा के कमरे से अम्मी की आवाज़ आई, "सुनो, मुझे पहले ही शक था।"

"क्या?"

"कि सल्लो यही दिन दिखाएगी। एक-दो बार मैंने छोटी को इशारा भी किया था कि वह उसे सँभाले, पर उसने ध्यान नहीं दिया। मैं अब साफ़-साफ़ क्या कहती?"

"क्या कह सकती हो?" कुछ देर बाद अब्बा ने कहा, "हम लोग तो इतनी दूर बैठे हैं। मुमकिन है, कोई बीमारी ही रही हो..."

"अरे, नहीं जी, जवान-जहान लड़की को कहाँ की बीमारी!" अम्मी ने कहा, "ऐसी-वैसी ख़बरें तो मैंने जगदलपुर रहने के दौरान ही सुनी थीं। जानती थी कि उस लड़की के रंग-ढंग ठीक नहीं, इसलिए मैंने कभी पसन्द नहीं किया कि बब्बन वहाँ ज़्यादा आए-जाए, लेकिन वह था कि रात-दिन वहीं घुसा रहता था। मैंने अपनी आँखों से देखा कि..."

"धीरे बोलो," अब्बा ने बीच में बात काटकर कहा, "शायद बच्चे जागते हों और फिर दीवारों के भी कान होते हैं।"

उसके बाद मैंने करवट बदल ली। आँखों के सामने एक-एक चीज़ क़तार से आकर खड़ी हो गई थी। यह सल्लो आपा का मरदाना लिबास में मेरे घर आना, सिगरेट, चॉकलेटी पतलून और तकिये के गिलाफ़ से गिरी हुई चिट्ठी, जो इतनी गिरी हुई थी कि शायद किसी दूसरे के सामने कभी पढ़ी नहीं जाती। आपा की अनायास मृत्यु क्या उसी की चरम परिणति थी?

उस रात और उसके आने वाले दिन एक दूसरी तरह का बचकाना ख़याल परेशान करता रहा कि अन्तिम क्षणों में आपा को कैसा लगा होगा? एक दिन मुझसे बोली थीं, "बब्बन भैया, मरने से नहीं डरती, डर तो मुझे क़ब्र से बहुत लगता है।"

"क़ब्र से कैसे?"

"तुमने ख़ुदी हुई क़ब्र नहीं देखी? कितनी छोटी और ज़रा-सी जगह में लोग मुरदे को अकेले डाल जाते हैं। सोचती हूँ, तख़्ते-मिट्टी के पटाव के बाद भीतर कितना अँधेरा हो जाता होगा, फिर कीड़े, साँप और बिच्छू...हाय अल्लाह, मैं तो कभी दफ़न होना नहीं चाहती...इससे अच्छा तो यह है कि मरने के बाद आदमी के शरीर को जला दिया जाए या दूर, किसी खुले मैदान में रख दिया जाए, ताकि गिद्ध-चील नोच खाएँ..."

"लेकिन मरने के बाद आदमी को एहसास तो नहीं रह जाता, आपा," मैं बोला, "मुरदा शरीर के साथ चाहे कुछ भी होता रहे।"

"कौन जाने," आपा ने अविश्वसनीय स्वर में कहा, "सचमुच किसे पता है कि क्या होता है? बहुत मुमकिन है कि रूह को तकलीफ़ होती हो और शरीर में उसकी कोई प्रतिक्रिया दिखाई न देती हो। भाई, मरने के बाद अपने अनुभव सुनाने के लिए तो कोई लौटा नहीं न? फिर, दफ़न करने वाले से चालीस क़दम दूर होते ही, सुनते हैं, क़ब्र में गुरुज़ के कोड़े लेकर आसमान से फ़रिश्ते उतरते हैं और जो गुनहगार होता है, उसकी हालत...अल्लाह, रहम करे!"

सारी घृणा, क्रोध या ईर्ष्या भूलकर मैंने मन-ही-मन दुआ की थी कि ख़ुदा

सल्लो आपा को बख़्शे, उनकी रूह को सकून दे और फूफी को माँ होने के नाते सब्र...

और क्या सचमुच आपा की क़ब्र में, फ़रिश्ते गुरुज़ के कोड़े लेकर उतरे होंगे?

सोलह

रोशन फूफा के बाद सचमुच घर घर नहीं रह गया। इधर उनकी आँखें बन्द हुईं और उधर सारे परिवार की मान-मर्यादा मुँह फेरकर चली गई। सुना कि बीच में ही पढ़ाई छोड़कर मोहसिन को घर चले आना पड़ा और उसने जैसे-तैसे करके एक छोटी-सी नौकरी कर ली थी, पर जब मैंने मोहसिन को देखा तो बीच में सात-आठ साल का अन्तराल पड़ गया था और मोहसिन वह नहीं था, जिसे मैंने एक दिन कोंडागाँव के लिए बस में बिठाया था।

दोपहर का समय। मैं डाकखाने से कुछ ज़रूरी रजिस्ट्री कराके निकल रहा था कि सामने के पुल के पास मोहसिन दिखाई दिया। वैसे उतने बरसों बाद एक नज़र में उसे पहचान लेना आसान बात नहीं थी, लेकिन उसके चेहरे के नक़्शे ऐसे थे कि बावजूद रंग-रूप और हुलिया बदल जाने के, मैंने उसे ठीक-ठीक पहचान लिया और उल्लासपूर्वक आवाज़ दी, "मोहसिन!"

सम्भवत: मुझे देखने पर भी मोहसिन जान-बूझकर टाले जा रहा था, "मैं बब्बन हूँ..."

मोहसिन ने बढ़ा हुआ हाथ मिलाते हुए धीरे-से कहा, "पहचानता हूँ। तुम कब आए?"

"तीन-चार दिन हो गए," मैंने तत्परता से जवाब दिया, "तुम तो दिखे नहीं?"

"कहाँ? घर में या सड़क पर?" वह व्यंग्यपूर्वक हँसा। मुझे अपनी ग़लती का एहसास हुआ कि आने के बाद एक बार भी मैं फूफी के घर नहीं गया हूँ। कोई सफ़ाई दूँ कि उसी ने कहा, "ख़ैर, अब तुम पहले के बब्बन तो हो नहीं। पढ़ाई पूरी करके आए होगे?"

"हाँ।"

"ठीक है," वह बोला, "किस विभाग के अफ़सर हो?"

"कहाँ की अफ़सरी?" मैंने हँसकर कहा, "अभी-अभी तो कॉलेज से निकलकर चला आ रहा हूँ। पढ़ाई ख़त्म होते ही किसे नौकरी मिलती है।"

"क्यों नहीं मिलती?" उसने कहा, "लोग तो अभी पढ़ ही रहे होते हैं और नौकरियाँ तय हो जाती हैं, और कई बार नौकरियाँ तो उनकी प्रतीक्षा करती हैं।"

मोहसिन का संकेत स्पष्ट था, अत: मैंने कहा, "वह भाग्य अपना नहीं है, भाई! यहाँ तो दरख़्वास्तें भेजना आज से शुरू किया है। देखो, जब लग जाए।"

"कहाँ से शुरू किया है?" उसने पूछा, "डिप्टी कलक्टरी से? ठीक है, सब यही करते हैं। हर आदमी कॉलेज़ की पढ़ाई के बाद तीन सौ रुपयों की सरकारी नौकरी के सपने देखता है। तुम भी देखो, बुरा क्या है?"

सच कहूँ। मुझे बातें बड़ी चुभीं। अजीब आदमी है, एक तो इतने बरसों बाद पहली बार मिला, उस पर ऐसी कड़वी-कड़वी और तानों भरी बातें!

विषय बदलते हुए मैंने कहा, "तुम सुनाओ मोहसिन, कैसे हो? तुमने तो कहीं नौकरी कर ली है न?"

"कौन, मैं?" वह हँसने लगा, "पहले करता था, इधर अब छूट गई है तो सड़कें नापता हूँ।"

"और फूफी कैसी हैं?" मैंने फिर से बात के रुख़ को पलटना चाहा।

"अच्छी हैं।" उसने 'अच्छी' शब्द पर ज़ोर देकर कहा, "उन्हें क्या होने को है!"

"और...रूबीना?" दरअसल, मेरी ज़बान से सल्लो आपा निकलते-निकलते रह गया। एक क्षण के लिए भूल ही गया था कि सल्लो आपा अब नहीं हैं।

"वह भी ठीक है।"

"उसके रिश्ते-विश्ते का कहीं से पैग़ाम आया?"

"यह सब तो मुझे पता नहीं है।" उसने लापरवाही से कहा, जैसे मेरे मूर्खतापूर्ण प्रश्न को हँसकर उड़ा रहा हो, "अलबत्ता, मेरा पैग़ाम गया था, तुमने सुना होगा?"

"सुना है।"

"शादी और बच्चे की बात भी सुनी होगी," वह बोला, "तुम तो यहाँ थे नहीं, पढ़ाई के लिए बाहर गए हुए थे और आने के लिए छुट्टी नहीं मिली, है न? तुम होते तो देखते कि शादी में कितनी धूमधाम थी और कैसी ज़ोरदार बारात निकली थी! मेरे कुछ शादीशुदा दोस्तों ने क्या कहा, जानते हो? कहा कि यार, तुम्हारी शादी देखकर एक शादी और करने की तबीयत हो गई।"

कहते-कहते मोहसिन ने बड़े ज़ोर से ठहाका लगाया और कठिनाई से अपने को रोकता हुआ बोला, "और हाँ, शादी में एक और तमाशा हुआ, जिसका पता शायद तुम्हें नहीं होगा। मेरे रिश्ते का पैग़ाम लेकर अम्मी रायपुर के एक बड़े घराने में गई थीं। पाव-वान भी हो गए थे, लेकिन जब बारात गई तो ऐन मौक़े पर उन्होंने रिश्ता देने से इनकार कर दिया। बोले, 'लड़का तो मैट्रिक भी पास नहीं है और प्राइमरी स्कूल का मास्टर है। उसे जितनी तनख़्वाह मिलती है, उतने की तो हमारी लड़की एक साड़ी पहनती है, भला लड़का उसे क्या पालेगा?' नाक कटने की बात थी कि नहीं? इतनी शान से बारात लेकर निकले थे, कौन-सा मुँह लेकर ख़ाली हाथ

जगदलपुर लौटते? सो, अम्मी ने इस तरह नाक बचाई कि वहीं तड़ाक-फड़ाक कुछ लड़कियाँ देखीं, एक को पसन्द किया, आनन-फानन पान हुए और लौट आए। जब शादी हुई और लड़की घर आई तो दुलहन का मुँह देखकर सभी खुसुर-फुसुर करने लगे। जब मैंने देखा तो अम्मी से कहा, 'क्यों जी, सारे रायपुर में मेरी तकदीर के लिए क्या यही लड़की रह गई थी?' उन्होंने क्या किया, जानते हो? अपना माथा पीटकर बोलीं, 'अरे बेटे, मेरी ही आँखें फूट गई थीं। हमारी हड़बड़ी और जल्दबाज़ी का कुछ ख़ुदा के बन्दों ने नाज़ायज़ फ़ायदा उठाकर हमें धोख़ा दिया है। लड़की दिखाई और थी, शादी और से कर दी। वह तो मुझे तब मालूम हुआ, जब पानी सिर से ऊँचा जा चुका था, विदाई के वक़्त दुलहन की माँ ने गले मिलकर रोते हुए कहा, 'भूल-चूक माफ़ करना बहन! देखना, अपनी इकलौती बेटी तुम्हें सौंप रही हूँ। वह तो अल्लाह मियाँ की गाय है।' मैं कमनसीब तब क्या जानती थी कि गाय कहकर वह हमारे पल्ले भैंस बाँध रही है। बताओ, ख़ून का घूँट पीकर रह जाने के सिवाय और क्या करती? अब तुम गालियाँ दो तो, बिगड़ो-झल्लाओ तो, क़सूर मेरा ही है'..."

ज़रा ठहरकर मोहसिन हँसने लगा। "मैं भी अम्मी से क्या कहता? बोला, 'जाने दो अम्मी, अफ़सोस करना फिज़ूल है। गाय हो या भैंस, तुम्हें बहू मिल गई और तुम सास बन गईं, यही क्या कम है?' क्यों, मैंने ग़लत कहा?"

कहकर समर्थन पाने के लिए मोहसिन मेरी ओर देखने लगा, लेकिन मैं आँखें मिलाकर उसे नहीं देख सका। सोचने लगा, मैं क्या कहूँ? मुझे क्या कहना चाहिए?

"भाभी यहीं हैं?" मैंने धीरे से पूछा।

"हाँ, और कहाँ जाएगी? गले पड़े ढोल को तो अब बजाना ही पड़ेगा।"

"नहीं, नहीं, यह क्या कहते हो?" दिलासा देने के स्वर में मैंने कहा, "बीवी तो 'पसली का जोड़' होती है और जिसके साथ भाग्य जुड़ा होता है, वही आती है। आदमी लाख जतन करे, उससे क्या होता है?"

"मैं कब कहता हूँ कि मेरे अपने भाग्य से वह नहीं आई है? अपने उसी भाग्य की एक झलक मैं तुम्हें दिखा रहा हूँ..."

'अजीब साँसत में जान फँस गई है', मैंने घबराकर सोचा, 'किसी करवट चैन नहीं है। जिस बात को छेड़ता हूँ, उसी में फँसने लगता हूँ।'

"मगर भाई, तुमने नौकरी क्यों छोड़ दी?"

"नहीं छोड़ता तो क्या करता?" उसने ज़रा रुखाई से जवाब दिया, "बेइज़्ज़त होकर निकाले जाने से तो बेहतर है कि साथ इज़्ज़त के अलग हो आओ। तुमने अभी तक नौकरी की नहीं है न, इसलिए दाल-आटे का भाव तुम्हें नहीं पता। अब इस ओर आओगे तो जान लोगे कि नौकरी केवल मेहनत, लगन या दिमाग़ी बलबूते पर नहीं की जाती। इसके लिए और भी गुण चाहिए, जिनका मेरे पास सिरे से अभाव है..."

"क्यों, तुम्हारे साथ क्या हो गया?"

"हुआ तो कुछ नहीं, होने के पहले ही मैंने छोड़ दी। ऐसे-ऐसे लोग भाग्यविधाता बने बैठे हैं जिनकी सूरत देखना भी पसन्द नहीं करता। तुम्हें याद है, नायडू भैया ने एक बार किसी आदमी के बारे में बताया था कि यह नौकरी चली जाने के डर से रात में छिपकर उनसे मिलने आया था?"

"हाँ, हाँ..."

"सन् सैंतालीस के पन्द्रह अगस्त के बाद से वैसे लोगों की बाढ़ आ गई है। अच्छा हुआ, तुम उस दिन यहाँ नहीं थे, वरना शायद तुम्हें भी मेरी तरह दुख होता। हर ईमानदार आदमी या तो उन पर हँसता है या अपना ही माथा पीट लेता है। बताओ, क्या यह रोने का मुक़ाम नहीं है कि सचमुच त्याग और बलिदान के अवसर पर जो नौकरी या नकली प्रतिष्ठा की आड़ लिये सिर छिपाए बैठे थे, वे गांधी टोपी ओढ़कर पाप धो बैठे और आज नेता, सरपरस्त तथा देशभक्त हैं और मिनटों में हम लोगों का भाग्य बना-बिगाड़ सकते हैं..."

मैंने देखा कि मोहसिन का चेहरा बुरी तरह विकृत हो गया है। गहराए रंग वाले बालों के कल्ले धँसे हैं, उनमें दोनों ओर तीन-तीन सलवटें पड़ती हैं, और इधर की गिरी हुई सेहत के कारण वह और भी कुरूप दिखाई देने लगा है।

"यहाँ आदमी की क़द्र नहीं है," मोहसिन ने दाँतों को चबाकर कहा, "जो जितना बड़ा बेईमान है, वह उतना ही बड़ा आदमी है...और चाहे घर हो या बाहर, ईमानदारी से चलने वाले को नायडू की सी मौत मिलती है...कोई नामलेवा भी नहीं रह जाता..."

हम लोग मोती तालाब के पार आ गए थे और धीरे-धीरे उतर रहे थे। आते समय मोहसिन ने ऐसी राह पकड़ ली थी कि उस तालाब से ही होकर आना पड़ रहा था। हमेशा की तरह सिवार, चीला और मछली वाली बिसायँध-सी गन्ध वहाँ आसपास समाई हुई थी।

मोहसिन की ईमानदारी वाली बात पर सहसा मिश्रा और पाटिल की याद आ गई। दोनों कभी मेरे साथ पढ़ते थे, लेकिन बीच में पढ़ाई छोड़कर मिश्रा सेल्स टैक्स इन्स्पेक्टर हो गया। पाटिल ने किसी तरह एम.ए. किया था, लेकिन अब क्लर्की कर रहा है। पिछले दिनों मिश्रा के रहन-सहन को देखकर क्या ऐसी ही कोई बात मेरे मन में नहीं उठी थी?

"मोहसिन," मैंने तालाब के गन्दे किनारे की ओर देखते हुए कहा, "नायडू भैया के अन्त के समय तुम यहीं थे न?"

"नहीं, मैं नहीं था...लेकिन रहकर भी क्या करता? तुम जानते हो, आख़िर में वह मुझे भी नहीं पहचानते थे?"

ऐसे करुण प्रसंग और हैं...

उनकी कोई एक बेवा बहन थी, जिसे छोड़कर वह आ गए थे। जब तक आर्थिक स्थिति अच्छी थी, बहन और भानजों के लिए हर माह रुपये जाते थे, लेकिन बाद में तो उनके खाने-पीने के ख़ुद लाले पड़ गए। शायद इसी का सदमा उन्हें सबसे अधिक था। अन्तिम दिनों अकसर यह कहकर रोया करते थे, "इन्दिरा बहन, सबसे बड़ा अपराधी मैं तुम्हारा हूँ, लेकिन अन्धा था, मुझे माफ़ करना..."

अजीब बात है कि दूर से नायडू के बारे में सुनकर मैं जो कहना चाहता था, वह अब सोचा भी नहीं जाता। लेकिन उनके उस करुण अन्त के पीछे कौन-सा कारण था? क्या केवल असफलता की कचोट अथवा ग़लत जगह आकर बेमानी हो गए जीवन का दुख? शुरू से आख़िर तक नायडू क्या बिलकुल अकेले नहीं रहे?

"आज हर जगह यही हाल है," मोहसिन बोला, "जहाँ ख़ून लगाकर शहीद होने वालों का ही डंका चारों ओर बज रहा हो, वहाँ नायडू को कौन पूछता है... मैं तुमसे सच्ची बात कहूँ?"

कहकर मोहसिन ने जिस अन्दाज़ से मेरी ओर देखा, उससे चौंके बिना नहीं रहा गया। उसके चेहरे की हड्डियों पर माँस की परत इतनी पतली थी कि हँसने या क्रोध से दाँत पीसने पर जबड़े उभर आते थे।

"क्या?"

"यह कि अपनी पिछली सारी बातें बेवकूफ़ियों से भरी लगती हैं। कैसी-कैसी उठापटक नहीं मचाई, क्या-क्या बचपना नहीं किया? आज सोचने पर हँसी आती है...हुँह, देश का उद्धार करने चले थे..."

और उसके बाद वाला मोहसिन का ठहाका सहना आसान न था। सहसा तालाब के जल से लिपटा हुआ हवा का एक गन्दा झोंका आया। सामने फैले तट की अधसूखी और ऊबड़-खाबड़ घास पर छोटी-छोटी शंखियाँ और बदरंग सीपियाँ चमक रही थीं। एक पेड़ की छाँव देखकर हम लोग सुस्ताने के लिए रुके तो मोहसिन पूरे इत्मीनान के साथ पसरकर बैठ गया।

"और तुम ताज्जुब न करना, अगर कहूँ कि मुझे इस देशप्रेम में बिलकुल विश्वास नहीं रहा," उसने कहा, "वह तो अम्मी की वजह से बँधा बैठा हूँ। मेरा वश चले तो इसी पल यहाँ से भाग निकलूँ..."

"कहाँ?" मैंने हँसकर पूछा, "भागकर जा ही कहाँ सकते हो?"

"क्यों? एजाज़, रफ़ीक, ग़नी और अशफ़ाक़ मास्टर वग़ैरह सब कहाँ चले गए हैं?"

एक क्षण ठहरकर अविश्वास करती आँखों से मैंने मोहसिन को देखा, और फिर मेरे मुँह से बेसाख़्ता निकला, "पाकिस्तान!"

स्वीकृति में धीरे-से सिर हिलाकर मोहसिन बोला, "और क्या? बल्कि मेरी

मानो तो तुम्हें भी यही सलाह दूँगा। बब्बन, तुम तो यहाँ बेकार पड़े हो। यहाँ ज़िन्दगी-भर बीच के आदमी बने रहोगे, न इधर के, न उधर के। तुम्हारे जैसा आदमी वहाँ पता नहीं कहाँ-से-कहाँ पहुँच जाए। अशफ़ाक़ मास्टर को तो तुम अच्छी तरह जानते होगे। प्राइमरी स्कूल की मास्टरी करते थे। यहाँ रहकर शायद सात जन्म में भी अपने बच्चों की इतनी तरक़्क़ी नहीं देख पाते। वहाँ उनका बड़ा लड़का विलायत हो आया है, दूसरा एयर सर्विस में है और तीसरा..."

उसके आगे की बात मैंने नहीं सुनी, जैसे बार-बार उसे पहचानने की कोशिश कर रहा था। क्या सचमुच यह वही मोहसिन है, जिसने कभी रियासती नौकर के बेटे होने के बावजूद, इस बंजर धरती में इन्क़लाबी क़दम उठाए थे? क्या यह वही मोहसिन है, जिसने कभी पी.सी. नायडू का अकेले दम पर साथ दिया था?

"मैं जानता हूँ," उसने कहा, "तुम्हें लगता होगा कि मैं बक रहा हूँ या यह कि मेरी बातों से साम्प्रदायिकता की बू आती है...पर अपने को अच्छी तरह टटोलकर देखो तो तुम ख़ुद भी स्वीकार करोगे। क्या हम सब लोग यहाँ लादे हुए मुगालते में नहीं जी रहे? और जिसे तुम राष्ट्रीयता और ईमानदारी समझ रहे हो, क्या वह सिर्फ़ मजबूरी नहीं है?"

मैं हँसने लगा। बोला, "मोहसिन, तुम तो झगड़ों जैसी बातें करते हो। यह तो ग़नीमत है कि हमारी बात कोई और नहीं सुन रहा, वरना ऐसे ही ख़याल पूरी क़ौम को बदनाम करते हैं। छिः छिः, तुम तो यूँ कह रहे हो, जैसे वहाँ कहीं जादू का करिश्मा होता है..."

दरअसल, मेरी आँखों के सामने, '48 के बाद का वह ज़माना घूम गया जब क़स्बे के कई लोग और हमारे ही रिश्तेदार पाकिस्तान भाग रहे थे। रफ़ीक उड़ीसा जाने के बहाने भागा। ग़नी ने रातोरात हिन्दुओं की पोशाक बदली थी और अशफ़ाक़ मास्टर सबको इस धोखे में रखकर भागे कि वह अपने लड़के से मिलने जा रहे हैं... उसी बीच दफ़्तर की ओर से अब्बा से भी पूछताछ हुई थी, लेकिन उन्होंने इनकार कर दिया। कुछ हमदर्दों ने दबी ज़बान में समझाया तो बोले कि मरना-कटना होगा तो यहीं मर-कट जाएँगे, बुढ़ापे में मिट्टी ख़राब करने कहाँ जाएँ?

और उसी के साथ वाला वह दौर, जब हम सब शक़ की नज़र से देखे जाते थे। स्कूल में लड़के हम लोगों को देखकर ताने कसते कि 'भेजो सालों को पाकिस्तान, बाँधो सालों को जिन्ना साहब की दुम से...' और मुझे तब यह सोचकर रोना आता था कि लोग हमें बेईमान क्यों समझते हैं। हमारा दोष क्या सिर्फ़ यही है कि हमने मुस्लिम परिवार में जन्म लिया है?

"तुमने देखा ही क्या है!" मोहसिन ने दूर देखते हुए कहा। उस समय तालाब के तट से कोई परिन्दा उड़कर हमारे पेड़ की ओर ही आ रहा था।

"अभी तुम हरे-हरे सपने देख रहे हो, कुछ अरसे बाद उन्हें चूर-चूर होते

देखोगे, फिर उन पर अपनी मुरदा ज़िन्दगी ढोने की आदत डालनी पड़ेगी और इन्हीं सबमें तुम्हारे माँ-बाप या तो बूढ़े हो जाएँगे अथवा मर जाएँगे..."

परिन्दा आकर ऊपर की एक टहनी पर बैठ गया, लेकिन पेड़ में कहीं कोई हलचल नहीं हुई।

निश्चय ही हर तसवीर के दो रुख़ होते हैं, लेकिन मोहसिन की आँखों को जैसे एक पहलू का ज़रा-सा कोना ही चौंधाए हुए है। अशफ़ाक़ मास्टर की बात करते हुए मोहसिन एक बात भूल गया कि अशफ़ाक़ की अस्सी-बयासी बरस की बेवा माँ अपने दूसरे बेटों के कारण यहीं रह गई है। रुई जैसे सफ़ेद बाल लिये वह दो देशों के बीच लटकी जैसे मकड़ी की ज़िन्दगी जी रही है—एक छूटता नहीं, दूसरा जुड़ता नहीं...

छाँव से उठते हुए मैंने कहा, "चलो, अच्छा है, जाना ही चाहते हो तो अभी न सही, फूफी को दफ़न करके चले जाना। लेकिन पाकिस्तान पहुँचने के बाद भी अगर तुम्हें लगा कि ठगे गए, तो फिर कहाँ जाओगे—अरब या ईरान?"

कई क्षण तक मोहसिन हतप्रभ-सा देखता रहा, फिर पराजित और आत्मविश्वास-हीन स्वर में कुछ कहते-कहते रुक गया।

बड़ी देर से पेड़ के ऊपर बैठा हुआ परिन्दा सहसा पंख फड़फड़ाता हुआ अब ज़ोर-ज़ोर से चिल्लाने लगा था। हम लोगों ने देखा कि सधे हुए पंखों से लम्बी उड़ान भरने वाला पखेरू शायद राह में सुस्ताने के लिए बैठा था, लेकिन दुर्भाग्यवश टहनी से फूटे गोंद से चिपककर रह गया है...

उस दिन मोहसिन के पास से लौटते हुए मन बेहद उदास हो गया था। उसके बाद भी कई दिनों तक उसका प्रभाव वैसा ही बना रहा। अकेले में उस परिन्दे की वह करुण तसवीर और शिद्दत से आँखों के सामने उभर आती और फड़फड़ाते हुए विवश डैनों का क्रन्दन मुझे सारी रात सोने नहीं देता...

बाहर वाले दरवाज़े के पल्ले चरमराये और चप्पलों की चट-चट की आवाज़ के साथ किसी के भीतर धँसने की आहट हुई।

"कौन?"

सहसा चौंककर छोटी फूफी ने अपने घुटनों से सिर उठाया और उधर अँधेरे में देखने लगीं।

उधर से कोई जवाब नहीं आया। निरुत्तर आहट बराबर बढ़ती हुई भाभी के कमरे की ओर खिसकने लगी। एक क्षण बाद चाल-ढाल या आहट से फूफी ने अपना अनुमान पक्का कर लिया और सिर को फिर से लौटाकर घुटनों पर रखती हुई बोलीं, "मोहसिन है।"

मैं तत्काल उधर देखने लगा, शायद इसी को ताड़कर फूफी बोलीं, "वह इधर नहीं आएगा, भैया!"

"क्यों?"

"मर्ज़ी उसकी।" इस बार फूफी का स्वर बिलकुल टूटा हुआ और निराश था। "मैंने बताया न, एक ही घर में रहते हुए मैंने उसे हफ़्तों से नहीं देखा। सवेरे इतने मुँहअँधेरे निकल जाता है कि मैं बिस्तर में होती हूँ और रात को इतनी देर के बाद आता है कि मुझे पता भी नहीं चल पाता...देख लो, कि मेरी औलाद को मेरे ही चेहरे से नफ़रत है।"

"वह मिलता ही किससे है, फूफी?" मैंने उन्हें तसल्ली देनी चाही, "इस बात पर कौन विश्वास करेगा कि जब से आया हूँ, सिर्फ़ एक बार मोहसिन को देखा है!"

"कहाँ मिला था?"

"रास्ते पर। वह भी मिला नहीं, मैंने ही रोक लिया था। फिर न कभी भेंट हुई और न ही कुछ पता है कि वह क्या कर रहा है।"

"क्या कह रहा था?" फूफी ने लड़खड़ाते ढंग से पूछा, फिर मेरे जवाब की प्रतीक्षा किए बिना ख़ुद ही बोलीं, "कहने दे, कुछ भी कहने दे...मेरी सुनने के लिए बस ख़ुदा है। और वह क्या कर रहा है, जानते हो, मेरे मरने की बाट देख रहा है, ताकि..."

कहते-कहते उनका कंठ अवरुद्ध हो गया। अपने निचले होंठों को भींचकर उन्होंने मुँह फेर लिया, एक लम्बी और थरथराती हुई साँस छोड़ी और कहने लगीं, "लेकिन ख़ैर..."

पर आगे भी उनसे कहा नहीं गया।

अनायास ही मोहसिन के कमरे से भाभी की करुण और गुहारती हुई आवाज़ आई, "अल्ला जीईईई..." और सामने के दरवाज़े का एक पल्ले वाला परदा फट-फट करता हवा में काँपने लगा।

मेरी गदरन और पीठ में अचानक चिनचिनाहट-सी होने लगी। उसी क्षण मैंने इस तरह पलटकर पीछे देखा जैसे परदे के पास सल्लो आपा ही खड़ी हों, मुझे सब मिलकर धोखे में रखना चाहते हैं, और लमहे भर की भी देर हुई तो वह छिप जाएँगी।

आज इतने बरस हो गए हैं, लेकिन सल्लो आपा की मृत्यु का विश्वास क्यों नहीं होता? लगातार, जैसे वह इतनी जल्दी मर नहीं सकतीं, ज़रूर कोई साजिश करके लोगों ने उन्हें कहीं छिपा या भेज दिया है। अजीब बात है कि सल्लो आपा की मृत्यु जैसे उस दिन रहस्यमय थी, वैसी ही आज भी है और कम-से-कम मेरे निकट उनका कोई भी स्पष्ट और स्थिर चित्र नहीं है।

दन्तेवाड़ा की उस रात अब्बा-अम्मी के कमरे से जैसी अधूरी, गोलमोल और लुकाई-छिपाई सी बातें सुनी थीं, कमोबेश वैसी ही बाद में भी सुनीं, लेकिन किसी निष्कर्ष पर नहीं पहुँच पाया। हाँ, इतनी बात ज़रूर साफ़ हो गई कि कहीं कुछ

है; क्योंकि सल्लो आपा के बारे में जब भी कभी बात होती, हर कोई कहते-कहते एकाएक झिझककर रह जाता।

"यह अचानक कैसे हो गया, भाई?" मैं झल्लाकर पूछता, "जिससे पूछो, वही टाल जाता है।"

"भैया, मौत के आगे क्या जल्दी, क्या देर?" मुझे समझाया जाता, "अभी मैं बात कर रही हूँ, दूसरे पल साँस रुक जाए और लोग तुमसे पूछें तो क्या कहोगे?"

"आख़िर कुछ तो कारण होगा," मैं झल्लाकर कहता, "मौत के भी बहाने होते हैं। मसलन, सर्दी, खाँसी, बुख़ार, दिल का दौरा या ऐसा ही कुछ..."

"कुछ नहीं," जवाब मिलता, "रात को उसे उल्टियाँ हुईं और सुबह डॉक्टर के आने से पहले ही वह पार हो गई।"

"ये उल्टियाँ काहे की हुईं? रात में जब तबीयत इतनी ख़राब थी तो डॉक्टर क्यों नहीं बुलाया गया?"

"अब वे ही लोग जानें, भैया! हमने तो अपनी आँखों से देखा नहीं। दूसरे, यह उनका घरेलू मामला है। सुना है कि लड़की रात-भर चिल्ला-चिल्लाकर रोती रही कि डॉक्टर बुलाओ, नहीं तो मैं मर जाऊँगी, पर किसी ने ध्यान नहीं दिया। दुनिया को दिखाने के लिए सुबह-सुबह डॉक्टर बुलाया गया, लेकिन उससे क्या, कहने वाले तो आज भी कहते हैं कि कुछ दाल में काला था।"

"कैसे? कैसे दाल में काला?"

"बड़ी बात से तौबा? मैंने तो अपनी आँखों से देखा नहीं। जिन्होंने देखा है, वे बताती हैं कि उल्टियों में लड़की की अन्तड़ियाँ कट-कटकर गिरी थीं..."

"हो गई भैया...फ़ातिहा हो गई?"

एकाएक फूफी ने घुटनों पर से अपना सिर उठाकर मेरी ओर देखा। सल्लो आपा की फ़ातिहा देर पहले समाप्त हो गई थी। मैंने उनके नाम की रोटियाँ सरका दीं और इस बार ग़ौर से छोटी फूफी की ओर देखा। जिनकी सारी जीवनी मेरे सामने खुली पड़ी है, उन्हें देखने में क्या मुझसे कहीं चूक हो गई है? अन्यथा सल्लो आपा के सन्दर्भ में यही छोटी फूफी अपरिचित और पराई-सी क्यों लगती हैं? क्या मेरे भीतर कहीं कोई अपराधी बैठा है जो आपा के बारे में फूफी से रू-ब-रू कुछ भी पूछने नहीं देता? और इतने बरसों बाद आज भी क्या मैं वही कमज़ोर, भीरु, संकोची और साहसहीन बब्बन हूँ?

"फ़ेहरिस्त पूरी हो गई न?" फूफी ने पूछा।

"हाँ।"

"कोई छूटा तो नहीं?"

अस्वीकृति में सिर हिलाकर मैंने धीरे-से फ़ेहरिस्त उनकी ओर सरका दी।

"आख़िरी एक और लो," फूफी ने ख़ाली रक़ाबी भरकर मेरी ओर खिसकाई, "यह आए-गए और भूले-भटकों के लिए है।"

चलो, इतनी रूहों के साथ-साथ किसी भूली-भटकती रूह के लिए एक और। लेकिन आज की रात कौन भटककर दूसरों की दहलीज़ आ बैठेगा, यह पूछना बेकार था।

कमरे में एक लौ से बराबर जलती लालटेन की रोशनी अब मद्धिम पड़ती जा रही थी और उससे भी अधिक मद्धिम पड़ गई थी रात, जिसमें तवील साँ साँ के और कोई शिकने-स्वर न थे।

"कितने बज गए होंगे?" फूफी ने बाहर देखते हुए पूछा।

"ग्यारह।"

"यही होता है," वह बोलीं, "पिछले कई बरसों से फ़ातिहा में ऐसी देर हो जाती है। अब इतनी रात को 'हिस्सा' लेकर मैं किसके यहाँ जाऊँ?...रूबीना!" एक क्षण ठहरकर उन्होंने पुकारा, "लालटेन में थोड़ा तेल तो डाल दे।"

रूबीना जिस जगह बैठी थी, वहीं लुढ़ककर सो गई थी। कई आवाज़ों के बाद भी जब वह नहीं जागी, तो बड़बड़ाती हुई स्वयं फूफी उठीं और भीतर के अँधेरे कमरे में घुसकर, पीपे-कनस्तर टटोलने लगीं। यहाँ तक कि मेरे सामने रखी लालटेन लौ के बदले सूखी बत्ती से जलने लगी और थोड़ी देर में बुझ गई। आख़िर किरासिन का तेल मिला नहीं और इसके बदले आई एक मरझल्ली रोशनी वाली टीन की चिमनी, जिसके कँपते-कँपते उजाले में छोटी फूफी मेरे पास सरक आईं और ऊददानी की ओर बढ़कर, साँस भरती हुई बोलीं, "लाओ, मैं भी लोबान छोड़ दूँ..."

वहाँ उस धुँधली और अस्पष्ट रोशनी में अपनी दोनों हथेलियाँ चेहरे के सामने उठाए जिस तरह कातर और आत्मसमर्पण के भाव से फूफी बैठी थीं, वह देखकर अनायास ही लगा कि दुआ का तो बहाना है। दरअसल, छोटी फूफी ख़ुदा से भी मुँह छिपा रही हैं।

उस नीम अँधेरे घर से बाहर निकलकर मैं कई क्षण ठिठका रह गया। क़स्बे की रात का सन्नाटा रह-रहकर भौंकने वाले कुत्तों के अलावा, फूफी के घर, तालाब के जल और समूचे मुहल्ले में यकसाँ बैठा हुआ था—चुपचाप तथा ऊँघता हुआ...

मुझे फूफी के यहाँ की फ़ातिहा ने बेतरह थका दिया था। चाहता था कि बाहर निकलते ही ख़ूब खुलकर साँस लूँ, लेकिन सारे वातावरण में सिवार-चीले और काले जल की बिसायँध फैली हुई थी।

✪✪✪